COLLECTION

DE PIÈCES

RELATIVES

A L'HISTOIRE DE FRANCE.

II, 4ᵉ LIV.

IMPRIMERIE DE G.-A. DENTU,
rue des Beaux-Arts, nos 3 et 5.

COLLECTION

DES

MEILLEURS DISSERTATIONS,

NOTICES

ET TRAITÉS PARTICULIERS

RELATIFS

A L'HISTOIRE DE FRANCE,

COMPOSÉE, EN GRANDE PARTIE,

DE PIÈCES RARES,

OU QUI N'ONT JAMAIS ÉTÉ PUBLIÉES SÉPARÉMENT;

POUR SERVIR A COMPLÉTER
TOUTES LES COLLECTIONS DE MÉMOIRES SUR CETTE MATIÈRE.

Par C. Leber.

TOME ONZIÈME.

PARIS.

CHEZ G.-A. DENTU, IMPRIMEUR-LIBRAIRE,
rue des Beaux-Arts, n°s 3 et 5;
ET PALAIS-ROYAL, GALERIE VITRÉE, N° 13.

M D CCC XXXVIII.

COLLECTION

DES

MEILLEURS DISSERTATIONS,

NOTICES

ET TRAITÉS PARTICULIERS

RELATIFS

A L'HISTOIRE DE FRANCE,

COMPOSÉE, EN GRANDE PARTIE,

DE PIÈCES RARES,

OU QUI N'ONT JAMAIS ÉTÉ PUBLIÉES SÉPARÉMENT;

POUR SERVIR A COMPLÉTER
TOUTES LES COLLECTIONS DE MÉMOIRES SUR CETTE MATIÈRE.

Par C. Leber.

TOME ONZIÈME.

PARIS.

CHEZ G.-A. DENTU, IMPRIMEUR-LIBRAIRE,
rue des Beaux-Arts, nos 3 et 5;
ET PALAIS-ROYAL, GALERIE VITRÉE, N° 13.

M D CCC XXXVIII.

Un ancien historien rapporte que Louis-le-Débonnaire, et, à son exemple, les seigneurs de sa cour, faisaient de riches présens aux Normands qui demandaient à recevoir le baptême; qu'une année, aux fêtes de Pâques, ces pirates vinrent en si grand nombre, qu'il ne se trouva pas assez d'habits blancs pour en donner à tous, selon la coutume de ce temps; qu'on en fit faire à la hâte; et qu'un seigneur normand ayant regardé l'habit qu'on lui apporta, le jeta avec colère, en disant que c'était au moins la *vingtième fois* qu'il était venu se faire baptiser, et que jamais on ne lui avait présenté un si vilain habit.

On gardait dans la chapelle de Vincennes les fonts baptismaux qui servaient aux baptêmes des enfans de France : c'était une urne de cuivre rouge, revêtue de plaques d'argent ciselées assez artistement. Elle fut faite pour le baptême de Philippe-Auguste.

Sous la première et la seconde race, et dans les deux premiers siècles de la troisième, on n'observait que très-rarement l'article du concile de Nicée qui prescrivait de prendre au baptême le nom d'un saint.

On ne portait alors qu'un seul nom, qui n'était, à proprement parler, ni de baptême ni de famille; mais cette circonstance mérite d'être expliquée. Elle est susceptible de développemens intéressans; et tel est l'objet de la dissertation suivante.

DES

NOMS ET SURNOMS.

PAR M. DE SALLO (1).

Le R. P. de Saint-Gabriel ayant nommé la reine Marie-Thérèse d'Espagne dans la carte des descendans de saint Louis, qu'il vient de publier, a donné lieu à la question, si cette princesse doit être qualifiée d'*Espagne* ou d'*Autriche*.

La plupart de nos généalogistes, qui sont de l'avis du Père Saint-Gabriel, disent que l'on ne peut pas nier que le nom d'*Espagne* ne soit plus illustre que celui d'*Autriche;* et que, par la même raison que les ancêtres de la reine quittèrent autrefois le nom de *Hasbourg* pour prendre celui d'*Autriche*, elle doit quitter aujourd'hui le nom d'*Autriche* pour prendre celui d'*Espagne*.

Pour faire valoir ce raisonnement, il faudrait montrer que les choses sont encore aujourd'hui au même état qu'elles étaient lorsque ceux de Hasbourg quittèrent leur nom et prirent celui d'*Autriche*. Mais comme nous ferons voir, dans la suite de ce discours,

---

(1) Extr. du t. 3 du *Recueil de pièces d'histoire et de littérature*. Paris, Chaubert, 1738, 4 vol. in-12.   (*Edit.* C. L.)

qu'il est arrivé un grand changement dans l'usage des noms, il sera très-facile à tout le monde de juger que ce qui s'est fait autrefois ne se peut plus faire.

Sous la première et la deuxième race de nos rois, les plus grands seigneurs n'avaient qu'un nom, comme de *Clovis*, de *Clotaire*, et de *Charles*, auquel on ajoutait quelquefois une dénomination ou un sobriquet qui ne passait point pour nom, et servait seulement à mieux désigner les personnes; et si l'on trouve que quelques-uns aient eu en ce temps-là plusieurs noms, ils vivaient selon la coutume des Romains.

Il n'y avait point alors de nom de baptême : c'étaient les parens qui nommaient leurs enfans, et les faisaient baptiser sous le nom qu'ils leur avaient donné. Pour les personnes plus âgées, elles se faisaient baptiser ou sous le nom qu'elles avaient reçu de leurs parens, ou sous le nouveau nom qu'ils se choisissaient eux-mêmes pour le porter après le baptême. Et comme on ne baptisait en ce temps-là qu'aux fêtes de Pâques et de la Pentecôte, ils se faisaient cependant enrôler sous le nom sous lequel ils voulaient recevoir ce sacrement. Les jours solennels étant venus, le prêtre les appelait par les noms qu'ils avaient choisis pour être baptisés, sans que lui ni le parrain se mêlassent de ces noms.

Je doute fort de ce que disent nos plus célèbres historiens, que quelques rois de la première race ont été nommés par leurs parrains lors de leur baptême. Ils veulent, par exemple, que Gontran, tenant son neveu sur les fonts, le nomma *Clotaire*;

mais outre que cela est contraire à l'usage universel de l'Eglise, c'est que Clotaire ayant déjà régné plus de six ans sous ce nom, il est certain qu'il ne reçut point, lors de son baptême, de nouveau nom. A cela ils opposent l'autorité de Grégoire de Tours; mais Grégoire de Tours dit lui-même que ce prince n'avait encore que quatre mois lorsqu'il fut nommé *Clotaire* par Gontran, qui, étant son tuteur, et lui tenant lieu de père, lui avait donné son nom, selon la coutume qui s'observait alors. De sorte que quand Grégoire de Tours dit, après, que Gontran tenant son neveu sur les fonts, avait voulu qu'il s'appelât *Clotaire*, cela se doit entendre par relation à ce qu'il avait fait autrefois en qualité de tuteur, et non à ce qu'il faisait en qualité de parrain, ou ne sert qu'à marquer que Gontran n'avait pas voulu que son neveu changeât de nom au baptême, comme il se pratiquait quelquefois alors.

La plupart des noms qu'on prenait en ce temps-là étaient païens; et quoique, par le concile de Nicée, il fût défendu aux parens de donner à leurs enfans d'autres noms que de saints, le contraire s'est observé long-temps depuis en France, car la coutume de ne donner que des noms de saints au baptême est moderne, et peu essentielle au sacrement.

Anciennement il n'y avait point non plus de nom de famille, parce qu'il n'y en avait point qui fût commun à tous ceux qui descendaient d'une même tige, et on n'avait qu'un nom qui se perdait avec la personne qui l'avait porté; car les noms de *Mérovingiens* et de *Carlovingiens*, qui ont servi de dénominations aux rois de la première et de la deuxième race, sont une invention de ces derniers temps (1); et les noms étaient alors si peu communs, qu'on peut remarquer qu'il n'y a pas eu un roi de la première famille qui ait porté le nom de son père (2).

---

(1) *Voyez* partie II, Géographie, *Remarques sur l'étymologie des noms de nos anciens rois.* (*Edit.* C. L.)

(2) Pierre de Saint-Julien fait à ce sujet les observations suivantes :

« Clodion (estimé par aucuns fils de Pharamond), fut dit
« *le Cheuelu*. Et neantmoins chacun scait assez que (à vray
« dire) c'est plustost par soubriquet, et par difference, que
« par vrayement surnom. Car les vrays surnoms passent aux
« héritiers, et tels soubriquetz, non. Ainsi ce Charles, qu'on
« tient pour souche et aucteur de la race des Carlouinges,
« ou Carliens, fut dit *Martel* : mais tel surnom ne fut que
« personnel, et pour luy seul. De façon que comme il ne
« l'auoit eu de ses ancestres, aussi ne le laissa il à sa posté-
« rité. Le roy Théodorich, ou Thierry, second du nom, fut
« appellé *de Chelles*, pource qu'il auoit esté nourry enfant à
« Chelles, au monastere de Saincte-Baultour, près le pont
« de Gournay-sur-Marne.

« Comme Charlemaigne et ses deuanciers, notamment
« Pepin Heristel, Charles Martel et Pepin-le-Brief, eurent
« des appellations personnelles, et plustost données que re-
« ceuës, aussi en eurent la pluspart des roys ses successeurs.
« De ce nombre sont Loys-Debonnaire, Charles-le-Chaulue,
« Loys-le-Begue, Charles-le-Gros, Eude de Bourgongne,
« dit par aucuns *l'Angeuin*, Charles-le-Simple, Raoul-le-
« Bourgongnon, Loys d'Oultremer, Hugues Capet, Loys-le-
« Gros, Loys-le-Jeune, Philippe Dieudonné, dit aussi *Au-*

On ne savait encore en ce temps-là ce que c'était que le nom de *seigneurie;* et s'il y avait des duchés

---

« guste et *le Conquérant;* Philippe-le-Bel, Loys-Hutin, Phi-
« lippe-le-Long, Charles-le-Bel et Philippe de Valois;
« source et origine du tort qu'on faict à noz roys, quand on
« les surnomme *de Valois;* erreur familier et commun, voire
« aux doctes, que ie ne m'en puis assez esbahir. Mais ce que les
« trompe, est faulte de bien entendre les droits des appanai-
« ges des enfans de France. » (*Meslanges historiq.*, et *Recueil de
diverses matières paradoxales,* etc., Lyon, 1589, in-8°, p. 4.)

Saint-Julien soutient qu'à tort les historiens ont conservé à notre roi Philippe VI le surnom de *Valois,* qu'il a perdu nécessairement d'après les lois et usages du royaume, en montant sur le trône comme héritier de Charles-le-Bel.

« Tous les fils et filles de noz roys de France, ajoute cet
« auteur, ont pouuoir de se surnommer *de France,* ou (si
« mieux leur plaist) *fils et filles de roy.* Mais quant aux en-
« fans desdits fils, ils doibuent par nécessité porter le nom
« et les armes de leur appanaige. Si toutesfois cela ne se
« trouue auoir esté tousiours obserué, et que quelques ap-
« panagez ayent choisi le nom des maisons esquelles ils ont
« prins femmes, telles façons extraordinaires, et prouen-
« nantes de contracts sur ce expressement obligeants, ne
« doibuent ny ne peuuent faire préiudice à la loy, ny préua-
« loir contre ce qu'est plus fréquent, plus régulier, et d'an-
« cien establissement.

« Par ce que dict est, il appert assez que ce Philippe qui
« succéda au royaume, à Charles-le-Bel, fut auant que d'es-
« tre roy surnommé *de Valois,* à cause de l'appanaige de
« Charles de France son pere, auquel la comté de Valois
« auoit esté donnée. Nous auons dict dauantage que, iouxte
« la loy des appanaiges, tandis que ce Philippe fut simple
« comte de Valois, il fut, et à droict, surnommé *de Valois.*

et des comtés dès la fondation de la monarchie, ce n'étaient, au commencement, que des dignités et des offices qui ne pouvaient non plus passer pour noms, que ferait aujourd'hui le titre de *gouverneur du Languedoc*, ou de tout autre lieu.

On demandera, de quelle nature était donc ce nom qu'on portait alors, puisqu'il n'était ni de baptême, ni de famille, ni de seigneurie ? Je dis qu'il n'avait aucun rapport avec les noms dont on se sert présentement, et qu'étant seul, il tenait lieu de nom de baptême, de nom de famille et de nom de seigneurie.

Cet usage de n'avoir qu'un nom, qui n'était pas moins commun qu'est maintenant celui de *Pierre* et de *Jacques*, causait une étrange confusion dans la connaissance des personnes et des maisons ; et je me suis souvent étonné qu'il ait duré si long-temps, étant si incommode, et les Romains ayant donné l'exemple d'avoir plusieurs noms, et même des noms de famille.

A la fin de la deuxième race, ou plutôt au commencement de la troisième, les duchés et les com-

---

« Maintenant est à sçauoir que paruenu à la couronne de
« France, la splendeur du tiltre royal esteingnit et estouffa
« ledict précédent surnom ; et la comté de Valois réunie et
« incorporée au royaume, elle cessa de plus estre tiltre et
« surnom dudict Philippe. Ainsi la clarté des estoilles se
« perd à la venuë du soleil. » (*Au lieu cité*, p. 7 et suiv.)

(*Edit.* C. L.)

tés, et subordonnément les autres seigneuries, ayant changé de nature, apportèrent aussi un grand changement à l'usage des noms. Car les derniers rois de la deuxième race étant trop faibles pour résister aux enfans qui voulaient retenir les dignités que leurs pères avaient possédées, et Hugues Capet, à son avènement à la couronne, ayant besoin de gagner l'affection des grands seigneurs, ce prince permit qu'ils se fissent un domaine de leurs offices, et rendissent héréditaires à leurs maisons, les seigneuries qu'ils ne tenaient auparavant que de la pure grâce du roi. Je ne puis être de l'avis de ceux qui prétendent que les duchés et les comtés ont été perpétuels et héréditaires sous la première race de nos rois; car, outre que Thegan, qui a écrit la vie de Louis-le-Débonnaire, remarque comme une chose nouvelle la concession qu'il faisait des seigneuries à perpétuité, nous voyons qu'après le règne de ce prince, on eut encore besoin d'avoir un nouveau consentement du roi. Ainsi on ne peut pas dire absolument que les fiefs aient été perpétuels et héréditaires avant la fin de la seconde race, ou avant le commencement de la troisième.

Cette succession introduite dans les seigneuries donna lieu à une nouvelle imposition de noms tirés des seigneuries, de sorte qu'il y eut alors deux noms : l'un, selon l'ancien usage, qui était particulier à la personne qui le portait, et l'autre de la seigneurie, qui était héréditaire et domaniale.

L'on ne peut pourtant pas dire qu'il y eût encore des noms de famille, parce que ce nouveau nom dépendant de la possession de la seigneurie, il n'y avait qu'un des enfans qui pût porter le nom de son père; n'y en ayant qu'un qui pût posséder la seigneurie, les autres enfans étaient obligés de prendre le nom d'une autre seigneurie; et ainsi dans une même maison, il y avait plusieurs noms qui se multipliaient à mesure que le nombre des branches et des personnes se multipliait.

Bien que cet usage fût moins imparfait que le premier, il ne laissait pas encore d'avoir beaucoup de défauts, car il était toujours très-difficile, dans une si grande diversité de noms, de reconnaître ceux qui étaient d'une même maison; mais le principal désordre venait de ce que ces noms de seigneuries étant absolument réels, quand on venait à perdre la seigneurie, on perdait aussitôt le nom : même si l'on acquérait une seigneurie plus considérable que celle que l'on avait auparavant, on quittait son ancien nom pour prendre celui de la nouvelle acquisition qu'on avait faite, de manière que les noms étaient dans une vicissitude continuelle.

Mais il y a environ cinq cents ans que les noms commencèrent à devenir personnels et inséparables des familles auxquelles ils étaient devenus propres. Les filles furent les premières qui, n'ayant ordinairement point de seigneuries en partage, prirent le nom de leur père, afin qu'on pût connaître de quelle maison elles étaient. A leur exemple, les cadets qui n'avaient point de seigneuries, ou qui en avaient quelqu'une de beaucoup inférieure à celle de leur père, prirent aussi son nom : ainsi s'établirent insensiblement dans les grandes maisons, les noms des familles communs à tous ceux qui descendaient d'une même tige, et indépendans de la possession de la seigneurie. Ce n'est que depuis ce temps qu'il a été plus facile de connaître les familles ; car ceux-là se trompent qui veulent que l'on ait reconnu les maisons par les armes avant qu'on les pût reconnaître par les noms, puisqu'il est constant que l'usage des armes n'est pas plus ancien que celui des noms, quoique quelques-uns en rapportent l'origine aux temps les plus éloignés, et aient donné des armes aux grands-officiers des rois de la première race, et de Pharamond même.

Enfin on est parvenu, par tous ces changemens, à avoir aujourd'hui trois sortes de noms : le premier, de baptême, qui est particulier à celui qui le porte ; le second, de famille, qui est commun à tous ceux d'une même maison ; le troisième, de seigneurie, qui est réel et dépendant de la possession de la chose, et qui, par conséquent, se perd par l'aliénation de la seigneurie. Ce n'est pas que tous les noms des grandes maisons n'aient été réels dans leurs commencemens, car il n'y avait alors non plus de noms en l'air, qu'il y a présentement de fiefs et de seigneuries. C'est pour cette raison que les moindres bourgeois affectent d'ajouter à leur nom la particule *de*, pour faire voir qu'il a été autrefois réel et tiré d'une seigneurie, et qu'il est, par conséquent, très-ancien.

Mais la coutume les ayant fait de réels, personnels, ils ont entièrement changé de nature ; car ne dépendant plus de la possession de la seigneurie, ils sont inséparables de la maison à laquelle ils sont devenus propres. C'est pour cette raison que le nom de Montmorenci subsiste dans cette maison, quoique la terre dont il a été tiré n'y soit plus; il y en a peu en France qui possèdent, comme M. le duc de la Trimouille, la seigneurie qui lui a donné le nom; mais ce nom étant devenu personnel et commun à tous ceux de cette maison, quand il aliénerait cette terre, il n'en quitterait pas le nom, comme il serait obligé de faire s'il vendait une autre terre, parce que les noms de famille, quoique réels dans leurs commencemens, étant depuis devenus personnels, ne se peuvent plus perdre. Je ne doute pas que quelques-uns ne trouvent que je me suis trop étendu sur le différent usage des noms; mais outre que ce que j'ai dit n'est pas indigne de la curiosité de ceux qui veulent connaître les choses dans leurs sources, c'est qu'il eût été impossible de rien comprendre en la décision de la question qui se présente, si l'on n'eût expliqué les changemens survenus dans l'usage des noms; au lieu que l'ayant fait, il sera facile à tout le monde de juger qu'il faut nommer la reine, d'*Autriche*, et non pas d'*Espagne*.

Car autrefois qu'il n'y avait que des noms réels, on ne trouvait pas à redire que ceux qui acquéraient un fief plus considérable que celui qu'ils avaient auparavant, prissent le nom de leur nouvelle acquisition; et encore aujourd'hui, on quitte le nom d'une seigneurie inférieure pour prendre celui d'une autre plus relevée, parce que le nom de seigneurie est encore aujourd'hui réel, et de la nature qu'étaient les anciens noms de seigneuries : mais depuis que ces noms sont devenus personnels et propres aux familles, ce changement ne se fait plus, et la raison en est facile à concevoir. Chacun est jaloux de conserver le nom de sa maison, comme la première et principale marque d'honneur, et on ne peut présentement quitter son nom pour en prendre un autre. C'est pourquoi, autant qu'il était glorieux aux ancêtres de la reine de quitter le nom de *Hasbourg* pour prendre celui d'*Autriche*, puisque ce changement marquait un nouvel accroissement de grandeur dans une maison, autant le serait-il peu maintenant de quitter le nom d'*Autriche* pour prendre celui d'*Espagne*. La raison de ce différent usage est que quand les noms étaient purement réels, ils ne marquaient que la seigneurie, dont l'une peut être préférée à l'autre, sans que personne y prenne intérêt, et sans que cette préférence ait aucune suite fâcheuse; mais les noms étant personnels, ils renferment tout ce qu'il y a de mérite, de vertu et de gloire dans une maison; et comme personne ne veut céder dans cette dispute, et que la préférence est injurieuse dans ce combat, on s'est fait un point d'honneur de conserver son nom, et de ne le plus changer pour un autre.

Cela supposé, peut-il tomber dans l'esprit d'une personne raisonnable de donner à la reine un autre nom que le sien, qui est plus illustre que tous ceux qu'on pourrait lui donner en échange? car le nom d'*Autriche* porte à l'esprit la grandeur de quatorze empereurs, le lustre de plus de vingt couronnes, et la gloire d'une infinité de princes, tous recommandables par leur prudence et par toutes sortes de vertus héroïques.

Il n'y a que le nom de *France* pour lequel la reine dût abandonner le sien; mais comme la nature des choses ne permet pas que ce changement se fasse, et que d'ailleurs elle participe à la grandeur de cet auguste nom de toutes les manières qu'il est possible, portant le titre de *reine de France,* et ayant donné un héritier à cette couronne, elle doit préférer son nom à tout autre.

Je dis de plus que le nom d'*Espagne* n'a jamais été un nom de famille. Et quelle apparence de donner à la reine un nom de maison qui commencerait à elle, et qu'elle porterait seule, puisque tous les princes et les princesses de sa maison portent le nom d'*Autriche?* Quelle apparence que la reine, qui a été baptisée et mariée sous le nom d'*Autriche,* en prît aujourd'hui un autre? Enfin quelle apparence que la reine, qui a de si justes prétentions sur tous les Etats qui ont été substitués aux princes et aux princesses de la maison d'Autriche, en quittât aujourd'hui le nom, et semblât renoncer à ses prétentions par un abandonnement de nom si peu raisonnable?

Si la maison d'Autriche avait cru pouvoir changer de nom, elle n'eût pas attendu à le faire jusqu'à ce qu'elle eût eu la couronne d'Espagne. Dès que Maximilien Ier vit son fils seigneur de la plus grande partie des pays dépendans de la succession de Bourgogne, il n'eût pas manqué de lui faire prendre le nom de *Bourgogne*, beaucoup plus illustre que celui d'*Autriche*, puisqu'il n'y avait point encore eu dans cette maison de couronne héréditaire. Mais comme les noms étaient alors personnels, il ne voulut pas que son fils renonçât à la gloire de ses ancêtres, et la coutume l'emporta sur les considérations qui l'auraient sans difficulté poussé à ce changement, si les noms eussent été au même état qu'ils étaient lorsque ses ancêtres quittèrent le nom de *Hasbourg* pour prendre celui d'*Autriche*.

Mais ce qui met la chose hors de difficulté, c'est que quand on considérerait le nom d'*Autriche* comme un nom réel, il est aujourd'hui plus illustre que celui d'*Espagne*, puisqu'il comprend tout ensemble une espèce de droit réel sur l'empire, les couronnes de Hongrie et de Bohême, celles de Naples, de Sicile et de Sardaigne, l'Etat de Milan, ceux de la succession de Bourgogne, les pays héréditaires d'Autriche, les Indes, et enfin l'Espagne même, qui ne fait qu'une partie de la grandeur comprise dans le nom d'*Autriche* : de sorte que ce serait diminuer de la gloire de la reine de lui donner un nom qui ne contient qu'une partie de tous les Etats qui dépendent de celui qu'elle porte.

J'ajouterai, pour dernière raison, qu'il est avantageux au roi d'empêcher ce changement ; car de tous les rois de l'Europe, il n'y a que le roi de France dont la maison n'ait point d'autre nom que celui de la *couronne*. La maison qui règne en Angleterre porte le nom de *Stuart*, celle de Danemarck celui de *Oldembourg*, celle de Suède celui de *Palatin*, celle de Pologne se nomme de *Wasa*, celle de Portugal *Bragance*, enfin celle d'Espagne s'appelle d'*Autriche*. Mais la maison de France n'a point d'autre nom que celui de la *couronne* : cette prérogative vient de ce que la couronne est dans la maison de France avant que les noms fussent devenus personnels et de famille; et ainsi, dans la nécessité de satisfaire à la coutume qui veut que chaque maison ait un nom qui lui soit propre et particulier, elle n'en a pu avoir d'autre que celui de la *couronne*. Au contraire les autres maisons royales étant parvenues à leurs couronnes depuis que les noms sont personnels, elles se sont trouvées avec un nom de famille, qu'elles n'ont pu quitter pour prendre celui de la *couronne* à laquelle elles étaient parvenues. Ce qui prouve encore manifestement que, puisqu'aucune maison royale ne quitte son nom pour prendre celui de la *couronne*, ce serait une affectation qui serait blâmée de tout le monde, si la reine en usait autrement que ne font tous les princes des autres maisons royales, qui retiennent le nom de leurs familles.

Le roi a donc intérêt qu'on ne donne point à la reine le nom d'*Espagne*, parce que ce serait un exemple qui pourrait être suivi des autres princes, et ferait déchoir la maison de France de l'avantage qu'elle a sur toutes les autres maisons royales. Car enfin, on reconnaîtra toujours plus sensiblement l'antiquité de la maison de France, quand on fera comparaison du nom de *France* avec celui d'*Autriche*, avec celui de *Stuart*, celui d'*Oldembourg*, de *Palatin*, de *Wasa* et de *Bragance*, que quand on comparera le nom de *France* avec celui d'*Espagne*, d'*Angleterre*, de *Danemarck*, de *Suède*, de *Pologne* et de *Portugal*. Dans ce dernier parallèle, on ne manque pas de trouver des raisons, lesquelles, quoique peu solides, ne laissent pas d'obscurcir la vérité; au lieu que dans l'autre il ne reste pas ombre de difficulté : ces noms d'*Autriche*, de *Stuart*, d'*Oldembourg*, de *Palatin*, de *Wasa* et de *Bragance* font souvenir des faibles commencemens qu'ont eus ces maisons; tandis que le nom de *France* n'a rien que de grand dans sa source et dans son progrès.

Il y en a qui veulent que, comme les maisons des autres rois ont un nom de famille, celle de France ait aussi le sien, qui est de *Bourbon :* mais cette proposition ne peut être avancée que par des personnes très-ignorantes dans nos histoires et dans nos coutumes; car nous avons déjà montré que les princes de la maison de France ne peuvent avoir d'autre nom de famille que celui de la *couronne*. Il est vrai qu'il n'y a que les filles du roi qui portent distinctement le nom de *France*, parce qu'elles n'ont point d'apanage dont elles puissent prendre le nom, et que d'ailleurs c'est sans conséquence qu'on leur permet de le faire, leur nom devant finir avec elles.

Pour les fils de France qui ont des apanages, ils sont obligés d'en prendre le nom, qui se perpétue dans leurs descendans, le nom de *France* demeurant consacré à la couronne. Néanmoins les fils de France et les princes des branches les plus éloignées accompagnent le nom de leur apanage de celui de *fils de France*, ou de *princes du sang de France;* ce qui suffit pour conserver le droit qu'ils ont à la couronne, et pour faire voir qu'ils sont de la maison de France ; au lieu que les princes des autres maisons royales non seulement ne prennent pas même les marques de l'extraction royale, mais quand ils les auraient, elles leur seraient inutiles, parce qu'ayant un nom de famille, ils sont exclus de pouvoir prétendre à celui de la *couronne*.

Mais pour mieux éclaircir cette difficulté, il faut observer qu'il y a cela de particulier dans la maison royale, que chaque branche, outre le nom de *France* qui est commun à toute la maison, a une espèce de nom réel qui est particulier à tous les descendans de celui qui a le premier pris le nom d'une seigneurie et apanage : par exemple, tous les descendans de M. le duc d'Orléans ; et s'il avait eu des cadets apanagés des duchés d'Anjou, de Valois et d'Alençon, ils auraient perpétué dans leur postérité les noms d'*Anjou*, de *Valois* et d'*Alençon*, selon qu'ils en auraient été apanagés, sans que jamais pas un de leurs descendans eût pris le nom de *Bourbon*, qui demeure propre à la branche dont M. le prince est le chef.

Mais deux raisons essentielles empêchent que les noms d'*apanages* passent pour noms de *famille :* la première, parce que ces noms ne sont pas communs à toute la maison, mais seulement à une branche qui le conserve pour mieux faire voir comme elle est sortie de la couronne ; la seconde, parce qu'un nom de famille ne se peut quitter. Or, les noms pris des apanages se quittent par les aînés d'une branche qui vient à la couronne, dont il y a quantité d'exemples dans notre histoire : le dernier est d'Henri quatrième, qui ne s'appela plus de *Bourbon* du moment qu'il fut parvenu à la couronne, le titre de *roi de France* éteignant le nom de l'*apanage*, de la même manière qu'une grande lumière en fait disparaître une moindre. Cet effet passe même aux descendans de celui qui est parvenu à la couronne, où il se fait un renouvellement de grandeur ; aussi les descendans d'Henri-le-Grand n'ont jamais porté le nom de *Bourbon;* et je me souviens d'avoir ouï dire que feu M. le duc d'Orléans traita de pédant Heinsius, qui, lui dédiant un de ses ouvrages, lui avait donné, dans l'inscription de son épître dédicatoire, le titre de *Gaston de Bourbon.* Cela montre l'erreur de ceux qui s'imaginent que le nom de *Bourbon* est le nom propre de la maison royale ; car, quoiqu'il soit vrai de dire que la couronne est possédée par un prince qui porterait le nom de *Bourbon,* si son aïeul n'était parvenu à la couronne, il est faux de dire qu'elle soit dans la branche de Bourbon, dont M. le prince est devenu le chef par l'acquisition que les aînés de sa branche ont faite de la couronne.

On peut donc dire que le nom d'*apanage* est un nom mixte, étant en partie personnel, puisqu'il est commun à tous ceux qui descendent de celui qui l'a le premier porté, et en partie réel, puisqu'il se quitte comme un nom de seigneurie par celui qui parvient à la couronne. Si cet usage s'accorde peu avec les principes que nous avons établis dans ce Mémoire, c'est un effet de l'ancienneté et de la grandeur de la maison de France, qui est en cela, comme en toute autre chose, au-dessus des règles ordinaires; mais elles s'observeront à l'égard de toutes les autres maisons royales, même à l'égard de celle d'Autriche (1).

---

(1) Pour les *Origines des noms de lieux*, *voyez* partie II, Géographie, tome II. (*Edit.*)

DES

COUTUMES ET USAGES ANCIENS

RELATIFS

AUX MARIAGES (1).

Les Français avaient anciennement un pouvoir absolu dans leurs maisons : nos lois, comme celles des Germains, les rendaient maîtres de la vie de leurs femmes, quand elles s'écartaient de leur devoir; et tel était cet empire domestique, qu'un Français ayant tué sa femme dans la vue d'en épouser une autre, ou par un mouvement de colère, les lois ne lui prescrivaient pas d'autre châtiment que celui d'être privé pour quelque temps de porter ses armes.

La condition des femmes était donc une sorte d'esclavage qui leur faisait regarder leurs maris comme des maîtres arbitres de leur sort. L'usage de prendre des femmes sans dot contribuait sans doute à cette dépendance. Nos ancêtres, moins intéressés que nous, regardaient cette privation de dot dans leurs femmes, comme un contre-poids nécessaire à leur orgueil; ils préféraient une esclave pauvre et docile, à une maîtresse riche, impérieuse, et qui n'est souvent qu'un tyran domestique.

---

(1) Extr. de divers écrits, par l'*Edit.* C. L.

Il est constant que les premiers Français, quand ils voulaient se marier, achetaient, pour ainsi dire, leurs femmes, tant par les biens qu'ils étaient obligés de leur donner en propriété, et dont leur famille héritait, que par les présens qu'ils leur faisaient à elles et à leurs parens; c'était moins le père que le mari qui dotait la femme qu'il épousait.

Nous lisons dans nos annales, qu'Erchinoald, maire du palais, sous le règne de Clovis II, ayant acheté de quelques pirates, une fille d'une rare beauté, appelée *Baudour* ou *Batilde*, la donna ensuite pour épouse à ce jeune prince, et, de son esclave, en fit la femme de son roi.

L'histoire lui rend cette justice, qu'elle n'oublia pas sur le trône qu'elle avait été esclave; et devenue religieuse après la mort de Clovis, elle ne se souvint jamais qu'elle eût porté une couronne.

Les enfans, sous la première race, ne pouvaient se marier sans le consentement de leur père. Le futur époux offrait une somme aux parens de la fille : c'était un sou et un denier, suivant Frédegaire et Marculfe. Si l'épouse future était une veuve, on présentait en justice trois sous d'or et un denier, que les juges distribuaient aux parens non héritiers du mari défunt. Cette offre se faisait dans une audience solennelle, où l'on élevait un bouclier, et dans laquelle on avait jugé au moins trois causes; à défaut de quoi le mariage était déclaré illégitime. Cette espèce d'achat donnait un si grand pouvoir au mari, que s'il venait à dissiper la dot, ou les successions échues à la femme, elle n'était point en droit de lui en demander la restitution. La loi exigeait plus pour une veuve que pour une fille, parce qu'une fille, en se mariant, ne changeait point d'état, et ne faisait que passer de la tutelle de ses parens sous celle de son mari. Une veuve, au contraire, avait recouvré sa liberté, et cette circonstance en relevait le prix.

Aurélien, illustre Gaulois, qui alla épouser, au nom de Clovis, la princesse Clotilde, fille du roi des Bourguignons, lui offrit, selon l'usage, un sou et un denier. Cette coutume fut long-temps observée en France. Les maris donnent encore aujourd'hui quelques pièces d'argent à leurs épouses : il n'y a de différence que dans le nombre et la valeur.

Un homme libre qui épousait une esclave, était lui-même condamné à l'esclavage; et une fille qui se laissait enlever, devenait aussi esclave. Les mariages que les grands seigneurs contractaient avec les ennemis de l'Etat, étaient pour eux de fréquentes occasions de révolte. La politique de nos rois fut toujours d'empêcher ces dangereuses unions; et dans les traités particuliers qu'ils faisaient avec ces trop redoutables sujets, ils inséraient ordinairement la clause, que ni le vassal ni d'autres de sa famille ne pourraient s'allier avec un étranger sans l'agrément du prince.

Saint Louis, jaloux de maintenir ce droit, empêcha le mariage de Jeanne, fille aînée du comte de Ponthieu, et son héritière, avec le roi d'Angleterre; celui de la comtesse de Flandre, veuve de Ferrand, avec Simon de Montfort, né Français, mais devenu sujet du roi d'Angleterre, par le comté de Leicestre, dont il avait hérité d'Amicie sa grand'mère, et enfin de ce même Simon de Montfort avec Matilde, comtesse de Boulogne. Mais saint Louis, qui donnait d'ailleurs la plus grande attention aux alliances des grands de son royaume, fit marier la fille de cette même Matilde avec Gaucher IV, chef de la maison de Châtillon, seigneur français aussi distingué par sa fidélité que par sa haute naissance ; et Matilde elle-même, comtesse de Flandre, avec Thomas, cadet de la maison de Savoie.

« Qui pourrait croire, dit Sauval (1), qu'on dépouillât autrefois les filles de qualité, et les princesses même, avant que de les marier, pour voir si elles étaient propres à avoir des enfans? » Froissart raconte le fait bien naïvement en parlant du mariage d'Isabeau de Bavière avec Charles VI. Voici ses propres termes : « Il est d'usage en France que quelque dame « ou fille de hault seigneur que ce soit, il convient « qu'elle soit regardée et avisée toute nue par les « dames, pour sçavoir si elle est propre et formée « pour avoir enfans. » C'était aussi la coutume, comme aujourd'hui parmi le peuple, que quand des veuves se remariaient, on faisait des charivaris : ce fut à un charivari que Charles VI faillit d'être brûlé avec quatre de ses favoris déguisés en sauvages. L'usage voulait, enfin, que le lit nuptial fût béni par un prê-

---

(1) *Antiquités de Paris*, t. 2, p. 646.

tre, avant que les nouveaux mariés couchassent ensemble; il n'y a pas fort long-temps que cette pratique s'observait encore dans certaines paroisses de campagne, et même dans des villes de province.

On trouve dans un ancien rituel du cardinal de Pellevé, la formule de la bénédiction du lit nuptial. L'époux et l'épouse étaient assis sur le lit; le prêtre les aspergeait d'eau bénite, ainsi que le lit; après quoi il les encensait, et prononçait la prière suivante : *Benedic, Domine, thalamum istum et omnes habitantes in eo, ut in tuâ pace consistant et in tuo amore vivant et senescant et multiplicentur in longitudine dierum.* Il prenait ensuite une coupe de vin, la bénissait, la présentait aux époux, en buvait aussi lui-même, et la passait aux assistans.

Un curé de la paroisse de Saint-Etienne-du-Mont à Paris, s'étant plaint que le nommé *Michaut*, un de ses paroissiens, avait fait attendre jusqu'à minuit pour la bénédiction du lit nuptial, Pierre de Gondi, évêque de Paris, ordonna qu'à l'avenir cette cérémonie se ferait de jour, ou du moins avant souper. Comme on ne pouvait consommer régulièrement le mariage que le lit n'eût été béni, c'était un droit de plus pour les curés, à qui on devait aussi ce qu'on appelait les *plats de noces*, c'est-à-dire leur dîner en argent ou en espèces.

Du temps de Sauval, qui rappelle cet usage, il en restait encore quelque trace à Paris et ailleurs. Les mariés priaient le curé ou le vicaire qui avait fait la cérémonie du mariage, de venir dîner avec eux; ce à quoi il ne manquait guère; et le marié, faisant toujours asseoir le prêtre au haut bout, lui servait ce qu'il y avait de plus délicat.

Sous Philippe-Auguste, l'évêque Eudes défendit expressément aux curés, à peine de suspension, de rien exiger pour les plats de noces avant la bénédiction nuptiale; il leur était permis néanmoins de les recevoir après, et de les demander, selon la coutume, s'il était nécessaire.

Le même Eudes, dans un grand différend qu'il eut avec l'abbé de Sainte-Geneviève pour les droits curiaux de Saint-Etienne-du-Mont, et qui fut terminé par Innocent III, remontra au pape que les paroissiens de cette église, ainsi que ceux de la cathédrale, payaient les plats de noces aux marguilliers de Notre-Dame, et que pour cela l'abbé de Sainte-Geneviève tirait d'eux une certaine maltôte.

Des évêques, du temps de saint Louis, se fondant sur l'exemple du jeune Tobie, défendaient aux nouveaux mariés d'habiter ensemble les trois premières nuits de leurs noces. Mais les habitans d'Abbeville craignirent peu le dragon dont on les menaçait : rien ne put les faire plier sous un joug inconnu dans la primitive Eglise; et le maire, ainsi que les échevins, ayant présenté requête au parlement, il intervint, le 19 mars 1409, un arrêt portant « défenses à l'évêque « d'Amiens et aux curés de ladite ville, de prendre « ni exiger d'argent des nouveaux mariés, pour leur « donner congé de coucher avec leurs femmes, la « première, la seconde et la troisième nuit de leurs

« noces ; et fut dit, que chacun desdits habitans pour-
« rait coucher avec son épousée sans la permission
« de l'évêque et de ses officiers. » Sur quoi Saint-Foix
fait cette réflexion : « Nous ne pouvons vendre que ce
« qui nous appartient. Les curés croyaient-ils, comme
« certains prêtres des Indes, que ces trois premières
« nuits leur appartenaient ? »

Les mariages ne se célébraient qu'à la porte de
l'église. C'est ce qui résulte d'une disposition testa-
mentaire de l'an 1397, par laquelle Pernelle, femme
de l'alchimiste Nicolas Flamel, lègue une rente de
2 sous 6 deniers tournois « à chascune des cinq po-
« vres personnes qui ont accoustumé de seoir et de-
« mander l'aumosne au portail où l'on espouse les
« mariés en l'église de Saint-Jacques (1). » En 1559,
lorsqu'Elisabeth de France, fille d'Henri II, épousa
Philippe II, roi d'Espagne, Eustache du Bellay, évêque de Paris, fit au portail de Notre-Dame, suivant
la coutume, la célébration de ces épousailles.

C'était encore une chose assez commune autrefois
de voir les veuves de nos rois se remarier avec de
simples seigneurs. Après la mort de Louis-le-Gros, sa
femme Adélaïde de Savoie épousa Matthieu de Montmorenci. Cette alliance, qui paraîtrait aujourd'hui singulière, ne l'était pas alors. Le roi son mari l'avait toujours aimée avec beaucoup de tendresse, et il fit pour
elle ce qu'aucun de ses prédécesseurs n'avait encore
fait. Il voulut que les chartres et autres monumens de

---

(1) *Hist. crit. de Nicolas Flamel*, p. 301, in-12.

cette nature fussent également datés des années de son règne et de celles du couronnement de la princesse (1). C'est à la reine Adélaïde que le monastère des religieuses de Montmartre est redevable de sa fondation.

Le nom de *reine*, que portaient auparavant ces augustes veuves, ne se perdait pas lors même qu'elles se mariaient avec des seigneurs particuliers : témoin Adélaïde, fille de Robert, qui, devenue femme de Baudouin, comte de Flandre, était appelée *comtesse-reine*.

La paroisse de l'église de Sainte-Marine, l'une des plus petites de Paris, n'était composée que de dix à douze personnes, qui faisaient célébrer le service, et présentaient tour à tour le pain bénit. Aussitôt qu'on venait demeurer sur cette paroisse, on était sûr d'être nommé marguillier. C'est dans cette église qu'on mariait ceux que l'on condamnait à s'épouser. Plus anciennement, on leur donnait, avec la bénédiction nuptiale, un anneau de paille, comme si l'on avait voulu caractériser par la fragilité de cet emblème celle de la vertu des deux époux.

Il existait, enfin, un usage non moins singulier que celui de l'anneau de paille ; c'est ce qui se pratiquait lorsque la mariée était d'un sang noble. On la portait à l'église sur une civière avec un fagot d'épines et de genièvre. C'était une des prérogatives de la noblesse du temps : on la retrouve encore dans l'histoire du cinquième siècle.

---

(1) Nous avons déjà eu occasion de citer des actes de Louis VI avec cette double date.

DES CONCUBINES,

ET DU DROIT RELATIF AU CONCUBINAGE.

PAR GAUTIER DE SIBERT.

Les souverains faisaient appeler leurs fils *rois*, en naissant, pour accoutumer les peuples à leur être soumis. Les fils naturels avaient le même avantage, parce que, sous cette première race, tous les enfans mâles du sang royal, légitimes ou illégitimes, partageaient la couronne.

Quelques-uns on dit que cet usage avait lieu, parce que les concubines étaient une espèce de femmes permise. J'ose dire qu'ils sont dans l'erreur. Jamais, chez les nations de tous les temps, le mot de *concubine* n'a été pris en bonne part. Il a toujours signifié une personne dont le commerce n'était point autorisé par les lois. Chez toutes les nations, l'union de l'homme avec la femme a été assujettie à des formalités nécessaires pour le repos des familles et le maintien de la société. En général, la religion et les lois civiles se sont toujours réunies pour en fixer les règles; et dès qu'elles n'étaient point observées, le commerce était illégitime, et les femmes appelées *concubines*.

Les Francs, dans la Germanie, avaient, comme tous les autres peuples, des règles concernant les mariages. Nous en avons des preuves dans Tacite et dans l'ancienne loi salique.

Ce qui a donné lieu à plusieurs d'interpréter en bonne part le mot de *concubine*, c'est que nous voyons que, dans les premiers siècles du christianisme, une espèce de concubinage était toléré; c'est-à-dire qu'un homme qui n'avait point de femme, et qui, pour des raisons particulières, en prenait une clandestinement, et sans avoir dessein de la quitter, pouvait en avoir des enfans sans blesser sa conscience, pourvu que cette union eût été précédée d'une bénédiction nuptiale donnée en particulier par un prêtre. Mais ces enfans étaient privés des effets civils comme n'étant point nés d'un mariage légitime, c'est-à-dire autorisé par les lois civiles, dont l'Eglise ne pouvait pas dispenser. Elle crut qu'il était de sa prudence de permettre l'espèce de concubinage dont je viens de faire mention, parce que le paganisme était encore en vigueur, et qu'il y avait de certains ménagemens à garder. Si, par cette raison, il y a eu un temps où l'Eglise a donné un sens favorable au nom de *concubine*, il n'a pas passé le quatrième siècle; car dès le commencement du cinquième, elle n'appliquait cette expression qu'aux personnes dont le commerce était criminel. Dans les conciles, dans les formules, dans les Pères, dans les lois civiles du cinquième siècle, on lit partout : « Il « n'est pas permis d'avoir une concubine; autre

« chose est épouse, autre chose est concubine. Si
« un père donne sa fille à un homme qui a une
« concubine, il ne faut pas penser qu'il la donne à
« un homme marié. »

Plusieurs capitulaires de nos rois défendent le concubinage, et ordonnent qu'on fasse la recherche de ceux qui avaient des concubines. Il est donc certain que dès la naissance de cette monarchie, l'expression de *concubine* n'était point prise dans un sens favorable. Par conséquent, toutes les fois que nos historiens disent que tel de nos rois avait une concubine, il faut comprendre que c'était une femme dont l'union était illicite, que les enfans qui en provenaient étaient enfans naturels, et que si ces enfans partageaient la couronne avec les légitimes, c'était par une loi fondée sur l'usage, et non parce que la concubine dont ils étaient nés était une femme légitime. Cette coutume éprouva dans la suite de grands changemens, que l'histoire nous apprendra.

J'ai dit, et je crois pouvoir soutenir sans m'écarter de la vérité, que « jamais chez les nations de tous
« les temps, le mot de *concubine* n'a été pris en
« bonne part : qu'il a toujours signifié une union
« dont le commerce n'était point autorisé par les
« lois. »

Au contraire, du Cange, et quelques modernes avec lui, prétendent qu'anciennement le mot de *concubine* était quelquefois pris en bonne part. D'autres ont dit simplement qu'autrefois *concubine* ne signifiait pas ce qu'il signifie parmi nous. Cette diversité d'opinions exige que je m'explique plus amplement ici que je n'ai fait ailleurs sur cet objet.

Quoiqu'en général l'expression de *concubine* ait toujours porté avec elle une idée désavantageuse, cependant je conviendrai qu'il y avait à Rome et à Athènes une espèce de *concubinage* qui n'était point réputé libertinage. Lorsqu'un citoyen épousait une étrangère, ou une naturelle du pays de condition inégale à la sienne, cette femme, quoique tenue à titre d'*épouse,* était nommée *concubine.* Dans ce sens, *concubinage* était réputé *mésalliance,* et non pas désordre, pourvu que le mari n'eût pas d'autre femme. Mais il y avait toujours une flétrissure attachée à ces mariages, et les enfans qui en provenaient n'étaient point légitimes, successibles de plein droit. A Rome, ils étaient capables de donations, sans l'être de successions. A Athènes, ils ne succédaient qu'au défaut d'autres enfans, et encore ils n'étaient appelés à la succession que dans de certaines circonstances, et par des considérations politiques (1). J'en ai cité des exemples. Egalement par le droit suivi dans les Gaules, au temps de l'établissement de la monarchie française, les enfans des *concubines,* prises dans le sens le plus favorable qu'on puisse l'interpréter, n'héritaient qu'au cas que le mari n'eût pas d'enfans légitimes (2).

---

(1) Arist., *Polit.*, l. 3 et 6.
(2) *Voyez* le chapitre 52 du livre des anciennes formules,

Le christianisme ayant été reçu dans l'empire, l'Eglise, pour se conformer à l'usage, appela pendant un temps *concubines*, ces femmes dont le mariage avait, pour toute irrégularité, une inégalité de condition. C'est dans ce sens que le dix-septième canon du premier concile de Tolède, tenu en 400, dit *de ne point refuser la communion à celui qui n'a qu'une épouse ou qu'une concubine*. D'après ce canon, Henri Etienne ne voulant pas apprécier les expressions suivant les temps dans lesquels on les a employées, juge à propos de s'égayer, et de dire que les conciles ont permis des *concubines*. D'un autre côté, plusieurs de nos jurisconsultes et de nos historiens se sont appuyés de ce même canon du concile de Tolède, pour justifier l'incontinence des rois de nos premières races, en prétendant que quand on lit que tels de nos rois avaient des *concubines*, c'étaient des épouses légitimes d'un second ordre, dont le mariage s'était fait sans solennité. Cette opinion me semble contraire à ce que nous lisons dans les Pères et dans les lois civiles.

Le mot de *concubine*, pris en bonne part dans le concile de Tolède, cessa peu après d'être entendu dans un sens favorable. Saint Augustin, mort avant le milieu du cinquième siècle, dit en termes précis, dans un sermon numéroté 392 : « Il ne vous est pas « permis d'avoir des concubines. Si vous êtes sourds,

---

et les notes de Jérôme Bignon, sur les formules de ce même chapitre.

« que Dieu m'écoute. » Le pape saint Léon, qui vivait sur la fin du cinquième siècle, écrivait à l'évêque de Narbonne, au sujet des filles qui épousaient des hommes qui avaient des concubines : « Les filles qui « sont mariées avec l'autorité de leurs pères, ne sont « point en faute si les femmes qu'avaient leurs maris « n'étaient pas véritablement mariées, parce qu'au« tre chose est femme mariée, autre chose est con« cubine. » Si dans les temps où ces docteurs de l'Eglise vivaient, on eût encore attaché à l'expression de *concubine*, une espèce d'union légitime, ils n'auraient pas manqué d'en faire des distinctions. Plusieurs conciles des septième et huitième siècles ne donnent pas un sens plus avantageux au mot de *concubine*. Le droit français se régla par ces maximes. Pour nous assurer que nos lois civiles adoptèrent sur ce point la discipline de l'Eglise, il suffit de lire les titres 59, 60, 105 et 336 *de concubinis non habendis,* du livre 7 des capitulaires de Charlemagne.

Cordemoi, qui est un de nos historiens les plus favorables au *concubinage,* dit, sur l'an 638, « que la « loi était fort exacte en ce qui regardait l'honnêteté « des mariages et le repos des familles. Les enfans, « ajoute-t-il, dépendaient tellement de leurs parens, « qu'ils ne pouvaient se marier sans leur consente« ment ; et quand un homme voulait épouser une « fille, il fallait qu'il offrît, aux parens de cette fille, « une somme que la loi ne marque pas : mais Fréde« gaire la fait connaître, en disant que quand les « ambassadeurs du grand Clovis demandèrent Clo-

« tilde en mariage, ils offrirent un sou et un denier,
« suivant la coutume des Français. La même somme
« est marquée dans les formules de Marculfe. Que
« si celle qu'on voulait épouser était veuve, il fallait,
« comme elle ne dépendait plus de personne de qui
« on la pût acheter, offrir en jugement trois sous et
« un denier; et cette somme, qui était le prix de
« sa liberté, se donnait à des parens de son mari,
« autres que ceux qui lui avaient succédé. Il fallait
« aussi, pour rendre la séance où cette offre se faisait
« plus solennelle, qu'il y eût un bouclier, et qu'on
« y jugeât au moins trois causes; autrement la loi dé-
« clarait le mariage illégitime (1). » Il me semble
que des concubines légitimes ne pouvaient guère
s'accorder avec des usages si stricts.

Au surplus, quand même l'expression de *concubine*
eût continué, dans les premiers siècles de la monarchie
française, de signifier une union permise, les défenseurs du concubinage (2) n'en pourraient tirer aucun
avantage en faveur de nos rois, qui ne se faisaient point
de scrupule d'entretenir plusieurs femmes à la fois.
Clotaire Ier avait en même temps Ingonde et Are-
gonde. Théodebert Ier était marié à Visigarde, lors-

---

(1) *Formul.* 75.

(2) De ce nombre est le Père Daniel, auquel on a reproché
d'avoir écrit dans l'intérêt des enfans naturels de Louis XIV,
sous l'influence de Mme de Maintenon. (*Voyez* son *Histoire
de France*, ouvrage encore utile, malgré ses défauts.)

(*Edit.* C. L.)

qu'il fit venir à la cour Deutérie, dame de Cabrières, qui devint mère du roi Théodebalde. Dagobert Ier avait pour épouse Nantilde, lorsqu'il eut de Ragnetrude le roi Sigibert II, etc. Ces faits se lisent dans Grégoire de Tours, Frédegaire, Mézerai, Daniel. Or, on convient qu'il était défendu par les lois ecclésiastiques et civiles, d'avoir une épouse et une concubine. Ainsi, dès qu'il est prouvé que nos rois avaient l'une et l'autre ensemble, l'une des deux ne pouvait être qu'une concubine prise en mauvaise part.

Ceux qui aiment à trouver tous nos usages chez les Romains, allégueront peut-être que l'empereur Valentinien Ier avait fait une loi qui permettait à tous les citoyens de l'empire romain d'avoir deux femmes à la fois; et que les rois français qui laissèrent subsister le droit romain dans les Gaules conquises, auraient bien pu adopter une loi faite par un empereur chrétien. Je dirai que la loi de Valentinien est un conte, dans le genre de celui de la papesse Jeanne. Un académicien dont l'érudition et la sagacité sont connues, a prouvé que cette loi est fausse (1). D'ailleurs, les empereurs Théodose, Arcadius et Honorius, firent depuis des lois si contraires à cette prétendue loi, qu'elles l'eussent détruite, si elle eût jamais existé.

Enfin, comment peut-on imaginer que quand nos anciens historiens ont écrit que nos rois avaient des concubines, ils ont voulu signifier, par cette ex-

---

(1) M. Bonamy, *Mém. de l'Acad. des inscript. et bel. let.*, t. 30.

pression, une *femme légitime*, eux qui s'écrient contre les désordres de ces princes; eux qui, étant chrétiens, savaient que le mariage, selon la loi de l'Evangile, exclut la multiplicité des femmes; et que si un homme ou une femme contracte plusieurs mariages, il n'y a de bon que le premier, à moins que ce premier n'ait été cassé par un jugement authentique, tel, par exemple, que l'a été celui d'Henri IV avec Marguerite de Valois !

Mais comment donc justifier cette espèce de *sérail* (c'est l'expression du Père Daniel) que nos rois mérovingiens entretenaient à leur cour? Le justifier! cela n'est pas possible : quant à en dire la raison, un passage de Tacite le développera. J'en ai déjà touché quelque chose dans un autre lieu. « Les Germains « étaient presque les seuls des Barbares qui se con- « tentassent d'une seule femme, si l'on excepte quel- « ques personnes qui, non par dissolution, mais à « cause de leur noblesse, en avaient plusieurs (1). »

Nos rois, sortis d'une nation où la pluralité des femmes était une prérogative particulière attachée à la noblesse du sang, eurent peine à se guérir d'un préjugé qui flattait leur vanité et leur volupté. Il fut long-temps chez eux plus fort que la loi de la religion qu'ils avaient embrassée. Par une suite de ce préjugé, qui les autorisait à regarder la polygamie

---

(1) *Propè soli Barbarorum singulis uxoribus contenti sunt; exceptis admodùm paucis qui non libidine, sed ob nobilitatem, plurimis nuptiis ambiuntur.* (Tacit., Mor. Germ.)

comme un droit inhérent à leur haut rang, ils ne faisaient point de distinction d'enfans naturels et d'enfans légitimes; ils les considéraient tous comme également habiles à leur succéder, et ils n'admettaient point de différence dans les partages. Avec le temps, la religion et la politique abolirent cet usage.

SUPPLÉMENT

SUR LES CONCUBINES (1).

Dans un édit de l'empereur Henri II, rendu à la prière du pape, on avait décidé que les clercs n'auraient ni femmes ni concubines, et que les enfans des clercs seraient serfs de l'église dans laquelle leurs pères serviraient, quoique leurs pères fussent libres. Cette interdiction des concubines aux clercs, prouve qu'elles n'étaient pas telles qu'on les entend aujourd'hui, puisque la loi de Dieu, qui les défend à tous les chrétiens, aurait suffi.

Cette matière est trop curieuse pour que je ne l'étende pas, autant que cet ouvrage le permet, en rapportant un passage de Giannone, qui en donne une idée générale. « Quelques écrivains ont censuré la « disposition des lois qui permettent le concubinage, « et qui défendent seulement d'avoir en même temps

---

(1) Extr. du président Hénault, *Histoire de France*, t. 1.

« une femme et une concubine : mais on ne sera point
« surpris de ces lois, si l'on considère que chez les
« Romains le concubinage était une union légitime,
« non seulement tolérée, mais encore autorisée ; c'est
« pourquoi on lui donnait le nom de *demi-mariage*,
« *semi-matrimonium*, et à la concubine celui de
« *demi-femme*, *semi-conjux*. On pouvait avoir une
« femme ou une concubine, pourvu qu'on n'eût pas
« les deux en même temps. Cet usage continua de-
« puis que, par l'entrée de Constantin-le-Grand dans
« l'Eglise, les empereurs furent chrétiens. Constantin
« mit bien un frein au concubinage, mais il ne l'a-
« bolit pas, et il fut conservé pendant plusieurs siè-
« cles chez les chrétiens ; on en a une preuve bien
« authentique dans un concile de Tolède, qui or-
« donne que chacun, soit laïque, soit ecclésiastique,
« doive se contenter d'une seule compagne, ou femme
« ou concubine, sans qu'il lui soit permis de tenir
« ensemble et l'une et l'autre... Cet ancien usage des
« Romains se conserva en Italie, non seulement chez
« les Lombards, mais depuis encore, quand les Fran-
« çais y établirent leur domination. Quelques autres
« peuples de l'Europe regardaient aussi le concubi-
« nage comme une union légitime. Cujas assure que
« les Gascons et d'autres peuples voisins des Pyré-
« nées n'y avaient pas encore renoncé de son temps. »
Ce serait bien là la matière d'une dissertation, que
je propose à quelqu'un de plus instruit que je ne le
suis.

ADDITION

SUR LE CONCUBINAGE DES CLERCS, DANS LE MOYEN AGE (1).

Les évêques essayèrent quelquefois d'empêcher les prêtres de mener une vie dissolue, mais toujours vainement.

Louis-le-Gros, bien loin de cela, leur permit, aussi bien qu'aux diacres et sous-diacres de Saint-Corneille de Compiègne, qui est à dix-huit lieues de Paris, et fait partie de l'Ile-de-France, d'avoir des concubines; et aux autres clercs de se marier, à cause, dit-il, de leur incontinence; mais à condition qu'ils ne tiendraient point un bénéfice et une femme en même temps, ce qui est expliqué fort nettement dans le concile de Sens de l'an 1269, lorsqu'il excommunie les prêtres concubinaires, ainsi que je vais dire.

Depuis, et surtout du vivant de Jacques de Vitri, cardinal-légat, la fornication en France ne passait point pour un péché; les femmes débauchées sollicitaient effrontément la vertu des prêtres. Les prêtres tenaient à honneur d'entretenir des concubines, et même au sortir de leur lit, et d'entre leurs bras, ne faisaient aucun scrupule d'aller dire la messe. L'évêque Maurice ne pouvant souffrir ce scandale, menace et use des censures de l'Eglise; ils s'en moquent, et en appellent à Rome, où s'évoquaient alors les causes

---

(1) Extr. des *Antiquités de Paris*, par Sauval, in-f°, t. 2.

du clergé, dans l'espérance que celle-ci pourrait être égarée parmi le grand nombre, et pendant cela, qu'ils seraient en repos. Luce III aussitôt permet à Maurice de suspendre ceux qui entretenaient des femmes, et à faute de s'en défaire dans les quarante jours, de les interdire. Gillon, légat, renouvela les ordres de Luce, et excommunia tous les prêtres qui n'obéiraient pas. Ensuite le concile de Sens, tenu en 1269, publia son mandement. L'archevêque Pierre, qui y présidait, et alors métropolitain de Paris, commanda, en vertu de l'obédience, et à tous les prélats, de corriger, tant en secret que dans les synodes, leurs prêtres concubinaires, et en cas de contravention, de les excommunier et saisir leurs bénéfices, à peine d'encourir la rigueur des canons, et de devenir suspens eux-mêmes par leur négligence.

Toute cette sévérité n'empêcha pas qu'Abailard ne corrompît la jeune et docte Héloïse dans le cloître Notre-Dame, qu'il fut contraint d'épouser pour sauver l'honneur de la fille et de sa parenté, et non pas peut-être sans expier sa faute par une punition qu'il n'est pas trop à propos de dire (1).

Jean de Montmorenci tout de même, chanoine et sous-diacre de Paris, ne laissa pas tout publiquement d'entretenir une concubine, sans que ses confrères, qui le savaient, s'en missent en peine; mais l'évêque Renoul, pour y donner ordre, étant venu exprès au

---

(1) Et trop connue pour qu'il soit nécessaire de l'expliquer ici. (*Edit.*)

chapitre en 1286, exhorta le doyen, aussi bien que les chanoines, de le corriger, et même de le punir.

Depuis, la recherche de tels désordres fut si grande, que dans les synodes de Paris, on obligea les confesseurs de venir révéler les noms de ceux qui mèneraient une pareille vie, statut qui fut renouvelé en 1503, dans une assemblée de curés et de vicaires, où présida Pinelle, professeur en théologie, depuis chanoine, chancelier de Notre-Dame, et vicaire d'Etienne Poncher. Au reste, si ce vice était commun parmi les prêtres et les autres gens d'Eglise, il ne l'était pas moins parmi les autres. Il y avait des rues destinées pour les femmes scandaleuses; elles avaient des statuts, certains habits, afin de les reconnaître, et même des juges à part (1).

---

(1) *Voyez*, tome VIII de la Collection, les pièces relatives aux *femmes de mauvaise vie*. Nous aurions pu y joindre une histoire plus curieuse que morale des Désordres de la vie privée des Français, par Sauval, dont nous possédons le manuscrit sous ce titre : *Chronique scandaleuse de Paris*, ou *Histoire des mauvais lieux* (depuis le commencement du douzième siècle); mais nous aimons à croire que nos lecteurs nous sauront gré d'avoir dérobé à leur curiosité ce qui ne pourrait lui être offert qu'aux dépens de leur délicatesse et de l'honnêteté publique. (*Edit.* C. L.)

DES USAGES ANCIENS

RELATIFS

AUX FUNÉRAILLES (1).

Les seigneurs et les dames de la cour assistaient aux obsèques des rois de la première race en habits de deuil, les cheveux épars et poudrés de cendre. Les tombeaux des souverains ne consistaient que dans une grande pierre profondément creusée, et couverte d'une autre en forme de voûte. On ne voyait sur ces pierres ni figures ni épitaphes; c'était dans l'intérieur du tombeau qu'éclatait la magnificence : on y renfermait des armes enrichies d'or et de pierreries, de riches vases et des ornemens précieux.

Sous la seconde race, on commença à mettre des épitaphes sur les tombeaux de nos rois. Voici celle de Charlemagne; elle est belle par sa simplicité :

Ci-gît le corps de Charles, grand et orthodoxe empereur. Il étendit glorieusement l'empire des Français, et régna heureusement pendant quarante-sept ans. Il mourut septuagénaire, le 28 janvier 814.

---

(1) Extr. de divers écrits relatifs à la vie privée des Français, avec des additions, par l'*Édit.* C. L.

On descendit son corps dans un caveau, après l'avoir embaumé; on l'assit sur un trône d'or. Il était vêtu de ses habits impériaux par-dessus un cilice; on lui avait ceint sa *joyeuse* : c'était le nom de son épée. Sa tête était ornée d'une chaîne d'or en forme de diadême; il avait un globe d'or dans une main; l'autre main était posée sur le livre des Evangiles, qu'on avait mis sur ses genoux; son sceptre d'or et son bouclier étaient appendus devant lui à la muraille; on ferma et on scella le caveau après l'avoir rempli de parfums, d'aromates et de beaucoup de richesses.

Les lois saliques interdisaient le feu et l'eau à celui qui avait déterré un corps pour le dépouiller, jusqu'à ce qu'il eût fait aux parens du mort telle satisfaction qu'ils souhaitaient.

Les chevaliers morts dans leur lit étaient représentés sur leurs tombes sans épée, la cotte d'armes sans ceinture, les yeux fermés, et les pieds appuyés sur le dos d'un levrier : au lieu qu'on y représentait les chevaliers tués dans une bataille, l'épée nue à la main, le bouclier au bras gauche, le casque en tête, la visière abattue, la cotte d'armes ceinte sur l'armure, avec une écharpe ou une ceinture, et un lion à leurs pieds.

On plaçait quelquefois des grilles autour des tombeaux, par respect, ou comme moyen de conservation; mais, outre cette grille, on en mettait une autre qui couvrait entièrement le sépulcre, si c'était celui d'un prince ou d'un chevalier mort prisonnier. Philippe d'Artois, connétable de France, ayant été pris par les Turcs à la bataille de Nicopolis, en 1396, son tombeau, couvert d'une grille, fut comme enfermé dans une cage de fer, pour montrer qu'il était mort en prison.

Un des fils de saint Louis avait cessé de vivre à l'âge de seize ans : son corps, renfermé dans un cercueil, fut porté alternativement sur les épaules des plus grands seigneurs, à l'abbaye de Royaumont, où il fut enterré. Henri III, roi d'Angleterre, qui était alors à Paris, le porta lui-même assez long-temps, comme feudataire de la couronne.

A la porte de l'église de Notre-Dame, le roi Philippe III prit sur ses épaules les ossemens de saint Louis, son père, et les porta jusqu'à Saint-Denis, accompagné d'archevêques, d'évêques et d'abbés, la *mitre en tête et la crosse au poing*. Il se reposa sept fois en route, et l'on planta une croix à chacune des stations. On prétend qu'il s'opéra plusieurs miracles aux mêmes lieux, et que des malades y reçurent du soulagement.

Aux funérailles de Charles VI, on imagina d'enfermer le corps dans un cercueil de cyprès, et de faire une effigie en cire, revêtue des habits royaux.

Les porteurs de sel, que l'on appelait *hannouars*, avaient le privilége de porter le corps des rois depuis Paris jusqu'auprès de Saint-Denis. Ce furent eux qui portèrent ceux de Charles VI, de Charles VII et de Henri IV. Ce privilége singulier était probablement fondé sur un usage grossier et barbare qui se pratiquait alors : on avait perdu l'art d'embaumer les corps; on les coupait par pièces qu'on salait, après les avoir fait bouillir dans de l'eau, pour séparer les os de la chair. Les porteurs de sel étaient apparemment chargés de l'opération, et ils obtinrent l'honneur de porter ces tristes restes. L'historien de Charles VI, Juvénal des Ursins, nous apprend, en parlant d'Henri, roi d'Angleterre, prétendu roi de France, mort à Vincennes, au mois d'août 1422, que « son corps fut mis « par pièces, et bouilli dans une chaudière, telle- « ment que la chair se sépara des os; l'eau fut jetée « dans le cimetière, et les os avec la chair furent mis « dans un coffre avec plusieurs espèces d'épices et de « drogues odoriférantes et sentant bon. »

Mais voici quelque chose de plus gai pour un enterrement : Aux funérailles des nobles d'extraction, on faisait coucher dans le lit de parade, qui se portait à la suite du convoi, un manant armé de pied en cap, pour représenter le défunt. On trouve dans les anciens registres de la maison de Polignac, que *Blaise* reçut cinq sous pour *avoir fait le chevalier mort,* à la sépulture de Jean, fils de *Randonnet-Armand,* vicomte de Polignac. On se faisait aussi inhumer, par testament, en habit de religieux; et alors on était censé moine et frère du couvent dont on avait l'habit.

La création de la chevalerie introduisit beaucoup de cérémonies extraordinaires dans les pompes funèbres. Lorsque les rois ne nommaient personne pour conduire la cérémonie, le soin en était donné en partie aux hérauts d'armes, qui étaient de vice-chevaliers instruits de toutes les lois de la chevalerie, et à qui leur valeur avait acquis une estime et une autorité qui s'accroissaient avec l'âge.

Depuis le règne de Charles VI, la qualité de *héraut* s'est fort avilie. Les rois ont toujours nommé à chaque cérémonie quelque seigneur de distinction pour la régler, suivant l'ancien usage.

Lorsqu'Henri III passa par l'Italie, il prit du goût pour les usages des peuples de cette contrée, qui aimaient beaucoup les cérémonies.

Il créa plusieurs charges; et entre autres, dans l'année 1585, il fit un maître des cérémonies, et un maître pour servir en son absence. Le titre de *grand-maître* n'a été donné au premier que long-temps après.

Il semblerait que toutes les cérémonies devraient être réglées, et qu'il n'y aurait rien à innover. Cependant, elles sont rarement les mêmes; chacun veut s'élever, et empiéter sur les droits des autres. De là, la nécessité de changer ou de modifier le cérémonial : les rois se sont trouvés quelquefois fort embarrassés pour décider avec justice sur ces affaires de point d'honneur, ne sachant précisément à qui appartient le droit contesté.

Aux funérailles de Philippe-Auguste, le cardinal-légat et l'archevêque de Reims voulaient officier pontificalement. La dispute fut vive entre eux : pour les accorder, on dressa deux autels, sur lesquels chacun célébra l'office en même temps et de même voix, afin qu'un seul chœur répondît aux deux officians.

Aux obsèques de saint Louis, dont il a déjà été question, la foule du peuple qui suivait le convoi était considérables. Les seigneurs les plus distingués s'y trouvèrent; tous les prélats qui étaient alors à la cour y parurent en habits pontificaux. Les religieux crurent que les archevêques et évêques ainsi décorés, entreprenaient sur leurs droits. Ils fermèrent les portes de leur église, et ne voulurent point souffrir qu'on y entrât, jusqu'à ce qu'il eût été résolu que les prélats quitteraient leurs ornemens, pour y entrer sans pompe et sans marque d'autorité ni de juridiction sur eux.

Aux convois où les rois se trouvaient, ils suivaient le corps à cheval dans les champs; dans les villes et les villages de leur passage, ils mettaient pied à terre. Cette coutume fut abolie entièrement depuis Charles V.

On a pourtant des exemples d'enterremens de princes effectués en France sans pompes ni cérémonies.

Aux funérailles d'Isabeau de Bavière, veuve du roi Charles VI, son corps fut porté du château des Tournelles, où elle mourut, jusqu'à l'église de Saint-Denis, sans aucun appareil. Les registres du parlement portent qu'il s'y fit quelques cérémonies; mais les auteurs contemporains n'en parlent pas. Ils disent, au contraire, qu'on mit tout simplement le corps de la reine dans un bateau avec un prêtre, deux cierges, et trois officiers de sa maison, qui conduisirent le convoi par eau à Saint-Denis, où les religieux qu'Isabeau avait comblés de bienfaits lui firent à leurs frais le service le plus honorable qu'ils purent. Ils attribuent cette privation des honneurs qu'on lui devait, aux Anglais, qui étaient maîtres du pays, et qui la haïssaient.

Aux obsèques de Charles VIII, vingt gentilshommes de sa maison portèrent son corps (1).

Il paraît que dans les treizième et quatorzième siècles, les obsèques des nobles étaient accompagnés d'offrandes d'armes et de chevaux, que la famille du défunt faisait à l'église ou à l'évêque officiant. Dans une transaction de l'an 1329, entre les curés de Paris et celui de l'église du Saint-Sépulcre, il est question du partage des offrandes de hardes et de chevaux. Au service fait à Saint-Denis, en 1389, pour Bertrand du Guesclin, par l'ordre de Charles VI, l'évêque d'Auxerre, qui célébrait la messe, descendit de l'autel après l'Evangile; et lorsqu'il eut prit place à la porte du chœur, on vit arriver quatre chevaliers armés de toutes pièces avec les armes du feu connétable du Guesclin, qu'ils représentaient; ils étaient suivis de quatre autres portant ses bannières, et montés sur des chevaux caparaçonnés de noir. C'étaient, dit l'historien, les plus beaux chevaux de l'écurie du roi: l'évêque reçut le présent des chevaux en leur mettant la main sur la tête. Le connétable de Clisson et deux maréchaux de France firent aussi leur offrande, accompagnés de huit seigneurs qui portaient chacun un écu aux armes du défunt, et tout entouré de cierges allumés. Après eux venaient le duc de Touraine, le prince de Navarre, le comte de Navarre et Henri de Bar, tenant chacun par la pointe une épée

---

(1) *Voyez* le *Mercure galant* du mois d'août 1711; du Tillet, *Rec. des rois de Fr.*, et le *Cérémonial fr.*, par Godefroy.

nue. Au troisième rang marchaient quatre autres seigneurs armés de pied en cap, et conduits par huit jeunes écuyers, dont les uns portaient des casques et les autres des pennons et bannières aux armes de du Guesclin. Ils allèrent tous se prosterner au pied de l'autel, et y déposèrent ces pièces d'honneur.

Alors, et même dans des temps plus modernes, on ne faisait ordinairement les funérailles de nos rois que six semaines après leur mort. On exposait pendant ces quarante jours leur image en cire à la vue du peuple, sur un lit de parade. Le corps était dessous, embaumé dans un cercueil de plomb. On continuait de les servir aux heures des repas, comme s'ils étaient encore vivans, avec tout le cérémonial usité : la table était bénite par un prélat. On présentait, vis-à-vis le fauteuil qu'occupait le défunt roi, le bassin à laver les mains et la serviette; le pannetier, l'échanson, le maître-d'hôtel faisaient l'essai des alimens; les trois services étaient apportés avec les formalités ordinaires; enfin, la seule différence qui existât entre ces repas funèbres et ceux dont ils étaient l'image, consistait en ce que les *grâces* y étaient suivies d'un *De profundis* (1).

Le corps d'un prince du sang se transporte directement à sa sépulture, sans être présenté à sa paroisse. Le prince de Soubise, dont la femme mourut en 1709, fit porter directement le corps de la dé-

---

(1) *Voyez* à ce sujet le *Cérémonial de Fr.*, par Godefroy, 1re édit., in-4°.

funte à la Merci, vis-à-vis l'hôtel de Soubise. Les princes et les curés s'en plaignirent; et le corps du mari, qui avait tenté cette assimilation avec les princes du sang, fut présenté à sa paroisse (1).

Si l'on continuait, par amour et par respect, à servir la table d'un mort, on faisait quelquefois par mépris l'enterrement d'un homme vivant. En 1523, le capitaine Frauget, gouverneur de Fontarabie, ayant rendu honteusement cette place aux Espagnols, fut condamné à être dégradé de noblesse; on le fit monter sur un échafaud, où douze prêtres, assis et en surplis, commencèrent à chanter les *Vigiles des morts*, après qu'on lui eut lu la sentence qui le déclarait *traître, déloyal, vilain* et *foi-mentie*. A la fin de chaque pseaume ils faisaient une pause, pendant laquelle un héraut d'armes le dépouillait de quelque pièce de son armure, en criant à haute voix : *Ceci le casque du lâche, ceci son corselet, ceci son bouclier*, etc. Lorsque le dernier pseaume fut achevé, on lui renversa sur la tête un bassin d'eau chaude; on le descendit ensuite de l'échafaud avec une corde qu'on lui passa sous les aisselles; on le mit sur une claie; on le couvrit d'un drap mortuaire, et on le porta à l'église, où les douze prêtres l'environnèrent, et lui chantèrent sur la tête le pseaume *Deus, laudem meam ne tacueris,* dans lequel sont contenues plusieurs imprécations contre les traîtres; ensuite on le laissa aller et survivre à son infamie.

---

(1) Ms. de Duclos.

Un chanoine de la cathédrale d'Evreux, nommé *Jean Bouteille*, fonda un *obit* accompagné d'une cérémonie fort singulière. Pendant la messe, on étendait sur le pavé, au milieu du chœur, un drap mortuaire, aux quatre coins duquel on mettait quatre bouteilles pleines du meilleur vin, et une cinquième au milieu; le tout au profit des chantres qui assistaient à ce service (1).

En 1240, Isabelle de Blois, comtesse de Chartres, fit une donation annuelle et perpétuelle de deux cruches d'huile et d'un millier de harengs, à l'abbaye de Fontaines-les-Blanches, en Touraine, à la charge de faire tous les ans un service pour le repos de son âme et de celle de son mari. Quelques années après, les religieux de cette abbaye obtinrent que l'huile et les harengs seraient convertis en une rente annuelle et perpétuelle de trente sous. Les trente sous de ce temps vaudraient au moins trente-sept francs de nos jours.

---

(1) *Voyez* la lettre sur la *Procession noire*, et la cérémonie du chanoine *Bouteille*, tome X de la Collection, p. 125.

(*Edit.* C. L.)

DE

L'ÉTABLISSEMENT DES POSTES

EN FRANCE (1).

On raconte qu'avant l'institution des postes, certains peuples orientaux ont su se servir d'hirondelles et de pigeons pour porter des nouvelles d'un pays à l'autre; que les hirondelles, transférées en quelque lieu que ce fût, revenaient toujours où elles avaient été prises, et que les pigeons ne manquaient point de venir retrouver leurs petits, aussitôt qu'on les avait mis en liberté : ainsi, en changeant les couleurs des plumages de ces oiseaux, ou en leur attachant des lettres au cou, on recevait avec une promptitude incroyable, toute sorte d'avis. On tient encore qu'il y a eu des chiens dressés au même manége, qui portaient et reportaient des lettres avec une extrême vitesse. Ces expériences curieuses peuvent avoir réussi quelquefois, mais elles paraissent insuffisantes pour croire, comme certains auteurs, que cela a contribué à l'invention des postes. Il vaut mieux convenir que l'origine de cet établissement est inconnue, et que

---

(1) Extr. du Recueil de le Clerc-du-Brillet, in-f°, 1738.

la plus ancienne notion qui nous en reste, se trouve dans le livre d'Esther, où l'on voit qu'Assuérus envoya ses courriers en toute diligence dans les cent vingt-sept provinces de son royaume, pour porter la révocation des ordres que l'impie Aman avait surpris contre le peuple juif deux mois auparavant : *Ipsæque epistolæ, quæ nomine regis mittebantur, annulo ipsius obsignatæ sunt, et missæ per* veredarios, *qui per omnes provincias discurrentes, veteres litteras novis nunciis prævenirent* (1).

Les Grecs étaient divisés en plusieurs Etats peu considérables par l'étendue de pays; ainsi ils n'avaient pas grand besoin d'avoir recours aux moyens extraordinaires pour entretenir la correspondance intérieure dans chaque domination : c'est peut-être pour cela qu'ils n'ont point fait usage des postes; du moins, on ne trouve pas de preuves suffisantes qu'il y en ait eu de leur temps. Ils auraient sans doute perfectionné cette partie, comme toutes les autres choses auxquelles ils se sont attachés, et il en serait passé quelques vestiges jusqu'à nous.

Loin d'être stérile sur ce que les Romains ont fait pour cet établissement, l'histoire nous en découvre la première forme, le progrès et les avantages qu'ils en ont retirés; de quelle manière ils avaient distribué les postes, depuis Rome jusqu'aux extrémités de l'empire; quelle sorte d'officiers, de domestiques et d'artisans il y avait sur toutes les grandes routes, pour pren-

---

(1) Lib. *Esther.*

dre soin des équipages, des chevaux et des voitures, afin que les empereurs, leurs courriers, les magistrats et les généraux qu'ils envoyaient dans les provinces, fussent promptement servis; les fonds destinés à cet entretien, et les personnes qui avaient droit de poste.

On croit qu'il y a eu des postes en France du temps de Charlemagne (1). On tient aussi qu'il chargea ses peuples de cette dépense. Cependant nous n'avons aucune connaissance de l'ordre et de la durée de cet établissement sous son règne, non plus que sous Louis-le-Débonnaire son successeur : nous n'avons même, durant six cent cinquante années consécutives depuis Charlemagne, ni titres ni monumens qui fassent mention des postes assises dans le royaume, si l'on en excepte une ancienne charte de Louis VI, dit *le Gros*, contenant une donation faite à l'église de Saint-Martin-des-Champs, dans laquelle un *Baudouin* a signé avec ce prince en qualité de *grand-maître des postes*, à ce que l'on croit, *Balduinus veredarius* (2); mais le peu de lumière qu'on tire

---

(1) Les Romains avaient établi dans les Gaules, comme dans les autres provinces de l'empire, des postes réglées distribuées de distance en distance sur les grandes routes; mais ces postes étaient uniquement consacrées au service du prince et de l'Etat; les courriers ne se chargeaient point des lettres des particuliers; et il paraîtrait même que ces établissemens ne se seraient point soutenus dans les siècles de barbarie qui suivirent la chute de la domination romaine.

(2) Du Chesne, *Hist. de la maison de Montmorenci*, p. 33. *Glossar. Cangii, in verb.* Veredarii.

de cet acte par rapport à la qualification de l'officier, ne permet point d'avancer qu'il y ait eu en France, auparavant le quinzième siècle, d'autres postes que celles de Charlemagne; encore faut-il réduire tout ce qu'il a fait en ce genre (suivant l'auteur qui en parle) à trois routes sur lesquelles on pouvait courir en poste; l'une pour l'Allemagne, l'autre pour l'Italie, et la troisième pour l'Espagne, afin d'aller et de revenir promptement dans ces trois provinces nouvellement soumises à sa domination : *Carolus Magnus, populorum impensis, tres viatorias stationes in Gallià constituit, anno Christi octingentesimo septimo : primam propter Italiam à se devictam, alteram propter Germaniam sub jugum missam, tertiam propter Hispanias* (1). Cette entreprise l'obligea à des dépenses considérables pour paver les grands chemins, pour construire des ponts, et pour faire d'autres ouvrages semblables, que plusieurs rois ses successeurs n'ont pu imiter, même dans les choses de moindre dépense, puisque le premier pavé des villes n'a commencé que deux cent soixante-dix ans après ce prince, sous Philippe-Auguste. Ainsi, ces premières postes ont été vraisemblablement de peu de durée. D'ailleurs, il n'y en avait que sur trois routes ; de là vient qu'on ne défère point à Charle-

---

(1) Julian. Taboëtius, juriscons., *in Paradox. regum et summi magistratûs privilegiis, in septimo jure regio.* Bergier, *Hist. des grands chem. de l'emp. rom.*, l. 3, p. 677.

magne l'honneur d'avoir fait cet établissement pour le royaume de France.

Nous sommes redevables à Louis XI d'une si belle institution : la plupart des auteurs la regardent dans son objet, comme un ressort qui devenait absolument nécessaire aux vues de sa grande politique (1); mais l'établissement, considéré en lui-même, ne se montre pas moins supérieur à tout ce que l'on avait fait auparavant. S'il était question du parallèle, on ne trouverait d'autre conformité entre les postes établies par Louis XI et celles des anciens, que dans le service de l'Etat, et dans la diligence extraordinaire qu'ils faisaient faire à leurs courriers. Mais le monarque de France sera toujours distingué pour n'avoir rien fait en cela qui ait été onéreux à ses peuples, et qui en ait jamais attiré les plaintes : loin de là, les mesures qu'il a prises pour former son établissement, ont laissé des moyens si faciles pour perfectionner l'usage des postes, qu'elles sont devenues utiles, même nécessaires au public et aux particuliers, par la facilité qu'il y a de s'en servir en tout temps et en toute conjoncture, pour les affaires publiques et privées de la religion, de la justice, de la guerre, de la finance et du commerce, aussi bien que pour les besoins communs de la société, de manière que cet établis-

---

(1) *Chronique de Louis XI*, par Philippe de Commines, c. 97. Du Tillet, en sa *Chronique des rois de France*, p. 282. Bergier, *Hist. des grands chem.*, l. 4, p. 577. Mézerai, t. 3, p. 338. Varillas, en son *Hist. de Louis XI*, t. 2, l. 10, p. 26.

sement se trouve intéresser presque toutes les parties de l'ordre public.

Il n'est pas besoin de s'étendre sur la grandeur de l'entreprise, dès qu'on peut voir les lettres mêmes de Louis XI : elles sont rédigées en termes clairs et précis, qui caractérisent mieux que tout ce que l'on pourrait dire, sa prévoyance et la beauté de l'établissement : « Le roi y expose qu'ayant mis en délibé-
« tion avec les seigneurs de son conseil, qu'il est
« moult nécessaire et important à ses affaires et à son
« Etat de sçavoir diligemment nouvelles de tous cô-
« tez, et y faire, quand bon lui semblera, sçavoir des
« siennes, d'instituer et d'établir en toutes les villes,
« bourgs, bourgades, et lieux que besoin fera juger
« plus commodes, un nombre de chevaux courants
« de traite en traite, par le moyen desquels ses com-
« mandemens puissent être promptement exécutez;
« et qu'il puisse avoir nouvelles de ses voisins quand
« il voudra, veut et ordonne ce qui ensuit :

« Art. Ier. Que sa volonté et plaisir est, que dès à
« présent et doresnavant, il soit mis et établi spécia-
« lement sur les grands chemins de sondit royaume,
« de quatre en quatre lieues, personnes seables, et
« qui feront serment de bien et loyaument servir le
« roi, pour tenir et entretenir quatre ou cinq che-
« vaux de legère taille, bien harnachez et propres à
« courir le galop durant le chemin de leur traite,
« lequel nombre se pourra augmenter s'il est besoin.

« Art. II. Pour le bien et sûr entretenement de la
« présente institution et établissement, et générale

« observation de tout ce qui en dépendra, le roi notre
« seigneur, veut et ordonne qu'il y ait en ladite ins-
« titution et établissement et générale observation,
« et pour en faire l'établissement, un office intitulé :
« *Conseiller grand-maître des coureurs de France,*
« qui se tiendra près de sa personne, après qu'il aura
« été faire ledit établissement ; pour ce faire lui sera
« baillé bonne commission ; et les autres personnes
« qui seront ainsi par lui établies de traite en traite,
« seront appelées *maîtres tenant les chevaux cou-*
« *rants pour le service du roi.* »

On ne sait point positivement l'année où les postes commencèrent d'être assises sur les grands chemins, ni ceux qui ont conduit cette entreprise ; on ne trouve pas même le nom du grand-maître sous les yeux duquel se devait faire l'établissement, en conformité des lettres-patentes du roi. Mais comme son intention fut de donner cette charge à une personne de crédit, intelligente et capable, peut-être que ce fut au grand-écuyer de France, d'autant que les fonctions de cette nouvelle charge avaient beaucoup de rapport à son office, qu'il avait sous ses ordres les chevaucheurs de l'écurie, et que les maîtres des postes furent également nommés *chevaucheurs de l'écurie.* Alain Goyon, grand personnage de ce temps-là, qui avait mérité les bonnes grâces de Louis XI, à cause des services qu'il avait rendus à ce prince avant et après son avènement à la couronne, était alors grand-écuyer ; il peut bien aussi avoir été grand-maître des coureurs : cependant nous n'en avons point de preuve, pas même de l'exercice de cette charge; il semble, au contraire, qu'en 1479, et dans la suite, l'administration principale des postes ait été entre les mains du contrôleur des chevaucheurs de l'écurie (1).

Il n'y a point eu de changement remarquable dans les postes depuis Louis XI, qui les a établies, jusqu'à Louis XIII, sinon que le contrôleur des postes a eu le titre de *contrôleur-général*, qui fut ensuite changé en celui de *général*. Mais il n'en a pas été de même sous le gouvernement de Louis-le-Juste; les postes devinrent alors publiques, et les particuliers commencèrent à se servir de cette voie de commodité pour envoyer et pour recevoir des lettres et paquets de toute part, moyennant une modique rétribution. Les charges de contrôleurs-généraux des postes furent supprimées pas édit du mois de janvier 1630, et le roi créa à leur place trois offices de surintendans-généraux des postes et relais de France et chevaucheurs de son écurie, ancien, alternatif et triennal.

Mais Louis XV, à son avènement à la couronne,

---

(1) Les lettres-patentes de Charles VIII, du 27 janvier 1487, font voir que Robert Paon fut pourvu, au mois d'octobre 1479, de l'office de contrôleur des chevaucheurs de l'écurie. Celles du 18 janvier 1506 portent que, sur l'avis donné par le contrôleur des chevaucheurs de l'écurie du roi, Sa Majesté établit ès principales villes et passages, les chevaucheurs de son écurie, pour bailler chevaux de poste. On y remarque également qu'il n'y est fait aucune mention du grand-maître des coureurs. (Premier vol. des *Bann.*, fol. 379.)

rétablit la charge de grand-maître et surintendant des postes, avec plusieurs autres officiers, pour en faciliter l'exercice, et pour procurer la diligence convenable au bien de ses affaires et au service du public. L'édit qui parut à cet effet est du mois de septembre 1715 (1).

---

(1) Les règlemens postérieurs n'ont rien qui puisse intéresser comme matière historique. *Voyez* à ce sujet le Traité de le Quien de la Neufville, *de l'Origine des postes*, et surtout le Recueil de le Clerc-du-Brillet, qui a profité des Recherches de le Quien. Le livre de ce dernier, qui parut en 1708, Paris, in-12, précéda de trente ans l'impression de l'ouvrage de du Brillet, qui ne fut publié qu'en 1738. Il forme le tome 4 du *Traité de la police*, par le commissaire de la Mare. (*Edit.* C. L.)

DE L'HOSPITALITÉ,

ET DE L'ORIGINE DES HÔTELLERIES (1).

L'HOSPITALITÉ était anciennement si recommandée, que des villes entières, et même de différentes nations, par des traités faits entre elles, recevaient réciproquement et gratuitement leurs habitans voyageant, en se faisant connaître par des marques, ou *mereaux*, dont elles étaient convenues. Rome et d'autres villes de la Grèce et de l'Italie étaient dans cette confédération pour l'hospitalité (2). Il y avait même des familles particulières de différens pays qui contractaient aussi entre elles cette hospitalité réciproque.

Les Grecs nommaient ce droit d'hospitalité de ville à ville, προξενίαν, en latin *hospitium publicum;* celui de famille à famille, ιδιοξενία, *privatum hospitium;* et l'hôte qui recevait, et celui qui était reçu, φιλοξένια et ξενοδοχεῖον, *hospes qui privatim et amicitiæ*

---

(1) Extrait de divers auteurs, où l'on a réuni tout ce que de la Mare, Beneton de Peyrins et le Grand d'Aussy ont écrit de plus curieux sur cette matière.

(2) Démost., *Pro Cres.* Tit. Liv., l. 1, 2 et 3. Plaut., *in Pennio.* Cicer., *in Verr.*, actio 4.

causâ, vel recipit, vel recipitur (1). Souvent deux hommes contractaient ensemble une obligation réciproque d'hospitalité. Le maître du logis conduisait sur sa porte l'étranger qu'il avait logé, et là, en lui souhaitant un bon voyage, il lui mettait dans la main une marque qui devenait le gage de l'assistance mutuelle dont on était convenu, et que le détenteur, non seulement conservait toute sa vie, mais léguait encore à ses descendans. Ces marques, dont les plus connues avaient pour empreintes une main en signe d'alliance, étaient désignées chez les Latins sous la dénomination de *tessera hospitalitatis*. C'est de cette cérémonie accomplie au moment où l'étranger quittait la maison de son hôte, que dériva le mot *hospes*, servant à qualifier la personne hébergée, comme si l'on eût dit *habens pedes foras*, car un voyageur avait déjà un pied dehors lorsqu'on achevait de lui souhaiter un bon voyage (2).

Childéric, roi de France, rejeté de son peuple, partagea une pièce d'or, en donna la moitié au seul sujet qui lui fût demeuré fidèle, et convint avec lui que quand il lui renverrait sa demi-marque, il connaîtrait par-là qu'il serait temps de rentrer dans son royaume.

Richard-Cœur-de-Lion passant *incognito* par l'Allemagne, à son retour de la Terre-Sainte, où il avait

---

(1) *Polyanthea Dominici vani Mirobelli et alios autores;* verbo *Hospitalitas*.

(2) Dissert. de Beneton.

eu de graves contestations avec le duc d'Autriche, pendant le siége d'Acre, fut reconnu à certaines marques; ce qui le fit arrêter au moment où il tournait la broche, croyant par cette action servile se mieux déguiser.

Outre les marques de métal, il y en avait d'autres de bois et d'ivoire, de formes très-variées; les unes contenaient les noms des personnes contractantes; les autres, pour être partagées, des demi-lettres, des chiffres coupés, et d'autres taillades qui semblaient ne rien représenter dans leurs disjonctions, mais dont les deux moitiés étant jointes, formaient des noms parfaits et des nombres entiers; ce qui faisait à peu près l'effet des tailles à l'usage de nos marchands, qui marquent dessus les marchandises qu'ils livrent à crédit.

D'autres marques d'hospitalité étaient faites en cubes ou en boules à plusieurs facettes; celles-ci étaient d'usage entre plusieurs contractans, parce que chacune de ces facettes portait la lettre initiale de chaque contractant. Toutes ces marques, désignées sous les noms de *tessera, cubus, alea, talus, astragallus,* servirent ensuite ou au jeu, ou à la divination; c'est pourquoi les uns s'appelaient *tessera lusoria,* ou *talorum ludus, vel jactus,* d'où sont venus nos dés et nos osselets.

Les autres furent nommées *astralis imago,* parce qu'étant un composé de différens métaux, dont chacun avait une prétendue analogie avec la planète qui le dominait, on croyait par-là pouvoir se procurer quelque bonheur, ou la réussite des choses que l'on souhaitait.

L'hospitalité est fort recommandée dans les livres saints; c'est l'une des vertus auxquelles le Sauveur du monde a attaché la vie éternelle (1); et les Pères de l'Eglise en ont fait des éloges magnifiques dans leurs ouvrages.

Les païens l'avaient aussi en grande vénération : le plus célèbre de leurs poëtes rend ce témoignage en des termes qui pourraient convenir à la vraie religion (2). C'est à l'endroit où il reproche à Antinoüs sa cruauté envers Ulysse déguisé en pauvre : « Que « savez-vous, lui dit-il, si celui qui se présente à vous « n'est point un des dieux célestes sous la figure d'un « pauvre, qui vous demande l'hospitalité, ou d'un « voyageur? Si cela est, quelle réprimande ne méri- « tez-vous pas en le rejetant? »

Les mœurs hospitalières se retrouvent partout chez les anciens. De l'Asie, où elles prirent naissance, nous la voyons passer en Egypte, de là en Grèce, à Rome, et jusqu'au fond des forêts de l'Occident. Les Crétois furent, dit-on, les premiers insulaires qui bâtirent des hospices. Les Lucaniens recevaient chez eux, au coucher du soleil, tous les étrangers qui se présentaient, sans même s'informer de ce qu'ils pouvaient être; et les Romains portèrent le respect de

---

(1) *Deuteron.*, c. 9, v. 10. Esa., c. 58, v. 2. Saint Math., 25, 53, 36, 37. Saint Luc, 14, 13.

(2) Homère, l. 17 de son *Odyssée*.

l'hospitalité au point qu'ils la divinisèrent pour ainsi dire, en l'attribuant au plus puissant de leurs dieux, *Jovem hospitalem* (1). C'est en ce sens que l'un de leurs poëtes, parlant d'un voyageur qui se présentait dans l'une de ces villes confédérées, lui prête ces paroles remarquables :

Deum hospitalem et tesseram mecum fero.

Sans doute la figure de Jupiter hospitalier était d'un côté de ce mereau, signe nécessaire pour être reçu gratuitement, et de l'autre côté le nom, ou le symbole de la ville du voyageur.

Cette hospitalité charitable et gratuite a été aussi reconnue de tout temps, et par toutes les autres nations, pour une vertu française : c'est un témoignage que le Grec Parthenius rend à nos pères dans ses Erotiques, et Salvien, évêque de Marseille, dans ses ouvrages.

Charlemagne la recommande expressément par son ordonnance de l'an 789 (2), fondée sur l'autorité des lois divines, en ces termes :

Et hoc nobis competens et venerabile videtur, ut hospites peregrini et pauperes susceptiones regulares et canonicas per loca diversa habeant; quia ipse Dominus dicturus erit in remuneratione magni diei : Hospes eram et suscepistis me (3). *Et apostolus hospitalitatem laudans dicit :* per hanc qui-

---

(1) Virg., *in Æneid.* 1. Cicer., l. 2, *de Officiis.*
(2) *Capitul. Regum Francorum.*, in Baluz., col. 238, art. 73.
(3) Math. 25, heb. 13.

dam placuerunt Deo, Angelis hospitio susceptis.

Ce même prince, par une autre ordonnance de l'an 802, défendit à tous ses sujets, riches ou pauvres, de refuser aux voyageurs tout au moins le couvert, le feu et l'eau. Que s'ils ont besoin de quelque chose de plus, il exhorte tous ses peuples de les en aider, et il leur donne encore pour motifs, la récompense que Dieu a promise à ceux qui exerceront l'hospitalité (1) : *Præcipimusque ut in omni regno nostro, neque dives, neque pauper peregrinis hospitia denegare audeant; id est, sive peregrinis propter Deum ambulantibus per terram, sive cuilibet iteranti propter amorem Dei et propter salutem animæ suæ, tectum, focum et aquam nemo illi deneget. Si autem ampliùs eis aliquid boni facere voluerit, à Deo sibi sciat retributionem optimam, ut ipse dixit :* qui autem susceperit unum parvulum propter me, me suscipit (2) ; *et alibi :* hospes fui et suscepistis me.

L'établissement de ce grand nombre d'hôpitaux dans la plupart des villes du royaume et sur toutes les grandes routes, pour les pélerins et pour les passans, dont nous sommes redevables à la piété des monarques successeurs de ce grand prince, ou aux libéralités des gens de bien, ont succédé à ces anciennes ordonnances.

Nos rois, quand ils voyageaient, auraient regardé

---

(1) *Capitul. Regum Francorum*, in Baluz., col. 370, art. 27.
(2) Math. 28; *ibid.*, 25.

comme une chose indécente de loger dans une hôtellerie publique. S'ils n'avaient point, dans le lieu où ils passaient, de château ou de métairie, ils descendaient chez quelqu'un de leurs vassaux : c'est ce qu'on nomma sous la première race *droit de mansion,* et sous la troisième, *droit de gîte.* Les couvens et les évêques qui possédaient des biens régaliens s'y trouvaient soumis. Ce privilége, le prince le communiquait à ses messagers ou délégués; et ceux-ci pouvaient en route exiger un logement, comme il l'eût exigé lui-même (1).

Des différentes manières d'exercer l'hospitalité dérivèrent les différens noms qu'ont portés les lieux où elle s'exerçait; car dans les uns on était reçu gratuitement, quand on en avait acquis le droit; et dans d'autres, il fallait payer ou donner le présent appelé *xenia;* c'est de là que ces lieux eurent les noms dont je vais donner succinctement l'étymologie (2).

Les hôtelleries pour les riches, les hospices pour les pélerins, et les hôpitaux pour les pauvres, tirent leur dénomination des termes latins *hospes, hospitium, hospitalis.*

Les Romains, qui avaient ordinairement leurs hôtelleries dans des lieux écartés, à la différence de celles de France, dont la plupart sont sur les routes ou les grands chemins, les nommèrent *diversorium, à divertendo,* se détourner du chemin, *ab itinere*

---

(1) Le Grand, *Fabliaux,* t. 1, p. 411.
(2) Texte de Beneton, dans le *Conservateur* de janvier 1758.

deflecto; nous les avons nommées *hôtelleries*, du mot latin *hospitalitas* (1).

Les tavernes, de *taberna*, qui vient de *taba*, les premiers logemens ayant été faits de planches.

Cabaret dérive, selon Beneton, du mot grec *kapè*, lieu où l'on mange, d'où l'on aurait fait *capa*, *caparum*, *caparetum*, puis *cabaretum*, changeant le *p* en *b* (2).

Ce nom, poursuit le même auteur, peut encore venir du celtique *cab*, tête, et de *aret*, qui signifiait *bélier*, d'où les Latins ont fait leur *aries*. Si tout le monde était du sentiment du Père Pezron, que la langue celtique s'est conservée presque toute entière dans le bas-breton, on en pourrait conclure que c'est chez les Bretons qu'on a commencé à appeler *cabarets* les maisons où se vendait le vin en détail, et où l'on ne faisait que boire, pour distinguer ces maisons des auberges proprement dites; et que le premier de ces cabarets fut ainsi nommé, ou à cause de son enseigne, qui était un bélier, ou par un sobriquet injurieux, pour désigner les vins fumeux et frelatés qui s'y vendaient : de là nous est venue l'expression de *cap-breton*, qui a été appliquée à un crû de vin renommé et qui peut servir encore à la désignation de tous les vins qui donnent dans la tête, ou qui égaient et font sauter comme un bélier.

---

(1) De la Mare, *Traité de la police*, titre 46.
(2) Huet et Caseneuve font venir *cabaret* du mot latin *caupona* ou *cauponium*, qui a la même signification.

Les auberges viennent du vieux mot français *heberger* ou *alberger*, dérivé de *ber* ou *berg*, autre mot celtique qui voulait dire une *montagne*. Les anciens distinguaient les logemens champêtres des pays de plaines d'avec ceux des pays de montagnes, appelant les premiers des *mapales*, et les seconds des *gapales*. Selon Virgile, le lieu où fut Carthage était d'abord rempli de cabanes qu'il nomme *mapales*. On montait souvent ces petites cabanes sur des roues; ce qui produisait à peu près l'effet des caissons ou petites logettes où couchent encore nos bergers près des parcs de leurs moutons, et les voyageurs y trouvaient un gîte. On voit dans Apulée, que les Galles, prêtres de Cybèle, promenaient de ville en ville le simulacre de cette déesse, enfermé dans une de ces logettes roulantes, et gagnaient de l'argent à le montrer (1).

Le terme de *mapales* se forme de deux mots, *mappe* et *Pales*, unis ensemble. Palès était la déesse des champs et des troupeaux, et il était naturel que les logemens de la campagne fussent appelés du nom de la divinité qui y présidait. Pour les *gabales*, leur nom venait de *gebel* ou *gabel*, mot hébreu, synonyme du *berg* ou *berghen* des Germains et Teutons, qui signifiait une *montagne*: de là les Français appelèrent ces logemens des *berges* et *bergeries;* et celles de ces bergeries où les étrangers trouvaient, outre le logement, la nourriture, furent appelées *hébergies, albergement,* et enfin *auberges* :

---

(1) Beneton, *ubi suprà*.

car les voyageurs étaient également traités de *bergers*, de *pasteurs* et de *forestiers*. Il ne faut donc pas croire que ces noms n'aient été propres qu'à ceux qui avaient la conduite des troupeaux ; et quand l'histoire ancienne nous parle des pasteurs qui s'établirent en Egypte, il ne faut entendre par ce nom que des étrangers qui entrèrent dans le pays les armes à la main.

Tous ces noms de logemens publics ne venaient donc que des usages différens qui s'y observaient à la réception des voyageurs.

On a vu que l'hospitalité se pratiqua d'abord gratuitement par toutes sortes de personnes, riches et pauvres : ceux-ci même, malgré leur peu de moyens, ne laissaient pas d'observer les mêmes pratiques de grandeur que les riches dans la réception des hôtes. L'étranger en arrivant avait les pieds lavés, après quoi on le parfumait, et on lui donnait à manger. Ces manières généreuses souvent mises en usage par de pauvres gens envers un homme plus riche qu'eux, engageait ce plus riche à ne point partir sans laisser un présent à son hôte, qui souvent le refusait, continuant à soutenir cette générosité à contre-temps : d'autres pieux hospitaliers, pour n'avoir pas l'affront de recevoir le présent, sentant néanmoins le besoin qu'ils en avaient, et ne voulant pas s'interdire la facilité de continuer cette bonne œuvre, suspendirent des boîtes à leurs portes, où l'étranger mettait son présent. Voilà quelle fut l'origine des *troncs* d'hospitalité; mais comme les meilleures pratiques dégénèrent, quand une fois on y a fait entrer l'intérêt, on commença bientôt après à mettre de ces boîtes dans beaucoup de maisons hospitalières, et la plupart de ceux qui les tenaient, se firent peu à peu de l'hospitalité une espèce de métier, pour se procurer par ce moyen une vie plus aisée. Bientôt, afin d'accroître le produit de leur *tronc*, ils mirent de plus une enseigne ou marque à leurs portes, qui indiquait plus positivement qu'on pouvait librement venir loger chez eux, mais en payant les denrées qu'ils allaient acheter pour leurs hôtes, ou celles dont ils s'étaient pourvus à leur intention. Dès lors cette pratique de piété, changée en pratique d'intérêt, devint une profession active pour le plus grand nombre de ces hospitaliers, qui, outre l'enseigne mise à leurs maisons, allaient au-devant des passans pour les convier à entrer chez eux, et empêcher, par cette manœuvre, que d'autres de même profession ne leur dérobassent les chalands. Ainsi peu à peu la plupart des hospices dégénérèrent en lieux où l'on n'était plus reçu qu'en payant, raison pour laquelle ils perdirent leur nom grec de *pandokeion*, et d'*hospitalis* en latin. On y substitua, dans la première de ces langues, ceux de *xenodokeion*, de *kapèléion*, et en latin, les noms de *taberna*, *diversorium* et *cabaretum*, tous termes qui revenaient au *bait-alkamer* des Arabes, signifiant *domus vini*, *ædes publicæ*, lieux publics où l'on est bien venu pour boire, manger, et loger en payant.

Les premières enseignes d'hospices furent des branches d'arbres et des couronnes de lierre, plante consacrée au dieu du vin, ou bien souvent la figure du monogramme de celui qui logeait, ou bien encore la représentation de ce que ce logeur mettait sur les marques d'affiliation d'hospitalité, parce que ces mêmes choses avaient servi avant à désigner l'union et le secours recherché dans tous les cas de besoin et de nécessité, ce qui leur donnait beaucoup de rapport avec la nécessité de la pratique de l'hospitalité. De tout temps l'usage avait été que ceux qui allaient dans un pays étranger comme députés de leur nation, pour demander alliance, protection ou paix, se mettaient une couronne sur la tête, et portaient à la main un rameau verdoyant de quelque arbre immortel, pour signifier que le temps ne pourrait rompre ni détruire la chose qu'ils venaient demander, et supposé que ce fût une alliance, qu'elle serait éternelle. Enée abordant le *Latium*, députa cent hommes de chaque ordre de sa nation, qui, couronnés d'olivier, allèrent demander au roi des Latins un établissement dans son royaume; et après la guerre que fit naître cet établissement, le même roi renvoya des ambassadeurs à Enée, qui se présentèrent aussi avec des rameaux d'olivier:

Jamque oratores aderant ex urbe latiná,
Velati ramis oleis, veniamque rogantes.
(Eneid., l. 7 et 11.)

Des envoyés ainsi décorés ne craignaient rien pour leurs personnes : on aurait violé le droit des gens en les insultant; et si le sujet de leur ambassade n'était point admis, on ne laissait pas de les renvoyer avec honneur. Les poëtes faisaient prendre des rameaux à ceux de leurs héros qu'ils envoyaient voyager tout vivans aux enfers, comme un signe sacré qui préservait de tout danger; ils leur donnaient des rameaux d'or, pour signifier qu'un homme bien pourvu de ce métal, ne trouve aucune difficulté dans ce qu'il entreprend.

Les nations de l'Amérique ont parmi elles une marque respectable appelée *calumet,* qui, de même que les branches d'oliviers, symboles de paix des anciens, sert à faire recevoir avec confiance les députés de l'une de ces nations, allant traiter d'affaires publiques chez une autre. A l'égard des monogrammes, et autres signes hiéroglyphiques qui servirent d'enseigne aux hospices, l'usage s'en continue encore dans nos enseignes de cabarets, où l'on voit dépeints des animaux, des parties du firmament, des chiffres nominaux et augures qui, ainsi que les rameaux de verdure, les choux et les couronnes bachiques, dénotent que dans les lieux dont la porte est surmontée de ces marques, on boit et mange librement pour son argent.

Il paraîtrait cependant qu'en France les hôtelleries proprement dites n'ont pas toujours eu des enseignes assez distinctes pour les signaler aux voyageurs comme des maisons destinées à les recevoir moyennant rétribution. Dans le moyen âge, on faisait pour achalander les auberges, ce que font encore aujourd'hui les petits marchands, et notamment les fripiers de Paris. Un homme se tenait à la porte, et quand il apercevait des voyageurs, il criait et les invitait à entrer. C'est ainsi qu'on lit dans le fabliau des *Trois aveugles de Compiègne*, dont Fauchet et le Grand ont donné des extraits, que les voyageurs arrivés dans la ville entendirent crier : *Excellent vin, vin de Soissons, vin d'Auxerre; poisson, bonne chère et à tous prix; entrez, messieurs.*

On trouve encore un autre exemple de cette pratique dans le fabliau *de Courtois d'Arras.* Albéric de Trois-Fontaines parle d'une bonne femme de Cambrai renommée pour sa dévotion et sa charité, qui, un jour que le crieur allait annoncer dans la ville *bon vin, très-bon vin, excellent vin,* lui donna de l'argent pour crier *Dieu est clément, Dieu est miséricordieux, Dieu est bon, très-bon,* et le suivit en disant *c'est la vérité.* Elle fut accusée d'hérésie, et brûlée avec vingt autres hérétiques (1).

C'est le devoir de l'hospitalité qui, au temps des croisades, motiva l'institution de plusieurs sociétés régulières qui sont devenues des ordres de chevalerie. Plusieurs d'entre les chrétiens qui s'établirent à Jérusalem après la prise de cette ville par Godefroy de Bouillon, voyant que beaucoup de leurs frères de différentes nations de l'Europe venaient visiter les lieux saints, résolurent d'établir un hospice pour les recevoir, et s'unirent en société pour leur rendre tous les services que la piété exige; et comme ces pélerins

---

(1) Le Grand, *Fabliaux*, t. 2, p. 160.

se trouvaient, dans trois situations différentes, avoir besoin de secours, l'une en débarquant pour traverser le pays avec sûreté, l'autre pour s'assurer d'une auberge en arrivant, et enfin pour trouver un hôpital quand ils étaient malades, cette société d'hospitaliers, qui se composa indifféremment de nobles et de marchands, se partagea en trois bandes : les premiers se vouèrent à accompagner les pélerins, et à combattre pour leur défense, ce qui a donné naissance à l'ordre appelé *teutonique*, parce qu'il se trouva dans cette bande plus d'Allemands que d'autres Européens : les seconds, qui eurent soin de l'auberge placée auprès du temple, furent nommés *templiers;* et les troisièmes, qui se chargèrent du soin des malades et de la garde de l'hôpital, sont devenus les *hospitaliers*. Ceux-ci se partagèrent même en deux corps; car il y avait deux hôpitaux, l'un dans la ville, dit de *Saint-Jean*, où se traitaient les malades ordinaires, et l'autre hors de la ville, dit de *Saint-Lazare*, où se mettaient les malades attaqués de peste ou ladrerie. Cette double corporation, vouée à l'hospitalité, a formé dans la suite les hospitaliers de Saint-Jean, dits à présent de *Malte*, et ceux de *Saint-Lazare*, qui subsistent encore sous ce nom.

Toutes ces bandes d'hospitaliers ne formant d'abord qu'un corps, étaient conduites et dirigées par le patriarche de Jérusalem, qui avait toute autorité sur elles, ou par un vicaire-général que leur donnait ce patriarche.

Mais après la perte de Jérusalem, les chrétiens se

dispersèrent, les bandes hospitalières se séparèrent aussi, chacune allant tenir couvent dans le lieu et sous le chef qui lui avaient été assignés.

Chaque société, en faisant schisme, embrassa l'exercice des trois fonctions qui avaient commencé à mettre de la distinction entre elles pendant qu'elles n'avaient formé qu'un seul corps. Par exemple, le templier seulement aubergiste avant, devint encore hospitalier et guerrier, soignant les malades qui venaient dans son hôpital, et défendant les pélerins qui venaient pour loger dans son auberge. L'hospitalier devint aussi de son côté aubergiste et guerrier pour ceux dont il était chargé : de là vient qu'à Malte les maisons communes où logent les chevaliers de chaque langue, sont appelées *auberges*. Par ce moyen, chaque société, au lieu d'une fonction unique qu'elle avait eue d'abord, ayant cumulé les trois services qu'embrasse l'hospitalité, elles n'eurent plus besoin d'entretenir entre elles ces relations qui les avaient unies autrefois, et ne dépendirent plus en rien l'une de l'autre.

C'est encore à l'évènement des croisades qu'il faut rapporter l'origine de plusieurs autres sociétés de gens qui, dans les Etats de la chrétienté, se vouaient au service et à l'assistance des voyageurs et pélerins, non seulement de ceux qui allaient à la Terre-Sainte, mais encore de ceux qui visitaient d'autres lieux de dévotion, comme Rome et Saint-Jacques en Galice. Il se forma de ces sociétés dans presque toutes les grandes villes. Les unes restèrent composées de séculiers, et d'autres faisant des vœux, formèrent de vrais religieux hospitaliers qui existent encore.

On a vu un exemple de ces établissemens dans l'hôpital Saint-Jacques de la rue Saint-Denis, qui a été détruit de nos jours. Cet hospice devait son commencement à plusieurs bons bourgeois de Paris, qui ayant fait le voyage de Saint-Jacques, se cotisèrent à leur retour, et achetèrent un fonds où ils bâtirent une maison pour y recevoir les pélerins qui iraient à Compostelle, ou en reviendraient.

Outre les confréries séculières qui prenaient soin des pélerins, quelques bourgeois dans les villes, et des habitans de la campagne entretenaient de petits hospices dans les biens dont ils étaient propriétaires. J'ai ouï dire à Claude Beneton mon père, qu'Antoine, sieur de Morange, son père, faisait recevoir par le fermier de son domaine de Peyrins, dont je porte le nom, situé dans la baronnie de la Tour-du-Pin en Dauphiné, tous les pélerins qui se présentaient allant à Rome ou à Notre-Dame-de-Lorette.

Nos hôtelleries, de même que tous les autres lieux publics, ont leurs règles et leur discipline; ils n'y doivent recevoir à loger aucuns domiciliés des lieux, mais seulement les passans ou voyageurs : c'est ce qui résulte de cette disposition d'une ordonnance de saint Louis : *Nullus recipiatur ad moram in tabernis faciendam, nisi sit transiens, vel viator, vel in ipsâ villâ non habeat aliquam mansionem.*

Il ne leur est pas permis d'y loger des étrangers, ou des gens suspects, sans en avertir les officiers de police.

Les hôteliers n'y doivent recevoir ou souffrir aucuns vagabonds, gens sans aveu, ou mal famés ni blasphémateurs, sans en donner avis à la justice des lieux.

Ils doivent veiller à la sûreté des hardes, ou autres effets des personnes qui logent chez eux. Une ancienne ordonnance leur enjoignait de n'ouvrir leur porte le matin, qu'après avoir demandé à tous leurs hôtes s'ils n'avaient rien perdu pendant la nuit précédente.

Il existe des arrêts qui rendaient les hôteliers responsables des vols faits chez eux; mais ils en étaient déchargés, lorsque les hôtes ne leur avaient point déclaré le nombre et la qualité de leurs effets, ou qu'il leur avait été donné par l'hôtelier, ou l'aubergiste, des chambres, armoires, coffres, ou autres lieux sûrs et bien fermés, pour s'en servir, et que, de la part de ce dernier, il n'y avait eu aucun dol personnel (1).

Cette jurisprudence est conforme au droit romain (2) : il y est expressément porté, tant par la loi que par les jurisconsultes qui l'ont expliquée, que l'hôtelier ou l'aubergiste n'est chargé ni tenu de répondre que de ce qui a été reçu par lui-même, ou par son facteur, ou commissionnaire : *Caupones autem et stabularios æque eos accipiemus qui cauponam vel stabulum exercent institoresve eorum.* Ils ne sont pas même chargés de ce qui aurait été

---

(1) *Journal du Palais*, t. 6, p. 261. *Journal des Audiences*, t. 3, c. 20, p. 899.

(2) L. 1, *Ait Prætor et seq. ff.*

reçu par leurs autres domestiques : *Cæterum si qui opera mediastini fungitur, non continetur, ut puta atriarii et focarii et his similes* (1).

---

(1) L. 1, *Ait Prætor et seqq. ff. Nautæ cauponæ et stabularii ut recepta restituant.*

DES MAGICIENS,

DES SORCIERS ET DES DEVINS

CHEZ LES FRANÇAIS (1).

On a déjà vu que les contes de sorciers sont aussi anciens en France que la monarchie : peut-être sont-ils aussi vieux que le monde ; car ils dérivent de l'idée d'une puissance surnaturelle, qui est commune à tous les hommes, et qui a dû produire les mêmes effets dans l'enfance sociale de tous les peuples. Soit que les Grecs et les Romains nous aient communiqué leurs antiques superstitions, soit que des croyances analogues aient naturellement germé dans l'esprit de nos pères sous de nouvelles influences religieuses, il est certain que les magiciens, les sorciers et les devins apparaissent aux époques les plus reculées de notre histoire, et qu'on les retrouve encore dans le plus beau siècle de la civilisation.

Leur existence nous est d'abord révélée par le plus ancien de nos codes. Le chapitre 67 de la loi salique, porte (2) « que quiconque en appelera un autre sor-

---

(1) Notice de l'*Edit.* C. L., d'après les codes anciens, les chroniques et les démonographes.
(2) *L. salic.*, c. 67. *Cap. Reg. Fr.*, Baluz., t. 1, col. 322.

« cier, ou l'accusera d'avoir porté la chaudière au
« lieu où les sorciers s'assemblent, et ne le pourra
« prouver, sera condamné en deux mille cinq cents
« deniers, qui font soixante-deux sous et demi : que
« celui qui aura appelé sorcière ou femme de mauvaise
« vie, une femme libre, et ne le pourra prouver, sera
« condamné en sept mille cinq cents deniers, qui
« font cent quatre-vingt-sept sous et demi ; et qu'en-
« fin, si une sorcière dévore un homme, ce qui peut
« s'entendre d'un corps mort, comme les historiens
« rapportent qu'elles faisaient en ce temps-là, elle
« sera condamnée en huit mille deniers, qui font
« deux cents sous. » Ce sou était d'or, et pesait quatre-vingt-cinq grains et un tiers de grain. Le denier était d'argent, et il en fallait quarante pour faire un sou. Ainsi, la première de ces amendes montait à cinq cent quinze livres quatorze sous ; la seconde, à quinze cent quarante-six livres dix-sept sous six deniers ; et la troisième, à seize cent cinquante livres (1). La loi salique ne condamnait à mort que les criminels de lèse-majesté, les autres peines n'étaient que pécuniaires ; c'était un État naissant ; on y ménageait la vie des hommes ; mais entre ces peines, il y en avait peu de plus forte que celle-ci contre les sorciers.

Childéric III, dans un de ses édits de l'an 742 (2), ordonna « que, selon les saints canons, chaque évê-

---

(1) *Traité de la police.*
(2) *Capit. Reg. Fr.*, t. 1, col. 147.

« que, avec le secours du magistrat, prendrait un
« grand soin d'abolir dans son diocèse, les sacrifices
« profanes, les sortiléges, les divinations, les char-
« mes, les enchantemens, et tous ces restes grossiers
« du paganisme, qui attiraient la colère de Dieu sur
« son peuple. »

Charlemagne (1) réitéra plusieurs fois ces mêmes ordres, de chasser de ses Etats les magiciens, les devins, les astrologues, les augures; mais comme ce mal demandait un remède plus puissant que des exhortations, il fit enfin publier contre eux plusieurs édits qui établissent les peines dont ils devaient être punis : nous en réunirons ici les dispositions les plus remarquables.

Ils défendent toutes sortes de sorcelleries, de magies et divinations, d'invocations des démons, de caractères, de maléfices, de breuvages pour faire aimer, d'enchantemens pour troubler l'air, ou exciter des grêles ou des tempêtes, faire périr les fruits de la terre ou le lait des bestiaux, les ôter aux uns pour les donner aux autres, les charmer par ligatures, et généralement tout ce qui s'opère par art magique; les mathématiques, c'est-à-dire l'astrologie judiciaire, qui se parait encore de ce beau nom, les augures, les prédictions de l'avenir et l'explication des songes. Ces règlemens veulent que tous ceux qui

---

(1) *Car. Magn.*, an. 743, 769, 789 et 814. *Capit. Reg. Fr.*, t. 1, col. 191, 220, 235, 518. *Ibid.*, l. 6, c. 26, 72, 215, 374 et 397. *Ibid.*, l. 7, c. 181, 222 et 370. *Ibid.*, addit. 2, c. 21.

exercent ces arts diaboliques, soient réputés exécrables, et qu'ils soient traités de même que les homicides, les empoisonneurs et les voleurs; ils ordonnent que les personnes qui les consulteront touchant la vie et la fortune du prince, ou le salut de l'Etat, soient punies de mort, de même que celui qui aura été consulté, et qui aura répondu. Ils portent enfin, que tous ceux qui se vanteront seulement de pouvoir prédire l'avenir, soient fustigés et chassés des villes, et ajoutent pour motif de ces dispositions, qu'il est bien juste de punir d'autant plus sévèrement ceux qui se trouvent coupables de semblables fautes, qu'ils ont osé, par une entreprise aussi détestable que téméraire, rendre au démon le culte qui n'appartient qu'à Dieu (1).

C'est surtout dans les treizième, quatorzième et quinzième siècles que la sorcellerie, ou plutôt l'opinion de nos pères sur les devins et les sorciers, prit une consistance qui ne serait pour nous que ridicule, mais qui n'était pas alors sans importance et sans dangers.

Les enfans de Philippe-le-Bel firent entre eux un acte d'association, par lequel ils se promirent un secours mutuel contre ceux qui voudraient les faire périr, à l'aide de la *sorcellerie*. On brûla, par arrêt du parlement, une sorcière qui avait fabriqué avec le diable un acte en faveur de Robert d'Artois. La

---

(1) De la Mare, *Traité de la police*, t. 1.

maladie de Charles VI fut attribuée à un sortilége, et on fit venir un magicien pour le guérir.

On vit à Londres la duchesse de Glocester accusée d'avoir attenté à la vie d'Henri VI par des sortiléges. Une malheureuse devineresse, et un prêtre, indigne sans doute, qui se disait sorcier, furent brûlés vifs pour cette prétendue conspiration. La duchesse fut heureuse de n'être condamnée qu'à faire une amende honorable en chemise, et à une prison perpétuelle. L'esprit de lumière et de philosophie qui a établi depuis son empire dans cette île, en était alors bien éloigné.

Mais sachons d'abord quelle idée on se formait en général des sorciers et de leurs pratiques, et comment on traitait ceux qu'on supposait initiés à l'art cabalistique. C'est un de nos chroniqueurs les plus estimés qui va satisfaire notre curiosité sur ce point. Laissons parler Monstrelet :

« En l'an 1459, en la ville d'Arras ou pays d'Ar-
« tois, aduint vn terrible cas et pitoyable, que l'en
« nommoit *vaudoisie* ne sçay pourquoy : mais l'en
« disoit que ce estoient aucunes gens, hommes et fem-
« mes qui de nuict se transportoient par vertu du
« diable, des places où ils estoient, et soudainement
« se trouuoient en aucuns lieux arriere de gens, és
« bois ou és desers, là où ils se trouuoient en tres
« grand nombre hommes et femmes : et trouuoient
« illec vn diable en forme d'homme, duquel ils ne
« veoient iamais le visage : et ce diable leur lisoit ou
« disoit ses commandemens et ordonnances, et com-
« ment et par quelle maniere ils le deuoient aorer et

« seruir. Puis faisoit par chacun d'eux baiser son
« derriere, et puis il bailloit à chacun vn pou d'ar-
« gent. Et finablement leur administroit vins et vian-
« des en grand largesse, dont ils se repaissoient : et
« puis tout accoup chacun prenoit sa chacune ; et en
« ce point s'estaindoit la lumiere, et cognoissoient
« l'vn l'autre charnellement : et ce fait tout soudai-
« nement se retrouuoit chacun en sa place, dont ils
« estoient partis premierement.

« Pour ceste folie furent prins et emprisonnez plu-
« sieurs notables gens de ladite ville d'Arras, et au-
« tres moindres gens, femmes folieuses et autres : et
« furent tellement gehenez et si terriblement tor-
« mentez, que les vns confesserent le cas leur estre
« tout ainsi aduenu, comme dit est ; et outre plus
« confesserent auoir veu et cogneu en leur assemblée
« plusieurs gens notables, prelats, seigneurs et autres
« gouuerneurs de baillages et de villes, voire tels
« selon commune renommée, que les examinateurs
« et les iuges leur nommoient et mettoient en bou-
« che : si que par force de peines et de tormens ils
« les accusoient, et disoient que voirement ils les y
« auoient veuz. Et les aucuns ainsi nommez estoient
« tantost apres prins et emprisonnez et mis à torture,
« tant et si tres longuement, et par tant de fois, que
« confesser le leur conuenoit : et furent ceux cy qui
« estoient des moindres gens executez et bruslez in-
« humainement. Aucuns autres plus riches et plus
« puissans se racheptterent par force d'argent, pour
« euiter les peines et les hontes que l'on leur faisoit.

« Et de tels y eut des plus grans, qui furent preschez
« et seduits par les examinateurs, qui leur donnoient
« à entendre et leur promettoient s'ils confessoient
« le cas, qu'ils ne perdroient ne corps ne biens. Tels
« y eut qui souffrirent en merueilleuse patience et
« constance les peines et les tormens; mais ne vou-
« lurent rien confesser à leur preiudice. Trop bien
« donnerent argent largement aux iuges, et à ceux
« qui les pouaient releuer de leurs peines. Autres y
« eut qui se absenterent et vuiderent du pays, et
« prouuerent leur innocence, si qu'ils en demoure-
« rent paisibles. Et ne fait icy à taire ce que plu-
« sieurs gens de bien cogneurent assez, que ceste
« maniere de accusation fut vne chose controuuée
« par aucunes mauuaises personnes, pour greuer et
« destruire ou deshonnorer, ou par ardeur de conuoi-
« tise, aucunes notables personnes que ceux hayoient
« de vieille haine : et que malicieusement ils feirent
« prendre meschantes gens tout premierement, aus-
« quels ils faisoient par force de peines et de tor-
« mens, nommer aucunes notables gens tels que l'en
« leur mettoit à bouche; lesquels ainsi accusez es-
« toient prins et tormentez, comme dit est. Qui fut
« pour veoir au iugement de toutes gens de bien,
« vne chose moult peruerse et inhumaine au grand
« deshonneur de ceux qui en furent notez, et au tres
« grand peril des ames de ceux qui par tels moyens
« vouloient deshonorer gens de bien (1). »

---

(1) *Chroniq.* de Monst., t. 3, f. 24, édit. de Paris, 1572, in-f°.

On renouvela ces procédures dans la même ville, et avec les mêmes iniquités, au bout d'environ trente ans; mais le parlement de Paris rendit justice aux parties, par l'absolution des accusés et la condamnation des juges (1).

On a prétendu (2) que les sabbats n'étaient, dans l'origine, que le jeu des diableries, sortes de spectacles qui passèrent de la capitale dans la province, et que les gens du peuple, qui n'y pouvaient assister, parodièrent la nuit en pleine campagne. Bientôt ces singulières représentations devinrent plus secrètes; on n'y admit que certaines personnes, à certaines conditions, et on les nomma *sabbats*.

« La nuit donnant un air mystérieux à ces assemblées, persuada au commun des hommes qu'il s'y passait des choses surnaturelles, et que le diable y présidait.

« Les sabbats se célébraient en différens lieux; mais du temps de Catherine de Médicis, où les astrologues et les magiciens étaient si nombreux et si bien accueillis, les sabbats les plus renommés se tenaient

---

(1) *Encyclop.*, in-f°.

(2) Notamment l'auteur de la nouvelle *Histoire de Paris*:
« Les acteurs qui remplissaient les rôles de diables étaient
« vêtus de peau noire, et avaient le visage couvert de masques
« affreux; ils tenaient en main de longues torches noires et
« ardentes, d'où ils faisaient jaillir des flammes et de la fu-
« mée; ils jetaient aussi du feu par la bouche, exécutaient
« des danses infernales, et poussaient tour à tour des hurle-
« mens horribles; ce qui amusait infiniment les spectateurs. »

aux environs de la Ferté-Milon et de Verberies : ceux qui s'y rendaient étaient appelés *chevaucheurs de ramon*, où *chevaucheurs d'escouvettes* : ces dénominations signifient, l'une et l'autre, gens qui vont à cheval sur un balai (1).

« Pendant l'été, ils s'assemblaient au milieu des bois, et en hiver dans des fermes écartées. Le renoncement à Dieu et à la religion, beaucoup de discrétion, et une entière soumission aux volontés des chefs, étaient, dit-on, ce qu'on exigeait des récipiendaires. L'assemblée commençait avec la nuit, et finissait au chant du coq. La salle destinée au sabbat était éclairée par une seule lampe qui répandait un jour lugubre, et ne dissipait qu'une partie des ténèbres. Tout ce qui pouvait porter dans l'âme des sensations terribles et révoltantes, était mis en usage pour éprouver le courage et la discrétion des associés, et les rendre inaccessibles aux remords.

« Le diable, qui présidait au sabbat, suivant les crédules auteurs qui en ont parlé, y paraissait assis sur un trône élevé, vêtu de la peau d'un grand bouc, ou de celle d'un grand chien barbet, ou bien en figure d'homme, couvert d'un grand manteau noir. A sa droite était une lampe ardente, à sa gauche, l'homme ou la femme dépositaire des poudres ou graisses que l'on avait coutume de distribuer à tous les assistans.

« On croyait que ces poudres étaient des poisons

---

(1) *Voyez* la *Démonomanie* de Bodin.

composés par art diabolique, pour opérer des maléfices, et jeter des sorts sur les bestiaux ou sur les hommes. L'ignorance où l'on était alors en pharmacie, faisait aisément passer ces drogues pour occultes et surnaturelles. On s'imaginait que les démons seuls en enseignaient la composition, et rien n'était plus facile que d'en imposer à cet égard.

« Les graisses qu'on distribuait étaient, dit-on, propres à transporter le sorcier qui s'en frottait, de sa demeure à l'endroit du sabbat. On n'en avait aucune preuve ; mais il est présumable que ces graisses servaient à donner aux membres plus d'agilité et de souplesse pour les exercices qui se faisaient dans les assemblées, ou bien que l'odeur qu'elles répandaient servait aux chefs à reconnaître les initiés, et à les distinguer des espions qu'ils redoutaient.

« Après la distribution des onguents et des poisons, le diable-président ouvrait la séance par un discours. Les assistans, rangés à sa droite et à sa gauche, sur deux lignes parallèles, l'écoutaient dans un profond silence : le discours achevé, chacun consultait l'orateur ; puis il se faisait plusieurs cérémonies mystérieuses, comme de baptiser des crapauds qui servaient de préparatifs, et qu'on appelait *mirmilots*.

« On adorait ensuite ce diable, en le baisant au derrière, lorsqu'il était en forme de bouc, et au nombril, lorsqu'il avait la figure d'homme, ou plus vilainement encore, s'il faut en croire l'Espagnol Antoine Turquemada.

« Bientôt après, l'ivresse bannissant toute décence,

et portant la dissolution à son dernier période, on exécutait des danses extravagantes et lascives. Enfin, on servait un repas abondant en viandes et en vins, où chacun, en présence de tous les assistans, s'abandonnait aux débauches les plus monstrueuses (1). »

Voilà du moins ce que rapportent les écrivains du temps qui croyaient aux sorciers. Le fond de ces histoires est vrai, sans doute; mais les motifs et les circonstances de l'action sembleraient n'avoir été imaginés que pour amuser de bonnes vieilles, ou faire peur aux petits enfans, s'il était possible de ne voir que l'effet d'un jeu de l'esprit dans les fatales poursuites dirigées contre ces prétendus sorciers, et les scènes sanglantes dont elles étaient suivies.

Mallebranche dit avec raison qu'on ne saurait se tenir trop en garde contre les récits des démonographes, qui, sous prétexte de prouver ce qui a rapport à leur but, adoptent sans examen tout ce qu'ils ont vu, lu ou entendu (2). Cependant, c'est aux écrivains qui se sont le plus occupés de cette matière, qu'il faut demander quel était l'état du préjugé en France sur le sortilége; les iniquités dont il a été l'occasion ou le sujet; les victimes ou les dupes qu'il a faites; les sottises en tout genre dont il est devenu la source; et jusqu'à quel point, enfin, la croyance de l'intervention réelle du démon dans les actions humaines, a pu corrompre ou égarer l'esprit du peuple, et même

_____

(1) *Sing. hist.*
(2) *Recherche de la vérité.*

de ceux qui avaient charge de le gouverner et de l'instruire. Les démonographes les plus crédules prouveront au moins ceci, que des hommes d'ailleurs très-éclairés, tel que Bodin, croyaient fermement aux magiciens et aux sorciers; que, quelque niaises ou révoltantes que fussent les histoires qu'on en racontait, elles ne pouvaient ni détromper les simples, ni convertir les savans et les juges à la religion du bon sens, ni modérer les supplices appliqués à des crimes imaginaires, tant étaient vives et profondes les racines que le préjugé avait jetées dans tous les esprits. Nous ne dédaignerons donc pas d'interroger ces historiographes du prince des ténèbres, si ce n'est sur leur doctrine, du moins sur les faits dont ils assurent avoir eu pleinement connaissance.

La première observation qui se présente dans cet examen, c'est que tous les démonographes, ou presque tous, ont passé eux-mêmes pour sorciers, ou pour avoir entretenu des relations avec des êtres surnaturels.

Nous voyons paraître en première ligne Albert-le-Grand, qui passait pour avoir commerce avec certains esprits (1).

Ce savant se désespérait, dit-on, de la difficulté qu'il trouvait à apprendre les sciences, et il était

---

(1) Albert-le-Grand écrivait au milieu du treizième siècle. Ses œuvres ont été recueillies en 21 vol. in-f°, dont on a réimprimé divers extraits connus, notamment le livret intitulé *De secretis mulierum, item de virtutibus herbarum, lapidum et animalium*, etc.

prêt à s'ôter la vie, lorsque la Sainte Vierge lui apparut, et l'en empêcha, en lui promettant de le rendre le plus habile homme de son siècle, dans la théologie ou la philosophie, à son choix. Il se décida pour la dernière; et son esprit s'ouvrit si bien, qu'il devint le plus grand philosophe de son temps : mais, en punition de ce qu'il avait préféré les sciences humaines aux divines, il retomba dans son imbécillité quelque temps avant sa mort.

L'invention du grand Albert qui fit le plus de bruit, est celle de la tête parlant, ou de l'homme automate, que ses profondes connaissances en mécanique le mirent à portée d'organiser avec tant d'art, que l'on pouvait s'y tromper, et croire cette statue animée. Tout le monde sait l'histoire de saint Thomas d'Aquin, disciple d'Albert, qui, ayant un jour trouvé cet automate dans le cabinet de son maître, et le prenant, suivant les uns, pour un voleur, ou, selon d'autres, étant importuné de son babil, lui donna quelques coups de bâton qui brisèrent la machine. Albert, à la vue de ce désordre, prit la chose en saint religieux et en grand philosophe. *Thomas*, lui dit-il, *tu as détruit en un moment ce qui m'a coûté trente ans de travail* (1).

Pierre d'Apone ou d'Abano, auteur du quatorzième siècle, est du nombre des écrivains qui eurent le malheur de passer pour sorciers, sans l'être. Il avait fait un livre latin intitulé *le Conciliateur des diffé-*

---

(1) *Vita Albert. mag.*

rences entre les diverses opinions des philosophes et des médecins. Le nom de *Conciliateur* lui en était resté, et il se faisait honneur de cette épithète, qui annonçait un esprit doux et pacifique. On l'accusa de concilier les philosophes aux dépens de la religion et de la théologie. Il paraît, par ses ouvrages, qu'il croyait un peu à la magie, à l'astrologie et à l'alchimie : mais qui est-ce qui n'y croyait pas alors ? Il fut déféré à l'inquisition ; ou lui fit son procès comme s'il eût été vraiment magicien et sorcier ; et ce qu'on allégua de plus fort contre lui, et dont il eut le plus de peine à se justifier, ce fut d'avoir appris les sept arts libéraux, par le secours de sept démons ou esprits qu'il avait eu l'art d'évoquer et de se soumettre. Mais le plus curieux de l'affaire, c'est qu'on voulut le convaincre d'avoir enfermé ces sept démons dans une grosse bouteille que l'on trouva chez lui, remplie d'une mixtion de sept drogues différentes. Le malheureux Pierre d'Abano fut mis en prison à Padoue à l'âge de quatre-vingts ans. On lui fit son procès ; mais il mourut avant que cette ridicule procédure fut terminée. Comme il n'avait pas encore été condamné, on l'enterra d'abord dans l'église de Saint-Antoine de Padoue : bientôt les inquisiteurs le firent déterrer, et, par leur ordre, on brûla ses os dans la grande place de cette ville. Environ un siècle après, on lui rendit plus de justice : un duc d'Urbin, qui se piquait de protéger les lettres, lui fit ériger divers monumens. Mais la fausse opinion que Pierre d'Abano avait renfermé sept esprits dans une bouteille, est si bien restée, qu'au seizième siècle on a fait des traductions de quelques-uns de ses prétendus livres de magie (1).

Agrippa était, dit-on, si grand sorcier, que pendant qu'il habitait Metz, un de ses écoliers étant mort subitement étranglé par le diable, il obligea le démon d'entrer dans son corps, et de le faire promener par toute la ville durant quelque temps, afin que tout le monde le vît; ensuite le diable quitta ce corps, qui tomba aussitôt, comme si l'écolier avait été frappé d'une attaque d'apoplexie.

On croyait qu'Agrippa n'était jamais embarrassé de payer dans les auberges; qu'il trouvait toujours dans sa poche une pièce de monnaie du pays, qui était reçue pour bonne, et passait pour telle jusqu'à ce que le voyageur fût bien éloigné, et qu'alors on reconnaissait qu'il n'avait donné que du papier, des coquilles, ou toute autre matière vile (2).

La plus ridicule des imputations dirigées contre Agrippa, est celle d'un chien noir portant un collier chargé de caractères, qu'on supposait être son démon familier. Le médecin Wier (3), qui avait été disciple d'Agrippa, mais qui a écrit contre lui, rapporte qu'il avait souvent vu ce chien, et qu'ordinairement il se couchait entre eux deux sur un tas de

---

(1) Mss. de Paulmy, *Mélanges tirés d'une grande biblioth.*, t. 2, p. 54.

(2) *Ibid.*, t. 2, p. 19.

(3) Dans les Traités ci-dessous indiqués.

papiers. On suppose que lorsqu'Agrippa mourut, ce même chien était encore auprès de lui, et qu'il le chassa en disant : *Va, malheureuse bête, c'est toi qui m'as perdu.* L'animal diabolique obéit aussitôt, et courut se jeter dans la rivière.

Agrippa professa publiquement la magie, lorsqu'il n'eut plus rien à ménager. Ce fut en qualité de *médecin* qu'il s'attacha à Louise de Savoie, mère de François Ier. On ne croyait pas dans ce temps-là qu'on pût être bon médecin sans être astrologue, et l'on pense bien qu'Agrippa prétendait plus qu'aucun autre à l'honneur de prédire l'avenir. Malheureusement pour le philosophe, peu de temps après qu'il fut entré au service de Louise de Savoie, le connétable de Bourbon se révolta, et passa au service de Charles-Quint. La mère de François Ier consulta son médecin sur les suites de cet évènement. Agrippa eut la maladresse de dire que le connétable se comblerait de gloire, et prendrait Rome. Il n'en fallut pas davantage pour le perdre dans l'esprit de sa maîtresse. On le chassa honteusement ; il erra quelque temps, et mourut bientôt misérable dans l'hôpital de Grenoble, en 1535, à l'âge de quarante-neuf ans (1).

Jérôme Cardan, né à Pavie en 1501, passa aussi pour magicien (2). On croyait qu'il s'était laissé

---

(1) *Voyez* son *Traité de la philosophie occulte*, et ses *Paradoxes sur l'incertitude, vanité et abus des sciences*.

(2) L'auteur du traité *de Subtilitate rerum*, dont la traduction française, par Richard le Blanc, parut en 1584.

mourir de faim, pour justifier une prédiction qu'il avait faite, et suivant laquelle il devait mourir dans sa soixante-quinzième année.

On prétendait encore qu'ayant tiré l'horoscope de Jésus-Christ, il avait trouvé que tout ce que le Nouveau-Testament nous apprend de l'Homme-Dieu, devait effectivement lui arriver, d'après la disposition du Ciel et la conjonction des astres au moment de sa naissance. Il croyait, ou plutôt feignait de croire lui-même à la magie, et disait qu'il avait un démon familier, comme Socrate, qui l'avertissait de tout ce qui devait lui arriver. La vérité est qu'il trouvait fort commode de rejeter sur l'influence forcée des astres tous ses vices et ses dérèglemens. Il n'était qu'impie, méchant, libertin et joueur. L'auteur de la *Démonomanie*, Bodin, n'a pas été non plus à l'abri de l'imputation de la sorcellerie, et il passa pour avoir prédit le temps de sa mort.

Luther était un autre sorcier renforcé, dans l'opinion, ou du moins d'après les écrits des catholiques de son temps; et il faut convenir que c'était un excellent moyen d'attaquer sa doctrine, car on n'a jamais aimé les sorciers. On croyait donc que cet hérésiarque était fils d'un démon qui était venu en Saxe sous la figure d'un homme très-laid, mais d'ailleurs grand, fort, ayant de l'esprit et de l'effronterie. Suivant la même tradition, ce diable se faisait passer pour un marchand lapidaire fort riche : il séduisit la fille d'un bourgeois de Wittemberg, lui fit un petit diablotin, et la donna ensuite pour épouse à un autre bourgeois nommé *Luther*. Au bout de quelques mois, la demoiselle maîtresse du diable mit au monde un enfant qui ressemblait fort à monsieur son père, et qu'on nomma *Martin Luther* : c'est le patriarche des luthériens (1) : *Se non è vero, è ben trovato*.

Wier compte encore parmi les magiciens modernes, le moine Roger Bacon, connu par plusieurs inventions subtiles et singulières, l'abbé Trithème, Arnaud de Villeneuve, le philosophe espagnol Picatrix, qui était attaché à Alphonse-le-Grand, roi de Castille, pour lequel il composa des livres de magie, et enfin Jean Reuchlin, dit *Capnion*, Allemand, le plus savant homme de son temps.

Passant ensuite des auteurs à leurs écrits, nous y trouvons des faits qui, sans être dignes d'une grande confiance, peuvent être vrais, dans leur expression la plus simple, mais dont l'interprétation et les conséquences appartiennent au siècle, et caractérisent l'esprit de ce temps.

Bodin, le sage Bodin, sonne le tocsin contre les sorciers : il représente à l'illustre de Thou, que le parlement de Paris s'est empressé de tout temps à punir ce genre de coupables; que non content de les faire enfermer, et même pendre, le premier sénat du royaume les a toujours condamnés à être brûlés

---

(1) *Voyez* les cinq livres *de l'Imposture des diables, des enchantemens et des sorcelleries*, pris du latin de Jean Wier, médecin du duc de Clèves, par Jacques Grevin, etc. Paris, 1567, 2 vol. in-8°.

vifs. Il finit par rapporter en entier un jugement doctrinal de la Faculté de théologie de Paris, de l'an 1398, composé de vingt-huit articles, dans lesquels tous les cas de sorcellerie sont exprimés. La Faculté conclut que ceux qui se trouvent coupables de quelqu'un de ces cas, doivent être punis, non seulement par l'application des peines canoniques et ecclésiastiques, mais encore des plus rigoureux supplices (1).

Du temps de Philippe de Valois, il était défendu, en France, sous peine de la vie, de s'adonner à quelque espèce de divination que ce fût : on condamnait même à la mort les physionomistes, ceux qui prétendaient juger par les traits du visage, de ce qui pouvait arriver d'heureux ou de malheureux aux hommes. En Espagne, au contraire, toute espèce de magie était cultivée, et même honorée. Ferdinand-le-Catholique fut le premier qui, après avoir conquis le royaume de Grenade, et chassé les Maures d'Espagne, fit fermer les écoles de cette exécrable étude, dont l'université de Tolède avait été pendant long-temps le centre. Les Juifs et les Arabes prenaient leurs degrés dans cette université, et se répandaient de là par tout le monde. On n'était pas bon magicien si l'on n'avait étudié à Tolède (2).

---

(1) *Voyez* la *Démonomanie des sorciers*, dont la première édit. est de 1580. Le jugement doctrinal de 1398 (et non pas 1318, comme on l'annonce dans les *Mélanges tirés d'une grande bibliothèque*), se trouve à la fin de la préface de Bodin.

(2) *Voyez* Pierre Massé, avocat du Mans, *Traité de l'im-*

« Dans ces siècles de crédulité, » dit un auteur moderne, fort suspect, d'ailleurs, mais en cela très-croyable (1), « les dieux ne descendaient plus de
« l'empirée, mais c'étaient les démons qui sortaient
« de l'enfer pour s'incarner, et sous différentes for-
« mes cohabiter avec les femmes. On ne parlait que
« des diables incubes et des diables succubes. La
« plupart de ceux qui avaient des aventures galantes
« passaient pour avoir employé la magie ; les intri-
« gues d'amour allaient rarement sans le secours du
« diable : c'est ce préjugé qui perdit Guillaume Ede-
« lin, prieur de Saint-Germain-en-Laye, qui, avec
« un cœur trop tendre, eut le malheur de trouver
« une femme trop sensible qui répondit à ses ardeurs
« sacrilèges. La grossesse de son amante fut contre
« lui une preuve de sortilége. Il avait beau dire qu'il
« ne croyait pas aux sorciers ; qu'il avait prêché
« contre ceux qui entretenaient le peuple dans la
« croyance à la magie : Ce qu'il en a fait, répondirent
« ses ennemis, ce n'est que pour mieux tromper les
« hommes.

« Edelin fut mis dans un cachot de l'officialité
« d'Evreux. On lui donna la question, en présence
« d'un inquisiteur de la foi, pour avoir l'aveu de son

---

posture et tromperie des diables, devins, enchanteurs, sorciers, noueurs d'éguillettes, chevilleurs, nécromanciens et autres, qui, par cette invocation diabolique, arts magiques et superstitions, abusent le peuple, etc., 1579.

(1) L'abbé Duvernet, *Hist. de la Sorbonne*.

« crime; et on lui promit sa grâce s'il s'avouait sor-
« cier. Il convint, pour sauver sa vie, qu'il avait re-
« noncé à Dieu, qu'il allait au sabbat en chevauchant
« sur un balai, qu'il y avait vu et adoré le diable
« sous la figure d'un bouc, et qu'il lui avait baisé le
« derrière : *Deo renunciavisse, diabolum hirci fi-
« gurâ visum adorasse, et podici ejus oscula de-
« disse* (1).

« Ce mensonge que lui arrachèrent la torture et
« la crainte de la mort, le déroba au feu. L'évêque
« d'Evreux, son juge, usa de miséricorde, et ne le
« condamna, *pridiè natalis*, la veille de la Noël, qu'à
« une abstinence perpétuelle, et à être enfermé dans
« une fosse pour le reste de ses jours.

« Le jésuite Delrio, Bodin et autres démonogra-
« phes, assurent qu'Edelin était un vrai magicien. »

Pour prouver qu'il existe des sorciers, Daneau rapporte les pièces d'un procès où il paraît avoir assisté, et dans l'instruction duquel deux sorcières furent convaincues, par leur propre témoignage, d'avoir été présentes au sabbat, de s'y être rendues par les airs, montées sur un manche à balai, et d'avoir reçu du diable même les marques de leur association (2). Daneau se tait sur le lieu où se passa cette

---

(1) *Historiæ spect.*
(2) *Dialogue contre les sorciers*. Daneau était protestant. Il publia divers Traités contre les danses et le jeu. Une des plus fortes raisons qu'il oppose au goût du jeu, c'est que la robe de Notre Seigneur a été jouée avec des dés !!!

affreuse scène : il ne dit pas si ces malheureuses furent brûlées; mais il déclare qu'on ne peut trop faire de ces terribles exemples, pour épouvanter les coupables. Suivant le Père Michalis (1), les femmes ont bien plus d'habileté que les hommes dans l'art de la sorcellerie, et plus de propension à l'exercer; mais il est un moyen bien simple de résister à leurs enchantemens, c'est de donner à nos enfans des noms d'anges et de saints qui aient eu quelqu'empire sur le diable, tels que saint Michel, saint Antoine, etc.....

Le Père Crespet (2), non content de démontrer par quelques traits de l'Ecriture sainte, qu'il y a des sorciers, en emprunte encore de l'histoire grecque et fabuleuse pour mettre cette vérité dans tout son jour. « Oreste, dit-il, fut possédé du malin esprit pour avoir tué sa mère, et obligé d'aller se faire exorciser dans la Tauride par la prêtresse de Diane, qui se trouva être Iphigénie, sa sœur. » Comme il n'y eut jamais tant de possédés en France que dans le seizième siècle, le Père Crespet s'était chargé du soin d'en exor-

---

(1) Dominicain, auteur de la *Pneumalogie*, ou *Discours des esprits*, publié en 1587. Cet ouvrage a été réimprimé en 1614, avec l'*Histoire admirable de la possession et conversion d'une pénitente séduite par un magicien, la faisant sorcière et princesse des sorciers au pays de Provence, conduite à la sainte Baume pour y être exorcisée*, etc.

(2) Célestin de Paris, auteur d'un ouvrage imprimé en 1590, sous le titre de *la Haine de Satan et malins esprits contre l'homme, et de l'homme contre eux*, dédié au duc de Mayenne.

ciser quelques-uns. Un jour s'étant avisé de demander aux diables pourquoi ils étaient alors en si grand nombre dans ce royaume : « Nous sommes, lui répondirent-ils, des démons échappés des deux Indes. Les prédications de François-Xavier en Asie, et celles de plusieurs missionnaires en Amérique, ayant opéré beaucoup de conversions, nous ont forcés à quitter ces contrées lointaines : n'y trouvant plus d'asile, nous nous sommes réfugiés dans ce pays-ci, où tout le monde est chrétien, à la vérité, mais où la plupart des gens ont une assez mauvaise conduite pour que leurs corps nous fournissent des logemens convenables et commodes. »

Massé (1) rapporte que, de son temps, la divination la plus à la mode en France s'opérait par les miroirs magiques; qu'on y voyait ce qu'on voulait; qu'on usait aussi de bagues enchantées, dans lesquelles il y avait des esprits renfermés; qu'en les approchant de son oreille, ils répondaient à toutes les questions qu'on voulait leur faire; et qu'on pouvait d'ailleurs s'attacher de petits esprits follets appelés *servans*, parce qu'ils exécutaient toutes les volontés de ceux auxquels ils se dévouaient. Froissart, qui séjourna long-temps à la cour de Gaston Phébus, comte de Foix, nous apprend que ce seigneur avait un de ces esprits familiers à ses ordres. Ce lutin avait d'abord été attaché à un prélat romain, qu'il avait quitté pour un baron gascon : celui-ci, qui était vassal du

---

(1) Pierre Massé, *ubi suprà*.

comte de Foix, avait consenti que son follet passât au service de son seigneur. Il était fort utile au comte; car Gaston l'employait comme courrier, et l'envoyait dans tous les pays du monde savoir ce qui s'y passait. Le follet y volait, et revenait presqu'aussitôt lui en rendre compte.

Le même Massé assure que l'on peut *envouter* les gens, c'est-à-dire les tourmenter, et même les faire mourir, quoiqu'on soit fort loin d'eux, en perçant une figure de cire faite à leur ressemblance. Enguerrand de Marigny, accusé d'avoir voulu jouer ce mauvais tour au roi Philippe-le-Bel, s'était, dit-on, associé pour cela avec un sorcier nommé *Paviot*. Maître Jean Gallery, fameux magicien manceau, avait voulu en faire autant à François Ier. Mais le monarque français fut plus heureux que le roi Siméon. Zonare rapporte que ce roi de Bulgarie eut la tête coupée sans qu'il s'en doutât, au moment où des magiciens qui avaient conspiré contre lui, la coupaient à une figure de cire qu'ils avaient faite à sa ressemblance, et dans cette intention. On ajoute que les courtisans furent bien étonnés de voir tomber la tête de leur roi, sans que personne lui eût touché.

Mais laissons là les démonographes, et voyons ce que l'histoire plus imposante et plus croyable de la législation et du barreau, nous apprend des sorciers, des devins et de leurs confrères les astrologues, tous gens fort habiles, et surtout fort honnêtes, comme chacun sait.

Des intrigans versés dans l'art de la négromancie et

de la divination s'étant introduits à la cour de Charles VIII, l'attrait de la curiosité et le désir imprudent de pénétrer dans l'avenir, leur y donna entrée chez quelques-uns des grands, et ils y trouvèrent de la protection. Les funestes effets qui suivent ordinairement cet art prétendu, les firent découvrir, et les rendirent odieux. Le roi en étant informé, sa religion s'en alarma, et il crut devoir y porter un prompt remède par une ordonnance de l'an 1490, conçue en ces termes : « Sa « Majesté veut et entend que tous les enchanteurs, les « devins, les invocateurs des malins esprits, les négro- « manciens soient incessamment arrêtés et punis selon « la rigueur des lois, parce que tous ces crimes atta- « quent directement Dieu et la foi catholique (1). »

Les genethliaques, pronostiqueurs ou faiseurs d'horoscopes, connus et condamnés sous le nom générique de *mathématiciens* (2), qui se parent encore aujourd'hui de celui d'*astrologues*, ont prétendu n'être point compris dans ces ordonnances contre les devins et les

---

(1) Fontanon, t. 4, tit. 6, art. 3, p. 237.

(2) Les sciences mathématiques ont paru autrefois très-suspectes aux chrétiens, parce qu'on a cru qu'elles conduisaient à la magie et à l'astrologie. Cette étude a été défendue dans l'Eglise, depuis le règne de l'empereur Constantin jusqu'à celui de l'empereur Frédéric II. Saint Augustin dit que les mathématiciens sont des gens perdus et damnés. Il pensait que le diable avait le pouvoir de changer les hommes en loups-garoux; et dans sa *Cité de Dieu*, il nomme deux personnes de son Eglise d'Hippone, à qui ce malheur était arrivé.

autres arts magiques : c'est ainsi qu'au lieu de céder à l'empire des lois et de la raison, ils ont toujours continué d'infatuer le monde de leurs prédictions, et que les almanachs en sont encore remplis.

Comme ces astrologues ne se bornèrent point à prédire la pluie et le beau temps, et qu'ils faisaient d'imprudentes excursions dans le domaine de la politique et de l'Eglise, il fut rendu diverses ordonnances sous Charles IX, Henri III et Louis XIII, portant que tous devins et faiseurs de pronostications et almanachs qui excéderaient les termes d'*astrologie licite, contre l'exprès commandement de Dieu*, seraient punis extraordinairement et corporellement; mais les Mathieu Lansberghe de ce temps n'en ont été ni plus discrets ni plus sages.

La folie des sortiléges avait fait de nouveaux progrès en France sous Catherine de Médicis; c'était un des fruits de sa patrie transplanté dans ce royaume. On a la fameuse médaille où cette reine est représentée toute nue entre les constellations d'*Aries* et *Taurus*, le nom d'*Ebuleb-Asmodée* sous ses pieds, ayant un dard dans une main, un cœur dans l'autre, et dans l'exergue, le nom d'*Oxiel* (1). On fit subir la question à Côme Ruggieri, Florentin, accusé d'avoir attenté par des sortiléges à la vie de Charles IX.

Mais le fait suivant, rapporté par Mézerai, eut des conséquences bien plus graves.

En 1571, un sorcier nommé *Trois-Echelles*, fut

---

(1) Voy. *Journ. d'Henri III*, par l'Estoile, t. 2, édit. 1744.

exécuté en Grève, pour avoir eu commerce avec les mauvais démons, et accusa douze cents personnes du même crime. Mézerai trouve ce nombre de douze cent bien fort. Un auteur le rapporte ainsi, ajoute cet historien ; mais je ne sais s'il le faut croire, car ceux qui se sont une fois rempli l'imagination de ces creuses et noires fantaisies, croient que tout est plein de diables et de sorciers (1). L'auteur, que Mézerai ne nomme point, mais qu'il désigne pour un démonographe, c'est Bodin. Or, cet auteur, dans sa *Démonomanie* (2), dit que « Trois-Echelles se voyant
« convaincu de plusieurs actes impossibles à la puis-
« sance humaine, et ne pouvant donner raison ap-
« parente de ce qu'il faisait, confessa que tout cela
« se faisait à l'aide de Satan, et supplia le roi (3) de
« lui pardonner, et qu'il en déférerait une infinité.
« Le roi lui donna grâce, à charge de révéler ses
« compagnons et ses complices, ce qu'il fit, et en
« nomma un grand nombre par nom et surnom qu'il
« connaissait ; et pour vérifier son dire, quant à ceux
« qu'il avait vus aux sabbats, il disait qu'ils étaient
« marqués comme de la patte ou piste d'un lièvre, qui
« était insensible ; en sorte que les sorciers ne sen-
« tent point les pointures quand on les perce jus-
« qu'aux os, au lieu de la marque. » Bodin ajoute que Trois-Echelles dit au roi Charles IX qu'il y avait

---

(1) Mézerai, *Hist. de France*, règne de Charles IX.
(2) L. 4, c. 1.
(3) Charles IX.

plus de trois cent mille sorciers en France, nombre bien plus prodigieux que celui qui étonnait Mézerai. Il y a apparence que Trois-Echelles était réellement sorcier (suivant les idées du temps), et que la plupart de ceux qu'il accusa, ou ne l'étaient que par imagination, ou ne l'étaient point du tout. Quoi qu'il en soit, Trois-Echelles profita mal de la grâce que lui avait accordée le roi, et retomba dans ses premiers crimes, puisqu'il fut supplicié. « Quant « aux autres, continue Bodin, la poursuite et délation fut supprimée, soit par faveur ou concussion, « ou pour couvrir la honte de quelques-uns qui « étaient peut-être de la partie, et qu'on n'eût ja-« mais pensé; soit pour le nombre qui se trouva, et « le délateur échappa : mais ce ne fut pas, comme on « voit, pour long-temps. » Bayle trouve que Bodin eut tort de vouloir faire passer pour un grand désordre cette conduite, qui au fond était louable, car la « suppression des procédures fondées sur la délation « d'un pareil scélérat, fait voir qu'il y avait encore « de bons restes de justice dans le royaume. Elles « eussent ramené les maux qui furent commis dans « Arras au quinzième siècle (1). »

Le parlement jugea dans le même temps qu'on pouvait résilier le bail d'une maison, parce qu'il y revenait des esprits. Les deux avocats, dont l'un était le savant René Chopin, étalèrent très-inutile-

---

(1) Bayle, *Réponse aux questions d'un provinc.*, c. 55, p. 603 de l'édit. de 1737, in f°.

ment beaucoup d'érudition au sujet des malins esprits : le demandeur dit qu'il pouvait en revenir dans la maison en question ; le défendeur soutint que cela ne se pouvait pas ; mais ils ne prouvèrent rien ni l'un ni l'autre : cependant le bail fut cassé (1).

Plus tard, on paraît s'être mis en garde contre l'excessive crédulité des déposans dans des causes semblables. C'est ce qu'annonce le récit de Pigray, chirurgien d'Henri III, et témoin oculaire du fait qu'il rapporte ainsi : « La Cour du parlement de Paris
« s'étant réfugiée à Tours en 1589, nomma MM. Le
« Roi, Falaiseau, Renard, médecins du roi, et moi,
« pour voir et visiter quatorze, tant hommes que
« femmes, qui étaient appelans de la mort, pour
« être accusés de sorcellerie : la visitation fut faite
« par nous en la présence de deux conseillers de la-
« dite Cour. Nous vîmes les rapports qui avaient été
« faits, sur lesquels avait été fondé leur jugement
« par le premier juge : je ne sais pas la capacité ni la
« fidélité de ceux qui avaient rapporté, mais nous ne
« trouvâmes rien de ce qu'ils disaient, entre autres
« choses qu'il y avait certaines places sur eux du tout
« insensibles. Nous les visitâmes fort diligemment,
« sans rien oublier de tout ce qui y est requis, les
« faisant dépouiller tout nus : ils furent piqués en
« plusieurs endroits, mais ils avaient le sentiment

---

(1) *Voyez* Pierre le Loyer, *Hist. des spectres, visions et apparitions des esprits, anges, démons, et âmes se montrant visiblement aux hommes.* Angers, 1586, in-4°.

« fort aigu. Nous les interrogeâmes sur plusieurs
« points, comme on fait les mélancoliques ; nous n'y
« reconnûmes que de pauvres gens stupides, les uns
« qui ne se souciaient de mourir, les autres qui le
« désiraient : notre avis fut de leur bailler plutôt de
« l'ellébore pour les purger, qu'autre remède pour
« les punir. La Cour les renvoya, suivant notre rap-
« port (1). » Cependant ces accusations fréquentes de
sorcellerie, jointes à la créance qu'on donnait à l'astrologie judiciaire et autres superstitions pareilles,
sous le règne des derniers Valois, avaient tellement
enraciné le préjugé qu'il existe un grand nombre de
vrais sorciers, que dans le siècle suivant on trouve encore des traces assez fortes de cette opinion. En 1606,
quantité de sorciers furent condamnés dans le ressort
du parlement de Bordeaux. Le fameux curé Gaufrédi,
brûlé à Aix en 1611, avait avoué qu'il était sorcier, et
les juges l'avaient cru. C'est à cette époque de 1606, que
Henri Boguet, grand-juge au comté de Bourgogne,
publia son *Discours exécrable des sorciers,* avec une
instruction pour un juge en fait de sorcellerie (2).

En 1609, Filesac, docteur de Sorbonne, se plaignait que l'impunité des sorciers en multipliait le

---

(1) Mém. de Pigray, chirurg., l. 7, c. 10, p. 445.

(2) Rouen, 1606, in-12. Il parut à la même époque un livre intitulé : *Traité merveilleux d'un monstre engendré dans le corps d'un homme nommé* Ferd. de la Febve, *par des ensorcel- lements qui lui furent donnés en un breuvage ; il fut mis sur terre par la partie extraordinaire, le* 21 *juin* 1606. Paris, Menier, in-8.

nombre à l'infini : il ne les compte plus par cent mille, ni par trois cent mille, mais par millions.

Quelques années après, la maréchale d'Ancre fut aussi accusée de sortilége, et l'on produisit en preuve contre elle, de s'être servie d'images de cire qu'elle conservait dans des cercueils; d'avoir fait venir de Nanci, des sorciers prétendus religieux, dits *ambroisiens*, pour participer à l'oblation d'un coq qu'elle fit la nuit dans l'église des Augustins et dans celle de Saint-Sulpice, et enfin d'avoir eu chez elle trois livres de caractères avec un autre petit caractère et une boîte, où étaient cinq rouleaux de velours, desquels caractères elle et son mari usaient pour dominer les volontés des grands. On se souviendra avec étonnement, jusqu'à la dernière postérité, dit Voltaire dans son *Essai sur le siècle de Louis XIV*, que la maréchale d'Ancre fut brûlée en place de Grève comme sorcière; que le conseiller Courtin, interrogeant cette femme infortunée, lui demanda de quel sortilége elle s'était servie pour gouverner l'esprit de Marie de Médicis; que la maréchale lui répondit : *Je me suis servie du pouvoir qu'ont les âmes fortes sur les esprits faibles*, et qu'enfin cette réponse ne fit que précipiter l'arrêt de sa mort. Il en fut de même dans l'affaire du fameux curé de Loudun, Urbain Grandier, condamné au feu comme magicien, par une commission du conseil. Ce malheureux était sans doute répréhensible et pour ses mœurs et pour ses écrits; mais l'histoire de son procès, et celle des diables de Loudun, ne prouvent contre lui aucun des faits qui le firent déclarer duement atteint et convaincu du crime de magie, maléfice et possession, et pour réparation desquels on le condamna à être brûlé vif avec les pactes et caractères magiques qu'on l'accusait d'avoir employés.

L'auteur des *Caractères,* le judicieux La Bruyère, ne savait trop que penser des magiciens et des sorciers. On dirait même, à la manière dont il en parle, qu'il y croyait intérieurement, et qu'il n'osait en convenir. « Que penser de la magie et du sortilége? dit « ce philosophe. La théorie en est obscure, les prin« cipes vagues, incertains, et qui approchent du vi« sionnaire; mais il y a des faits embarrassans affirmés « par des hommes graves qui les ont vus, ou qui les « ont appris de personnes qui leur ressemblent. Les « admettre tous, ou les nier tous, paraît un égal in« convénient; et j'ose dire qu'en cela comme dans « toutes les choses extraordinaires et qui sortent des « communes règles, il y a un parti à trouver entre les « âmes crédules et les esprits forts (1). »

On a peine à croire que ces ridicules croyances aient pu faire encore des dupes dans le beau siècle, et, pour ainsi dire, au milieu de la cour de Louis XIV. C'est alors cependant qu'une Voisin se rendait fameuse dans l'art de deviner. C'est en 1680, que la Vigoureux, devineresse comme la Voisin, et qui n'était comme elle qu'une empoisonneuse, fut convaincue de crimes énormes, et brûlée vive. Ces deux femmes

---

(1) *Caractères,* c. 14 : *De quelques usages.*

subirent le même supplice; et un grand nombre de personnes de la première distinction furent impliquées dans leur procès : elles nommèrent, comme complices ou fauteurs de leurs opérations magiques, la duchesse de Bouillon, la comtesse de Soissons et le duc de Luxembourg, sans doute dans l'espoir d'obtenir grâce à la faveur de protections si puissantes. La première brava ses juges dans son interrogatoire; elle ne fut pas mise en prison; mais on l'obligea de s'absenter pendant quelque temps. La comtesse de Soissons, décrétée de prise de corps, passa en Flandre. Quant au duc de Luxembourg, accusé de commerce avec les magiciennes et les démons, il fut envoyé à la Bastille, mais élargi bientôt après, et renvoyé absous. Le vulgaire attribuait à la magie son habileté dans l'art de la guerre.

On avait découvert dans le même temps d'autres imposteurs de l'un et de l'autre sexe, qui abusaient de la crédulité ou des mauvaises dispositions des personnes dont elles avaient la confiance. Les uns, sous le titre d'*astrologues*, disaient la bonne aventure, ou tiraient l'horoscope, ce qui remplissait les esprits de craintes ou d'espérances chimériques, et souvent les familles de troubles et de divisions; d'autres se vantaient d'avoir commerce avec les esprits infernaux, et promettaient de découvrir les secrets, de pénétrer dans l'avenir le plus profond, de faire trouver les choses perdues ou les trésors cachés : il y en avait qui donnaient des amulettes ou phylactères pour guérir ou pour préserver des maladies et de tous dangers; quelques autres faisaient commerce de philtres ou breuvages pour se faire aimer, pour se rendre invulnérable, ou pour gagner au jeu. Il n'y avait aucune des superstitions condamnées par les lois de l'Etat, que ces malheureux n'eussent renouvelées et mises à prix; point de sacriléges, de profanations, d'empoisonnemens, et d'autres abominations dont plusieurs d'entre eux ne fissent usage pour arriver à leur but. Un mal si pernicieux ne pouvait être long-temps caché aux lumières et à la vigilance du magistrat qui dirigeait alors l'action de la police. Les coupables furent arrêtés, et c'est par suite de ces mesures que commença le procès de la Voisin (1).

Cette femme scélérate ne fut pourtant pas la dernière qui fit le métier de deviner, et qui trouva des dupes en France. Plus d'un demi-siècle s'était écoulé depuis sa condamnation, lorsque la Bontemps exerçait la même industrie à la barbe de philosophes plus disposés à nier l'existence de Dieu qu'à reconnaître l'influence du diable dans les affaires de ce monde. Les personnages les plus élevés en dignité ne rougissaient pas de la consulter sur les questions les plus graves. La trop célèbre marquise de Pompadour se déguisa un soir pour l'entretenir à son aise sans en être reconnue (2). Elle se rendit chez elle, accompagnée d'une femme de confiance; et là, in-

---

(1) De la Mare, *Traité de la police*, t. 1. *Mém. du temps.*
(2) *Mém. de Mlle du Hausset*, femme de chambre de Mme de Pompadour.

terrogeant un *marc de café* où la Bontemps puisait ses inspirations, elle crut y lire les destinées de celle qui était, après le roi, et peut-être avant, la première personne de l'Etat. Cependant Louis XV, qui eut beaucoup de faiblesses, ne partageait point, à cet égard, celle de sa favorite. Il avait l'esprit trop juste pour croire à la vertu du marc de café, et il le prouva par cette réflexion pleine de sens et de vérité sur les prodiges attribués aux charlatans soi-disant devins : « *Il faudrait, pour bien juger de la vérité ou de la fausseté de leurs prédictions, en rassembler une cinquantaine; on verrait que ce sont presque toujours les mêmes phrases, qui tantôt manquent leur application, et tantôt se rapportent à l'objet; mais on ne parle pas des premiers, et on fait grand bruit des autres.* »

On croira donc sans peine que la Bontemps n'était pas plus sorcière que ceux qui la consultaient, quoiqu'elle en prît, ou qu'elle en acceptât la qualité; car Mlle du Hausset ne la nomme, dans ses Mémoires, que la *sorcière*. Elle avait le mérite d'amuser les grands; elle sut même en intéresser quelques-uns; et à la faveur de leur protection, elle exerçait paisiblement son art satanique sans qu'on eût l'air d'y faire attention. Il est vrai qu'elle ne volait que les riches; et, depuis long-temps, le glaive de la justice ne menaçait plus que les misérables qui trompaient d'autres malheureux, sans intéresser personne à leur impunité. Tels furent les auteurs et les victimes du fameux *procès des bergers de la Brie*, l'une des dernières affaires de sorciers qui fit le plus de bruit dans les temps modernes. Un écrivain contemporain, digne de foi (1), rapporte à ce sujet des circonstances fort extraordinaires, que nous avons réservées pour la fin de cette notice, et dont voici la relation. On n'oubliera pas que c'est l'auteur qui pense et qui parle comme, apparemment, on pensait encore à la fin du dix-septième siècle.

« Il restait encore dans la Brie, aux environs de
« Paris, une malheureuse cabale de bergers, que l'oi-
« siveté de leur état et les mauvaises dispositions de
« leurs esprits, jetaient dans toutes sortes de vices; ils
« faisaient mourir les bestiaux, attentaient à la vie des
« hommes, à la pudicité des femmes et des filles,
« commettaient plusieurs autres crimes, et s'étaient
« rendus formidables à la province. Il y en eut enfin
« d'arrêtés : le juge de Paci instruisit leur procès; et
« par les preuves, il parut évidemment que tous ces
« maux étaient commis par maléfices et sortiléges.
« Les sorts dont ces malheureux se servaient pour
« faire mourir les bestiaux, consistaient dans une
« composition qu'ils avouèrent au procès, et qui est
« rapportée dans les *factums*, mais si remplis de sa-
« criléges, d'impiétés et de profanations, qu'il vaut
« beaucoup mieux l'ensevelir dans l'oubli, que d'en
« rappeler les idées : le seul récit en ferait horreur.
« Ils mettaient cette composition dans un pot de terre,
« et l'enterraient ou sous le seuil de la porte des éta-

---

(1) De la Mare.

« bles aux bestiaux, ou dans le chemin par où ils
« passaient plus fréquemment ; et tant que ce sort
« demeurait en ce lieu, ou que celui qui l'avait posé
« était en vie, la mortalité des bestiaux ne cessait
« point : c'est ainsi qu'ils s'en expliquèrent dans leurs
« interrogatoires ; et une circonstance fort singulière
« et fort surprenante de leur procès, prouve bien
« qu'il y avait un véritable pacte entre eux et les
« malins esprits pour commettre tous ces maléfices.
« Voici comment la chose se passa ; elle est trop cu-
« rieuse pour en priver le public. Ils avouèrent bien,
« comme il vient d'être observé, d'avoir jeté ces sorts
« sur les bestiaux du fermier de la terre de Paci, pro-
« che de Brie-Comte-Robert, pour venger l'un d'entre
« eux que ce fermier avait chassé et mis hors de son
« service. Ils firent le récit exact de la composition ;
« mais jamais aucun d'eux ne voulut découvrir les
« lieux où ils avaient enterré le sort ; et on ne savait,
« après de semblables aveux, d'où pouvait venir cette
« réticence sur ce dernier fait : le juge les pressa de
« s'en expliquer ; et ils dirent que s'ils découvraient
« ce lieu et qu'on levât le sort, celui qui l'avait posé
« mourrait à l'instant. Enfin, l'un de leurs complices,
« nommé *Etienne Hocque*, moins coupable que les
« autres, et qui n'avait été condamné qu'aux galères,
« était à la chaîne dans les prisons de la Tournelle ;
« l'on gagna un autre forçat nommé *Béatrix*, qui
« était attaché proche de lui. Béatrix, à qui le sei-
« gneur de Paci avait fait tenir de l'argent, fit un jour
« tant boire Hocque qu'il l'enivra, et en cet état le

« mit sur le chapitre du sort de Paci. Il tira de lui
« le secret qu'il n'y avait qu'un nommé *Bras-de-Fer*,
« autre berger, qui demeurait proche de Sens, qui
« pût lever ce sort par les conjurations qu'il savait
« pour découvrir tous les sorts. Béatrix, profitant de
« ce commencement de confidence, engagea Hocque
« d'écrire une lettre à Nicolas Hocque son fils, par
« laquelle il lui mandait d'aller trouver Bras-de-Fer,
« pour le prier de lever ce sort; et surtout, défendit
« à son fils de dire à Bras-de-Fer qu'il fût condamné
« et en prison, ni que c'était lui Hocque qui avait
« posé ce sort. Cette lettre écrite, Hocque s'endormit;
« et à son réveil, les fumées du vin étant dissipées,
« et faisant réflexion sur ce qu'il avait fait, il fit des
« cris et des hurlemens épouvantables, se plaignant
« que Béatrix l'avait trompé, et qu'il serait cause de
« sa mort : il se jeta sur Béatrix, qu'il voulait étran-
« gler, ce qui excita même les autres forçats contre
« lui, par la pitié qu'ils avaient du désespoir de Hoc-
« que; en sorte qu'il fallut que le commandant de la
« Tournelle vînt avec ses gardes les armes à la main,
« pour apaiser ce désordre, et qu'il tirât Béatrix de
« leurs mains.

« Cependant la lettre que Béatrix avait fait tenir
« au seigneur de Paci, fut envoyée à son adresse.
« Bras-de-Fer vint à Paci, entra dans les écuries; et
« après avoir fait plusieurs figures et des impiétés
« exécrables, il trouva effectivement le sort qui avait
« été jeté sur les chevaux et sur les vaches; il le
« leva, et le jeta au feu en la présence du fermier et

« de ses domestiques ; mais à l'instant Bras-de-Fer
« parut chagrin, témoigna du regret de ce qu'il ve-
« nait de faire, et dit que l'esprit lui avait révélé que
« c'était Hocque son ami qui avait posé ce sort en
« cet endroit, et qu'il était mort à six lieues de Paci,
« au moment que ce sort venait d'être levé. En effet,
« par les informations qui furent faites au château
« de la Tournelle par le sieur le Marié, commissaire
« au Châtelet, et à Paci par le juge des lieux, il y
« a preuve qu'au même jour et à la même heure que
« Bras-de-Fer avait commencé à lever le sort, Hocque,
« qui était un homme des plus forts et des plus ro-
« bustes, était mort en un instant dans des convul-
« sions étranges, et se tourmentant comme un possédé,
« sans vouloir entendre parler de Dieu ni de confession.

« Bras-de-Fer avait été pressé par le fermier de
« lever aussi le sort qui avait été jeté sur les mou-
« tons; mais il dit qu'il n'en ferait rien, parce qu'il
« venait d'apprendre que ce sort avait été posé par les
« enfans de Hocque, et qu'il ne voulait pas les faire
« mourir comme leur père. Sur ce refus, le fermier
« eut recours aux juges des lieux : Bras-de-Fer, les
« deux fils et la fille de Hocque furent arrêtés avec
« deux autres bergers leurs complices, nommés *Jar-*
« *din* et le *Petit-Pierre;* leur procès instruit, Bras-
« de-Fer et le Petit-Pierre furent condamnés à être
« pendus et brûlés, et les trois enfans de Hocque
« bannis pour neuf ans.

« Deux autres de ces scélérats, nommés *Biaule* et
« *Lavaux*, furent condamnés par le même juge à

« être pendus et brûlés; la sentence fut confirmée
« par arrêt du 18 décembre 1691. Ils furent exécutés;
« et par ce dernier exemple, la province a été déli-
« vrée de ces abominations (1). »

Maintenant, et depuis long-temps, on ne croit plus guère aux sorciers; mais on croit beaucoup aux imposteurs, aux escrocs et aux fripons, et voilà les hommes que nos lois punissent dans les prétendus magiciens et devins qui osent encore tromper et voler sous ce titre. (*Édit.* C. L.)

---

(1) De la Mare, *Traité de la police*, t. 1.

NOTICE

SUR LES LÉPROSERIES OU MALADRERIES (1).

La plus hideuse de toutes les maladies dont l'espèce humaine soit affligée est la lèpre. Les anciens en distinguaient deux espèces ; l'une, que les Romains appelaient *impetigo;* l'autre venue des Arabes, qu'on nommait *elephantiasis :* c'était le plus haut degré, le période le plus affreux de la maladie. Personne n'ignore les soins que Moïse prit pour en garantir les Hébreux, et le régime diététique qu'il leur prescrivit. Tout le monde sait encore que le cochon est, de tous les animaux, le plus sujet à cette maladie.

On est communément persuadé que la lèpre fut introduite en Europe par les croisés, lorsqu'ils revinrent de la Terre-Sainte : c'est une erreur ; elle était beaucoup plus ancienne, mais elle s'étendit et redoubla sa fureur au retour de ces guerriers qu'une dévotion mal entendue avait arrachés de leurs foyers. Lorsque l'on eut construit des hôpitaux pour y recevoir les malheureux infestés de cette maladie, le nombre de ces maisons ne monta pas à moins de dix-neuf mille.

---

(1) Par l'*Édit*. S.

La plus ancienne de nos ordonnances sur cette matière, est un édit de Pepin, donné à Compiègne, l'an 757. Il porte que si une femme saine a le malheur d'avoir un mari lépreux, elle pourra faire rompre son mariage et en contracter un autre.

Charlemagne, par une ordonnance de 789, enjoignit aux lépreux de se séparer de la société, et leur défendit expressément de se mêler avec le peuple. Ces mesures pouvaient suffire lorsque la maladie était peu répandue; mais lorsqu'elle eut infecté une grande partie de la France, et que l'on vit les affreux ravages qu'exerçait la contagion, il fallut prendre des mesures plus efficaces. On ouvrit aux malades, qu'on appelait *ladres*, des retraites où ils furent traités avec beaucoup d'humanité. Ces hôpitaux reçurent le nom de *léproseries, maladreries*.

On en établit deux à Paris, l'une à Saint-Lazare, l'autre au faubourg Saint-Germain, dans le local qui fut depuis occupé par les Petites-Maisons. La piété des fidèles vint au secours des infortunés; on leur prodigua tous les soins que réclamait leur douloureux état; mais, en même temps, on les soumit à des règlemens très-sévères; l'Eglise même, pour donner aux lois une sanction plus imposante, intervint dans les précautions prises pour les séparer de la société.

On trouve dans un rituel de Sens imprimé chez Jean Savine par ordre du cardinal de Pellevé, le cérémonial dont on usait dans cette sorte de circonstance.

Le prêtre devait aller chercher le lépreux dans le lieu qu'il habitait, et le conduire à l'église, comme un mort, le corps étendu sur un brancard, et couvert d'un drap noir. Il chantait le *Libera me,* etc., en faisant la levée du corps.

Lorsqu'il était arrivé à l'église, on chantait la messe qu'indiquait le rituel pour ces sortes de séparations. La messe dite, on portait le lépreux à la porte de l'église, toujours couvert de son drap noir, et le prêtre, après avoir fait les aspersions d'eau bénite, recommençait le pseaume *Libera me,* etc., en continuant les versets jusqu'à ce qu'on arrivât hors de la ville. Alors le drap mortuaire était levé, et le malade se dressant sur ses jambes, le prêtre lui adressait les défenses suivantes :

« Je te defends entrer ès-églises, en marché, au « molin, au four et ès-lieux ès-quels il y a affluence « de peuple.

« Je te defends laver tes mains et autres choses « nécessaires pour ton usage ès-fontaines, ruisseaux, « et sy tu veulx boyre, fault prendre avec vaisseau « honeste.

« Je te defends aller en aultre habit que celuy du « quel usent les lépreux.

« Je te defends toucher aulcune chose que tu « voudras achepter que avec une verge nette, pour « la demonstrance de ce que tu veux achepter.

« Je te defends entrer en tavernes et maisons hors « celle en laquelle est ton habitation, et si tu veux avoir « vin ou viandes, qu'ils te soient aportés en la rue.

« Je te defends avoir compagnie à aultre femme
« que celle que tu as espousée en face de saincte
« Eglise.

« Je te commande, si aulcuns ont propos avec toy
« ou toy avec eux, te mettre au dessoubs du vent,
« et ne fault que tu passe par chemin estroit pour
« les inconveniens qui en pourroyent advenir.

« Je te commande que le cas advenant tu sois
« contrainct passer par un passage estroit où t'es
« contrainct ayder avec tes mains, ne soict sans avoir
« tes gants.

« Je te defends que ne touches aucunement enfans
« quiconques soyent, et ne leur donnes de ce que tu
« auras touché.

« Je te defends de menger et boyre en aultre com-
« pagnie que lépreux, et saches que quant tu mourras
« et sera séparation de ton corps et ame, tu seras en-
« sepveli en ta maison, si n'est de grace qui te sera
« promise par le prélat ou ses vicaires. »

Le rituel ajoute : « Il fault que copie des defenses
« si dessus soit donnée au lépreux par le curé ou vi-
« caire aux despens de la paroisse dont ils seront,
« affin qu'il n'aye cause d'ignorance. »

A l'époque où ce rituel fut publié, la maladie de la lèpre commençait à devenir rare. Bientôt on négligea de tenir les lépreux dans les hôpitaux qui leur étaient destinés, et l'on se contenta de quelques règlemens de police. Il se trouva dans la suite si peu de lépreux, qu'environ vers le milieu du seizième siècle, plusieurs de ces hôpitaux étaient déserts et tombaient en ruines : des personnes puissantes, ou en faveur, s'étaient emparées de leurs biens; et le peu qui restait de lépreux était errant et vagabond. Cet abus donna lieu à François Ier d'y pourvoir par une déclaration du 19 décembre 1543.

Mais son édit fut mal exécuté, les biens des maladreries continuèrent d'être usurpés ou dissipés. Henri IV, par un édit du mois de juin 1606, ordonna « qu'il se« rait procédé par son grand-aumônier, ses vicaires « et commissaires, à la réformation générale de ces « abus, à l'audition et révision des comptes des ad« ministrateurs ou fermiers des maladreries, et affecta « les deniers qui reviendraient de cette recherche, à « l'entretenement des pauvres gentilshommes et sol« dats estropiés. »

Le nombre des véritables lépreux diminuant toujours de plus en plus, il y eut plusieurs mendians vagabonds qui s'armaient de cliquettes, marque ordinaire des lépreux, et sous cette apparence d'une maladie qu'ils n'avaient point, se faisaient admettre dans les maladreries, pour y entretenir leur oisiveté, et quelques-uns même pour éviter les mains de la justice, et la punition des crimes qu'ils avaient commis. Ainsi les biens que la piété de nos princes et celle de nos pères avaient destinés à ces bonnes œuvres, se trouvaient entre les mains des usurpateurs, ou de quelques scélérats plus dignes de châtiment que de charité. Ces abus donnèrent lieu à une nouvelle déclaration de Louis XIII, du 24 octobre 1612, par laquelle, entre autres règlemens, il était défendu aux lépreux de se marier. Elle établissait aussi une chambre composée de quatre maîtres des requêtes, et quatre conseillers du grand-conseil, pour, avec le cardinal du Perron, grand-aumônier de France, vaquer exactement à cette réformation des hôpitaux et maladreries, à la révision des comptes, punition et correction des usurpations, aliénations, abus et malversations, et généralement juger et décider tous les procès et différends qui en dépendent.

Cette chambre, créée pour la réformation des hôpitaux, rendit plusieurs ordonnances qui servirent de règles pour l'administration des maladreries; il en est une du 27 janvier 1614, qui contient aussi quelques dispositions concernant la discipline des lépreux. Elle porte que « les lépreux seront tenus d'envoyer « de six mois en six mois aux administrateurs de « leurs maladreries, un certificat de leur santé. » Cet article était fondé sur l'expérience que l'on avait faite, qu'il y avait une espèce de lèpre qui se pouvait guérir; et que par le soin que l'on prenait de tenir proprement et de faire panser ces malades, il en restait peu dont le mal fût incurable, ce qui en diminuait considérablement le nombre.

Les vagabonds qui, sans être malades, cherchaient à se faire recevoir dans les hospices, se donnaient une apparence de lèpre, en se frottant avec certaines herbes ou drogues dont ils avaient le secret, et trompaient ainsi les administrateurs : cet abus donna lieu à une commission que le roi fit expédier, le 30 mai 1626, à deux médecins, pour visiter, avec un chirurgien nommé par la chambre, les lépreux dans toutes les provinces du royaume, et l'on décida qu'il n'en serait reçu aucun dans les maladreries, que sur leur certificat.

Ces visites furent exactement faites; et sur le rapport des médecins et chirurgiens, on jugea, comme dit l'Ecriture, entre la lèpre et la lèpre : on distingua la vraie d'avec la fausse, celle qui pouvait se guérir d'avec l'incurable; et par ces distinctions, les charitables soins que l'on prit des véritables malades, l'ordre et la discipline que l'on rétablit pour les retenir enfermés, cette affreuse maladie disparut presqu'entièrement du royaume.

DU

MAL DE NAPLES.

PAR SAUVAL (1).

Ce mal, qui nous est venu du Nouveau-Monde, et qu'on ne connaissait point au nôtre il y a environ

---

(1) Extr. des *Antiquités de la ville de Paris*, t. 3. Cette pièce fut adressée par l'auteur, en forme de lettre, à un personnage dont elle semblait destinée à faire la satire. On en jugera par le trait suivant, qui a été supprimé à l'impression, dans les *Antiquités de Paris*, et que l'éditeur hollandais des *Amours des rois de France*, et autres pièces, petit in-12, n'a sans doute pas connu. Nous le rétablissons ici d'après les manuscrits de Sauval, dont nous possédons toutes les parties inédites.

Après avoir tracé un tableau hideux des personnes atteintes du mal de Naples, qui étaient un objet d'horreur, et que tout le monde fuyait comme des pestiférés, l'auteur ajoute : « On vous fuit comme eux, mon cher Monsieur, « comme eux on n'oserait vous toucher, mais c'est de crainte « d'être mordu : et si, de peur qu'à Paris ils n'infectassent « les autres par leur communication, on leur érigea des hô- « pitaux, ceux qui ont remarqué que dans vos écrits, dans « les assemblées, et partout ailleurs, vous salissez la répu- « tation de tous les gens d'honneur et de mérite de votre « connaissance, disent qu'en bonne justice il vous faudrait « défendre d'écrire et de sortir de votre chambre, comme

deux cents ans, se fit si bien connaître et à Paris et à la cour, aux gens qui courent aveuglément après leurs plaisirs, qu'il en épargna peu.

Guichardin demeure d'accord, et tout le monde avec lui, que les Espagnols le gagnèrent dans les îles découvertes par Christophe Colomb, l'apportèrent à Naples, et que les Français, peu de temps après, s'étant rendus maîtres de la ville, le prirent là, qui est le seul fruit des conquêtes que firent nos pères delà des monts sous Charles VIII.

Les Français, à ce que dit Guichardin, l'appelaient le *mal de Naples;* les Italiens *le bolle, ò il male di Napoli;* d'autres le nomment la *contagion indienne;* les Allemands la *galle d'Espagne;* présentement en Italie c'est le *male francese,* et n'a point d'autre nom. Les registres de la chambre du conseil du parlement de l'an 1496, le qualifient ainsi : « Une certaine maladie contagieuse nommée la *grosse*

« on fit aux v...lés, et que c'est le seul moyen d'arrêter le
« débordement de vos humeurs corrompues, qui se grossis-
« sent des superfluités et des excrémens de la bile des que-
« relleurs et des pédans. » (*Mss.* de Sauv.)

Les légères différences que nous avons remarquées, d'ailleurs, entre les imprimés et le manuscrit, ne portent que sur le style, et ne méritent pas qu'on s'y arrête.

On trouvera à la suite de cette pièce, dans l'extrait du Mémoire de Koch, des détails fort curieux sur le même objet, dont Sauval a pu ignorer l'existence, et qui, au surplus, n'appartiennent pas à l'histoire particulière de Paris.

(*Edit.* C. L.)

v......, qui depuis deux ans ençà a eu un grand cours en ce royaume. » Si bien, que selon les registres du parlement, ce mal ne commença à se faire connaître à Paris qu'en 1494; et cependant les historiens de ce temps-là assurent que ce fut un an auparavant, mais si cruellement, et de sorte que, comme une peste maligne, son venin se répandait partout.

Fernel dit qu'il ressemblait si peu à celui d'à présent, qu'à peine croit-on que ce soit le même, tant la différence est grande. Et de fait, ceux qui l'avaient alors enduraient tous les maux imaginables; ce n'étaient qu'ulcères sur eux, et qu'on aurait pris pour du gland, à en juger par la grosseur et par la couleur, d'où sortait une boue vilaine et infecte qui faisait bondir le cœur; ils avaient le visage haut, d'un noir verdâtre, d'ailleurs si couvert de plaies, de cicatrices et de pustules, qu'il ne se peut rien voir de plus hideux; si bien qu'en les voyant chacun fuyait, et non seulement d'eux, mais de tous les autres qui venaient à les toucher ou en approcher de trop près.

Ce mal épouvantable toucha si fort de compassion, que le parlement, l'évêque de Paris, le prévôt des marchands et sa suite, s'assemblèrent exprès pour y remédier. Dans cette assemblée quelques statuts furent dressés, et entre autres :

Qu'il serait fait défenses à tels malades de sortir de chez eux ni de leurs hôpitaux.

Ensuite on vint à délibérer sur les moyens possibles de subvenir à leur misère et les faire subsister, de crainte que le mal ne passât plus avant et ne se communiquât par la fréquentation. Pour cela d'abord les maisons furent taxées à une certaine somme : un logis d'assez grande étendue fut loué au faubourg Saint-Germain, avec dessein, s'il ne suffisait pas, d'y joindre quelques granges et autres lieux tout contre. L'évêque ensuite avec les gens du roi du Châtelet, travaillèrent à faire dresser des ordonnances tant pour l'entretien de ces malades, que pour les guérir promptement, afin qu'ils ne pussent pas communiquer leur mal.

Le parlement cependant voyant que tout ceci, attendu la nécessité pressante, allait bien lentement, afin de faire marcher un peu plus vîte, en 1496, le 6 de mars, enjoignit aux officiers du roi du Châtelet d'y pourvoir; et là-dessus commit Martin de Belle-Faye, conseiller de la Cour, pour y assister avec l'évêque et les magistrats de la ville; et pour lors les articles suivans furent dressés :

Qu'à chaque porte de la ville il y aurait des gens députés par le prévôt des marchands, afin d'empêcher qu'il n'y entrât personne atteint de cette maladie;

Que les étrangers, tant hommes que femmes, qui avant que d'y entrer l'avaient déjà, en sortiraient dans vingt-quatre heures, sans pouvoir y rentrer qu'après être guéris;

Qu'à la porte Saint-Jacques, aussi bien qu'à celle de Saint-Denis, ils feraient écrire leur nom, et là, recevraient quatre sous parisis pour leur servir à s'en retourner chez eux; qu'aucun, au reste, ne fût si hardi, n'étant pas étranger, de prendre cet argent ou de retourner à Paris qu'il ne fût en parfaite santé.

Tous les hommes, au reste, dans le même temps et sous la même peine, devaient se rendre au faubourg Saint-Germain, au logis que j'ai indiqué. Quant aux femmes, elles devaient se retirer aux maisons qu'on était après à leur chercher : dans ces deux endroits, tant les uns que les autres ne devaient manquer de rien.

A l'égard des gens aisés et des pauvres honteux, il leur fut permis de demeurer chacun chez soi, et de s'y renfermer, sous les mêmes peines et dans le même temps, avec parole à ceux qui étaient en nécessité, de leur envoyer tout ce qu'il leur faudrait, outre la permission de se faire recommander à la paroisse, et qu'on quêtât pour eux ; mais enfin, il fut à tous défendu de sortir, sur peine de la hart : bien plus, le prévôt de Paris eut ordre d'ordonner aux commissaires et aux sergens de mettre hors de la ville tout autant de gens atteints de cette maladie qu'ils rencontreraient dans les rues, sinon de les mettre en prison, afin d'être punis corporellement.

Tant de beaux règlemens n'empêchèrent pas ce mal de continuer et d'aller toujours son train. Aussitôt nouvelles taxes pour bâtir de nouveaux hôpitaux. Au faubourg Saint-Honoré, il en fut établi un pour les femmes. En 1502, par ordre du parlement, le receveur des amendes et des exploits, le 5 avril, leur donna cent sous parisis, en l'honneur de la Passion, pour leur aider à passer les fêtes de Pâques, à la charge qu'elles ne fréquenteraient point le peuple.

Depuis 1535, on prit pour ces malades la salle haute de la Trinité, où les confrères de la Passion jouaient leurs mystères, avec l'hôpital Saint-Eustache, situé alors à la rue Montorgueil, au coin de la rue Tiquetonne.

En 1556, on commença pour les hommes, hors du faubourg Saint-Germain, un hôpital sur le bord de la rivière, appelé la *Santa* et le *Sanital* : c'est ce qu'on trouve dans les registres du parlement ; et encore l'Hôtel-Dieu nouveau, dans un plan de Paris fait vers ce temps-là.

Aubri et Guyet, bourgeois de Paris, le firent continuer.

Pour l'augmenter, le parlement permit dans la suite de prendre quinze cents livres sur l'abbaye de Molesme.

Sur ces entrefaites autre changement arriva, car, en 1559, par arrêt de la Cour, tout autant de personnes frappées de cette maladie qui se présentaient au bureau des pauvres et à l'Hôtel-Dieu, furent conduites à l'hôpital de l'Oursine du faubourg Saint-Marceau, dont le revenu fut saisi pour leur subsistance ; et là, un commissaire établi afin de le gouverner et en recevoir les rentes. Avec tout cela, quoi qu'aient pu faire les gouverneurs de l'Hôtel-Dieu jusqu'en 1614, ils n'ont su purger entièrement cette maison de telle peste.

SUPPLÉMENT,

PAR LE MÊME AUTEUR.

La première instance qui ait été faite afin d'exempter l'Hôtel-Dieu des v...lés, fut en 1505, lorsque, dans une assemblée tenue à l'Hôtel-de-Ville, trois chanoines de Notre-Dame vinrent se plaindre des vols et des désordres que ces sortes de gens y faisaient; remontrant en même temps que comme ils ne se sentaient pas assez entendus à gouverner cette maison, il plût à la compagnie de nommer d'autres directeurs à leur place. Sur cela, il fut ordonné que trois échevins, avec quelques bourgeois et le chapitre, se transporteraient sur le lieu, en attendant que dans une autre assemblée qui se tiendrait, où se trouveraient des députés du parlement, quatre administrateurs fussent choisis.

Deux ans après, à la requête du prévôt des marchands, et à la prière instante des personnes commises à l'administration de l'Hôtel-Dieu, il se fit une autre assemblée par ordre du parlement, à la chambre du conseil du palais, où se trouvèrent le président Baillet, l'abbé de Saint-Magloire, le doyen et le pénitencier de Paris, et un président des comptes, avec quelques officiers de la même chambre, tout le corps de ville, accompagné de bourgeois, et enfin les administrateurs. Là, le prévôt des marchands prit la parole; et quoiqu'il fît savoir que dans l'hôpital il y avait huit ou neuf vingt malades de ce mal honteux; d'ailleurs, qu'il était contagieux et se gagnait; et qu'enfin il était à craindre que les autres malades, les religieuses, les gardes, et le reste des domestiques ne vinssent à le prendre et en être infestés; qu'ainsi il était nécessaire d'y donner ordre promptement, la compagnie néanmoins se contenta d'ordonner qu'on travaillerait aux réparations et au recouvrement des ustensiles nécessaires aux hôpitaux déjà par eux bâtis auparavant, tant au faubourg Saint-Germain qu'à celui de Saint-Honoré; que pour subvenir à cette dépense aussi bien qu'aux nécessités de ces misérables, les marguilliers feraient quêter dans leurs paroisses; que l'évêque accorderait des pardons et des indulgences à ceux qui leur feraient des charités; que les gens riches et les couvens y contribueraient; que pour les gouverner, panser et recevoir les charités, le clergé, le parlement, la chambre des comptes, la ville et les administrateurs de l'Hôtel-Dieu, nommeraient chacun une personne de probité et d'expérience; et qu'enfin, à son de trompe, tous les étrangers frappés de cette maladie seraient chassés de Paris, sur peine de punition corporelle.

En 1535, on tint encore une autre assemblée au bureau de la ville, pour la même affaire, ainsi qu'en 1505. Le prévôt des marchands remontra qu'à la prière du premier président, il s'était trouvé avec deux échevins et deux conseillers de la Cour, au bureau des gouverneurs de l'Hôtel-Dieu, où il avait été arrêté de séparer des autres malades ceux qui avaient la teigne et le mal de Naples ; et quant aux frais nécessaires, que la ville en serait chargée, et y fournirait : à cela chacun acquiesça, et donna les mains. A l'égard des frais, on trouva à propos de les rejeter sur le roi, et de prier le parlement de l'en avertir. Trois mois après, la Cour ordonna à Ricard, receveur des pauvres, de donner aux paroissiens de Saint-Nicolas-des-Champs, atteints de cette maladie, quatre-vingt livres parisis des deniers de sa recette; et parce que les administrateurs de l'Hôtel-Dieu cessaient d'envoyer aux malades de cette paroisse les ustensiles qu'ils devaient leur fournir, elle les fit appeler par un huissier. Non content de cela, en 1541, après leur avoir fait entendre qu'ils ne devaient point se lasser de fournir de draps à ces pauvres malades, sans avoir égard aux raisons qu'ils alléguaient, que leur hôpital était chargé de dettes et regorgeait de malades, elle les obligea encore par ces remontrances à leur faire tout le bien qu'ils pourraient. De plus, en 1559, elle leur ordonna de s'assembler à l'Hôtel-de-Ville, où se devaient trouver les gens du roi, du parlement, le prévôt des marchands et les marguilliers de Saint-Eustache, afin de mettre ordre au plus tôt, tant aux logemens qu'aux vivres, linges et autres nécessités de ces malades qu'on avait tirés de chez eux. Mais enfin la même année, comme ils vinrent à promettre de payer tous les mois vingt livres par manière de provision au maître du bureau des pauvres, par ce moyen non seulement ils purgèrent leur hôpital de cette peste, mais encore ils l'exemptèrent de fournir toutes les autres choses à quoi on les avait obligés en

1539 et 1541. Cependant, comme j'ai déjà dit, quelque chose qu'ils aient pu faire, ils n'en ont été déchargés entièrement qu'en 1614, le 13 mai, lorsqu'ils offrirent de payer tous les ans, au receveur-général des pauvres du grand bureau, la somme de deux cents livres. Si bien que le parlement exempta l'Hôtel-Dieu de tout le reste, et le grand bureau en fut chargé.

Le résultat de tout ce que j'ai rapporté sur cette matière, est que le mal de Naples était en effet une maladie contagieuse, non seulement lorsqu'il commença à paraître, mais même en 1614, et qu'alors son venin était si dangereux, que la peste la plus maligne ne l'est pas davantage : une infinité de personnes de tout sexe, de tout âge et de toutes conditions, le gagnèrent d'abord. Il n'y a point de savant médecin qui ne dise que c'était un mal nouveau, incurable et inconnu; et c'est pour cela sans doute qu'on lui a donné tant de noms différens. Saumaise cependant, dans son livre des *Années clymatériques*, montre que les anciens le connaissaient : et parce que Marius, qui écrivait il y a plus de mille ans, fait mention d'une maladie nommée *variola*, l'abbé Ménage a prétendu qu'en cet endroit il entendait parler de la v....., contre l'avis des plus savans médecins, qui tiennent que ce mot signifie toute autre chose.

Quoi qu'il en soit, François Ier gagna le mal de Naples, après avoir déjà éprouvé tous les autres, au rapport de Mathieu, dont il fut long-temps comme en langueur, avec de si grandes douleurs, que quelquefois elles lui arrachaient ces paroles de la bouche :

Dieu me punit par où j'ai péché. Louise de Savoie, sa mère, assure que, dès l'âge de dix-huit ans, il commença à prendre du mal, et dit dans son journal, qu'en 1512, le 4 septembre, *il eut mal en la part de secrète nature :* si elle ne fût pas morte avant lui, elle n'aurait pas oublié sans doute que cette maladie attira les autres, et en aurait marqué le temps qu'il vint à les gagner toutes, autant les anciennes que les nouvelles, et peut-être aurait-elle ajouté qu'elles le firent mourir. Touchant sa mort, aussi bien que le mal qui en fut cause, on fit l'épigramme suivante :

> L'an mil cinq cent quarante-sept,
> François mourut à Rambouillet,
> De la v..... qu'il avoit.

De son temps le bruit courait qu'une ferronnière de Paris, belle par excellence, aussi ne l'appelait-on que la *belle Ferronnière*, lui donna ce mal, qu'elle avait eu de son mari, qui, pour se venger d'elle et du roi, l'alla prendre exprès dans un lieu infâme. Le bruit courait encore que ce prince en avait fait part à la duchesse d'Etampes, mais qu'étant jeune comme elle était, Fernel lui faisant prendre du lait d'ânesse, la guérit avec le temps. Pour François Ier, tout excellent que fût ce médecin, il n'en put être guéri, n'ayant osé hasarder sur lui le mercure, faute d'en savoir toutes les propriétés qu'on a découvertes depuis. Dans le livre qu'il a fait de la cure de ce mal, se voient les remèdes dont il usa pour guérir Messières, prieur de Saint-Denis-de-la-Chartre, et un médecin docte et en estime.

Henri III eut cette maladie, de même que son aïeul, et qui lui fit perdre les cheveux; et quoique sur un des côtés de certaine médaille d'or de l'an 1490, c'est-à-dire bien long-temps avant le règne de ce prince, que m'a montrée le docte et curieux Seguin, doyen de Saint-Germain-de-l'Auxerrois, il s'y voie une perruque longue, frisée, bien garnie, et faite comme celles que portent aujourd'hui les hommes les plus propres; néanmoins, soit qu'alors l'invention en fût perdue, il se vit réduit à prendre une calotte où ses cheveux étaient cousus; mais si mal faite, qu'il la couvrait toujours de sa toque, sans l'ôter devant qui que ce fût, non pas même devant sa mère, sa femme, ni les ambassadeurs : ce qui fait voir, en passant, que l'invention des perruques n'est pas nouvelle en France, et que ce n'est pas d'aujourd'hui que le mal de Naples fait tomber les cheveux. Aussi, dans le siècle passé, on l'appelait *pelade* par ironie, nom que j'ai oublié parmi les autres qui lui ont été donnés, mais qui se lit dans le Catholicon contre le duc de Mayenne :

> La *pelade* vous avez prinse
> Par la brèche que vous scavez :
> Gardez la puisque vous l'avez,
> Car elle est de bonne prinse.

On sait, au reste, qui la lui donna au siége de Rouen, et de plus, le proverbe qui en court : mais je finis, encore bien que ce ne soit pas sans peine, comme ayant toutes les envies du monde de nommer, non seulement celle qui lui fit ce beau présent, mais encore les princes et les autres grands seigneurs qu'on vit tondus si joliment, et sans rasoirs. Or, pour montrer que ceci n'est point une médisance, Ciaconius rapporte que le cardinal Briçonnet en mourut; et les autres histoires du temps, que d'autres cardinaux, comme............ (1). Mais ce serait toucher bien des secrets, et flétrir un peu trop la pourpre. Il suffit de dire, en général, que tant d'autres de leurs collègues craignirent si peu de leur ressembler, que les satiriques d'alors ajoutèrent à cette maladie encore un autre nom tout nouveau, à cause d'eux, et l'appelèrent la *v.....* *cardinale*. Enfin ce mal devint si commun, qu'il fut tourné en raillerie, jusque-là qu'un homme de qualité, sans respect de son père ni de sa mère, qui l'avaient, fut assez imprudent d'en parler publiquement.

Le lecteur ajoutera, s'il lui plaît, l'épithète qui lui est due, si tant est qu'il s'en puisse trouver une; en tout cas, du moins il fut assez impie après leur mort, de vouloir leur donner pour épitaphe ces jolis vers:

> Ici dessous la mort rongea
> Deux corps qui ont rongé Brouage;
> Ils auroient rongé davantage,
> Mais la v..... les rongea.

---

(1) Sauval accueillait peut-être avec moins de discernement que de confiance, ces sortes de traditions. Nous ne le donnons pas, en cela, pour une autorité.   (*Edit.*)

NOUVELLES RECHERCHES

SUR L'ORIGINE ET LES PREMIERS EFFETS

DU MAL DE NAPLES,

EN FRANCE ET DANS LES PAYS VOISINS, A LA FIN DU QUINZIÈME SIÈCLE (1).

Le célèbre Astruc, dans son excellent ouvrage sur les maladies vénériennes, publié pour la première fois en 1736, s'est attaché à démontrer, avec une érudition rare, que cette maladie, entièrement inconnue en Europe avant la fin du quinzième siècle, fut apportée en Espagne sur des vaisseaux espagnols revenus du Nouveau-Monde, dans les années 1493 et 1494; que les troupes de Charles VIII, roi de France, attaquées du même fléau, pendant l'expédition napolitaine de ce prince, le communiquèrent à la France dans le cours de l'année 1495, et que de la France il se répandit, avec une inconcevable rapidité, dans toutes les parties de l'Europe.

Astruc semblait avoir épuisé la matière, et son opinion était presque généralement adoptée, lorsqu'elle fut combattue de nouveau par un savant doc-

---

(1) Extrait d'un Mémoire de M. de Koch, de Strasbourg, associé de l'Institut.

teur portugais, Antoine Sanchez Ribeiro, qui, dans deux Dissertations publiées en 1750 et 1774 (1), s'attacha à démontrer que la maladie vénérienne, loin d'avoir été apportée d'Amérique, a pris naissance dans l'Europe même, et qu'elle y a été la suite d'une maladie épidémique causée par l'altération des élémens.

Van Swieten, médecin impérial, combattit (2) cette assertion du docteur portugais. Hensler, physicien à Altona, en entreprit la défense, et chercha même à prouver que le mal vénérien avait été connu des anciens (3).

Un médecin allemand, nommé *Girtanner*, prit depuis à tâche de faire prévaloir, contre l'opinion de Sanchez et de Hensler, l'origine américaine de ce mal. Son ouvrage (4), écrit en langue allemande, comme celui de Hensler, renferme des idées lumineuses et des notices littéraires fort détaillées sur cette cruelle maladie.

Enfin, un savant docteur anglais, nommé *Swediaur*, a soutenu encore tout récemment (5), que si

---

(1) Les mêmes Dissertations ont été réimprimées à Leyde en 1777.

(2) Dans ses *Commentaires sur Boerhaave*, t. 5, p. 373.

(3) Premier volume de Hensler. Altona, 1783.

(4) Le livre de Girtanner fut imprimé à Gottingue en 1789. 3 vol. in-8º.

(5) Plusieurs éditions de l'ouvrage de Swediaur ont été publiées successivement en Angleterre et en France, depuis 1784. La dernière est celle de Paris, 1798; elle y parut

l'on ne peut guère nier que le mal vénérien n'ait paru en Europe que depuis la fin du quinzième siècle, il est cependant difficile, pour ne pas dire impossible, de fixer l'époque et l'année précise à laquelle il s'y est manifesté pour la première fois, et qu'on ignore également de quelle manière et dans quelle contrée ce virus a pris sa source; s'il nous est venu de l'Amérique, de l'Afrique ou de l'Indostan (1), ou s'il s'est engendré en Europe par quelque cause inconnue.

Ce n'est point ici le lieu de discuter à fond toutes ces opinions. Nous nous bornerons à faire observer que celle qui donne au mal vénérien une origine américaine, est appuyée de l'autorité de plusieurs auteurs espagnols contemporains, dont le témoignage est du plus grand poids, et que tous les raisonnemens des écrivains modernes ne sauraient infirmer. Les principaux sont Oviédo, Diaz de Isla et Lopez de Gomara.

Celui de nos auteurs contemporains qui, le premier, rend compte avec quelques détails de l'introduction de ce mal en Alsace, est Matern Berler, prêtre de Ruffach, et disciple de Hieronymus Gebvillerus. Il écrivit, dans sa ville natale, au commen-

---

sous ce titre: *Traité complet sur les symptômes, les effets, la nature et le traitement des maladies syphilitiques.* Paris, an 6 (1798), deux volumes.

(1) Swediaur prétend que cette maladie existait aux Indes orientales depuis un temps immémorial, et qu'elle était connue sous le nom de *feu persan*.

cement du seizième siècle, une Chronique en langue allemande, dont l'original est conservé à la bibliothèque de feu M. Schœpfflein, aujourd'hui celle de la ville de Strasbourg (1). Cet écrivain, en rappelant l'expédition d'Italie du roi Charles VIII dans les années 1494 et 1495, observe qu'alors il se manifesta, dans le camp même des Français, une maladie dont personne jusque-là n'avait eu connaissance ; qu'on l'appelait la *mauvaise v.....* et le *mal français*, parce qu'il prit naissance dans l'armée française en Italie. Cette maladie, ajoute Berler, fut apportée en Alsace par les militaires ou lansquenets (2) qui retournaient dans leurs foyers, en revenant de l'expédition d'Italie.

Comme on ignorait les moyens de la guérir, un grand nombre de personnes de l'un et de l'autre sexe moururent faute de secours. On remarquait dans plusieurs de ces malades des ulcères profonds et fétides; le nez et les joues tombaient à d'autres, et l'on en voyait dont le cou était tellement ulcéré et carié, qu'ils expiraient faute de pouvoir prendre de nourriture. On envisageait cette maladie comme une sorte d'épidémie dont ceux même qui ne s'y attendaient pas

---

(1) Manuscrit inédit.
(2) Beaucoup d'Allemands et de Suisses avaient servi dans l'armée napolitaine du roi Charles VIII. Les troupes allemandes portaient le nom de *landsknecht*, d'où le mot corrompu de *lansquenets;* comme aussi celui de *blutzapfen*, ou *sangsues*, parce qu'ils vendaient leur sang pour de l'argent.

étaient attaqués, tandis que, le plus souvent, elle ne se gagnait que par la communication des deux sexes.

Des malades étaient couchés en foule dans des chapelles de campagne, parce que personne n'avait voulu leur donner retraite. Comme cette maladie paraissait avoir une certaine conformité avec la lèpre, on entreprit à Ruffach d'établir ceux qui en étaient atteints, dans la léproserie, en les séparant cependant des lépreux par le moyen d'une cloison; mais ces derniers, qui se croyaient beaucoup moins malades, s'y étant fortement opposés, on prit le parti de les séparer de nouveau.

Matern Berler remarque encore qu'un grand nombre des personnes atteintes de ce mal allaient en pélerinage dans le Westrich, espérant de recouvrer la santé par leur dévotion à saint Filliach. Ce bon prêtre envisageait la maladie comme une punition de Dieu infligée au roi Charles VIII, pour avoir enlevé à l'empereur Maximilien la duchesse Anne de Bretagne, qui lui avait été fiancée. Berler ne pensait pas que les troupes de Maximilien souffraient alors autant du même mal que celles du roi de France.

Un autre de nos écrivains contemporains, le célèbre Trithemius (1), abbé de Spanheim, décrit ainsi l'invasion de la maladie vénérienne dans nos contrées (2): *His quoque temporibus, morbus ille turgentium*

---

(1) Trithemius naquit en 1462, et mourut en 1516.
(2) Trithemii *Chronicon hirsaugiense*, à l'année 1496 de l'édition de Saint-Gall, t. 2, p. 563.

pustularum, quem nullo medicis usitato nomine exprimere possum, à Gallis incipiens, per Italos venit ad Germanos. Habuit autem suæ infectionis pestiferæ principium in Hispaniâ; ab Hispanis pullulavit in Gallos, à quibus in Italiam profectis contrà regem Neapolis Alfonsum, infecit et Italos; et illi quoque Germanos malorum suorum constituerunt participes. Undè apud Gallos morbus iste nuncupatur malum hispanicum; *apud Italos* malum neapolitanum (1), *et apud Germanos* malum gallicum, *aliàs* mal franzos. *Est autem mirabilis, contagiosa et nimium formidanda infirmitas, quam etiam detestantur leprosi, et eâ infectos secùm habitare non permittunt, metuentes graviori quàm sit lepra, infici morbo.*

Toutes les chroniques de Strasbourg, dont plusieurs sont conservées en manuscrit à la bibliothèque schœpflinienne et aux archives de la ville, s'accordent à fixer aux années 1495 et 1496 la première introduction du mal vénérien dans cette ville. On y voit que des militaires qui avaient servi, en 1495, dans l'armée de Charles VIII, et d'autres qui avaient accompagné, l'année suivante, l'empereur Maximilien en Italie, en rapportèrent cette maladie; qu'une foule de personnes en furent infectées dans la ville; que les médecins et chirurgiens n'ayant d'abord pas

---

(1) Trithemius se trompe : les Français appelaient cette maladie *mal de Naples*, et les Italiens *mal français*.

su la guérir, elle fit périr beaucoup de monde; que les affreux symptômes qui l'accompagnaient furent cause qu'on fuyait les malades; que le magistrat défendit à tous les cabaretiers, aubergistes, chirurgiens et baigneurs, de les traiter ou de les recevoir; que les hôpitaux, les léproseries même leur furent fermés; que toute communication avec eux fut interdite aux autres citoyens; et qu'enfin de ceux qui étaient sans ressource, on en vit expirer un grand nombre sur des grabats, dans les rues et dans les campagnes.

On remarquera que Christophe Colomb, à qui l'on doit la découverte du Nouveau-Monde, y entreprit son premier voyage au mois d'août 1492; qu'il revint en Espagne au commencement d'avril 1493; que son second voyage date du 25 septembre de cette même année 1493, et qu'il ne le termina qu'au mois de juin 1496; qu'enfin ses deux derniers voyages appartiennent aux années 1498 et 1502.

Or, le mal vénérien s'étant manifesté en Europe dès l'année 1495, on sent bien que, pour lui donner une origine américaine, il faudra admettre nécessairement, avec les auteurs espagnols, que, dans l'intervalle du premier au troisième voyage de Colomb, cette maladie s'introduisit en Espagne; et qu'elle y fut apportée, ou par l'équipage même de ce navigateur, lorsqu'il revint en 1493, pour la première fois, du Nouveau-Monde; ou par quelqu'autre vaisseau espagnol qui, avant la fin de l'année 1494, reprit le chemin de l'Espagne, après avoir quitté l'Amérique.

En effet, il est certain que cette maladie parut en

Italie dès le printemps de l'année 1495 (1); qu'encore, dans la même année, elle se montra à Paris (2), à Strasbourg (3), en Suisse (4), et même à Cracovie, si l'on en croit Curœus, médecin et chronographe de Silésie, dans le seizième siècle (5). Elle se répandit, en 1496, par toute l'Allemagne, de même que dans les Pays-Bas (6); elle envahit l'Ecosse en 1497 (7), et l'Angleterre en 1498.

Rien cependant ne contribua plus à la propagation subite et vraiment surprenante de ce fléau, que l'inconcevable dépravation des mœurs qui affligeait l'Europe à l'époque où cette cruelle maladie s'y déclara pour la première fois.

Il existait alors dans toutes les villes de quelque

---

(1) *Voyez* Guichardin, t. 1, l. 2, p. 205.

(2) Astruc, *de Morbis venereis*, l. 1, c. 5 et 15.

(3) *Voyez* ci-dessus, p. 147.

(4) Stumpf, *Schweitzer chronick*, l. 13, c. 22. Stettler, *Schweitzer chronick*, l. 7, p. 323.

(5) *Adeo autem malum serpebat, ut inveniam, ann.* 1495, *illud jam apparuisse Cracoviæ, et sequenti post in Silesiá.* (Annales Silesiæ, édit. Witeberg., an. 1571, p. 216.)

(6) *Voyez* Linturius, auteur contemporain, dans sa continuation du *Fasciculus temporum* de Werner Rolewinck, au t. 2 de Pistorius, *Script. rer. Germ.*, p. 596; et Achillis Pirminii *Annales Augsburg.*, dans Menckenius, *Script. rer. Germ.*, t. 1, p. 1719.

(7) *Voyez* la proclamation de Jacques IV, roi d'Ecosse, de l'année 1497, sur la maladie vénérienne; dans Swediaur, t. 2, introduct., p. XIV.

importance, des lieux de rassemblement de femmes publiques : elles demeuraient, ou séparément dans des quartiers qui leur étaient assignés, ou réunies dans des bâtimens publics, sous la surveillance immédiate de quelque préposé de l'un ou de l'autre sexe, et elles étaient soumises à certains règlemens de police (1).

La lubricité du siècle était telle, que la fréquentation des lieux de débauche ne tournait pas à déshonneur, et que les créanciers même qui retenaient, selon la coutume, leurs débiteurs en otages, ne pouvaient se dispenser de leur permettre l'usage des femmes publiques (2).

Aussi, Nicolas de Clemangis, recteur de l'Université de Paris, au quinzième siècle, assure que, dans la plupart des paroisses, on n'admettait les prêtres et les curés qu'autant qu'ils étaient pourvus de concubines (3), afin de garantir les femmes et les filles de leurs insultes (4). Certain couvens même de femmes

---

(1) Astruc, l. 1, c. 8, p. 61.

(2) Meiners, *Mœurs du moyen âge* (*Sitten des mittel alters*), t. 1, p. 262.)

(3) Cela est-il vraisemblable? Nicolas de Clemangis mérite-t-il assez de confiance pour qu'on puisse admettre un pareil fait, d'après son témoignage? Cet auteur est justement estimé comme écrivain, pour la pureté da son style; mais son esprit caustique et trop porté à l'exagération, doit le rendre fort suspect comme historien.   (*Edit.* C. L.)

(4) Nicol. de Clemangiis, *de Præsulibus simoniacis*, operum edit. Lydii, p. 165.

étaient autant de lieux de débauche, et les parens qui y faisaient prendre le voile à leurs filles, pouvaient être sûrs de les livrer à la prostitution (1).

A Genève, à Nuremberg et dans d'autres villes, les filles publiques avaient leur surveillante ou supérieure élue régulièrement tous les ans et assermentée par le magistrat; on l'appelait, à Genève, la *reine du bordel* (2). Un privilége exclusif autorisait ces filles, à Nuremberg, à poursuivre celles qui, sans être de leur corps, s'adonnaient au libertinage (3).

La ville de Schelestatt, en Alsace, renfermait aussi une pareille maison de débauche (4). Les nombreuses filles qu'elle recélait avaient leur gardien (5), et la police de la maison était réglée par acte du magistrat (6).

L'homme qu'on trouvait habillé dans la maison des filles, après la troisième cloche du soir, payait, en

---

(1) *Nam quid aliud sunt puellarum monasteria, nisi quœdam, non dicam Dei sanctuaria, sed Veneris execranda prostibula; sed lascivorum et impudicorum juvenum ad libidines explendas receptacula, ut idem hodiè sit puellam velare, quod et publicè ad scortandum exponere.* (De corrupto Ecclesiæ statu, c. 23.)

(2) Spon, *Hist. de Genève*, t. 2, p. 45, notes, édit. in-12.

(3) Meiners, p. 261.

(4) On l'appelait *maison des filles*, ou *maison des femmes* (*tœchter-hauss, frauen-hauss*).

(5) Ce gardien portait le nom de *hôte des filles* (*tœchter-wirth*).

(6) Ce règlement était intitulé : *Ordonnance du magistrat sur l'impudicité* (*unzucht-rathsordnung*).

vertu de ces règlemens, une amende de deux schillings; au lieu que celui qu'on y trouvait couché nu avec une fille, ne payait rien, et était, au surplus, sous la protection spéciale des officiers publics. La loi était plus rigide à son égard, si on le surprenait nu avec une fille dans la nuit du samedi, ou la veille d'un grand jour de fête. Alors il payait irrémissiblement une amende de cinq schillings, au profit de Notre-Dame.

A Strasbourg, le nombre des filles publiques était encore plus considérable (1); plusieurs quartiers de la ville leur étaient assignés. Déjà un règlement de police, de l'année 1388, avait ordonné que lorsqu'elles iraient par les rues, ou qu'elles se tiendraient à leurs portes, elles porteraient, sur la tête et par-dessus leur voile, un chapeau noir et blanc, fait en forme de pain de sucre, afin qu'on pût les reconnaître, sous peine de trente schillings d'amende, et d'être bannies de la ville pour un an et un jour.

Toutes ces mesures ne produisirent pas un bien grand effet. Le désordre allait toujours croissant; et ce qui mérite surtout d'être remarqué, c'est qu'on vit s'établir des lieux de débauche jusque dans la tour de la cathédrale et dans d'autres églises de la ville. On appelait *hirondelles de la cathédrale* (2), les

---

(1) On leur donnait différens noms : *Ménagères* (*hussehalterin*), *courtisanes* (*spuntzerin*), *femmes de prêtres* (*pfaffendürnen*), *filles de joie* (*frœliche kinder*).

(2) En allemand, *munsterschwalben*, *munsterhuren*.

filles qui faisaient cet infâme métier. Le magistrat leur enjoignit, en 1521, de quitter, dans la quinzaine, ce temple et les autres églises et lieux saints, et de se retirer sur le Rietberg, quartier situé hors de la ville et de la porte des Bouchers (1).

De tout ce qui vient d'être rapporté, il résulte que l'origine espagnole et américaine de la maladie vénérienne, fondée sur les autorités les plus authentiques, ne saurait être révoquée en doute, et que la propagation subite et merveilleuse de ce mal doit être attribuée, soit à la circonstance de la retraite de Charles VIII et des lansquenets de l'Italie, soit à l'étonnante dépravation des mœurs, et à l'affreux libertinage qui régnait en Europe sur la fin du quinzième siècle.

---

(1) L'arrêté porte ce qui suit : « Pour ce qui est des *hi-rondelles*, ou filles de la cathédrale, le magistrat arrête qu'on les laissera encore quinze jours, après quoi on leur fera prêter serment d'abandonner la cathédrale et autres églises et lieux saints. Il sera nommément enjoint à celles qui voudront persister dans leur libertinage, de se retirer au Rietberg, et dans d'autres lieux qui leur seront assignés. »

D'UN USAGE SINGULIER

RELATIF

AU BRÉVIAIRE (1).

On voit, par les comptes et registres des fabriques de Paris, qu'il y avait anciennement, pour les chapelains et les prêtres pauvres, des bréviaires écrits à la main sur du vélin, et enfermés dans une cage de fer scellée contre le pilier le plus visible et le plus clair de la nef.

En 1406, un ecclésiastique nommé *Henri Beda* légua en mourant, à Saint-Jacques-de-la-Boucherie, son bréviaire ms. Après sa mort, ses exécuteurs testamentaires le mirent entre les mains de Pierre Lescale, qui était marguillier, avec quarante sous parisis, pour aider à lui faire une cage. L'année d'après, on donna vingt sous pour le relier. Guillaume Prandoul, serrurier, lui fit une cage treillissée, pesant soixante-huit livres, dont il eut neuf livres seize deniers, et qu'il scella dans un des piliers de la nef. En 1415, près des fonts de Saint-Séverin, à un pilier des chapelles neuves, on en attacha un autre

---

(1) Extr. des *Antiquités de Paris,* par Sauval, in-f°, t. 2.

qui revenait à soixante-deux francs, autrement cent douze sous parisis. Quant à cette cage, tantôt on la nommait *le treillis et le treilliers qui est au milieu de la nef*, tantôt *le lettrain de fer treillissé*, ou bien *la cage, et la cage de fer*. Quant au bréviaire, quelquefois il s'appelait *le livre commun, le livre pour dire les heures des chapelains;* parfois *le bréviaire commun, le bréviaire enfermé dans le treillis*, ou bien *le livre qui est dedans la cage, le bréviaire enfermé dedans le treillis qui est emmy la nef :* la cage de fer en laquelle est mis le livre commun, *le lettrain de fer treillissé*, dedans lequel est mis un livre pour dire les heures des chapelains; enfin, *la cage de fer en laquelle est mis le bréviaire commun en la nef de l'église*, pour dire le service aux chapelains de Saint-Jacques, et à tous autres pauvres prêtres.

De tout cela, on n'apprend ni la figure de la cage, ou du treillis, ni la raison pourquoi on y enfermait un bréviaire pour les prêtres habitués et les pauvres; tellement que, pour le savoir, il faut se souvenir qu'alors l'impression n'était pas encore inventée; et comme les manuscrits étaient fort chers, pour cela on exposait en public un bréviaire, afin que les prêtres qui n'avaient pas le moyen d'en acheter le pussent dire; que s'il était placé à un endroit clair et visible, c'était pour le trouver plus aisément, afin que plusieurs prêtres pussent dire leur office ensemble.

Du reste, la *cage de fer treillissée* était pour empêcher qu'il ne fût dérobé, et afin que la main et le bras y pussent passer pour tourner les feuillets (1).

De cette sorte-là sont faites toutes celles que j'ai vues, soit dans la nef de Saint-André de Bordeaux; à la croisée de l'église cathédrale de Laon; à Senlis, à un des piliers du jubé de Saint-Rieul; dans la grande nef de Notre-Dame de Melun; à Saint-Quentin, contre le mur du chœur de l'église collégiale, et ailleurs; et toutes sont ou carrées, ou carrées longues, et faites de barreaux de fer espacés, comme j'ai dit; si bien qu'on peut assurer de celles de Paris qu'elles étaient de même. Mais pourquoi aller chercher si loin la figure de ces cages? N'en avons-nous pas trois portatives près la porte du chapitre de Notre-Dame, sous les arcades du petit cloître qui y tient? Car enfin, le doyen et les plus anciens chanoines assurent que dans ces cages-là étaient enfermés le livre noir, avec le grand et le petit pastoral; et que quand on avait besoin de quelqu'une des chartes dont sont composés ces manuscrits, on venait là pour les lire et les copier.

Par-là, il est aisé de juger que ces cages et ces bréviaires ont duré dans nos églises jusqu'à la venue de l'impression; car comme les bréviaires devinrent alors à bon marché, les pauvres prêtres en pouvaient avoir aussi bien que les autres.

---

(1) Le volume aurait donc été assez épais pour qu'on ne pût le faire passer par où le bras passait. Il est plus naturel de supposer que ce livre était retenu par une chaîne, qui le mettait à l'abri du larcin. (*Édit.* C. L.)

DU
CRI DE NOUEL (NOËL),

POUR SIGNIFICATION DE JOIE PUBLIQUE (1).

Entre tous les mystères de nostre Evangile, il n'y en a pas un auquel nous apportions plus de dévotion qu'en la Nativité de Nostre-Seigneur : car encores que sa mort et passion soient le vray point où commença de reluire nostre christianisme plus qu'en tous les autres, comme dit sainct Augustin, et qui produisit des miracles, lesquels n'avoient point esté faits auparavant ce sacré mystère, comme l'abandonnement de nos biens au profit de l'Eglise; toutes fois, nostre Eglise apporte plus de sousmissions dans le symbole des apostres, que l'on dit devant l'élévation du *corpus Domini* à la messe, en l'article de la Nativité, qu'en tous les autres, parce qu'en ces mots : *Et homo factus est,* chacun avecque une sousmission de sa teste s'agenouille; ce qu'il ne fait en tout le demeurant du *credo :* et tout ainsi que nous sommes six sepmaines à faire abstinence le quaresme avant la Passion de Nostre-Seigneur, aussi ne sommes-nous pas moins de temps à nous esjouyr devant les festes de Noël, que nous

---

(1) Extr. des *Recherches* d'Et. Pasquier.

appellons les *Avants*. Et en ma jeunesse c'estoit une coustume que l'on avoit tournée en cérémonie, de chanter tous les soirs, en chaque famille, des Noüels, qui estoient chansons spirituelles faites en l'honneur de Nostre-Seigneur, lesquelles on chante encores en plusieurs églises pendant que l'on célèbre la grand messe le jour de Noël, lors que le prestre reçoit les offrandes. Or, cette allégresse se manifesta encores hors les églises, parce que le peuple n'avoit moyen plus ouvert pour dénoter sa joye, que de crier en lieu public *Noüel*, quand il vouloit congratuler à un prince. Aux registres de la chambre des comptes, le greffier, soucieux d'enregistrer ce qui se faisoit solemnel dans la ville de Paris, récitant le baptesme de Charles VI dans l'église Saint-Paul, dit que le 3 décembre 1368, nasquit Charles sixième, qui fut tenu sur les fonts en l'église Saint-Paul lez Paris, par Charles seigneur de Montmorency, et que lors y avoit grande multitude de peuple qui commença de crier *Noüel*. « Jean, duc de Bourgogne, après avoir fait
« assassiner le duc d'Orléans, revint dans Paris. Mons-
« trelet dit au chapitre 37 du premier livre, que les
« Parisiens en furent si joyeux, qu'à son arrivée les
« petits enfans crioyent par les rues *Noüel*. Et l'an
« 1429, Philippe, duc de Bourgogne, ramena sa sœur
« au duc de Bethfort dans Paris, à la venue duquel
« fut faite moult grand joye des Parisiens (dit le
« mesme Monstrelet), si y crioit-on *Noüel* par tous
« les carrefours où ils passoient. Quand Charles VII
« fit son entrée dans Paris en 1437, il y avoit (dit le

« mesme autheur) si grande multitude de peuple par
« les rues qu'à peine pouvoit-on passer; lequel en
« divers lieux crioit à haute voix tant qu'il pouvoit :
« *Noüel!* pour la joyeuse venue de leur roi et natu-
« rel seigneur, et de son fils le dauphin. » Cela mesme
est fort fréquent dans l'*Histoire de Louis XI,* que
l'on appelle la *mesdisante,* laquelle on a chastrée en
quelques endroits.

CHAPITRE III.

HISTOIRE HÉRALDIQUE.

§ Ier.

ANCIENNE NOBLESSE; COURS D'AMOUR.

MÉMOIRE

SUR LA NOBLESSE FRANÇAISE,

OU L'ON EXAMINE QUELLE FUT SON ORIGINE,
COMMENT ELLE DEVINT HÉRÉDITAIRE,
ET A QUELLE ÉPOQUE REMONTE L'ÉTABLISSEMENT DES JUSTICES SEIGNEURIALES (1).

PAR DÉSORMEAUX,

DE L'ACADÉMIE DES INSCRIPTIONS ET BELLES-LETTRES.

Tous les hommes naissent égaux dans l'ordre de la nature; mais plusieurs d'entre eux, jaloux de s'élever au-dessus de leurs semblables, ont inventé les distinctions dont la noblesse est la principale. Le mot *noble* signifie *connu, nobilis quasi noscibilis, seu notabilis*. La noblesse, selon Cicéron, n'est qu'*une vertu connue*. Mais comment la considération due à la vertu a-t-elle passé chez nous à la naissance?

___
(1) Lu le 27 mars 1772.

Comment la noblesse devint-elle héréditaire? C'est ce que nous allons tâcher de faire connaître en remontant jusqu'à l'origine de la monarchie française, dont la Germanie est le berceau.

Anciens Francs.

Personne n'ignore que les Francs composaient en Germanie une nation moins nombreuse que redoutable, formée de différentes tribus : les Cattes, les Sicambres, les Saliens, les Ripuaires, les Chamares, les Ampsivariens, les Attuaires, les Tenctères, les Bructères et les Frisons (1). Une famille plus respectée par la gloire de ses exploits, était honorée depuis long-temps de la royauté; c'était dans son sein que chaque tribu choisissait son roi, qui n'unissait pas toujours à ses augustes fonctions le commandement des armées. « La royauté, dit Tacite, est toujours déférée au plus noble, et le commandement des armées au plus digne : *Reges ex nobilitate, duces ex virtute sumunt.* »

Quoique partagée entre différens rois, la nation avait à peu près les mêmes institutions, le même esprit et les mêmes intérêts, avec peu d'idées et peu de besoins, excepté celui de l'action et de la guerre : son code ne consistait qu'en quelques coutumes informes, grossières et sauvages.

---

(1) Tacit., *de Mor. German.*- Les *Orig.*, ou *l'Anc. gouvern. des Francs*, l. 1. *Observat. sur l'hist. de France*, l. 1.

Si l'on en excepte la famille honorée de la royauté, tous les Francs naissaient libres et égaux. Il semble qu'il n'y avait qu'un gouvernement démocratique qui pût convenir à des peuplades guerrières dont chaque individu regardait l'indépendance comme le souverain bien; mais une pure démocratie se serait bientôt convertie en anarchie chez un peuple composé d'hommes inquiets, violens et emportés, qui ne connaissaient que l'empire de la force. La nécessité obligea donc les Francs à donner au roi, et aux chefs qui commandaient sous lui, assez de pouvoir pour faire respecter le petit nombre de lois sans lesquelles il est impossible, même à une société de brigands, d'exister. La démocratie fut donc tempérée par la royauté et l'aristocratie.

Origine de la Noblesse française. Compagnons du prince.

Mais, dès les temps les plus reculés, on distinguait chez cette nation si fière et si libre, une classe d'hommes plus avides de gloire et de butin, qui se consacraient au prince par un dévouement particulier (1). Ils faisaient vœu de vivre et de mourir avec lui et pour lui : ils lui rapportaient la gloire de leurs plus belles actions. C'était se couvrir d'une infamie éternelle, que de lui survivre lorsqu'il avait été tué dans le

---

(1) Tacit., *de Mor. Germ.* Mabli, *Observ. sur l'hist. de France.* Le vicomte d......, *Orig. de la nobl. française.*

combat : *Jam verò infame in omnem vitam ac probrosum, superstitem principi suo ex acie excessisse.* Ces héros de l'amitié étaient connus sous le nom de *compagnons du prince :* plus un chef en rassemblait auprès de lui, plus il était honoré, recherché, redouté des nations voisines; plus il en recevait de présens et d'ambassades. La réputation de ces guerriers suffisait quelquefois pour prévenir ou terminer de grandes guerres. Si on en venait au combat, il était honteux au prince de ne pas surpasser ses compagnons en valeur, honteux aux compagnons de ne pas égaler les exploits du prince. Le premier combattait pour la victoire; les autres pour le prince : *Principes pro victoriâ certant, comites pro principe.*

Mais un guerrier ne parvenait à être associé à ce corps, qu'après s'être signalé par ses prouesses : alors il prêtait serment au prince, qui, de son côté, était obligé de lui faire des présens proportionnés à sa réputation; c'était là le sceau de l'engagement réciproque, ce qui rendait cette espèce d'alliance sacrée et indissoluble. Ces présens ne consistaient, en Germanie, qu'en dons militaires, chevaux de bataille, armes ensanglantées et victorieuses : *Exigunt enim principis sui liberalitate illum bellatorem equum, illam cruentam victricemque frameam.* Mais la table du prince, à laquelle tous ses compagnons étaient admis, leur servait de solde : quoiqu'elle ne fût pas délicate, elle était abondante; le pillage en faisait les frais.

On conçoit quels durent être les exploits de cette

troupe, l'élite des guerriers d'une nation belliqueuse. Dès le temps de Tacite (1), lorsque la patrie était en paix, ils cherchaient loin d'elle le péril et le butin : depuis, ils tentèrent les aventures les plus téméraires. On les voyait partir des ports de la Germanie sur de frêles barques, pénétrer à travers des mers inconnues jusqu'aux côtes de l'Espagne, d'Italie et de l'Asie mineure, et braver toutes les forces des empereurs romains, lorsque ces oppresseurs des nations étaient encore puissans et respectés. Si les pays les plus lointains ne furent pas à l'abri des entreprises audacieuses des Francs, quel devait être le sort des Gaules, environnées de voisins si redoutables! Elles furent en proie pendant près de deux siècles aux ravages continuels de la nation entière, qui ne cessa enfin de les piller que pour les envahir.

La Noblesse sous Clovis.

Clovis eut la gloire de cette conquête éclatante : si ce prince donna souvent des marques de violence et de férocité, il ne fut pas moins un des plus grands rois de son siècle (2). Sa politique affermit l'empire qu'il avait fondé par sa valeur. En s'établissant dans

---

(1) Tacit., *de Mor. Germ.* Zozim., *Histor. de Gallis.* Dom Bouquet, *Rec. des hist.*, t. 1. *Observat. sur l'histoire de France*, l. 1, c. 1. Robertson, *Introd. à l'hist. de Charles-Quint.*

(2) *Legis. salic. præfat.* D. Bouquet, *Rec. des hist.*, t. 4. *Observat. sur l'hist. de France*, l. 1, c. 1.

les Gaules, les Francs avaient porté dans ces belles régions les mêmes institutions, le même code qu'ils avaient eu en Germanie ; mais la législation primitive, si chère à un peuple pauvre et presque sauvage, ne convenait plus à un grand État. Clovis s'en écarta, mais en prenant garde de révolter des hommes fiers et indépendans : il caressa leurs préjugés et leurs passions. Le ressort qu'il employa, aussi efficace qu'imperceptible aux yeux de la multitude, fut d'attribuer presque tous les emplois et les honneurs à ce corps de guerriers dont on vient de parler, sous le nom de *compagnons du prince*.

Fidèles, Leudes, Antrustions.

Ce corps existait alors sous le nom d'*hommes qui sont sous la foi du roi, qui sunt in truste regis* (1); et peu après, sous celui de *fidèles*, de *leudes* et d'*antrustions* (2). C'est principalement au zèle et au

---

(1) *Legis salic.* 43. Greg. Tur., 2, 31. Hincmar, *Vit. Rem.* D. Bouquet, t. 2 et 3. Les *Origines*, l. 3, c. 4, p. 135. Montesquieu, *Esprit des lois.*

(2) *In truste dominicâ*, celui qui est dans la truste du Seigneur. *Trustis* vient du mot allemand *trost* ou *trust*, qui signifie *solamen, solatium, levamen*, consolation. La truste imposait des devoirs naturels au roi et à celui qui était sous sa truste : le premier lui devait défense, protection, secours, subsistance ; l'autre, fidélité et service. On prêtait le serment de fidélité ou de truste, le genou en terre, en tenant ses mains jointes dans celles du roi : c'est proprement l'hom-

courage de ses fidèles que Clovis fut redevable de ses plus brillans succès; peut-être même la conquête était manquée, et les Francs rentraient dans le néant, comme tant d'autres nations barbares, si les fidèles n'eussent rempli à l'égard de Clovis toute l'étendue de leur serment : tel était leur dévouement, que lorsque ce prince embrassa la religion chrétienne, ils suivirent son exemple, au nombre d'environ trois mille, et reçurent le baptême, tandis que le reste des Francs l'abandonna.

Il est vrai que la renommée de Clovis attira bientôt sous ses drapeaux de nouveaux guerriers, tant de sa nation que de celle des Saxons, qui contribuèrent à ses nouveaux triomphes. Il partagea avec eux les riches dépouilles des Gaules; mais il n'oublia jamais que c'était à ses fidèles qu'il devait principalement la victoire et son salut : il résolut d'augmenter *un corps* qui lui était si dévoué, et de l'associer aux grandes fonctions de sa puissance exécutrice, dont il était l'unique dépositaire, tant en qualité de *roi* ou *premier magistrat,* qu'en qualité de *généralissime des Francs.*

Bénéfices, Honneurs, Fisc (1).

Aux honneurs dont il les combla, Clovis joignit le

---

mage lige dont on parlera dans la suite. (*Origines*, t. 1, p. 104.)

(1) *Bénéfices,* parce que ces concessions étaient gratuites;

puissant attrait des plus brillantes récompenses (1). Dans le cours de la conquête, ce prince s'était emparé de tous les domaines qui avaient appartenu aux empereurs romains : son lot avait été immense; il le destina à l'entretien de sa cour, en se réservant d'en détacher des portions plus ou moins considérables, dont il voulait payer le courage de ses fidèles et le zèle des évêques, qui ne l'avaient pas moins bien servi que ses guerriers. On appela ses possessions indifféremment *bénéfices, honneurs* ou *fisc, beneficia, honores, fiscalia*.

En instituant ces bénéfices (qui, comme on va le voir, n'eurent rien de commun avec ceux qu'il trouva établis dans les Gaules par les Romains), Clovis n'eut garde de les rendre héréditaires, ni même de les donner à vie. Il statua que les bénéfices seraient amovibles aussi bien que les dignités, et généralement tous les emplois : un leude perdait son bénéfice, s'il ne s'acquittait pas des devoirs qui lui étaient imposés; il en obtenait de meilleurs s'il s'en rendait digne par de nouveaux services.

Mais avant que de m'étendre davantage sur la dignité et les priviléges des leudes, je ne peux me dispenser de faire connaître la condition des autres

---

honneurs, parce qu'elles étaient regardées comme des marques de distinction ; *fisc*, parce qu'elles formaient un revenu.

(1) Mabli, t. 1, p. 46, 297, 298, 359. *Esprit des lois*, 30, 16. *Recueil des hist. français, chartres de concessions de bénéfices.* Greg. Tur., l. 9, c. 20.

Francs et des Gaulois; je commencerai par ces derniers.

Condition des Francs et autres habitans de la Gaule.

Clovis tendit une main paternelle aux vaincus; s'il ne descendit pas jusqu'à eux, il tâcha de les élever jusqu'à lui (1). Il fut permis à tous les habitans des Gaules, propriétaires libres d'un domaine, de s'incorporer à la nation victorieuse et dominante. Il n'en coûtait à celui qui usait de cette permission, que d'exprimer sa volonté devant le roi, ou bien devant le duc ou le comte dans la juridiction duquel il était établi, et de déclarer qu'il renonçait à sa loi, pour vivre sous la loi salique ou ripuaire. Dès ce moment il était naturalisé Franc; il jouissait de tous les priviléges attachés au nom et à l'état de Franc; devenu membre des assemblées du champ de Mars, il participait au gouvernement et au pouvoir législatif.

D'après tous ces avantages, il devrait paraître étonnant qu'il se soit trouvé un seul Gaulois qui n'ait pas profité de la politique adroite du vainqueur. Il est pourtant vrai qu'il n'y eut qu'une partie de la nation gauloise qui embrassa les institutions des con-

---

(1) *Leges Salicæ. Leg. Ripuar.*, 31. *Hist. franc.*, epitom. 10, 18. Greg. Tur., l. 4. Frédegaire. Du Cange, *Gloss. Orig. de la nobl. française*, p. 84. Mably, t. 1, p. 27, 278. Montesquieu, l. 30, c. 5, p. 16. *Les Origines*, 7, 1, 301.

quérans, tant la plupart des hommes sont attachés à leurs usages et à leurs coutumes. Les Gaulois, même les plus distingués, ne pouvaient (1) se résoudre à quitter des lois sages et raisonnables, pour adopter un code informe qui n'était que le tarif de tous les crimes : en prenant le nom et les institutions des Francs, ils auraient craint de contracter la violence et la férocité de ces Barbares. La plupart des Bourguignons domptés peu après et soumis par les enfans de Clovis, ne témoignèrent pas moins d'aversion pour la loi salique ou ripuaire; ils préférèrent la loi gombette ou de Gondebaud, qui n'était pourtant guère meilleure. Cette loi subsista dans les Gaules jusqu'à la fin de la seconde race de nos rois, c'est-à-dire jusqu'à ces temps de confusion, de brigandage et d'anarchie, où l'on vit la tyrannie et le caprice dicter des lois injustes et inhumaines à des troupeaux d'esclaves et de serfs.

La douceur de Clovis à l'égard des Gaulois, ne contribua pas peu à la résolution qu'ils prirent de conserver (2) les institutions et le code de leurs ancêtres. Clovis, qui ne voulait pas régner sur des débris et des ruines, leur avait laissé tous leurs droits religieux, politiques et civils (3). Chacun d'eux se trouva,

---

(1) Le code Théod.
(2) Greg. Turon., l. 5.
(3) On voit que le roi s'exprime ainsi dans la formule 8 de Marculfe, l. 1 : CHARTA DE DUCATU, PATRITIATU, VEL COMITATU : *Omnes populi ibidem commanentes tam Franci, Ro-*

après la conquête, tel qu'il avait été sous les empereurs romains, excepté qu'il respira sous un gouvernement à qui l'art de la finance, dont les tyrans de la terre avaient fait l'abus le plus affreux, était entièrement inconnu. Les Gaulois, qui n'avaient pas cessé de l'être pour devenir Francs, étaient gouvernés par leurs lois, jugés par leurs pairs (1), dont le tribunal était présidé par des magistrats, comtes, viguiers, centeniers choisis dans la nation conquérante : ils ne devaient à l'Etat que les mêmes services auxquels les Francs étaient tenus; ils n'étaient assujettis qu'aux mêmes charges; en un mot, excepté qu'ils ne furent point appelés aux assemblées du champ de Mars, et que la composition pour la vie d'un Franc fut toujours une fois plus forte, à condition égale, que celle d'un Gaulois, ils jouirent de tous les priviléges et de toutes les immunités du peuple victorieux.

Avant la conquête, on distinguait dans les Gaules un (2) grand nombre d'illustres familles : les unes

---

mani, Burgundiones vel reliquæ nationes, sub tuo regimine et gubernatione degant et moderentur, et eos recto tramite secundùm legem et consuetudinem eorum regas.

(1) On voit dans la loi salique, tit. 52, que les juges choisis parmi les Gaulois, au nombre de sept, s'appelaient *rachinbourgs, scabins;* dans la loi ripuaire, tit. 55, qu'il n'était permis ni au comte ni à son vicaire de faire grâce de la vie à un homme condamné à mort par les scabins.

(2) Sidon. Apollin., *epist.* 2, 9. Fortunat., *epitaph. Leoncii.* Greg. Turon., l. 10, c. 31. Frédegaire. Vales., *hist.,* 7. Ori-

descendaient des anciens rois ou chefs de différentes nations gauloises; d'autres avaient été décorées par les Romains des titres les plus magnifiques, de la dignité de chevalier, de sénateur, de celle de patrice même. Après la révolution, ces familles conservèrent toujours la plus haute considération auprès de leurs compatriotes; mais aux yeux du Franc, elles furent confondues avec les familles gauloises ordinaires. Enflé de sa supériorité, il accorda toujours plus aux autres Barbares qui ne vivaient pas sous la loi salique ou ripuaire, qu'aux Gaulois qui vivaient sous la loi romaine, quelqu'illustre que fût leur naissance. Le sang d'un Saxon, d'un Bourguignon, d'un Visigoth fut évalué toujours plus cher; il en coûta une fois plus pour l'avoir versé que pour avoir répandu celui d'un descendant de Vercingentorix ou de Brennus (1).

Ainsi, ce n'est point dans la noblesse gauloise, qui ne participait ni aux priviléges des Francs, ni même

---

gine de la nobl. française. Mabli, t. 1, p. 27, 279, 280. Montesquieu, l. 30, c. 19.

(1) *Si quis ingenuum Francum aut hominem Barbarum occiderit, qui lege salicâ vivit, solidis 200 culpabilis judicetur. Si quis eum occiderit qui in truste dominicâ est, solid. 600 culpabilis judicetur. Si quis Romanum hominem convivam regis occiderit, solidis 300 culpabilis judicetur. Si Romanus homo possessor, id est, qui res in pago ubi commorat proprias possidet, occisus fuerit, is qui eum occidisse convincitur, solidis 100 culpabilis judicetur.* (Tit. 43 legis salicæ.)

à ceux des peuples barbares soumis aux Francs, qu'il faut chercher l'origine de notre noblesse actuelle.

Incorporation des Barbares ou des Gaulois à la nation des Francs.

Les Francs, dont la nation ne consistait, pour ainsi dire (1), qu'en une poignée de guerriers au commencement de l'invasion, reçurent de grands accroissemens par la liberté qui fut accordée à chaque individu Barbare ou Gaulois de s'incorporer à elle. Mais, quoique devenue bien plus nombreuse, on ne connut dans cette nation qu'un ordre de citoyens partagés en deux classes : la première renfermait tous les fidèles, antrustions ou leudes, c'est-à-dire tous les Francs honorés de commandemens, de dignités ou de bénéfices, et tous ceux qui aspiraient aux mêmes honneurs, et qui en conséquence avaient prêté serment au prince ; dans l'autre étaient compris tous les Francs libres, que rien n'empêchait de parvenir à la première classe. En effet, dans l'origine, on ne prêtait serment qu'après s'être signalé par de grandes actions ; mais depuis la conquête, les rois, persuadés qu'il était de leur intérêt d'augmenter la classe des leudes, qui leur étaient particulièrement dévoués, admirent au serment tous ceux qui vivaient sous la loi

---

(1) *Leg. salicæ*, 43, 45. Greg. Tur., l. 5, c. 48, 49 ; l. 7, c. 1, 47 ; l. 8, c. 39. Mabli, t. 1, p. 22, 31, 45, 73, 290, 291, 292, 340, 341, 342.

salique, ripuaire, gombette ou romaine, sans distinction d'origine, de courage, de talens et de services. L'indulgence fut si générale, si excessive, qu'on admit à la prestation du serment des affranchis encore flétris des fers de la servitude. Grégoire de Tours parle d'un certain Leudaste, qui, né esclave et ayant perdu une oreille pour avoir voulu se soustraire à la domination de son maître, avait trouvé le moyen de s'affranchir. Il adopta le code de la nation dominante, prêta serment, entra dans la classe des leudes, et parvint même à être comte des écuries ou connétable, ensuite comte de Tours. L'exemple de Leudaste n'est pas le seul qu'on pourrait citer d'affranchis devenus possesseurs des plus grandes dignités; mais on n'oublia jamais leur ancien état, puisqu'à grade égal, ils n'obtenaient que la moitié de la compensation d'un Franc libre d'origine.

Au reste, la classe des leudes jouissait de tous les priviléges (1) capables d'assouvir l'ambition et la cupidité. Les leudes occupaient la première place auprès du trône dans les assemblées du champ de Mars : eux seuls composaient le conseil public de la nation, ou la Cour de justice, dans laquelle on réformait les jugemens des ducs et des comtes : c'est dans cette classe qu'on choisissait les grands-officiers du palais, les ducs et les comtes, les grafions, les vidames, les viguiers, et généralement tous les coopérateurs de la puissance publique : chaque leude offi-

---

(1) *Leg. salicæ. Leg. ripuar.*

cier du roi, avait un bénéfice attaché à son emploi. Les leudes n'avaient de juges que le roi; c'était toujours à la tête de ce corps que le roi combattait. On connaît, par les compositions des lois barbares, combien la personne du leude était recommandable; son sang était toujours évalué une fois plus cher que celui de l'homme le plus distingué, de quelque nation qu'il fût. S'il en coûtait trois cents sous pour avoir tué un Gaulois, convive du roi, il en fallait payer six cents pour avoir assassiné un leude de la première classe ou un antrustion; mais c'était le comble des attentats que de le priver des marques de la virilité; la composition était alors de dix-huit cents sous : *Si quis salicus salicum castraverit,* 600 *solidis culpabilis judicetur; si verò antrustionem castraverit,* 1800 *solidis culpabilis judicetur.*

C'était une loi chez les Francs, que si un d'entre eux était appelé en jugement devant le duc ou le comte de sa province, et qu'il ne comparût pas, il devait se présenter devant le roi; s'il ne se conformait pas à la loi, il perdait la protection du prince, et personne ne pouvait le recevoir chez lui, ni lui donner des alimens sans encourir le même sort : enfin, tous ses biens étaient confisqués; mais dans un cas semblable, on se contentait de séquestrer ceux du leude. Un Franc libre, accusé d'un crime, était soumis à l'épreuve de l'eau bouillante; un leude ne pouvait y être condamné qu'autant qu'il était poursuivi pour un meurtre. On ne pouvait obliger un leude de déposer en justice contre un autre leude; on n'exigeait point de serment de lui dans les tribunaux, mais on faisait jurer en sa place un de ses cliens. Lorsqu'un leude convoqué pour l'armée ne s'y rendait pas au terme prescrit, il en était quitte pour jeûner au pain et à l'eau autant de jours qu'il avait manqué à son devoir; au lieu qu'un Franc coupable de la même négligence, était condamné à une amende de soixante sous, et réduit en servitude jusqu'à ce qu'il eût payé. Mais si, lorsque l'armée était en campagne, un leude quittait le drapeau, il était dégradé de ses priviléges, et mis à mort comme un simple soldat.

On voit dans un grand nombre de capitulaires, que tous les hommes libres du royaume, de quelque nation qu'ils fussent, étaient obligés de contribuer aux frais des vivres, des chevaux et des voitures que l'on fournissait sur les routes aux ambassadeurs, soit nationaux, soit étrangers, qui partaient de la cour ou qui s'y rendaient, et aux commissaires du roi, *missi dominici*: il n'y avait que les leudes qui ne fussent point assujettis à cette redevance pour les bénéfices qu'ils possédaient, parce que ces bénéfices les assujettissaient à d'autres services (1).

Ce qui distinguait encore la classe des leudes, étaient les ornemens extérieurs dont on les voyait décorés. On appelait ces ornemens *honores, insignia*. Tous les Francs en étaient très-jaloux; il n'y avait point d'homme libre à qui la loi n'en attribuât quel-

---

(1) Greg. Tur., l. 7, c. 29. Sidon. Apoll., *Epist.*, l. 10. Aimoin, l. 5, c. 11. Les *Origines*, t. 3, l. 9, c. 6.

qu'un : ils consistaient en une ou plusieurs ceintures militaires, en baudriers, en boucliers, en éperons, en poignards enrichis de perles, en une chevelure plus ou moins longue; mais il n'était permis qu'aux leudes d'en réunir plusieurs. Quand un leude jurait par tout ce qu'il avait de plus sacré, c'était toujours par ses armes ou par ses honneurs. Cette coutume, établie chez toutes les nations d'origine germanique, s'est maintenue jusqu'à nos jours parmi les pairs de la Grande-Bretagne, qui n'affirment que par leur honneur. On était privé nécessairement de ses honneurs en se soumettant à la pénitence publique ou en embrassant la vie monastique : on en était encore privé si on négligeait de venger la mort d'un père, et en même temps exclu de sa succession. On essuyait le même affront, si, après avoir reçu une injure, on ne poursuivait pas l'agresseur jusqu'à ce qu'on en eût tiré une composition proportionnée à la grandeur de l'outrage; c'eût été, selon la loi, s'avouer coupable et mériter l'insulte, que de la laisser impunie : de là ce funeste point d'honneur auquel toutes les nations sorties de la Germanie ont été si sensibles, et qui depuis a fait verser des torrens de sang en Europe, et principalement en France.

D'après tant de priviléges, d'honneurs, de puissance et de richesses accumulés sur la tête des leudes, on voit qu'il y avait des nobles en grand nombre dans le royaume; mais la noblesse dont ils jouissaient n'était que personnelle. Le fils d'un leude ne naissait point leude; ses distinctions ne passaient pas plus à ses enfans que ses bénéfices, il fallait que son fils eût prêté serment, et se fût recommandé au roi pour être élevé aux mêmes dignités ; sans ce préliminaire, il demeurait confondu dans la classe des Francs libres, tandis que des hommes nouveaux parvenaient sous ses yeux aux mêmes honneurs dont son père avait joui. Ainsi, toutes les charges, tous les emplois étaient également le patrimoine des Francs libres ; c'était le serment plutôt que la naissance qui faisait le noble (1).

Tant qu'il fut permis à chaque Franc de parvenir aux dignités, aux bénéfices, et par conséquent à la noblesse personnelle, on peut dire que les rois furent puissans et respectés, et l'Etat formidable. Peut-être même est-ce à ces bénéfices personnels institués par Clovis, qu'il faut attribuer l'esprit militaire dominant dans la nation depuis près de quatorze siècles, et qui l'a sauvée dans les circonstances les plus difficiles. En effet, comment de tant de nations qui se sont établies sur les débris de l'empire romain, les Francs sont-ils la seule qui n'ait pas été anéantie, tandis que les Visigoths, les Ostrogoths, les Alains, les Suèves, les Vandales, les Hérules, les Gepides, les Huns, les Bourguignons, les Esclavons, les Lombards et tant d'autres, ont disparu en si peu de temps de dessus la face de la terre qu'ils avaient op-

---

(1) Aimon., l. 5, c. 17. Marc., *Formul.* 1, 18, 40. Mabli, t. 1, p. 44, 72, 296, 336, 337, 338. *Orig.*, t. 2, l. 4, p. 103, 106.

primée? Les Francs étaient-ils supérieurs aux autres Barbares en nombre? Mais Clovis n'avait pas cinq mille hommes lorsqu'il entama la conquête des Gaules; les Goths, les Vandales, les Huns surtout, attaquèrent l'empire romain avec des armées effroyables. Les Francs l'emportaient-ils sur eux en force, en valeur, en discipline? Mais tous les originaires de la Germanie ou du Nord étaient également forts, agiles, robustes, capables de résister à la faim, à la soif et aux plus grandes fatigues. Le courage, la discipline militaire étaient à peu près les mêmes chez tous les Barbares. Ce fut donc la politique de Clovis qui préserva les Francs de leur ruine; ils auraient succombé comme les autres conquérans dont on vient de parler, si l'attrait des récompenses les plus brillantes offertes à la valeur, n'eût fait autant de militaires intrépides qu'il y avait d'hommes ambitieux parmi les sujets de Clovis.

Si l'on objecte que les Francs libres naissaient tous soldats, je répondrai que le devoir seul n'élève pas toujours l'âme, qu'il ne lui donne pas toujours cette énergie nécessaire à des guerriers; en un mot, que l'obligation au service n'était pas moins sacrée chez les autres peuples barbares, et cependant ils ont péri tous sous les coups des Francs.

Mais le temps approchait que la noblesse, qui d'abord, comme nous venons de voir, n'était que personnelle, allait devenir héréditaire. Voici comme arriva cette révolution si long-temps préjudiciable aux rois et à la patrie.

Les premiers Mérovingiens (1) avaient été si bien servis par les leudes, que croyant ne pouvoir jamais en augmenter assez le nombre, ils se dépouillèrent de presque tous leurs domaines pour en former de nouveaux bénéfices. L'indigence les réduisit aux plus grandes extrémités; elle les rendit injustes, violens, ravisseurs. Les leudes, dont les emplois et les bénéfices étaient amovibles, avaient trop d'intérêt à plaire au souverain, pour ne pas se rendre les ministres de l'oppression et de la rapacité. Tout devint bientôt la proie de l'injustice armée de la force. Nos chroniques, sous la première race de nos rois, ne sont que les monumens de l'iniquité, des crimes et des vengeances les plus atroces.

La tyrannie des ducs et des comtes, en même temps magistrats, militaires, civils et fiscaux, fut portée à son comble, et rien ne contribua plus à l'établissement des justices seigneuriales dont je vais bientôt parler.

Mais enfin, les grands ou leudes, après avoir été long-temps oppresseurs, furent opprimés à leur tour (2). Les besoins des rois, successeurs de Clovis, augmentèrent tellement, qu'ils ne virent plus que l'intérêt du moment dans la distribution des magistratures et des bénéfices. Quoiqu'ils eussent toujours été amovi-

---

(1) Greg. Tur., l. 9, c. 20. Montesquieu, l. 30, c. 16. Mably, t. 1, p. 46, 297, 298.
(2) Greg. Tur., l. 6, c. 46; l. 7, c. 33. Mably, p. 61, 62, 323, 324.

bles, il est cependant certain que, dans l'origine, le prince ne les conférait ou ne les ôtait que pour des raisons essentielles, d'abord dans les assemblées du champ de Mars, et ensuite dans le conseil, avec la participation des antrustions. Mais bientôt les prétextes les plus frivoles suffirent pour dépouiller un leude : on distribuait sa dépouille à un autre leude dont le roi attendait des services plus signalés. Les églises ne furent pas plus épargnées que les grands (1) : il est vrai qu'elles avaient encore plus profité de l'indiscrète libéralité des rois, puisque Chilpéric, un siècle après l'établissement de la monarchie, s'écriait souvent avec douleur : « Nos richesses, notre domaine, « sont devenus le patrimoine des églises; les évêques « règnent en France; ils sont en possession de nos « biens et de nos honneurs (2). » Les rois furent enfin réduits à piller ces mêmes églises, ces mêmes monastères fondés par leurs aïeux, à diviser les grands, à les opposer les uns aux autres, à se faire en quelque sorte chefs de parti, pour accabler la faction la plus puissante, et pour lui reprendre les emplois et les bénéfices dont elle était en possession.

---

(1) Greg. Tur., l. 6, c. 46. Mabli, t. 1, p. 60, 323.
(2) *Ecce pauper remansit fiscus noster, ecce divitiæ nostræ ad ecclesias sunt translatæ; nulli penitùs, nisi soli episcopi, regnant; periit honos noster et translatus est ad episcopos civitatum.* (Greg. Tur., l. 6, c. 41.)

Noblesse héréditaire.

Les leudes ne devinèrent la politique des rois, qu'après en avoir été tour à tour les victimes. Ils comprirent enfin qu'ils ne conserveraient leur ascendant sur les rois et le peuple, qu'autant qu'ils cimenteraient leur indépendance; c'est pourquoi ils profitèrent de la guerre civile allumée entre Gontran et Childebert. Médiateurs du traité qui réconcilia ces deux princes à Andelot, ils obtinrent de l'un et de l'autre, et insérèrent dans le traité (1), que les rois ne pourraient plus à l'avenir reprendre les bénéfices dont ils auraient disposé, ou dont ils disposeraient dans la suite, en faveur des églises et des leudes (2). Leur influence fut si grande auprès des deux rois, qu'ils les obligèrent même de rendre les bénéfices à ceux qui en avaient été dépouillés.

Le traité d'Andelot, confirmé depuis dans une assemblée générale d'évêques et de leudes tenue à Paris en 615, peut être regardé comme la première époque de la noblesse héréditaire en France. Dès lors les bénéfices passèrent aux enfans; le fils d'un leude

---

(1) Greg. Tur., l. 9, c. 20. Marculf., 1, 14. Mabli, t. 1, p. 63, 325, 326. *Origines*, t. 3, l. 9, p. 167.

(2) *Quidquid antefati reges ecclesiis aut fidelibus suis contulerint, aut adhuc conferre cum justitiâ, Deo propitiante, voluerint, stabiliter confirmetur. . . . . et quod exinde fidelibus ablatum est, de præsenti recipiant.* (Greg. Tur., l. 9, c. 20.)

naquit leude; il fut en venant au monde sous la foi du roi, et honoré de toutes les distinctions qui n'avaient appartenu à ses ancêtres qu'en considération de leur serment. Ainsi la nation, qui n'avait été composée jusqu'alors que d'un ordre séparé en deux classes, commença à se diviser en deux ordres. Les familles bénéficiaires, au moment de la révolution, formèrent seules le premier ordre; les autres, quelqu'éclat qu'eût leur origine, quelque grande que fût leur fortune, ne pouvaient plus se comparer aux hommes privilégiés seuls en possession des honneurs et des dignités (1).

Telle fut l'ardeur des plus riches propriétaires dans le royaume, pour s'aggréger à l'ordre de la noblesse, qu'ils prirent le parti de changer leurs alleux, fruits glorieux de la valeur de leurs ancêtres, en bénéfices; c'est-à-dire, selon Marculfe, qu'un homme libre suppliait le roi de prendre son alleu; le monarque, après l'avoir reçu en don, le rendait au propriétaire en qualité de *bénéfice* (2) : fier d'un titre qu'il ne tenait plus que du roi, le nouveau bénéficier devenait l'égal

---

(1) Marculf., 1, 13. Mabli, t. 1, p. 75, 348.

(2) *Ideò veniens ille fidelis noster, ibi in palatio nostro, in nostrâ vel procerum nostrorum præsentiâ, villas nuncupatas illas, sitas in pago illo, suâ spontaneâ voluntate, nobis per festucam visus est werpisse, vel condonasse in eâ ratione, si ita convenit, ut dum vixerit, sub nostro beneficio debeat possidere; et post suum discessum sicut ejus adfuit petitio, nos ipsas villas fideli nostro illi, plenâ gratiâ, visi fuimus concessisse.* (Marc., 1, 13.)

des anciens, et jouissait des mêmes prérogatives. Tout fut si bien confondu en moins d'un siècle, qu'on oublia jusqu'à la source primordiale de ses propriétés; on ne savait si elles avaient été dans l'origine alleux ou bénéfices. Il me paraît cependant que dans la suite, lorsque tous les domaines possédés par la noblesse furent devenus seigneuriaux, on aurait rougi de ne le devoir qu'à la libéralité du prince ; chaque possesseur prétendait qu'ils étaient originairement alleux.

Justices seigneuriales.

Quoi qu'il en soit, la justice seigneuriale, qui depuis a été un des principaux caractères du fief, était établie dans les bénéfices et dans les alleux les plus considérables, même avant l'hérédité de la noblesse (1). M. de Montesquieu pense que dès le règne de Clovis, le droit de rendre la justice était inhérent aux bénéfices émanés du trône. Il paraît que ce grand écrivain se trompe. On ne voit aucune trace de justices domaniales dans les lois saliques ou ripuaires; les premiers rois mérovingiens jusqu'à Dagobert, en 630, n'en avaient point d'établies dans les terres qu'ils s'étaient réservées : les hommes libres qui demeuraient sur le territoire du domaine royal, avaient pour juges les comtes de la province, aussi bien que

---

(1) D. Bouquet, *Recueil des hist.,* t. 4, p. 628, 630, 633. Marculfe. Mabli, p. 50, 51, 301, 302. Montesquieu, l. 30. *Origines,* t. 2, c. 1, p. 94.

les hommes libres domiciliés dans les *bénéfices*. Ce ne fut qu'aux dépens de la juridiction de ces magistrats, que les justices seigneuriales se formèrent peu à peu.

Quelle en fut donc l'origine? la force d'un côté, de l'autre, la reconnaissance. Tout invitait un leude puissant à usurper le magnifique droit de rendre la justice. De quelle considération, de quelle puissance même ne devait-il pas jouir dans son bénéfice, dès que la vie, l'honneur et les biens des hommes libres étaient soumis à ses jugemens? D'ailleurs, la troisième partie des amendes, des compositions, alors très-multipliées, qui appartenaient au comte dans son département, devenait une partie de son revenu.

Les rois mérovingiens, presque toujours armés les uns contre les autres, ayant besoin du secours des hommes les plus puissans, n'arrêtèrent l'usurpation ni dans son origine ni dans ses progrès. Percevant dans le territoire d'un bénéfice, comme dans la juridiction d'un comte, les confiscations et les autres droits qui leur étaient attribués par la loi dans tout le royaume, il leur parut indifférent que les hommes libres fussent jugés par les comtes ou par les bénéficiers.

Le partage de la monarchie entre quatre rois qui existaient à la fois, rendit presque toutes les provinces, frontières les unes des autres : à la première guerre intestine, elles étaient tour à tour dévastées: la guerre se faisait d'une manière atroce : une armée se répandait dans une contrée comme un torrent :

l'officier et le soldat, nécessairement possesseurs de terres, enlevaient des hommes libres et les réduisaient à la qualité de *serfs,* pour défricher leurs domaines (1). Les hommes libres cherchèrent un asile dans les églises, et plus volontiers encore dans les châteaux fortifiés des grands, pour mettre leur liberté et leurs effets les plus précieux à couvert de la rapacité; ils payaient le service qui leur était rendu, en se soumettant à la juridiction de leur protecteur, et quelquefois en s'obligeant à des cens et à des redevances.

Les brigandages des comtes et de leurs subalternes dans l'administration de la justice, dont on a déjà parlé, contribuèrent plus que le reste à la formation et à l'extension des justices seigneuriales. Un homme libre, mais peu riche, toujours sûr d'être opprimé par son magistrat légitime, déclina autant qu'il put sa juridiction, pour ne plus dépendre que de celle de l'homme puissant à qui il devait quelquefois la conservation de son bien, de sa liberté et de l'honneur de sa famille.

Ce que le leude avait fait dans son bénéfice, le

---

(1) Grégoire de Tours, en parlant de l'invasion de Chilpéric en Berri, dit que l'armée de ce prince ne laissa ni hommes ni animaux dans cette province. *At isti qui Biturigas obsidebant, accepto mandato ut inverterentur ad propria, tantas prædas secum sustulerunt, ut omnis regio illa unde egressi sunt, valdè putaretur evacuata, vel de hominibus, vel de ipsis pecoribus.* (Greg. Tur., l. 6, c. 31.)

grand propriétaire le fit dans son alleu. Au moment de la conquête, l'usurpation n'avait pas été la même chez tous les Francs; le général d'un corps de troupes envahit plus que l'officier, l'officier plus que le soldat. Les uns eurent des possessions bornées, tandis que les autres s'en approprièrent d'immenses; ceux-ci ne manquèrent pas de se fortifier dans leurs châteaux pour se mettre à l'abri des ravages presque toujours imprévus d'une armée. La même conduite leur fit obtenir dans leurs alleux les mêmes avantages que les leudes dans leurs bénéfices; mais la justice seigneuriale ne les aurait pas constitués nobles, si, après l'hérédité des bénéfices, ils n'eussent pris le parti, comme on a vu, de changer leurs alleux en bénéfices. Les évêques et les abbés, riches des dons immenses, mais volontaires, des rois et du peuple, établirent dans leurs bénéfices des juridictions seigneuriales, avec d'autant plus de facilité, qu'on avait plus de confiance en leur caractère et en leurs lumières.

Les ducs et les comtes s'opposèrent d'abord aux progrès de l'usurpation; mais dans la suite, ils trahirent presque tous leur ministère : ils ne s'occupèrent, surtout après l'hérédité de la noblesse, qu'à se former des justices seigneuriales dans leurs principales propriétés : les alleux étaient patrimoniaux, et les bénéfices avaient suivi le sort des alleux.

Voilà donc la noblesse devenue héréditaire et en possession de tout ce qui peut flatter l'ambition des hommes et hâter leur dépravation : priviléges, honneurs, emplois, richesses et puissance.

Le traité d'Andelot (1) n'eut pas été plutôt signé, que les Mérovingiens sentirent combien leur autorité était avilie. Brunehaut et Frédégonde surtout, qui portèrent dans leur administration tant d'audace et d'artifice, de violence et de corruption, à qui il était presque indifférent de réussir par le crime ou par la justice, traitèrent les leudes, possesseurs de bénéfices, comme si le traité d'Andelot n'eût jamais existé. Après quelques succès, le génie de Brunehaut échoua contre la puissance des grands, qui la chassèrent de l'Austrasie : réfugiée en Bourgogne auprès du second de ses petits-fils, qui en était le roi, elle dévoila la même hauteur. On sait ce qu'il lui en coûta pour avoir voulu, au défaut d'autres moyens, écraser les grands à force d'injustices : accusée par un roi, déférée au tribunal de l'armée, condamnée d'une voix unanime, on vit cette reine, fille, femme, sœur, mère et aïeule de tant de rois, périr par le supplice le plus atroce et le plus infâme.

En signant l'arrêt de Brunehaut, Clotaire signa la dégradation de sa postérité; il eut beau rassembler sur sa tête toutes les couronnes qui avaient été autrefois le partage de quatre rois, il n'en fut pas plus puissant; c'est lui qui, dans la fameuse assemblée des évêques et des leudes convoqués à Paris en 613, confirma l'hérédité des bénéfices et l'établissement des justices seigneuriales : *Quidquid parentes nostri,*

---

(1) Fredeg., *Chron.*, 24, 27. Mabl., t. 1, p. 65, 66, 327, 328.

anteriores principes, vel nos per justitiam visi sumus concessisse et confirmasse, in omnibus debeat confirmari. « Tout ce que les rois nos aïeux et nos prédécesseurs et nous-mêmes avons accordé ou confirmé légalement, doit être observé (1). » Et plus bas : *Episcopi verò vel potentes qui in aliis possident regionibus, judices vel missos discursores de aliis provinciis non instituant, nisi de loco qui justitiam percipiant et aliis reddant.* « Que les évêques et les grands qui possèdent des seigneuries éloignées de leurs domiciles ordinaires, aient à choisir des hommes du lieu même, et non des étrangers pour y rendre la justice. » Voilà donc les justices seigneuriales reconnues authentiquement légitimes par les rois, qui ne tardèrent pas à en instituer dans les domaines qui leur étaient restés.

Toutes les concessions de Clotaire ne réconcilièrent point la noblesse avec la royauté : le prince avait trop à revendiquer sur elle, pour qu'elle ne se défiât pas de lui : elle obtint de ce même monarque qu'il ne nommerait point de maire du palais sans son agrément (2).

Elle avait le plus pressant intérêt au choix de ce premier officier; elle favorisa tant qu'elle put les pro-

---

(1) *Ordonn. de Paris*, art. 16. *Preuves* de l'abbé de Mabli, t. 1, p. 489.

(2) *Chlotarius cum proceribus et leudibus Burgundiæ conjungitur, cùm eos sollicitasset si vellent, mortuo jam Varnachario, alium in ejusdem honoris gradum sublimare.* (Fredeg., c. 42.)

grès de sa puissance (1) : elle en voulait faire son tribun pour la défendre contre les entreprises des rois; elle ne fut pas trompée dans ses espérances. Varnachaire, en Bourgogne (2), et Flaochat son successeur, agirent en effet de connivence avec les grands : celui-ci porta la prévarication jusqu'à promettre par serment aux ducs de ne les dépouiller jamais de leurs dignités; ainsi, le ministre du roi conspirait contre l'autorité royale. On ne saurait trop déplorer les abus qui résultèrent de ce gouvernement aristocratique; les seigneuries se multiplièrent à l'excès, avec elles tous les maux inséparables de l'oppression et de l'anarchie. Les seigneurs ne voulurent plus souffrir que les hommes libres de leurs domaines, qu'ils avaient assujettis à des corvées, à des redevances, parussent à l'armée sous la bannière des ducs et des comtes. Le même titre qui en avait fait des magistrats, en fit des capitaines.

Les évêques et les abbés, devenus seigneurs (3) en même temps que les leudes, ne furent pas plus irréprochables; ils s'arrogèrent les mêmes droits, et les exercèrent avec la même audace. On les voyait paraître à la tête de la nombreuse milice de leurs do-

---

(1) *Flaochaltus genere Francus, majordomus in regnum Burgundiæ, electione pontificum et cunctorum ducum à Nantechilde reginâ in hunc gradum honoris nobiliter stabilitur.* (Fred., c. 89.)

(2) Fred., *Chron.*, c. 42, 43, 89. Mabli, p. 71, 331, 332, 333.

(3) Baluz., *Capitul. Caroli Magni.* Mabli, t. 1, p. 78, 79, 83, 84, 354, 355.

maines, avec la ceinture militaire, le baudrier, le poignard et les éperons, qu'ils ne quittaient, même en temps de paix, qu'à l'église. On les aurait confondus avec les leudes, dont ils partageaient les fonctions et les honneurs civils et militaires, s'ils ne les eussent précédés : il n'en coûtait que 600 sous de composition pour la mort du leude le plus qualifié, *duc* ou *comte;* mais il en fallait payer 900 pour tuer un évêque (1).

Le royaume, en proie à la violence, à la confusion, n'aurait pas tardé à être démembré en différentes souverainetés, comme il arriva à la fin de la seconde race, si les rois n'eussent conservé le droit de nommer à tous les emplois de la monarchie. Les maires mêmes n'eurent pas plutôt établi leur puissance sur des fondemens inébranlables, qu'ils n'eurent garde de laisser les leudes s'agrandir davantage; ils eurent pour eux les vœux de la nation, qui les seconda contre ses oppresseurs; la noblesse fut traitée à son tour comme elle avait traité les rois et le peuple.

C'est alors qu'elle se repentit d'avoir tant contribué à l'autorité des maires du palais : elle aurait sans doute rétabli les rois dans leurs droits légitimes, si Pepin d'Héristel, en même temps maire du palais des rois de Neustrie et de Bourgogne, et duc d'Austrasie, ne l'eût réconciliée avec la mairie. Ce Pepin d'Héristel, né avec de grands talens, eût put devenir le restaurateur de la monarchie, mais il n'en voulut

---

(1) *Leg. salicæ*, tit. 58. *Leg. ripuar.*, tit. 36.

être que le maître; il brava les lois, au point qu'il osa léguer à son petit-fils, encore enfant, le duché d'Austrasie et la dignité de maire du palais de Neustrie et de Bourgogne. Dagobert III portait alors le nom de *roi;* il était encore au berceau; et c'était sous ce prince enfant, un autre enfant élevé sous la tutelle de Plectrude son aïeule, qui était déclaré généralissime, premier ministre et juge souverain du royaume.

Plusieurs seigneurs se prévalurent des vices de ce gouvernement absurde, pour achever de se rendre absolus. La Frise, la Thuringe et la Bavière obéissaient à des ducs héréditaires, qui à peine reconnaissaient la souveraineté des Mérovingiens, dont ils avaient reçu leurs titres. Le duc d'Aquitaine, issu de Caribert, frère de Dagobert Ier, maître de ces belles provinces qui sont situées entre la Loire et la Garonne, affectait l'indépendance la plus absolue, aussi bien que le duc des Gascons. La Provence et la Bourgogne reconnaissaient des ducs non moins fiers et non moins ambitieux. L'Austrasie formait un Etat séparé de la monarchie, dont la famille des Pepins avait usurpé l'hérédité. Enfin on voyait s'élever chaque jour, jusque dans le cœur du royaume, de grands propriétaires qui formaient aux dépens de leurs voisins des espèces de souverainetés non moins étendues que les duchés. Cette noblesse principale, toujours armée contre les seigneurs plus faibles, ne cessait de les inquiéter qu'après s'être assurée d'eux par des traités d'alliance qui n'étaient, de la part des vaincus, que des actes de soumission, et, en quelque sorte, de vasselage.

L'édifice de l'empire français miné, ébranlé jusque dans ses fondemens, allait s'écrouler, lorsque Charles Martel parut. Le génie et l'audace caractérisent toutes les actions de cet homme extraordinaire. Il combattit toute sa vie, non pour l'Etat, mais pour lui-même : chaque victoire qu'il remporta sous le nom des rois, lui valut des alliés contre la royauté, dont il dédaigna et avilit le titre, et dont il envahit tout le pouvoir.

Mais il ne pouvait affermir sa grandeur qu'en attachant à sa personne, par les liens de l'intérêt, l'armée qui combattait pour lui. L'exemple de Clovis, qui avait acquis tant de gloire et de puissance en excitant le zèle et l'émulation à force de grâces et de bienfaits, paraît l'avoir frappé et déterminé. Il résolut d'instituer de nouveaux bénéfices, et d'en tirer tout le parti qu'il est possible à l'ambition et à la politique. Ce fut le clergé qui, malgré lui, fit tous les frais de cet établissement, source et origine d'une nouvelle noblesse méprisée de l'ancienne. Charles Martel s'empara de presque tous les domaines du clergé, qui comprenaient une bonne partie du royaume, et les partagea avec les militaires dont il était toujours environné ; il en donna une partie à titre d'*alleux*, et l'autre à titre de *bénéfices*. Ceux à qui échut un alleu, ne furent tenus à d'autres devoirs qu'au service militaire, que tous les Français étaient obligés d'acquitter ; mais il exigea des bénéficiaires le serment de fidélité, l'hommage, le service militaire et domestique. En un mot, les nouveaux bénéfices furent de vrais fiefs, et ceux qui les obtinrent de véritables vassaux (1). Tels furent l'ordre et la police qu'il établit dans cette institution, que jamais corps ne fut plus dévoué à son bienfaiteur, à son chef, à son maître, le terme n'est pas trop fort, que les nouveaux vassaux à leur suzerain.

C'est à la tête de cette troupe, qu'il venait de rendre invincible par ses bienfaits, que Charles Martel dompta les Aquitains, les Gascons, les Frisons, les Navarrois, les Saxons et les Allemands. Ses victoires sur les Sarrasins, qui déjà avaient envahi la moitié de la France, sauvèrent l'Europe de l'alcoran et du joug des Musulmans. Ce fut sous Thierri IV, roi ignoré, qu'il exécuta de si grandes choses. Après la mort de ce prince, il ne daigna pas seulement remplir le trône d'un autre fantôme de roi; il régna lui-même sous le titre modeste de *duc des Français*.

L'Etat qu'il avait sauvé et agrandi, ne fut rien pour lui; l'armée seule fixa ses regards, ses soins et ses bienfaits; il ne choisit jamais d'autres ministres, d'autres conseillers, d'autres coopérateurs de l'administration, que ses capitaines, qui le servaient tour à tour dans les combats et dans son palais.

Mais si Charles Martel écarta la principale noblesse du gouvernement de l'Etat, il ne put jamais abattre sa puissance; les grands affectèrent de marcher toujours ses égaux. Ils auraient cru s'avilir en acceptant les nouveaux bénéfices de Charles Martel,

---

(1) *Glossaire* de du Cange, au mot *Vassus*.

qui les auraient assujettis à tous les vils et méprisables devoirs de la vassalité domestique. Ils conservèrent le même esprit de fierté et d'indépendance jusque sous le règne éclatant de Pepin et de Charlemagne. Le moine de Saint-Gal nous apprend un trait qui peint bien la fière sensibilité de cette noblesse descendue des conquérans des Gaules (1).

Ethicon, frère de l'impératrice Judith, épouse de Louis-le-Débonnaire, était établi en Suabe, où il possédait de grandes propriétés. Son fils, dès qu'il fut en âge de porter les armes, alla se présenter à la cour de Charlemagne. Frappé de la grandeur auguste du monarque de presque toute l'Europe, plus touché encore de son accueil et de ses caresses, le jeune homme se recommanda à lui, et lui prêta serment; il en fut sur le champ récompensé par le magnifique don de douze mille manoirs en Bavière (quarante-huit mille arpens de terre), qu'il reçut à titre de *bénéfice*. A cette nouvelle, Ethicon fut pénétré de la plus vive douleur; il s'écriait que l'éclat de sa noblesse était flétri, la liberté de sa maison anéantie : le chagrin qu'il en conçut fut tel, qu'il se bannit de la société et s'enfuit dans une solitude, accompagné de douze parens ou amis, pour ne jamais rencontrer les regards d'un fils qu'il regardait comme l'opprobre de sa famille.

---

(1) *Chronic. Monachï Weingart de Guelphis*, c. 3. *Monach. Sanct. Gal.*, t. 2, p. 17, 23. Aimon., l. 5, c. 16. *Chronic. de Princip. Guelphis. Les Origines*, t. 1, p. 229.

La conduite d'Ethicon ne surprendra pas, lorsqu'on saura que ce seigneur et ses parens étaient eux-mêmes entourés d'une cour nombreuse et brillante de vassaux. Dès le moment que Charles Martel eut institué les nouveaux bénéfices, son exemple avait été imité de tous les grands du royaume. Jaloux de paraître avec éclat, ils avaient détaché de leurs vastes propriétés des portions considérables de terre qu'ils érigèrent en bénéfices, aux mêmes conditions que Charles Martel. Leur orgueil fut si flatté du dévouement excessif auquel ils avaient assujetti des hommes autrefois leurs égaux, qu'ils ne mirent plus de bornes à leurs concessions; à peine resta-t-il quelques hommes libres sur les domaines des grands qui ne leur prêtèrent pas serment. C'est dans ces vassaux qu'il faut chercher l'origine de la noblesse du second ordre, qui, dans la suite, s'est multipliée avec excès dans le royaume.

J'ai tâché dans ce Mémoire d'éclaircir l'origine de la noblesse; j'ai fixé l'époque de son hérédité, l'institution des justices seigneuriales; j'ai parlé de son influence dans le gouvernement sous la première race de nos rois.

Dans le Mémoire suivant, je parlerai de tout ce qui a trait à cet ordre illustre, sous le gouvernement des Carlovingiens.

SECOND MÉMOIRE

SUR LA NOBLESSE FRANÇAISE.

PAR DÉSORMEAUX.

J'AI tâché de prouver, dans mon premier Mémoire (1), qu'il n'y eut en France, jusqu'au traité d'Andelot, qu'un seul ordre de citoyens, divisé en deux classes; la première formée de tous ceux qui étaient décorés de dignités, de commandemens, et qui avaient prêté serment au prince, connue sous le nom de *leudes*, d'*antrustions* ou de *fidèles;* la seconde composée de Francs libres qui pouvaient aspirer aux mêmes honneurs, en se dévouant particulièrement au prince et en lui prêtant serment. J'ai fait voir que les leudes, objets tour à tour des faveurs et de l'inquiétude des rois, enrichis excessivement par leurs prodigalités indiscrètes, les forcèrent enfin de reconnaître, par le traité d'Andelot, que les bénéfices une fois accordés deviendraient inamovibles; et bientôt ils trouvèrent le secret de les rendre héréditaires. La noblesse commença dès lors à se transmettre et à devenir héréditaire avec les bénéfices; de là, deux

---

(1) La pièce précédente. (*Edit.*)

ordres distincts et permanens chez les Français : la noblesse et le peuple.

Les riches propriétaires, en dénaturant leurs alleux et les rendant bénéfices, s'incorporèrent à la noblesse; l'établissement des justices seigneuriales dans les bénéfices, non par le droit, mais par l'usurpation des possesseurs, donna autant de réalité que d'éclat à la puissance de la noblesse; elle jouit alors de tout ce qui peut flatter l'orgueil et la cupidité; honneurs, dignités, prééminences, priviléges et richesses, c'est l'état brillant, mais généralement envié où je l'ai laissée.

Objets de ce second Mémoire.

Je me propose dans celui-ci de suivre l'influence qu'elle eut dans la monarchie depuis le traité d'Andelot jusqu'à l'institution du gouvernement féodal; je rendrai compte des vicissitudes qu'elle éprouva; je développerai l'origine des grandes dignités dont la noblesse française a tiré son premier lustre; j'éclaircirai les différentes époques de l'institution des fiefs, qui a cimenté la grandeur de la noblesse sur les débris de la raison et de la justice.

Les usurpations et la puissance des leudes excitèrent, après le traité d'Andelot, la jalousie d'un peuple né libre et accoutumé à l'égalité. Les rois, dont l'autorité se trouva avilie et méprisée, devinrent les ennemis secrets des leudes, qu'ils cherchèrent à abaisser; ceux-ci, exposés à la haine du prince et du peuple, aux dépens de qui ils s'étaient élevés, s'appliquèrent à mettre dans leurs intérêts les maires du palais, et n'y réussirent que trop. Les vues les plus ambitieuses portaient dès lors ces ministres à se faire un appui de la noblesse. Ainsi, à la faveur d'une protection mutuelle, ils allèrent d'un pas égal, les uns pour s'emparer du trône, et les autres pour se rendre indépendans des rois et oppresseurs du peuple.

L'histoire des maires est trop liée à mon sujet pour ne pas m'arrêter ici à faire connaître en peu de mots l'origine et les progrès de cette dignité, qui éclipsa seule les autres, et absorba enfin la puissance royale.

Maires du palais.

Plusieurs écrivains ont confondu, sans égard aux temps et aux circonstances, les dignités très-différentes de *comte du palais* et de *comte de la maison* (1). Ainsi on pourrait croire, d'après leur opinion, que ce dernier officier, connu depuis sous le nom de *maire*, était déjà très-puissant au premier siècle de la monarchie; mais si on lit attentivement nos anciens monumens, on trouvera une différence essentielle entre les fonctions de l'un et de l'autre. Le comte du palais était juge de tous les officiers du palais, et présidait à la cour du roi, à son défaut, tandis que le maire n'était chargé que de l'adminis-

---

(1) Greg. Tur. D. Bouquet, *Rec. des histor.* Les *Origines. Variations de la monarchie française.*

tration économique des maisons royales. Il fut chez les Francs le même officier que les Romains appelaient *comes rerum privatarum domûs*. On voit dans Grégoire de Tours, Florentin, maire du palais, appelé *exacteur des deniers publics*. De simples administrateurs du fisc, les maires s'en rendirent insensiblement les dispensateurs; dès lors ils acquirent une autorité considérable, bien éloignée pourtant de celle où ils parvinrent depuis.

A peine eurent-ils franchi ce premier pas, que profitant de l'ascendant que leur donnait la distribution des grâces et des bénéfices, ils réunirent les fonctions du comte du palais à celles du comte de la maison; en sorte que ces deux dignités furent quelque temps confondues et réunies sous le titre de *maire*.

Tout contribua alors à leur prodigieuse élévation (1). La noblesse, exposée au ressentiment des rois, qui s'étaient appauvris en démembrant leurs domaines pour créer des bénéfices; le peuple, qui n'avait rien à attendre que du distributeur des grâces et des bénéfices; tous les Francs virent sans inquiétude, et même avec joie, la barrière s'établir entre le trône et eux. Les progrès des maires furent si rapides, que dès l'année 604, Leuderic, maire de Clotaire II, commandait ses armées en chef (2).

---

(1) *Orig. du gouv. français.*

(2) *Leudericus ante pugnam civitatis Aurelianensis, exercitu deducto, Berthoaldum ad pugnam egredi provocabat.* (Aim., monach., l. 3, c. 91. D. Bouquet, t. 2, p. 111.)

Les leudes ne contribuèrent à la fortune des maires que pour affermir la leur; ceux d'entre eux qui servirent le mieux les nouveaux ministres, obtinrent les plus grands emplois et les meilleurs bénéfices; mais ils n'en profitèrent que pour opprimer les citoyens et parvenir à l'indépendance. Quintrion, duc de Champagne, devint assez puissant et assez audacieux pour présenter bataille à son souverain, et tenir long-temps la victoire en balance (1). D'autres leudes n'osaient pas encore lever ouvertement l'étendard de la révolte, mais ils faisaient des incursions sur les terres de leurs voisins, enlevaient les troupeaux, les esclaves, et souvent s'appropriaient comme conquêtes les domaines qu'ils avaient parcourus en brigands : ainsi Cuppa, ancien connétable du palais de Chilpéric, exerça toutes sortes de ravages sur le territoire de la ville de Tours (2).

La puissance des Mérovingiens affaiblie par les fréquens partages de la monarchie et les guerres intestines qui en étaient la suite, ne put réprimer l'ambition des leudes dans son origine, ni l'arrêter dans ses progrès. Au temps dont j'ai parlé, c'est-à-dire vers l'an 610, trois rois régnaient en même temps dans

---

(1) *Quintrio dux Campaniæ regnum Clotarii ingreditur; Clotarius Quintrionem in fugam vertit, sed exercitus utrinque nimiùm trucidatus est.* (Fredegarius, c. 14. D. Bouquet, t. 2, p. 420.)

(2) *Cuppa qui quondam comes stabuli Chilperici fuerat, irrupto Turonicæ urbis termino, pecora reliquasque res diripit.* (Greg. Tur., l. 10, c. 5. D. Bouquet, t. 2.)

l'étendue de la domination française; Clotaire II en Neustrie, Thierri Ier en Bourgogne, et Théodebert en Austrasie; mais plusieurs de leurs sujets, ducs et comtes, les reconnaissaient à peine pour leurs souverains.

Les enfans de Thierri exclus de la couronne par les leudes.

La mort de Thierri Ier, sous le nom duquel Brunehaut avait gouverné avec un sceptre de fer, sauva la puissance des leudes, que cette princesse avait presque détruite.

Thierri, quelque temps avant de mourir, avait détrôné le roi d'Austrasie son frère, que Brunehaut fit tuer. Les deux royaumes d'Austrasie et de Bourgogne devaient appartenir aux enfans de Thierri; mais les leudes refusèrent de les reconnaître, par haine contre Brunehaut, dont ils avaient la domination en horreur : ils poussèrent même l'emportement et la fureur jusqu'à résoudre dans un grand conseil, l'extinction de la postérité de Thierri, la mort de Brunehaut, et la réunion de tous les royaumes de la monarchie française sur la tête de Clotaire II (1).

On connaît les circonstances atroces qui accompa-

---

(1) *Burgundiæ farones, tam episcopi quam cœteri leudes, odium in Brunichildem habentes, cum Warnakario tractabant, ut neque unus ex filiis Theuderici evaderet, sed eis oppressis, Brunichildem delerent, et regnum Clotarii expeterent.* (Fredeg., c. 61.)

gnèrent le jugement et le supplice aussi cruel qu'ignominieux de la fameuse Brunehaut.

Les suites de cette grande révolution affermirent le pouvoir des leudes, et plus encore celui des maires. Warnachaire, qui en avait été l'âme, fut élu maire de Bourgogne. (Il faut observer que, quoique les trois royaumes fussent soumis au même roi, chacun d'eux conserva son maire.) Il exigea de Clotaire, pour prix de ses services, le serment de le maintenir toute sa vie dans sa charge. Clotaire eut la faiblesse de le satisfaire (1); il fit plus : dans la célèbre assemblée des évêques et des leudes convoquée à Paris, en 615, il légitima, comme on a dit dans le Mémoire précédent, l'hérédité des bénéfices et les droits de justice que les seigneurs avaient usurpés dans leurs terres. Dès lors il ne fut plus permis aux juges publics d'exercer leur juridiction dans les bénéfices. Les sacrifices de Clotaire ramenèrent à une apparente subordination les esprits inquiets et factieux des leudes (2).

Election des Maires.

Il paraît même par un trait remarquable, que les leudes (3) auraient pu consentir à l'abolition de la

---

(1) *Warnakarius in regno Burgundiæ major domûs substituitur, sacramento à Clotario accepto ne unquam vitæ suæ temporibus degradaretur.* (Fredeg., c. 43.)

(2) D. Bouquet, t. 4, p. 628, 630, 653. *Formul.* de Marculfe, 3 et 4.

(3) Fredeg., c. 54.

mairie, si tous les rois se fussent montrés aussi modérés que Clotaire II. En effet, le fameux Warnachaire étant mort, Clotaire demanda aux leudes de Bourgogne s'ils voulaient qu'un nouveau maire lui succédât : *An vellent, mortuo jam Warnakario, alium in ejusdem honoris gradum sublimare?* Ils répondirent d'une voix unanime qu'ils ne désiraient que d'être gouvernés par lui-même : *At illi unanimiter denegant, se numquam velle majorem domûs eligere, regis gratiam obnoxiè petentes cum rege transigere.*

Ce trait donne une haute idée du gouvernement de Clotaire. Cependant M. l'abbé de Mabli, dans ses savantes et profondes *Observations sur l'histoire de France,* en prend occasion de le blâmer avec amertume. « Ce prince, dit-il, après s'être laissé dépouiller « de tous ses droits dans l'assemblée des évèques en « 615, ne fut plus le maître de disposer de la mairie « même de son palais, sans le consentement des « grands. » Il appuie son assertion du passage de Frédegaire, que je viens de citer; mais il me semble que ce célèbre écrivain est tombé ici dans une double erreur : la première, en ce qu'il reproche comme une faiblesse à Clotaire de demander le consentement des grands pour l'élection d'un nouveau maire; la seconde, en ce qu'il donne une fausse interprétation à la question que ce prince faisait alors.

Il est constant que l'élection des maires ne fut jamais l'ouvrage des seuls souverains, mais celui de toute la nation, ou plutôt des leudes, qui s'étaient arrogé à eux seuls le droit de la représenter. L'auteur des *Gestes* (1) m'en fournit une preuve convaincante dans l'endroit où il rapporte les cérémonies singulières qui accompagnèrent la proclamation du maire Gogon.

« Tous les Francs, dit-il, ayant élu Chrodin maire
« du palais, il refusa cet honneur : pressé ensuite de
« choisir un sujet qui en fût digne, il garda le silence
« le reste du jour, et se rendit le lendemain à la mai-
« son de Gogon, à qui il prit le bras, qu'il se mit sur
« le cou, lui annonçant par-là son élévation. Les sei-
« gneurs qui le suivaient en agirent de même, et
« Gogon fut proclamé maire du palais. »

Je citerai aussi Eginhart. « Le peuple, dit cet his-
« torien (2), n'accordait la dignité de maire qu'à des
« hommes également distingués par l'éclat de leur
« origine et par leurs richesses : » *Qui honor, non aliis populo dari consueverat, quàm his qui claritate generis et opum amplitudine cœteris eminebant.*

Ces autorités suffisent pour prouver que les rois

---

(1) *Cùm omnes Franci Chrondium majorem domús elegissent, ille oblato cessit honore...... Rege cunctisque optimatibus in ejus arbitrii dispositione electionem ponentibus, ipse eo quidem die siluit; diluculo verò subsequentis..... ad domum Gogonis cum quibusdam palatii proceribus properat, et brachium ejus collo superponens suo, signum futuræ dominationis dedit..... Hujus exemplum proceres secuti, Gogonem majorem domús acclamaverunt.* (Aim., monach. D. Bouquet, t. 2, p. 63.)

(2) Eginhart, *de Vitâ Car. Mag.* D. Bouquet, t. 5, p. 90.

mérovingiens ne jouirent jamais du droit de nommer les maires, droit qui serait d'ailleurs bien difficile à concilier avec la fierté et les vues politiques des grands, qui avaient tant d'intérêt à ne voir en place que des ministres qui leur fussent dévoués. Clotaire n'eût donc point agi en prince faible, quand même il n'eût eu d'autre intention, en assemblant les seigneurs de Bourgogne, que de recueillir leurs suffrages pour l'élection d'un nouveau maire. Mais (et c'est en quoi consiste la seconde erreur de M. l'abbé de Mabli) lorsque ce prince fit cette question, *an vellent, mortuo jam Warnakario, alium in ejusdem honoris gradum sublimare?* il ne pensait point à demander aux leudes bourguignons, qu'ils s'unissent pour donner un successeur à Warnachaire; mais qu'ils décidassent si Warnachaire aurait un successeur, ou si la dignité de maire serait abolie dans le royaume de Bourgogne. Le sens de la question est pleinement déterminé par les circonstances dans lesquelles il la faisait, et surtout par la réponse des seigneurs, plus à portée que M. l'abbé de Mabli de juger des intentions de Clotaire.

Les leudes ne tardèrent pas à abuser de leur crédit exclusif; ils se croyaient tout permis, lorsqu'il s'agissait de satisfaire leurs passions injustes. La puissance des rois était déchue à un point, qu'au défaut de la force, quelques-uns d'eux eurent recours à l'assassinat. Chrodoalde, seigneur de la plus illustre origine, descendant des princes Guelfes, dont nous parlerons bientôt, s'était rendu coupable des plus grands crimes; il fut assassiné par ordre du roi. Si les lois eussent été respectées, il aurait porté sa tête sur un échafaud (1).

C'est un spectacle bien révoltant que celui de la noblesse livrée à l'ambition la plus démesurée, dépouillant tantôt le trône, tantôt le peuple de ses droits les plus sacrés. Déjà cet ordre agissait comme si lui seul eût formé l'Etat entier, disposant, à l'exclusion du peuple, de la mairie, et même de la couronne (2).

Mairie de Pepin-le-Vieux.

Le vieux Pepin, maire d'Austrasie, montra de si grands talens, et les accompagna de tant de sagesse, qu'il devint le favori de la nation. Il eût pu réprimer l'orgueil des grands, rétablir l'autorité royale et réparer les maux de l'Etat; mais dans ces siècles malheureux, on n'aperçoit que des ambitieux, et pas un citoyen. Pepin ne fit usage de son génie que pour abaisser de plus en plus le trône et augmenter sa puissance; il forma le premier ce système de séduction et d'adresse qui conduisit depuis sa postérité au

---

(1) *Quidam ex proceribus de gente nobili Ayglolfingâ nomine Chrodoaldus, in offensam Dagoberti cecidit.... eo quòd esset rebus plurimus ditatus, cæterarum facultatum cupiditate pervasor, superbiæ deditus, elatione plenus, nec quicquam boni in ipso reperiebatur; cumque Dagobertus ipsum jam vellet pro suis facinoribus interficere, etc.* D. Bouquet.

(2) *Omnes leudes de Neustriâ et Burgundiâ Chlodoveum sublimant in regnum.* (Fred., c. 79.)

faîte des grandeurs. La route lui avait été frayée par Warnachaire, qui avait gouverné la Bourgogne plutôt en roi qu'en ministre; il suivit l'exemple de ce maire, et ferma comme lui les yeux sur les entreprises des leudes, afin de les aveugler sur les siennes; il leur déroba si artificieusement sa marche, qu'ils ne s'aperçurent qu'ils avaient de nouveaux maîtres plus puissans que les légitimes, que lorsqu'il n'était plus temps de s'opposer à leurs invasions.

Mairie d'Archambaut, de Floatchat et de Grimoald.

Après la mort du vieux Pepin, la monarchie fut gouvernée par trois maires dont l'administration forme une époque très-importante.

Erchinoalde, ou Archambaut, avait succédé en Neustrie à Æcga, partisan de la noblesse, à qui il fit rendre par Clovis II les domaines confisqués sur elle par Dagobert (1). Floatchat avait la mairie de Bourgogne, rétablie aussitôt après la mort de Clotaire; et Grimoald succéda à son père Pepin dans le gouvernement de l'Austrasie. Les deux premiers firent un traité pour se maintenir mutuellement dans leurs charges (2). Une telle ligue ne devait pas moins in-

---

(1) *Facultates plurimorum quæ jussu Dagoberti illicitè fuerant usurpatæ, concilio Æcganis restituuntur.* (Fred., c. 80.)

(2) *Cùmque Erchinoaldus et Floachatus inter se quasi unum iniissent consilium, consentientes ad invicem gradum honoris,*

disposer les grands que les rois même; mais Floatchat trouva le secret d'apaiser les grands, en consentant que les dignités de ducs du royaume de Bourgogne devinssent inamovibles sur la tête des titulaires. Cette concession de 641 mit le comble à la grandeur de la haute noblesse. En effet, cet exemple pernicieux fut suivi généralement; ce qui était arrivé par rapport à l'hérédité des bénéfices, se renouvela par rapport aux charges; à peine furent-elles déclarées inamovibles, qu'elles devinrent héréditaires; et au lieu d'un maître légitime, la nation fut asservie à une foule de tyrans et d'oppresseurs.

Floatchat, qui avait si bien servi l'ambition des leudes, éprouva pourtant des contradictions de leur part (1); il employa la voie aussi commune qu'exécrable de l'assassinat, pour se défaire des plus mutins; il traita ainsi le patrice Villebade, un des plus grands seigneurs de la nation.

En Austrasie, le maire Grimoald exerçait plus de violences encore, et manifestait plus d'ambition; fils impétueux d'un père sage, il ne daigna pas masquer comme lui sa marche. Le vieux Pepin avait tellement abaissé l'autorité royale, qu'il n'y avait plus qu'une faible barrière entre le trône et la mairie.

---

alterutrum solatium præbentes, disponunt habere feliciter.... Floachatus cunctis ducibus de regno Burgundiæ.... sacramentis firmavit unicuique gradum honoris et dignitatem perpetuò conservare. (Ibid., c. 89.)

(1) Fredeg., c. 90.

Grimoald voulut la franchir trop tôt; enivré de sa puissance et de ses succès, il entreprit de mettre la couronne sur la tête de son fils. « Quand li roi Si-« gebert fut mort, disent les chroniques de Saint-« Denis, Grimoald prit son fils Dagobert, puis li ton-« dit, l'envoya en Ecosse, et mit son fils sur trosne. » Cet attentat révolta d'autant plus la noblesse, que Grimoald avait employé l'assassinat pour faire périr Othon, l'un de ses principaux chefs. Grimoald fut traité en scélérat; il expia ses crimes dans les supplices les plus cruels : *Ille crucem, pretium sceleris, tulit* (1). »

Mais il fallait que les autres maires fussent aussi exterminés, ou qu'ils régnassent. La noblesse, plus inconsidérée à mesure qu'elle croyait devenir plus puissante, leur avait abandonné sans réserve tous les droits qui constituent le pouvoir suprême, le commandement des armées, la disposition des finances, et le jugement en dernier ressort de tous les citoyens. Dépositaires absolus de la puissance publique, ils ne s'occupèrent qu'à dégrader de plus en plus le souverain qu'ils représentaient; ils le corrompirent presque dès le berceau; ils entourèrent sa jeunesse de tous les piéges de la mollesse et de la volupté : le corps et l'âme énervés et flétris, les rois ne furent plus, au fond de leur palais, que des divinités invisibles, impuissantes, sans culte et sans autels.

---

(1) Fredeg., c. 88. *Chronique de Saint-Denis*, l. 5, c. 22.

Mairie d'Ebroin.

La noblesse, qui ne sentait que trop tout ce qu'elle avait à redouter si le sceptre était porté par des mains vigoureuses, applaudit à la dégradation du caractère et de l'autorité de ses souverains : les maires profitèrent de son silence lâche et stupide, pour l'opprimer en même temps que les rois.

Le fameux Ebroin employait en Neustrie les moyens les plus décisifs pour détruire les grands, qui ne pliaient pas assez sous le poids de son orgueil et de son pouvoir; et ils ne prévinrent leur ruine totale, qu'en enfermant ce maire dans l'abbaye de Luxeuil (1). Mais le scélérat avait eu le temps de former Childéric II, qui recouvra un moment la puissance de ses ancêtres, et en abusa; et cette noblesse si fière eut la douleur de voir un de ses plus illustres chefs frappé de verges, et traité comme un vil esclave (2). Bodillon lava, comme on sait, son affront dans le sang de son roi, et la noblesse se dégoûta de plus en plus de la domination légitime; elle parut ne vouloir la souffrir qu'autant qu'elle serait incapable de faire respecter le trône et les lois.

Cependant Ebroin, échappé du monastère de

---

(1) *Ebruinum tondunt, et in Burgundiam Luxovium monasterium invitum dirigunt.* (Fred., c. 94.)

(2) *Childericus francum nobilem, nomine Bodilonem, ad stipitem tonsum cædere præcepit.* (Ibid., c. 95.)

Luxeuil, entrait en Neustrie avec une armée formidable qu'il avait acquise aux dépens du clergé. Ce maire, dont le génie égalait la perversité, avait trouvé le secret, lorsqu'il était à la tête des affaires, de se former une puissante faction en l'enrichissant des dépouilles de l'Eglise. C'est lui qui, le premier, démembra les domaines ecclésiastiques, et donna l'idée des *précaires*, dont je parlerai bientôt avec quelque étendue.

Tout céda à la fortune d'Ebroin, ou périt sous ses coups. Leudesius, que la noblesse avait élu maire aussitôt après la mort de Childéric, fut la première victime qu'il sacrifia à sa vengeance (1); ce meurtre fut le signal d'une horrible proscription contre tous les grands qui avaient contribué à l'élection de Leudesius. Ceux qu'une prompte fuite déroba à la vengeance d'Ebroin, cherchèrent un asile en Gascogne, et se rapprochèrent dans la suite de leur patrie; mais on ne vit jamais reparaître ceux qui avaient été condamnés au bannissement (2). Ebroin ne cessa d'opprimer les leudes qui avaient contribué à sa disgrâce, qu'en cessant de vivre : Hermenfroi immola enfin le tyran, et sauva les débris de la noblesse (3).

---

(1) *Ebruinus fallaciter agens, ut solebat, compatri suo insidias præparans ipsum Leudisium occidit.* (Cap. eodem.)

(2) *Reliqui verò franci eorum socii per fugam lapsi, Ligerem transgressi usque Vascones confugerunt : quàm plurimi verò in exilium damnati, ultrà non comparuerunt.* (Cap. eod.)

(3) Fred., c. 98.

Pepin d'Héristel.

Elle respirait en Neustrie sous l'administration de Waradon (1); mais il fit oublier ses bienfaits en associant à son autorité son fils Gissemare, qui en abusa. La fierté stupide de Berkaire acheva d'aliéner la noblesse : elle appela Pepin, surnommé d'*Héristel* (*aliàs* Héristal), qui déjà gouvernait l'Austrasie. Les seigneurs de Bourgogne le reconnurent aussi, et il n'y eut qu'un seul maire dans toute l'étendue de l'empire français (2). Pepin d'Héristel n'oublia jamais la catastrophe sanglante de Grimoald, son beau-père : il fit éclater les mêmes vertus et les mêmes talens que le vieux Pepin son aïeul; mais sous le voile de la modestie, il cachait la même ambition. Il suivit le même système, et flatta également la noblesse et le clergé, en établissant l'usage des plaids abolis dans les temps de trouble; mais ces plaids n'étaient que l'ombre et le simulacre des champs de Mars, composés de toute la nation, puisque l'entrée de ces plaids était interdite au peuple.

La noblesse, dépositaire, ou plutôt usurpatrice des droits du peuple, n'avait jamais ouvert les yeux jusqu'ici sur les progrès de la puissance et des prérogatives du clergé. Les ecclésiastiques avaient paru aux assemblées publiques sous le règne de Clotaire II et

---

(1) Fred., c. 98.
(2) Mabli, *Observ. sur l'histoire de France*, t. 1, p. 99.

de Clotaire III, en qualité de citoyens illustres et distingués : on les voit, sous Pepin d'Héristel, former un nouvel ordre dans l'Etat, rival, en naissant, de celui de la noblesse, et bientôt supérieur (1).

Il entrait dans le plan de Pepin de consoler le clergé, et d'étouffer ses plaintes contre la noblesse, qui, après s'être enrichie des domaines du roi et des simples citoyens, n'avait pas respecté davantage les possessions de l'Eglise.

Charles-Martel.

Mais le caractère fier et impérieux de Charles-Martel, son fils, ne lui permit pas d'employer les mêmes ménagemens (2) : ce prince, toujours à la tête des armées, regardant ses soldats comme l'unique et véritable appui de sa grandeur, prit des mesures victorieuses pour s'assurer de leur attachement. Les domaines de la couronne étaient presqu'entièrement au pouvoir de la noblesse et du clergé. Charles-Martel n'osait offenser le premier corps, en revendiquant ce qu'il avait usurpé : comme il fallait pourtant entretenir et enrichir ses troupes, il jeta les yeux sur les possessions du clergé, qui étaient encore immenses, malgré les pertes qu'il avait essuyées de la part d'Ebroin. L'abus déplorable que quelques

---

(1) *Variations de la monarchie française*, t. 1, p. 224.
(2) Greg. Tur., l. 7. Les *Origines*, t. 1, article *des biens du clergé*.

prélats faisaient de leur opulence, sembla justifier Charles-Martel. (On voyait alors des évêques lever des troupes de brigands avec les revenus de leurs bénéfices, piller et ravager les provinces) (1). Il distribua aux défenseurs de l'Etat le superflu du clergé, qui ne servit qu'à l'éloigner des fonctions sacrées du ministère; de là le déchaînement des ecclésiastiques contre ce maire fameux; de là les impostures qu'ils inventèrent pour rendre sa mémoire exécrable : mais ce qui pourrait le sauver en partie des reproches dont on l'accablait, c'est que le clergé avait toujours été obligé de fournir des hommes à l'Etat, et d'assurer leur subsistance sur ses domaines. (Ces soldats étaient connus sous le nom d'*homines casati*.)

Charles-Martel serait-il donc si coupable pour avoir converti, au profit des défenseurs de l'Etat, des terres dont le revenu n'avait servi qu'à entretenir une milice sans courage, sans émulation et sans expérience ?

Nouveaux bénéfices militaires formés par Charles-Martel.

Charles-Martel consacra les dépouilles qu'il avait

---

(1) *Savaricus episcopus cœpit à statûs sui ordine declinare in tantùm, ut tam pagum Aurelianensem quàm Nivernensem, Tornoderensem quoque atque Avalensem militari manu invaderet, suisque ditionibus subjungeret. Cùm Lugdunum pergeret, ut eam sibi ferro subjugaret, divino fulmine percussus interiit.* (Excerpta ex *Vitis Sanctorum*. D. Bouquet, t. 3, p. 639.)

enlevées au clergé, à l'établissement de nouveaux bénéfices militaires, dont les possesseurs furent communément appelés *vassaux :* ce nom, dérivé de *vassus,* emporte avec lui des idées de dépendance et de domesticité. Il est prouvé incontestablement que Charles-Martel exigeait d'eux des services personnels : il profita de l'imprudence des Mérovingiens, qui, pour n'avoir pas pris les mêmes précautions, ne firent que des ingrats, et souvent même des ennemis, de ceux qu'ils avaient comblés de bienfaits.

On trouve une foule de preuves de cet état de dépendance et de domesticité des vassaux établis par Charles-Martel : quoiqu'aucune de celles que j'ai à citer ne remonte jusqu'au temps de ce prince, elles n'en paraîtront pas moins fortes, surtout si on observe que Pepin et Charlemagne ne firent aucun nouveau règlement sur cet article.

Eginhart nous apprend, dans deux lettres qu'il adresse à un officier du palais, en faveur de différens bénéficiers, que le vassal perdait son bénéfice, s'il manquait de se rendre au palais à jour nommé pour remplir sa charge (1).

Les nouveaux bénéfices dont Charles-Martel tira les plus grands avantages, devinrent après sa mort une source intarissable de querelles entre la noblesse

---

(1) *Frumoldus magis infirmitate quàm senectute confectus, habet beneficium grande in Burgundiâ, et timet illud perdere, nisi benignitas vestra illi opituletur, eo quòd præ infirmitate ad palatium venire non potest, etc.* (D. Bouquet, t. 6, p. 374.)

et le clergé. Ce prince, ferme, inébranlable dans ses résolutions, toujours suivi de la victoire, en imposa, tant qu'il vécut, aux mécontens : on n'osa se permettre des murmures, qu'on ne contraignit plus sous Pepin son successeur; tous les esprits se trouvaient alors dans l'agitation et l'effervescence. La noblesse, quoiqu'enrichie par les libéralités de Charles-Martel, avait senti le joug de ce maire, et ne paraissait pas disposée à plier sous celui de son fils; le clergé faisait retentir le royaume de ses plaintes, seules armes qu'il eût à opposer à la force et à l'injustice des guerriers qui jouissaient de ses biens. Pepin, chargé du timon dans un temps si orageux, ne déploya pas la même force que Charles-Martel : à une domination militaire et despotique, succédèrent un gouvernement modéré et une politique insinuante. Pepin prodigua les caresses, les promesses, et vint à bout d'affermir son autorité, en rapprochant peu à peu les deux seuls ordres qui existaient alors dans l'Etat. Il engagea par l'appât des honneurs et des dignités, plusieurs seigneurs à restituer aux églises les biens qu'ils avaient envahis. Les nobles, en qui la cupidité l'emporta sur la vanité, consentirent à payer des redevances au clergé, pour faire voir qu'ils ne jouissaient des bénéfices de Charles-Martel que comme d'un bienfait de l'Eglise : c'est de cette espèce d'hommage que les bénéfices de Charles-Martel prirent le nom de *précaires* (1).

---

(1) *Pippinus quantumcunque de rebus ecclesiasticis reddere po-*

L'animosité du clergé contre la noblesse parut s'affaiblir par ces légers sacrifices ; mais pour prévenir de nouvelles usurpations, les ecclésiastiques se mirent en état de défendre eux-mêmes leurs possessions et leurs droits. On vit alors, à la honte de la religion, des hommes dévoués au ministère de paix et de charité, prendre généralement l'épée et le poignard, endosser la cuirasse ; ils exigèrent hommage de leurs hommes libres, en firent d'humbles vassaux, et les conduisirent eux-mêmes aux combats.

Les magnats, de leur côté, frappés de la puissance que Charles-Martel avait acquise par l'établissement des fiefs, suivirent l'exemple des maires et du clergé ; ils s'empressèrent de sacrifier une partie de leurs usurpations, et même des biens qu'ils tenaient de leurs ancêtres, en faveur d'une foule de nobles à qui il ne restait que l'épée et le courage ; ils réparèrent ainsi, quoiqu'imparfaitement, les maux qu'il leur avait faits en envahissant leurs propriétés. Mais combien ces nobles, victimes d'une longue oppression, durent encore gémir de ne rentrer dans l'héritage de leurs pères, qu'aux conditions humiliantes qu'il plut aux usurpateurs de leur imposer ! Ceux-ci les obligeaient à les suivre à la guerre, à les soutenir dans leurs querelles particulières, et souvent les obligeaient à

---

tuit, reddere præcepit. Et quoniam omnes reddere non prevaluit, præcarias fieri ab episcopis exindè petiit, et nonas ac decimas ad restaurationem tectorum dari constituit. (Ex *Capitul.* Carol. Calv., tit. 27. D. Bouquet, t. 3, p. 689.)

des services domestiques : ils créèrent, à l'exemple des rois, des offices dans leurs maisons, qui furent remplis par ces malheureux vassaux, autrefois leurs égaux. La dépendance de ceux-ci fut telle, qu'il paraît par un capitulaire publié à Compiègne en 757, que déjà les parens d'un suzerain héritaient d'une partie de ses droits sur ses vassaux (1).

Malgré l'enthousiasme militaire qui saisit le clergé, il eut le chagrin de voir ses domaines démembrés pour la troisième fois en l'espace de moins d'un siècle (2). Pepin et Corloman, qui avaient paru si attachés aux intérêts de l'Eglise, suivirent pourtant l'exemple donné par Ebroin et Charles-Martel. Les guerres que l'empire français avait à soutenir contre ses voisins, et principalement contre les Sarrasins, les forcèrent d'avoir recours à ce moyen extrême. Il fallait bien payer les défenseurs de l'Etat, ou se résoudre à le laisser périr ; mais ce qu'il y a de surprenant, c'est que les ecclésiastiques, devenus guerriers, cédèrent presque sans murmure aux besoins publics ; ils avaient insulté à la mémoire de Charles-

---

(1) *Homo francus accepit beneficium de seniore suo, et duxit secum suum vassallum ; et posteà alius homo accepit ipsum beneficium ; et pro hoc, ut meliùs potuisset habere ipsum vassallum, dedit ei mulierem de ipso beneficio, et habuit eam aliquo tempore ; et dimissâ illá, reversus est ad parentes senioris sui mortui, et accepit ibi uxorem, et modò habet eam.*

Definitum est quòd illam quam posteà accepit, ipsam habeat. (**D. Bouquet**, t. 5, p. 643.)

(2) *Observat. sur l'hist. de France*, t. 1, p. 371, 372.

Martel, et ils mirent Pepin sur le trône. On ne peut attribuer cette différence de conduite qu'à la différence des moyens qu'avait mis en usage Charles-Martel, et de ceux qu'employèrent ses enfans. Le premier avait agi avec toute la fierté d'un conquérant ; les autres eurent recours aux voies séduisantes de la douceur et des caresses.

Les nouvelles *précaires* établies par Pepin et Carloman ne furent pas soumises aux mêmes charges (1); Carloman n'assujettit les siennes qu'à une redevance de douze deniers par chaque manoir noble (douze arpens, selon M. du Cange); celles de Pepin payaient le neuvième et le dixième du revenu, *nonas et decimas*.

D'abord, les *précaires* anciennes et nouvelles ne furent données qu'à vie ; elles devaient, après la mort du titulaire, retourner aux églises ou aux monastères dont elles avaient été détachées; mais enfin le clergé s'exécuta lui-même sous Charlemagne, et consentit à leur entière aliénation, moyennant les redevances dont elles étaient chargées : les *précaires* devinrent alors de véritables fiefs.

Ainsi, il n'y eut plus, dans toute l'étendue de la domination française, que des fiefs ou des alleus. Il convient d'exposer ici le caractère distinctif de ces deux possessions.

---

(1) *Origines*, t. 1, p. 317.

Alleus et Fiefs.

Les alleus, *allodes*, les uns les font dériver du mot teuton *los*, sort, parce qu'en effet on prétend que les Francs tirèrent au sort les terres conquises; d'autres en cherchent l'étymologie dans ces deux mots allemands, *alles*, tout, et *luth* ou *lod*, peuple; d'où s'est formé *alles lod*, ou *allod* par abréviation, et en latin *allodes*, qui signifie *de tout peuple*, parce que ces terres furent possédées par les Romains, les Gaulois, les Bourguignons, les Visigoths et les autres Barbares : les alleus, dis-je, furent distingués des fiefs par l'exemption de toute charge, excepté du service militaire. (On ne parle ici que des francs alleus possédés par les Francs : les autres alleus dont les Romains ou les Gaulois avaient joui, étaient presque tous en la possession des leudes ou des grands propriétaires, qui, usant du droit du plus fort, les avaient envahis et incorporés à leurs domaines.)

Les alleus usurpés et rendus ensuite aux anciens possesseurs, à titre de *bénéfices onéreux*, constituèrent, avec les *précaires* instituées par Ebroin, par Charles-Martel, par Pepin et Carloman, l'ordre des fiefs, *fœda*, ainsi nommés *à fide*, de la foi et hommage que le vassal devait au suzerain; ou bien *à fœdere*, parce qu'en effet l'hommage était accompagné d'une espèce de traité par lequel le seigneur promettait sa protection à son vassal, pour prix des devoirs auxquels celui-ci consentait, et dont nous avons parlé plus haut (1).

Grotius apporte une troisième étymologie ; il dérive ce mot *fœda*, de *fe-ode*, expression qui signifie, selon lui, possession de la solde, *stipendii possessio*. J'admettrais assez volontiers cette dernière étymologie, puisque les fiefs étaient véritablement la solde des vassaux, qui se trouvaient obligés, en vertu de leurs possessions, à faire la guerre à leurs frais.

Pepin, jaloux de conserver à ses enfans le trône qu'il avait usurpé, ménagea extrêmement la noblesse; il ferma les yeux sur les invasions qu'elle faisait tous les jours sur le clergé, le seul corps de l'Etat sur qui elle pût encore envahir. Pour dédommager le clergé, Pepin le combla d'honneurs et de distinctions : cependant des seigneurs aussi violens qu'ambitieux, las de piller en détail les biens de l'Eglise, s'emparaient des abbayes, des évêchés même, et soutenaient par les armes, les droits de la crosse qu'ils avaient usurpés.

Boniface, évêque de Mayence, se plaint amèrement, dans une lettre au pape Zacharie, de ce que presque tous les évêchés étaient devenus la proie des brigands (2). Il en était de même des possessions des citoyens. On usurpait, on se cantonnait ensuite, et

---

(1) *Mœurs et cout. des Français*, p. 88. *Lex salica*, 60. *Essais sur la nobl., supplém.*, p. 2. *Origines*, t. 2, p. 232. *Variations de la monarchie française*, p. 170.

(2) *Modò autem maximâ ex parte sedes episcopales traditæ*

on achetait du prix de ses crimes des vassaux, pour en commettre impunément de nouveaux. Le succès justifiait l'audace, et légitimait, pour ainsi dire, les attentats; on ne connaissait que le droit du plus fort.

Les leudes et les maires, après avoir marché constamment depuis deux siècles vers le but qu'ils s'étaient proposé de si loin, l'atteignirent en même temps. Les maires régnèrent, et la noblesse acquit cette indépendance funeste dont elle s'était toujours montrée si jalouse; le peuple ne fut plus rien; tout se proposait, tout se décidait par la noblesse dans les assemblées dont l'usage, interrompu par Charles-Martel, se renouvela sous son successeur.

Une politique timide guida toujours Pepin : héros à la tête des armées, mais esclave des aristocrates dans son palais, l'Etat trouva en lui un défenseur intrépide contre les ennemis du dehors; mais son appui lui manqua toujours contre des ennemis domestiques encore plus malfaisans. Ce n'est pas qu'il ne fût sensible aux maux de la patrie, mais son courage fut effrayé des remèdes extrêmes qu'il fallait employer; au lieu de punir les oppresseurs, il les caressa pour assurer la fortune de ses enfans. Près de terminer sa carrière, il convoqua une assemblée de la haute noblesse, pour obtenir son consentement au partage qu'il allait faire de la monarchie entre ses fils Charles et Carloman (1).

---

sunt laïcis cupidis ad possidendum. (*Epist.* Bonif. *ad* Zacharium. D. Bouquet, t. 6, p. 54.)

(1) *Pipinus cernens quod præ infirmitate evadere non posset,*

Nouvel ordre de succession à la couronne.

Alors naquit un nouvel ordre de succession, et les grands se mirent en possession du droit de choisir seuls leur maître parmi les fils de leur souverain.

Cette dernière assemblée, que Pepin tint avant que de mourir, mit le comble aux misérables triomphes de la noblesse; rien ne manquait à sa puissance; tout à sa gloire, puisqu'elle ne s'était élevée si haut que sur les débris des droits sacrés des rois, et des propriétés non moins sacrées du peuple.

Charlemagne.

Charlemagne parut enfin, et fit briller le flambeau de la justice et de la raison aux yeux de cette noblesse, qui n'avait eu jusqu'ici pour guides que des passions insensées. Il eut la volonté et le pouvoir de briser le joug de l'avarice et de l'oppression; il réintégra le peuple dans ses justes droits, en le rappelant aux assemblées solennelles, qui ne différèrent plus des anciens plaids ou champs de Mars : elles avaient été, depuis Clotaire II, le conseil des nobles; elles devinrent alors celui de la nation.

---

omnes optimates...... *ad se venire præcepit; ibique, unà cum consensu procerum suorum, æquali sorte inter duos filios regnum divisit.* (*Ann. Metenses*, ap. D. Bouquet, t. 5, p. 339.)

Cette noblesse, si fière et si puissante, connut donc enfin un maître et des lois; elle consentit à regarder comme citoyens ces mêmes hommes qu'elle avait si long-temps asservis. Qu'il me soit permis de réfuter ici l'auteur de l'*Origine de la noblesse française* (1). Il prétend que la noblesse ne permit jamais au peuple l'entrée au champ de Mars (2); il cite un passage d'Hincmar pour appuyer son opinion; le voici : « Tous « les grands, laïques et ecclésiastiques assistaient au « grand plaid; les plus distingués pour faire des rè- « glemens, les autres pour les examiner et les con- « firmer par leurs avis (3). » Ces seigneurs, conti- nue-t-il, étaient donc les représentans de la noblesse, du clergé et du peuple, et c'est d'eux que Charles- le-Chauve entend parler, lorsqu'il dit que la loi tire sa force de l'ordonnance du roi et du consentement du peuple. Baluze, ajoute-t-il, pense ainsi dans l'in- terprétation qu'il donne à cet édit : par le mot *peu- ple* (4), il ne faut point entendre, selon Baluze, *cette vile partie* de la nation, à qui l'usage a depuis attri- bué ce nom, mais les princes, les hommes en place, et les grands du royaume qui sont les chefs du peu-

---

(1) M. le vic. d'Alais.

(2) *Orig. de la nobl.*, p. 421.

(3) *Generalitas universorum majorum laïcorum et ecclesiastico- rum conveniebat; seniores propter consilium ordinandum, minores propter idem consilium suscipiendum, etc....* (Hincmar, *Epistola ed proceres*, t. 2.)

(4) P. 11.

ple (1). L'interprétation de ce savant est manifestement contraire à nos anciens monumens : par ces mots de *princes, d'hommes en place, de grands du royaume,* il n'a pas entendu cette foule de nobles asservis au vasselage. Le consentement de cette partie de la noblesse était donc, selon lui, aussi peu nécessaire que celui du peuple pour faire de nouvelles lois : mais l'auteur de l'*Origine de la noblesse* assure lui-même que non seulement on recueillait les suffrages des nobles du second ordre qui se trouvaient au champ de Mars, mais même qu'on envoyait dans les provinces des députés de l'assemblée, *missi dominici,* pour prendre l'avis de ceux qui n'avaient pu s'y rendre.

Ainsi le voilà en contradiction avec Baluze, dont il s'appuie. Au reste, il cite lui-même un capitulaire où le mot *peuple* se trouve nécessairement dans sa signification naturelle. « Les seigneurs, est-il dit dans « ce capitulaire, se présentaient au peuple pour lui « demander son avis sur les articles dont ils étaient « convenus, auxquels il ne manquait que son con- « sentement pour acquérir force de loi (2). » Mais

---

(1) *Lex consensu populi fit et constitutione regis.* (Edict. Piscense.)

Consensu, inquam, populi fit, non quidem hominum e trivio..... sed fidelium regis, id est principum, procerum, optimatum. (Baluze.) *Origine de la noblesse française,* p. 421.

(2) *Proceres egrediuntur, ut populus interrogetur de capitulis quæ in lege audita sunt, et postquàm omnes consenserint subscriptiones suas in ipsis faciant.* (Cap. 3, ann. 803, c. 19.)

puisqu'il ne reconnaît, dans ce passage, que la noblesse inférieure sous le nom du *peuple*, j'acheverai de le réfuter en rapportant une citation d'Hincmar, qui s'exprime ainsi dans un autre endroit de la lettre dont il a allégué plus haut un passage : « Les con-« seillers du prince et les seigneurs sont séparés, au « grand plaid, d'une multitude qui auparavant n'y « assistait pas. » Ces derniers mots décident pleinement la question (1).

J'ai cru devoir réfuter cette opinion de M. le vicomte d'Alais, parce que plusieurs écrivains l'ont adoptée : je reviens à mon sujet.

La formation des trois ordres, dans un Etat qui avait presque toujours été livré à la confusion et à l'anarchie, est due à la politique de Charlemagne. S'il n'avait eu que des talens militaires, il aurait peut-être échoué; sa générosité le servit autant que la force de son génie; il sacrifia une partie du domaine royal pour former de nouveaux bénéfices en faveur de la noblesse. (Il faut observer que le domaine royal, si déchu sous les Mérovingiens, était prodigieusement accru par les conquêtes de ce prince.) On peut juger, par différens capitulaires où il reproche à quelques seigneurs d'appauvrir les terres du fisc par des manœuvres infidèles, du soin extrême qu'il prenait pour

---

(1) *Si tempus serenum erat, extrà, sin autem intrà distincta loca ubi et hi (principes) abundanter segregati semotim, et cœtera multitudo separatim, residere potuissent.... priùs tamen cœterœ inferiores personæ minimè interesse potuissent.* (Hincmar, c. 35.)

empêcher que ses bénéfices ne devinssent héréditaires (1). Il savait que des grâces acquises par droit de succession, rappellent rarement le souvenir du bienfaiteur, et que l'espérance est, entre les mains d'un monarque, le ressort de l'émulation et le gage de la fidélité.

Ce grand homme prépara tous ses succès en ne faisant, pour ainsi dire, qu'une même famille de ses sujets : dès qu'il eut réduit la noblesse à n'être plus que l'appui de l'Etat, dont elle avait été le fléau, ses conquêtes n'eurent d'autres bornes que celles de l'Europe, et la gloire du nom français remplit l'univers.

Réformes de Charlemagne dans le service militaire, dans les dignités du palais et dans les magistratures.

Trois réformes importantes qui concernent la noblesse fixeront ici mon attention : la première regarde le service militaire; la seconde les dignités du palais; la troisième, enfin, les magistratures, qui, comme on sait, donnaient alors le droit de commander à la guerre et de juger les citoyens.

Tout Franc naissait soldat; mais comme les be-

---

(1) *Audivimus quòd quidam reddunt beneficium nostrum ad alios homines, et dato pretio, comparant ipsas res ibi in allodum, quod cavendum est.* (Cap. 5, ann. 806. D. Bouquet, t. 5, p. 657 : *alibi passim.*)

soins de la patrie n'exigeaient pas autant de défenseurs qu'il y avait d'individus en état de porter les armes, les seigneurs s'étaient arrogé le droit de désigner ceux qui devaient servir. Tout citoyen aisé se dispensait facilement des fatigues de la guerre en composant avec eux; un tel trafic entraînait d'étranges désordres; les armées n'étaient plus composées que de citoyens indigens, en qui il est rare de trouver cette force et cette énergie qui caractérisent le vrai guerrier. Ces soldats, obligés cependant de faire leurs provisions pendant toute la campagne, commençaient par ravager les mêmes pays dont ils devaient écarter les fléaux de la guerre.

Charlemagne rendit ses armées invincibles par le rétablissement de l'ordre ancien (1); il fixa à trois manoirs au moins (trente-six arpens) la possession du soldat qui devait servir à ses frais : ceux qui possédaient moins de trois manoirs, pourvu qu'ils en possédassent un demi (au-dessous on était exempt du service militaire), devaient se réunir jusqu'à la concurrence de la valeur des trois manoirs prescrits par la loi; le plus robuste devait alors faire la campagne à frais communs.

Quelques extraits d'une lettre d'Hincmar donnent la plus haute idée de l'ordre admirable que Charlemagne établit dans les charges du palais. Ce prince créa

---

(1) *Quicumque liber homo mansos quinque habuerit, qui quatuor, qui tres, in hostem veniant....* (Cap., an. 807. D. Bouquet, t. 5, p. 678.)

douze dignités palatines; je dis *créa*, quoique quelques-unes existassent avant lui, parce qu'il leur donna une nouvelle forme, et régla leurs fonctions, en sorte qu'on peut l'en regarder comme le créateur. Il fallait être non seulement noble, mais avoir des sentimens dignes de sa naissance pour en être revêtu (1).

La dignité d'apocrisiaire, purement ecclésiastique, tenait le premier rang; suivait celle de chancelier. Ce grand-officier avait sous lui des hommes sages et intelligens, obligés au plus fidèle silence sur toutes les affaires dont ils avaient la connaissance; c'était, à proprement parler, des secrétaires du roi (2).

Le comte du palais devait terminer toutes les contestations, en décidant selon les règles de la justice et de la raison; il devait redresser les jugemens iniques; et dans le cas où la loi n'avait rien statué, ou lui paraissait trop sévère, le roi seul décidait (3).

Le chambellan secondait la reine dans le soin d'établir l'ordre dans le palais, et de distribuer aux officiers domestiques et aux soldats les largesses annuelles

---

(1) *Minister nobili corde et genere eligebatur.* (Hincmar, *Epist. ad proceres*, t. 2, p. 207, c. 18.)

(2) *Cancellario subjecti erant homines prudentes et intelligentes qui præcepta regia scriberent, et secreta illis fideliter servarent.* (C. 16.)

(3) *In hoc (comite palatii) præcipua sollicitudo erat ut contentiones legales justè ac rationabiliter determinaret, perversè judicata ad justitiæ tramitem reduceret...... Si quid leges statutum non haberent, aut crudeliùs sancitum esset, ad regis moderationem perduceretur.* (C. 21.)

du souverain. (Qui ne serait pas touché de cette noble simplicité de mœurs qui oblige l'épouse du plus grand monarque de l'univers à remplir dans son palais les fonctions de mère de famille?) Le chambellan recevait seul les présens des ambassadeurs, si un ordre exprès du roi n'autorisait la reine à partager cet emploi avec lui (1).

Tous les détails relatifs au service de la table dans le palais ou pendant les fréquens voyages de la cour, regardaient le sénéchal, si on excepte les fonctions du bouteiller, qui n'ont pas besoin d'explication, ainsi que celles de connétable, *comes stabuli* (2). Il faut observer cependant que cet officier, dès le temps même de Charlemagne, commençait à jouir de la plus haute distinction; on le voit, ainsi que le comte palatin et le chambellan, à la tête des armées de terre et de mer.

Le mansionnaire était comme l'inspecteur du sénéchal, du connétable, du bouteiller; il devait surtout les avertir, lorsque la cour était en voyage, du moment auquel elle arriverait aux différentes sta-

---

(1) *De honestate palatii, nec non de donis annuis militum absque cibo et equis ad reginam præcipuè, et post ipsam, ad camerarium pertinebat. De donis verò diversarum legationum ad solum camerarium respiciebat, nisi jubente rege, tale aliquid esset quod reginæ ad tractandum cum ipso congrueret.* (Hincmar, c. 22.)

(2) *Omnia cœtera, præter potus vel victus caballarium, ad senechalum respiciebant.* (C. 23.)

tions, afin que tout se trouvât prêt et parût dans l'ordre (1).

Les soins et le pouvoir des quatre grands-veneurs et du fauconnier s'étendaient sur tous les chasseurs des maisons royales; ils devaient en augmenter ou diminuer le nombre suivant les circonstances; veiller à ce qu'il y eût toujours une quantité suffisante d'oiseaux de proie et de chiens; à ce que les veneurs subalternes se rendissent au jour nommé dans les lieux indiqués pour chasser et fournir les tables du roi pendant les voyages (2).

Mais, et c'est ce qui mérite surtout notre reconnaissance, Charlemagne n'imposa pas de devoir plus sacré à tous ses grands-officiers, que celui de protéger la veuve, l'orphelin et tous les malheureux qui gémissaient dans l'oppression, et de leur ouvrir les chemins jusqu'au trône, afin qu'ils exposassent librement leur misère et leurs plaintes au roi, vrai père de tous les citoyens (3).

La troisième réforme et la plus importante regarde les magistratures; je ne parlerai que de celles que la haute noblesse possédait ordinairement. Charle-

---

(1) *In hoc maximè (mansionarii) sollicitudo erat ut quo tempore ad tres (superiùs dictos).... illo vel illo loco rex venturus esset, propter mansionum præparationem præscire potuissent.* (Hincmar, c. 23.)

(2) *Ut tempore congruo per denominata loca venandi et nutriendi causâ (venatores), disponerentur.* (Ibid., c. 24.)

(3) *Ut singuli ad pias aures principis indigentiam suam perferre potuissent.* (Hincmar, c. 25.)

magne abolit les duchés et les grands comtés, auxquels il substitua les petits comtés ou préfectures : mais pour répandre de la clarté sur cette matière, il faut me permettre de remonter à l'origine de ces différentes dignités.

La seule étymologie des noms de *comtes* et de *ducs*, prouve que ces titres ont pris naissance chez les Romains (1). On sait que les amis et les cliens des gouverneurs que la république envoyait dans les provinces conquises, les accompagnaient toujours; on leur donnait en conséquence le nom de *comites*. Lorsque quelques-uns de ces gouverneurs parvinrent au trône impérial, ils récompensèrent le zèle et les services de leurs compagnons de voyage; ceux-ci, pour rappeler au prince leur ancien attachement, conservèrent le nom de *comites*, qui ne fut longtemps qu'un titre d'honneur. Le comte de l'épargne et celui des largesses le portèrent les premiers, non comme un vain titre, mais pour désigner un grand emploi : bientôt les gouverneurs des provinces, ceux même des cités l'adoptèrent; on permit dans les Gaules aux préfets ou chefs de cantonniers de le prendre, et même de le transmettre à leurs enfans; enfin cette distinction fut prodiguée à des emplois subalternes dans le palais et dans la finance.

Le titre de *duc* fut attribué particulièrement aux gouverneurs des provinces frontières chez les Francs,

---

(1) *Orig. du gouvern. franç.*, par M. Garnier, p. 56 et 57. *Origines*, t. 2, p. 11, 13 et 40.

comme il l'avait été des Romains. Les partages fréquens de la monarchie sous les Mérovingiens, changèrent et multiplièrent les frontières : en conséquence, le nombre des ducs s'accrut beaucoup; ils sont quelquefois confondus, dans nos anciens monumens, avec les comtes militaires, qui avaient les mêmes fonctions; mais enfin le titre de *duc* prévalut chez nous, et désigna assez constamment un gouverneur militaire (1).

Il faut observer que quelques provinces ne s'étant trouvées soumises ni à des ducs ni à des comtes au commencement de la conquête, les préfets, devenus généraux indépendans des cantonniers établis dans leurs districts, usurpèrent le titre de *ducs*.

Tels étaient ceux qu'on trouve en grand nombre dans la Bourgogne au temps de Dagobert, et les vingt qui commandaient l'armée que Childebert fit marcher contre les Lombards (2).

Mais ces ducs-préfets étaient bien inférieurs aux ducs chargés du gouvernement d'une, et quelquefois de plusieurs provinces : on appelait ces derniers *primats séculiers* et *illustres*. Leur autorité s'étendait sur les préfets et les comtes des cités. On comprenait parmi eux les chefs des peuples barbares, que les Francs vainqueurs obligeaient de renoncer au titre

---

(1) *Origines*, p. 14. M. Garnier, p. 66.
(2) *Exercitum commoveri jubet Childebertus, ac viginti duces ad Longobardorum gentem debellandam dirigit.* (Greg. Tur., l. 10, c. 3.)

pompeux de *roi*, et même les princes guelfes (1).

Les préfets, au contraire, ou les ducs de la seconde classe, ne commandaient que dans un ressort borné, et ne gouvernaient qu'une poignée de citoyens; ils ne devaient qu'aux troubles et à l'usurpation, un titre que les grands ducs tenaient des lois et du gouvernement.

Princes Guelfes.

C'est ici le moment de parler des princes guelfes, qui jouissaient du rang le plus distingué parmi la noblesse. On prétend que ces grands seigneurs descendaient des princes francs qui, les premiers, entrèrent en conquérans dans les Gaules. Contens de posséder des biens immenses, fruits de la valeur de leurs braves ancêtres, ils dédaignaient les faveurs de la cour; plusieurs d'entre eux avaient même une représentation royale. Ils attachaient à leur service, en qualité d'officiers domestiques, des Francs souvent distingués par leur noblesse; c'étaient autant de fidèles et de vassaux dont ils exigeaient un hommage qu'ils ne pouvaient se résoudre à reporter au monarque même. Après avoir fait chanceler la couronne sur la tête des Mérovingiens (2), les princes guelfes luttèrent avec beaucoup de fierté et de valeur contre le père et l'aïeul de Charlemagne. Ce dernier était également outré de leurs révoltes et du mépris qu'ils

---

(1) *Origines*, p. 11, 15, 37 et 38.
(2) Greg. Tur., l. 3, c. 14.

faisaient de sa naissance; aussi chercha-t-il les moyens de les accabler : dans son indignation, il en fit pendre un sur une colline très-élevée, où ce seigneur avait établi le siége de la domination qu'il exerçait sur tout l'horizon qu'il découvrait du haut de sa forteresse (1).

L'exemple, long-temps heureux, de l'indépendance qu'affectaient les guelfes, devint contagieux; les autres ducs de la première classe imitèrent leur audace à l'envi les uns des autres. Presque tous étaient devenus souverains, lorsque Charles-Martel, jaloux de rendre à l'empire français son ancien éclat, les attaqua. Sa valeur rapide triompha de tous les obstacles. Il dompta le duc Ranfroi, et subjugua l'Allemagne, qu'il gouvernait. Eudon, duc d'Aquitaine, prince du sang de Clovis; Waifair et Hunalde, qui lui avaient succédé; Popon, duc de Frise; Mauruntius, qui voulait introduire les Sarrasins dans le royaume, fournirent, par leurs défaites, les triomphes les plus éclatans au vengeur de la nation (2).

D'après toutes les victoires de Charles-Martel, qui n'aurait cru ces ducs de la première classe humiliés et abattus? Cependant Ogdilon, duc de Bavière, porta bientôt après l'insolence jusqu'à enlever Hil-

---

(1) *Unum qui excelsissimum in franciá collem, ut quæcumque de eo prospicere posset, sibi in possessionem delegit, in eodem colle altissimæ trabi affixum jussit elevari.* (Monachus Sangallensis. D. Bouquet, t. 5, p. 129.)

(2) *Chronic. Sigeberti.*, an. 730. D. Bouquet, t. 3, p. 346 et 347, an. 731, 735, 736, 737.

trude, sœur du roi Pepin. Ce prince punit cet attentat, mais ce fut au prix du sang de ses plus braves guerriers, qui périrent dans la bataille sanglante qu'il gagna contre ce ravisseur (1). Charlemagne (2) fut l'Hercule qui terrassa cette hydre sans cesse renaissante ; il vainquit Hunalde, fils d'Eudon, qui s'était rétabli en Aquitaine, dont il fut le dernier duc ; il condamna au supplice le duc Rotgaud, qui avait voulu exciter des troubles dans le royaume. Mais combien lui en coûta-t-il de fatigues, d'efforts, de soldats, et, osons le dire, d'actions inhumaines, pour triompher du fameux Withikind, qui gouvernait la Saxe plutôt en souverain qu'en duc ! Le seul Hilterand, duc de Spolète ou de Bénevent, conserva, à force de soumissions, la dignité que Tassilon, duc de Bavière, perdit par son orgueil.

Tous les duchés, excepté celui de Spolète, ayant été enfin détruits et réunis à la couronne après la défaite et la mort de Lichon, duc de Bohême, le vainqueur introduisit une nouvelle forme dans l'administration civile.

Réformes de Charlemagne dans l'administration civile.

Il démembra ces vastes provinces dont les ducs

---

(1) *Ogdilonem pugnâ damnosâ superat.* (D. Bouquet, p. 248.)
(2) *Ex Chronico Sigeberti.* D. Bouquet, t. 5, p. 376, an. 770, 777, 778.

acquéraient nécessairement un pouvoir trop dangereux, et les distribua en comtés, dont il confia le gouvernement aux préfets ou chefs de cantonniers, qui furent appelés alors *comtes-préfets :* on leur donnait même le titre de *princes,* comme il paraît par une lettre d'Hincmar *: comites atque alii hujus modi principes,* etc. (1).

La charge des comtes ou juges des cités fut supprimée, et leurs fonctions attribuées en partie à leurs vicaires, connus sous le nom de *vicomtes :* ceux-ci, devenus lieutenans des comtes-préfets, conduisaient à la guerre les propriétaires obligés au service ; ils recueillaient aussi les deniers publics, dont le comte-préfet avait la surintendance (2).

Les dignités de *préfets* et de *vicomtes* se perdirent dans le chaos qui précéda le gouvernement féodal, pour se reproduire sous d'autres titres.

Louis-le-Débonnaire.

Les jours de la véritable gloire de la noblesse s'écoulèrent avec ceux de Charlemagne, son restaurateur; plus effrénée, elle va rompre tous les liens de la subordination et se permettre les plus grands excès. Par quelle fatalité les fruits de la sagesse d'un grand homme furent-ils donc perdus en si peu de temps pour les rois et la nation? On ne doit attri-

---

(1) Hincmar, t. 2, p. 214.
(2) *Origines*, t. 2, p. 127.

buer une révolution si surprenante qu'à la faute que fit Charlemagne de partager la monarchie entre ses enfans, et surtout au peu de génie de ses successeurs.

Louis-le-Débonnaire, au lieu de respecter les lois comme son père, et d'accoutumer, par son exemple, la noblesse à ce frein salutaire, voulut rendre sa volonté l'unique règle de son gouvernement. Pour y parvenir, il entreprit de corrompre les grands à force de largesses; mais au lieu d'affermir sa puissance, il ne réussit qu'à augmenter celle de ses premiers sujets. La haute noblesse oublia bientôt ces sentimens de patriotisme que Charlemagne avait eu tant de peine à lui inspirer; elle ne pensa, sous un prince faible et imprudent, qu'à ses intérêts particuliers. Les trois princes, fils de Louis-le-Débonnaire, achevèrent de la corrompre, en la rendant complice de leurs révoltes perpétuelles contre leur père.

Il n'est pas étonnant que la noblesse, qui n'avait sous les yeux que des exemples d'injustice et d'ambition dans la maison royale, soit devenue injuste et ambitieuse. Déjà les seigneurs, enrichis des bénéfices que Louis-le-Débonnaire leur avait prodigués, lui en demandaient l'hérédité; les nobles, qui jouissaient des fiefs accordés à leurs services par Charlemagne, aspiraient au même avantage. Le monarque céda à l'importunité; il accorda presque toutes les chartres de propriété qu'on sollicitait. A cette faute énorme, il en ajouta une autre, qui fut irréparable; il donna aux comtes le droit de conférer les bénéfices royaux dans leurs gouvernemens : l'abus fut porté à son comble sous Charles-le-Chauve : les grands, propriétaires d'une partie des bénéfices royaux, dispensateurs de l'autre, possesseurs *inamovibles* de toutes le dignités et de tous les emplois, ne laissèrent au souverain, de tous les droits (1) de la royauté, que celui d'accorder des chartes d'investiture (2).

Invasions de la noblesse sur le clergé.

Lorsque les rois n'eurent plus rien à distribuer, la noblesse, dont l'ambition croissait avec le succès, jeta des regards avides sur les biens du clergé, qui avait réparé ses anciennes pertes par l'indiscrète libéralité des fidèles. Plusieurs grands s'emparèrent à main armée des églises, des monastères, et pillèrent les autels mêmes.

Les évêques et les abbés eurent alors recours à l'autorité royale, que quelques-uns d'eux avaient tant contribué à dégrader sous Louis-le-Débonnaire. Charles-le-Chauve, qui n'était pas assez puissant pour

---

(1) *Si comes, etc.* (*Capitul.* Caroli Calv., an. 877. D. Bouquet, t. 7, p. 711.

(2) J'en citerai une au hasard : *Decernimus atque jubemus ut, adhinc in futurum, villam hanc cum ecclesiâ, domibus, œdificiis, terris, vineis, sylvis, pratis, pascuis, aquis aquarumve decursibus, cum omnibus adjacentiis teneat* (Adalbertus) *atque possideat, suisque posteris habendam relinquat, ac quidquid exindè jure proprietario facere, ordinare, disponere voluerit...... potiatur arbitrio faciendi quidquid elegerit, etc.* (D. Bouquet, *Diplom. Ludovici Pii*, t. 6, p. 581.)

défendre le clergé, voulut bien être son avocat. Le style qu'il employa pour toucher les coupables fait pitié : « Charles-le-Chauve, leur dit-il, vous prie de « ne pas oublier Dieu ni votre baptême; il vous con- « jure d'être sensibles aux maux de la sainte Eglise, « que les païens déchirent d'un côté, et vous de « l'autre (1). »

Mais les ravisseurs laissaient le roi plaider et le clergé gémir; ils ne pensaient qu'à mettre à couvert le fruit de leurs vols contre les Normands, qui faisaient les plus terribles ravages dans le royaume, et plus encore contre leurs brigandages réciproques. Chacun d'eux se tenait embusqué dans son château, et sous la garde de ses vassaux, qui ne quittaient les armes ni jour ni nuit. Bientôt on n'aperçut presque pas un seul rocher, un seul monticule qui ne fût défendu par une forteresse, asile d'une foule de scélérats qui n'en sortaient que pour piller et rançonner leurs voisins; tout propriétaire fut obligé de creuser des fossés autour de sa maison, et d'élever des retranchemens qu'on appelait *haiæ*, d'où nous est venu le mot *haie* (2). Charles-le-Chauve ne cesse, dans ses capitulaires, d'enjoindre à ses officiers de

---

(1) *Mandat Carolus Calvus ut recordemini Dei et vestræ christianitatis, et condoleatis atque compatiamini huic sanctæ ecclesiæ, quæ à vobis oppressa est creduliter, et persequitur à paganis.* (*Cap.* Caroli Calvi. D. Bouquet, t. 7.)

(2) Les *Origines*, t. 3, p. 313. *Cap.* Caroli Calvi. D. Bouquet, t. 7.

poursuivre ces ennemis publics; mais des ordres réitérés tant de fois, n'annoncent que trop combien ils étaient méprisés.

Au milieu de tant de troubles et de confusions, les lois se turent, et furent bientôt oubliées. Les différentes nations qui habitaient les Gaules, et dont il avait été facile jusqu'alors de démêler l'origine, cessèrent d'être distinguées.

Invasions de la noblesse sur le peuple.

Les comtes s'emparèrent des villes et des bourgs de leur département, abandonnant la campagne aux seigneurs qui s'y trouvaient les plus puissans : ceux-ci envahirent autant qu'ils purent, ayant toujours grand soin d'exiger l'hommage et le serment des hommes qu'ils subjuguaient, comme s'il eût dû y avoir encore quelque chose de sacré là où régnaient la force et la violence. Avouons cependant que la foi et l'hommage exigés par tant de tyrans, et qui firent tant d'esclaves, sauvèrent la société menacée d'un naufrage général. L'intérêt personnel laissa subsister ce lien, le seul qui pût encore attacher les individus les uns aux autres : le comte ne faisait hommage au souverain, qu'afin que les seigneurs le lui rendissent; ceux-ci n'avaient garde de s'en dispenser, pour ôter aux plus puissans de leurs vassaux le prétexte de les imiter. Voilà le grand principe sur lequel, du sein de l'anarchie, se forma le monstrueux gouvernement féodal, dont on n'aperçoit encore que trop de traces en France, et surtout dans le nord de l'empire.

Quelques nobles furent alors assez hardis, ou plutôt assez heureux pour se détacher du joug de la suzeraineté, et conserver l'indépendance de leurs *alleus;* ils se vantaient de ne relever que *de Dieu et de leur épée;* mais le nombre de ces alleus fut très-petit ; tous les autres domaines étaient devenus des fiefs.

Après avoir suivi pendant près de trois siècles la noblesse française au milieu de tant d'agitations et de révolutions, il reste encore un chaos effrayant à débrouiller pour la conduire à ces temps heureux où nos rois, plus puissans, la réduirent, pour son propre bonheur, à n'être plus que les défenseurs de la patrie et l'ornement du trône.

NOTICE SUPPLÉMENTAIRE

SUR

L'ÉTAT DE LA NOBLESSE

EN FRANCE,
DEPUIS LE NEUVIÈME SIÈCLE (1).

Nous avons suivi pas à pas la noblesse française pendant les trois premiers siècles de la monarchie, et l'auteur qui nous a servi de guide nous déclare qu'il reste encore un chaos effrayant à débrouiller pour la conduire jusqu'à nos temps. Loin de nous la prétention d'accomplir une pareille tâche, d'éclaircir ce dédale ténébreux, auquel un docte académicien ne songeait qu'avec une sorte d'effroi. Notre intention n'est point de donner ici des recherches nouvelles sur un objet qui a occupé les veilles de tant de savans écrivains; mais seulement de rassembler, dans un tableau rapide, les faits les plus intéressans et les moins contestés sur l'institution, le caractère et les prérogatives de la noblesse française, depuis l'époque où s'est arrêté l'auteur des Mémoires qui précèdent.

Nous ferons d'abord observer que ce critique n'est

---

(1) Par l'*Edit.* J. C.

point d'accord avec la plupart des historiens français sur un point remarquable. Ceux-ci ne reconnaissent nullement le traité d'Andelot comme l'origine de l'hérédité des fiefs. Dans l'article sur lequel Désormeaux fonde son système, ils ne voient qu'une de ces stipulations ordinaires dans les traités de paix, par lesquelles les deux souverains assurent les avantages que chacun d'eux a accordés aux sujets de l'autre. Par la même raison, ces historiens ne trouvent dans les actes du conseil de Paris de 615, que la confirmation d'anciens priviléges et la restitution à certains leudes, des biens qui leur avaient été violemment enlevés pendant les années de troubles. Ils ne conviennent point que le nom de *vassal* ait existé sous Charles-Martel. En reconnaissant que toutes les origines sont obscures, ils observent qu'aucune loi, aucun titre n'existe des premières inféodations, et que les rois de France ne firent qu'y consentir par une tolérance générale; que si des traces s'en font apercevoir dès le commencement du neuvième siècle, ce n'est que cent ans plus tard, et sous le règne de Raoul, que l'on peut fixer l'établissement bien caractérisé du système féodal en France.

Il y avait à cette époque dans le royaume, quatre ducs plus puissans que tous les autres seigneurs; les ducs de Normandie, d'Aquitaine, de Bourgogne et de France : ce dernier était communément appelé le *duc des Français*. Ces ducs, qui faisaient hommage de leurs duchés au roi, le recevaient eux-mêmes des comtes, des villes et des territoires compris dans leurs duchés : ceux-ci avaient sous eux des feudataires et possesseurs de fiefs avec les titres de *barons*, de *sires*, de *bers*, etc.... Au troisième rang venaient les châtelains et les vavasseurs; enfin il y avait les vassaux liges et les vassaux simples : les premiers étaient obligés au service personnel, et les autres pouvaient mettre un homme à leur place.

Les seigneurs qui tenaient leurs fiefs directement du roi, faisaient précéder leur titre, des mots *par la grâce Dieu*, et battre monnaie à leur coin.

Il n'y a guère lieu de douter que tous ces possesseurs de fiefs ne descendissent des anciens leudes ou antrustions; mais les leudes étaient-ils tous nobles? c'est une difficulté qui n'a pas été complètement éclaircie. En effet, si l'on suit la hiérarchie que nous venons d'indiquer, on finit par arriver aux simples vassaux, qui n'avaient sous eux que des fiefs. Ces vassaux faisaient-ils eux-mêmes partie de la noblesse; étaient-ils les seuls roturiers, ou bien quelques-uns des rangs supérieurs entraient-ils aussi dans cette classe? Plusieurs écrivains sont d'avis qu'il n'y avait que les fiefs concédés directement par le roi qui donnassent la noblesse; tous s'accordent à dire que la possession d'un fief était inséparable de la jouissance du titre de noble, mais que cette possession seule n'anoblissait point. Il fallait encore le consentement du roi ou la naissance, c'est-à-dire la possession héréditaire.

Nous venons de voir que si l'on peut faire remonter jusqu'à la seconde race l'origine du gouvernement féodal, ce n'est du moins que sous les premiers rois de la troisième que cette institution prit son entier développement. Mais dès sa naissance, les rois commencèrent à en sentir le poids, et à redouter les résistances dont elle les menaçait. Dès lors ils songèrent à s'en délivrer. La longue durée de la race capétienne, qui déjà surpasse de beaucoup celle des deux autres races réunies, les talens de ses princes, les progrès de la civilisation, tout facilitait le projet que formèrent Hugues Capet et ses descendans, d'abaisser le pouvoir excessif de la noblesse.

Ce n'est pas ici le lieu d'examiner les moyens divers qu'ils employèrent pour arriver à ce but, et dont le premier fut l'évocation devant les juges royaux, de la plupart des causes qui étaient auparavant soumises aux justices seigneuriales; mais il en est un qui rentre plus particulièrement dans notre sujet, par l'influence qu'il eut sur l'état de la noblesse, dont il changea complètement la face : nous voulons parler des anoblissemens, ou des actes par lesquels des roturiers ou de simples affranchis furent, par la seule volonté du roi, et sans concession de fiefs, élevés au rang des nobles, dont ils partagèrent les honneurs et les immunités, avec l'aptitude à parvenir au même degré de considération et de puissance.

Les historiens sont partagés sur l'époque des premiers anoblissemens. Il y en a qui prétendent que Philippe Ier accorda des lettres de noblesse à Eudes le Maire, en reconnaissance de ce qu'il avait exécuté, pour le roi, le vœu que ce monarque avait fait d'aller visiter le Saint Sépulcre, et d'autres pour le même motif, à Victor Brodeau, de Tours; mais ces dernières sont évidemment supposées; et quant aux premières, il est bien certain que ce n'était qu'un privilége d'exemption de tous péages, tributs et autres droits pour le nommé *Eudes le Maire*, dit *Chalo Saint-Mars*, pour lui et pour ses descendans, sans que ces lettres emportassent la noblesse, c'est-à-dire le droit de posséder des fiefs. Dans la suite, les descendans d'Eudes le Maire prétendirent être réellement nobles; mais cette prétention fut rejetée par plusieurs de nos rois, et Henri IV rendit même, en 1601, une déclaration par laquelle cette famille fut soumise aux tailles comme tous les roturiers.

Un seul auteur anonyme parle, sans en citer le texte, de deux arrêts de saint Louis, par l'un desquels, rendu en 1260, il est défendu au comte de Flandre de donner des lettres d'anoblissement; l'autre condamne le comte de Nevers à une amende pour avoir anobli deux de ses sujets.

Les premières lettres d'anoblissement dont l'histoire fasse mention comme d'un fait authentique et incontestable, sont celles que Philippe-le-Hardi accorda en 1270 à Raoul, orfèvre ou argentier du roi. Philippe-le-Bel en donna aussi quelques-unes au commencement de son règne; mais ce fut vers l'an 1300 que l'usage en devint tout à fait commun.

Parmi ces anoblissemens, les uns étaient accordés gratuitement, les autres moyennant finance : Jean de Reims paya, le 31 octobre 1354, trente écus pour son anoblissement. Celui d'Aimeri de

Cours lui en coûta quatre-vingts, un an après.

Ce fut ainsi que commencèrent les premiers anoblissemens par lettres, et ils se continuèrent sous les règnes suivans. Il ne sera pas sans intérêt d'examiner les circonstances particulières qui ont accompagné quelques-uns de ces actes.

On voit des anoblissemens par édit, dont la finance est réglée. Charles IX créa douze nobles par édit, en 1564, et Henri III, mille, en 1576. En 1637, on fit deux nobles dans chaque généralité, pour célébrer l'heureux avènement du roi Louis XIV.

Lorsque nos rois ont créé ainsi des nobles par édit, en faveur de quelque évènement heureux, les lettres se sont souvent expédiées avec le nom en blanc. Les services pour lesquels elles étaient accordées, ne s'exprimaient pour lors que d'une manière générale, sans aucun détail.

Il y a des anoblissemens en forme de restitution de dérogeance; d'autres pour mari et femme, pour parens et enfans, pour beau-père et gendre.

Quelquefois les lettres de noblesse expliquaient que l'anobli et ses enfans mâles étaient rendus capables de recevoir l'état et l'ordre de la chevalerie. Il y en a qui anoblissent la postérité mâle et femelle; d'autres qui ne sont qu'en faveur des mâles; certaines autres qui, parmi les enfans d'un anobli, en exceptaient quelques-uns. Ainsi, André Porrée, avocat, ayant reçu des lettres de noblesse en 1597, un de ses enfans, sur trois, en fut exclu pour n'avoir pas contribué aux frais.

Des prêtres et des femmes ont parfois eu part à cette grâce du souverain. Parmi ces dernières, une des plus célèbres est la Pucelle d'Orléans, que Charles VII, par lettres-patentes du mois de décembre 1429, anoblit avec son père, sa mère, ses trois frères et leur lignage, parenté et postérité née et à naître en ligne masculine et féminine : *et eorum parentelam masculinam et femininam in legitimo matrimonio natam et nascituram.* Ces expressions donnèrent lieu à de grandes difficultés. Il s'agissait de savoir si les femmes descendant des frères de Jeanne d'Arc avaient le pouvoir d'anoblir leurs enfans à perpétuité, et même les filles de ces femmes. La question a été vivement agitée dans les deux sens, et il est même intervenu à ce sujet des arrêts et décisions mutuellement contraires.

Les bâtards ne pouvaient être anoblis avant d'avoir été légitimés, mais quelquefois ils étaient légitimés et anoblis par les mêmes lettres. Il fallait aussi être de condition libre pour prétendre à l'anoblissement.

Etienne Gruner, de la Ferté-sur-Aube, fut anobli en 1371, mais seulement sa personne, sans que sa postérité eût part à cette grâce.

Quelques lettres de noblesse portaient la permission de trafiquer sans déroger : enfin on a vu des personnes anoblies malgré elles. De ce nombre a été Richard Graindorge, fameux marchand de bœufs du pays d'Auge en Normandie; il fut obligé d'accepter le titre de noble, et de payer mille écus de finance en 1577.

Indépendamment de la noblesse d'origine et de celle qui s'obtenait par lettres personnelles et spéciales, il y en avait encore une troisième qui s'acquérait par la possession de certaines charges et dignités auxquelles elle était attachée.

Nous passerons légèrement sur la noblesse par chevalerie, sujet épineux qui mérite d'être traité séparément, et qu'on retrouvera dans un autre chapitre.

Quelques écrivains observent qu'en disant que la chevalerie anoblit, on procède contre l'ordre naturel, puisque le rang d'écuyer étant le premier degré de la noblesse, il faut nécessairement commencer par-là; mais d'autres, et notamment André de la Roque, soutiennent que ceux à qui le roi confère la chevalerie sont anoblis, et que cette grâce les élève même au-dessus de la simple noblesse. Cependant, on trouve un grand nombre d'arrêts qui défendent non seulement de donner, mais encore de recevoir la chevalerie sans être noble. Ainsi les deux fils de Philippe du lieu de Bourbon, furent condamnés, en 1281, à mille livres d'amende chacun, pour s'être fait faire chevaliers n'étant pas *assez* nobles. L'usage des Châtelets de Paris et d'Orléans, était que si quelqu'un se faisait faire chevalier sans être gentilhomme par son père, le roi ou son seigneur pouvait lui faire trancher les éperons sur le fumier, et prendre ses meubles à son profit. Il nous semble, d'après cela, que l'on doit regarder les anoblissemens par chevalerie comme des exceptions qui ne peuvent fournir aucune règle, la plupart même provenant, dans l'origine, d'une erreur qui avait fait donner la chevalerie à des personnes hors d'état de la recevoir, et que le roi relevait ensuite de leur incapacité.

La noblesse de charges était de deux espèces : celle que donnait la charge de secrétaire du roi, et celle qui s'acquérait par des emplois municipaux. La première était la plus avantageuse, puisqu'elle conférait immédiatement au premier pourvu, tous les priviléges de la noblesse, tandis que l'autre ne les donnait qu'après trois générations. On admettait, toutefois, une exception en faveur des capitouls de Toulouse, qui jouissaient, dès leur entrée en fonctions, de toute la faveur attachée à une noblesse ancienne.

C'est du règne de saint Louis que datent les priviléges des secrétaires du roi. Ils furent confirmés sous le règne de Louis XI. Enfin, Charles VIII donna, en 1484, des lettres-patentes dans lesquelles il déclarait qu'il les anoblissait avec leur postérité de l'un et de l'autre sexe, les rendant égaux en noblesse aux barons, et capables de parvenir à la chevalerie. Ce privilége ne laissa pourtant pas de leur être contesté, et il fallut souvent des arrêts du conseil pour confirmer la noblesse de cette origine.

Philippe-le-Bel n'avait que trois secrétaires ; Philippe de Valois en eut sept ; le nombre en augmenta successivement, et avec d'autant plus de rapidité, que ces charges se vendaient et entraient dans la branche des revenus que l'on appelait *parties casuelles*. Dans les derniers temps, l'abus fut porté à l'excès, et jusqu'au ridicule. Des emplois bas et inutiles furent créés, et décorés du titre de *secrétaire du roi,* afin que la personne qui les achetait pût léguer à ses enfans la qualité de noble.

La noblesse municipale avait autrefois une extension qui aurait bientôt fini par anoblir le royaume entier, si nos rois n'y avaient mis des bornes. Charles V avait donné aux Parisiens le privilége de noblesse, avec permission de porter des armoiries timbrées, et de tenir des fiefs et des alleus sans payer aucune finance; mais Henri III restreignit cet avantage au prévôt des marchands et aux quatre échevins, qu'il déclara nobles, ainsi que leur postérité. De pareils priviléges furent accordés à plusieurs villes du royaume. Il faut cependant remarquer que la noblesse qui s'acquiert de cette manière, n'est censée complète qu'à la troisième génération : les deux premières se trouvaient à cet égard dans une fausse position, n'osant déroger, et ne jouissant pourtant pas de tous les priviléges des nobles.

Une question fort délicate, et qui serait difficile à résoudre si elle n'avait été plus d'une fois décidée par le fait, c'est de savoir si le souverain peut révoquer la noblesse qu'il a une fois accordée, sans que l'anobli se soit rendu coupable de quelque grave méfait. Il semble qu'une faveur de cette nature constitue une concession sans retour, et que la dignité du souverain ne devrait pas permettre qu'il annulât cette grâce après l'avoir accordée; aussi les exemples en sont-ils fort rares dans les cas personnels. Il n'en est pas de même des anoblissemens par édit. Ceux-ci ont, dans le cours des évènemens, éprouvé, à plusieurs reprises, des modifications considérables. Le premier exemple que nous en avons est celui de Henri IV, qui, par un édit de 1598, révoqua tous les anoblissemens accordés depuis vingt ans. Ils furent rétablis en 1606, et suspendus en 1638, jusqu'à la paix générale. Pendant le règne de Louis XIV, ils éprouvèrent aussi des vicissitudes, et leur état ne fut enfin fixé irrévocablement que par l'édit de 1750. Ces mesures paraîtront moins extraordinaires, si l'on se rappelle que la noblesse n'était pas autrefois une simple distinction honorifique, mais qu'elle emportait l'exemption de certains impôts et autres communes obligations; de sorte que quand un grand nombre d'individus obtenaient ce privilége en masse, la portion des charges publiques dont ils se trouvaient libérés, pesait d'autant plus fortement sur ceux qui ne le partageaient point.

Nous avons dit que les premiers anoblissemens avaient entièrement changé la face de la noblesse en France. En effet, avant que nos monarques eussent imaginé d'accorder le simple rang de noble comme une distinction honorable, les membres de la noblesse ancienne ne se distinguaient entre eux que par le plus ou moins de richesses ou de puissance. Mais du moment où des familles roturières, dont quelques-unes sortaient à peine de la servitude, se trouvèrent, par la seule grâce du prince, élevées au niveau de cette noblesse guerrière, dont l'origine se perdait dans celle de la monarchie, les anciens nobles, justement choqués d'une égalité qu'ils jugeaient déshonorante, n'ont dû rien négliger pour créer et perpétuer des distinctions qui empêchassent de jamais les confondre avec les nouveaux associés à leur rang et à leurs priviléges. Ce fut alors que l'on vit naître les diverses dénominations de *gentilhomme de nom, race et armes,* de *gentilhomme de quatre lignes,* de *gentilhomme de haut et de bas parage,* de *noble de race,* d'*anobli,* etc.

Il serait beaucoup trop long de déduire ici les différentes explications que les auteurs ont données du titre de *gentilhomme de nom, race et armes* (1). Celui-ci prétend qu'il faut le donner aux gentilshommes qui portent des noms de terre, celui-là à ceux qui ont le droit d'avoir des armoiries timbrées; mais le plus grand nombre des écrivains sont d'avis qu'il n'appartient qu'à ceux qui sont nobles de toute ancienneté, c'est-à-dire qui l'étaient avant que l'usage des anoblissemens se fût introduit.

Le gentilhomme de quatre lignes est celui qui prouve quatre quartiers des aïeuls et aïeules du côté paternel et maternel. Le noble de race, est celui dont la noblesse remonte au bisaïeul paternel.

Le mot *parage* n'est autre chose que parenté. Ce terme s'applique aux partages qui se font entre frères, parens et cohéritiers. Deux frères ayant partagé la succession de Raoul Tesson, leur père, seigneur de la Roche-Tesson et autres baronnies, ils eurent chacun une baronnie; d'où naquit un différend entre eux

---

(1) *Voyez,* ci-après, la Dissertation de du Cange.

pour le parage. La Cour de l'échiquier de Normandie, tenue à Falaise en 1213, décida que le puîné ne tiendrait point, par parage, de son aîné; mais qu'ils tiendraient tous deux séparément du roi, par hommage. Un gentilhomme de parage est donc un gentilhomme de lignage du côté paternel; et être issu de haut parage, c'est être descendu d'une famille illustre et ancienne tant en race qu'en fiefs. Par bas parage, on entend une famille moins noble.

La jalousie des anciens nobles pour les nouveaux fut portée à un tel point, que sous les règnes de Philippe VI et de Jean, ils partagèrent le royaume en deux factions, et cette désunion fut en partie cause des malheurs que la France éprouva dans ce siècle.

Il n'y a pas de doute que Louis XI n'eût formé, long-temps avant de parvenir à la couronne, le projet d'abaisser la noblesse, projet auquel on le vit travailler sans relâche durant tout le cours de son règne. N'étant encore que dauphin, il accordait des lettres de noblesse à quiconque avait de quoi les payer. C'est ce qui donna lieu à l'expression, particulière au Dauphiné, l'*écarlate de la noblesse*, pour signifier la noblesse de race. Elle s'appliqua particulièrement aux illustres maisons du Terrail, des Allemans, de Sassenage et à quelques autres. Quand le dauphin fut devenu roi, il voulut se faire remettre toutes les chartes de l'ancienne noblesse, et les brûler. Il consulta à ce sujet le cardinal la Balue, qui, bien que d'une très-basse naissance, montra assez de désintéressement et de bon esprit pour en détourner son maître.

Dans certaines provinces de France, et notamment en Champagne, la coutume réputait noble celui qui était issu d'une mère noble, quoique son père eût été roturier ; mais il y a peu de prétentions qui aient été plus controversées que celles-là, et l'on pourrait citer autant d'arrêts contraires que favorables à la noblesse maternelle des habitans de la Champagne.

Les nobles et les anoblis avaient un grand nombre de prérogatives auxquelles les roturiers n'avaient aucune part.

Ils pouvaient porter les armes et armoiries appartenant à leur état.

Il y avait des bénéfices et dignités ecclésiastiques qui ne pouvaient être tenus que par des nobles.

Ils jouissaient de l'exemption des tailles, crues, aides, subsides, impositions et subventions : l'exemption des tailles en particulier, était une marque de noblesse, et l'on réputait nobles ceux qui pouvaient prouver que pendant plusieurs générations ils n'en avaient point payé. Il faut cependant excepter de cette règle le Dauphiné, la Provence et le Languedoc, où les tailles étaient réelles. D'un autre côté, l'affranchissement de la taille n'était pas toujours une marque de noblesse.

Ceci nous conduit à faire observer que, suivant l'usage reçu en France, ceux qui prouvaient avoir vécu noblement pendant cent ans, étaient censés nobles, même sans rapporter de titre original. On se fiait sur ce point à l'intérêt qu'avait chaque citoyen à prévenir, dès le commencement, toute usurpation, et l'on supposait restreindre considérablement le nombre des professions qui emportaient la dérogeance. La servilité, les arts mécaniques, l'état de procureur, le commerce en boutique n'ont jamais été exceptés; mais le commerce maritime, la profession d'avocat et certaines manufactures que le gouvernement voulait protéger, obtinrent, sous quelques rapports, d'honorables exceptions. Parmi ces manufactures, il faut mettre en première ligne les verreries.

C'est ici le lieu de rectifier une erreur commune. On croit assez généralement que la profession de verrier avait le privilége d'anoblir, et bien des verriers roturiers ont porté jusque-là leurs prétentions; mais si, dans quelques cas, on les a laissés jouir d'une qualité usurpée, la vérité est que nos rois n'ont jamais eu d'autre intention que d'encourager les verreries, en engageant les nobles sans fortune à s'adonner à cet art, et non pas d'y attacher un privilége en faveur de ceux qui n'étaient point descendus de noble lignée.

On sait que Louis XIV voulant favoriser l'Académie royale de musique, déclara que les nobles y pourraient chanter en public sans déroger.

Il nous reste à rappeler les titres par lesquels les nobles se distinguaient autrefois en France.

Les plus élevés étaient le titre de *duc* et celui de *comte*. Le premier signifie *capitaine* ou *conducteur*. Ceux qui le portaient anciennement étaient généraux des armées. Ils eurent depuis le souverain gouvernement des provinces. *Comte* (*comes*) signifie *compa-*

gnon; quia comites à ducum latere non discederent. Il y avait plusieurs sortes de comtes; tels que les comtes des frontières ou marquis, les comtes des écuries ou connétables, les comtes de l'épargne ou trésoriers; mais l'histoire de ces dignités a trouvé place dans une autre partie de notre recueil (1).

Les *marquis* prétendent avoir le pas sur les comtes; c'est un avantage dont ils jouissent dans plusieurs Etats; mais en France, il n'y avait rien de décidé, à cet égard, au moment de la révolution. Les comtes alléguaient, avec raison, en leur faveur, qu'il existait des comtés-pairies, telles que celles d'Eu, d'Evreux et de Mortain, et qu'il n'y a jamais eu de marquisat qui ait obtenu ce rang.

Les *vicomtes* suivaient les comtes et les représentaient. Ils étaient fort nombreux en Languedoc, en Guienne et en Poitou.

Le mot *baron* fut d'abord le nom d'un titre générique affecté aux hommes puissans, et qui se donna ensuite à tous les seigneurs possesseurs d'un fief tenu immédiatement de la couronne, indépendamment de toute autre qualification dont ils pouvaient être décorés. Ce n'est que depuis quatre siècles que ce titre est devenu spécial et personnel, et il y a encore quelques provinces où il précède tous les autres. C'est le seul que le chef de l'illustre maison de Montmorenci ait jamais voulu prendre.

Le titre de *prince* était peu commun en France,

---

(1) *Voyez* le tome VI de la Collection.

et les seigneurs qui le portaient étaient regardés comme inférieurs aux comtes.

Tous ces titres se sont conservés jusqu'à nous. Il y en avait autrefois beaucoup d'autres dont il ne reste plus de traces.

Le terme de *ber*, usité en Flandre et en Picardie, comme le *ber d'Auxi*, n'était qu'une corruption du mot *baron*.

La qualité de *sire*, attribuée aux anciens barons, s'attachait non seulement à la personne, mais encore à la seigneurie : on disait les sires de Bourbon, de Coucy, de Créqui et autres.

Les *châtelains* étaient au-dessous des barons. Parmi les plus remarquables on comptait Puiset, Courtenay et Montlhéry. C'étaient des seigneurs qui avaient des châteaux-forts en leurs seigneuries, et droit de guet sur leurs hommes et vassaux.

Les *vavasseurs* tenaient rang après les châtelains; leur qualité dérivait des fiefs, parce qu'ils avaient des vassaux; mais les seigneurs vavasseurs dépendaient d'un autre seigneur. Les registres de la chambre des comptes contiennent les noms de plusieurs de ces vavasseurs sous le règne de Philippe-Auguste. Il s'en trouve un grand nombre dans les catalogues de Picardie, comme Guillaume d'Arras, Raoul de Roye, Raoul de Clermont, Raoul d'Estrées, etc.

Une déclaration du roi Henri III, de l'année 1579, porte que toute terre qui, à l'avenir, serait érigée en châtellenie, devait avoir, d'ancienneté, haute, moyenne et basse justice, avec marché, foire, péages, prévôté, église et prééminence sur tous ceux qui dépendaient de la terre, et qu'elle devait être tenue à un seul hommage du roi : par la même déclaration, la baronnie devait être composée de trois châtellenies au moins; le comté devait avoir deux baronnies et trois châtellenies, ou une baronnie et six châtellenies, le tout tenu du roi ; et le marquisat trois baronnies et trois châtellenies, ou deux baronnies et six châtellenies : ici nous voyons le marquisat supérieur au comté.

Vidame était le nom d'une dignité féodale tenue de l'Église. Les vidames étaient les vicaires des évêques pour ce qui regardait le temporel de leurs évêchés; mais ils étaient seigneurs de la terre, et exerçaient la justice temporelle à la place de l'évêque. Il y avait dix vidames en France : ceux de Reims, de Châlons, de Gerberoy, du Mans, de Chartres, d'Amiens, du Laonnais ou de Laon, d'Esneval, de Meaux et de Tulles.

Ceux qui avaient le soin du temporel de quelques abbayes étaient appelés *avoués*.

Deux provinces de France ont donné à leurs princes le titre de *dauphin* : celles de Viennois et d'Auvergne.

Enfin, on a vu quelques familles affecter des titres peu usités, tel que celui de *captal*, qu'on retrouve dans des maisons du midi; et il n'y a pas jusqu'au titre de *roi* que la terre d'Ivetot a valu aux seigneurs qui la possédaient.

Indépendamment des titres héréditaires dont nous venons de parler, tous les nobles se qualifiaient, selon les temps, leurs dignités ou leur naissance, d'*écuyers*, de *valets*, de *damoiseaux*, de *chevaliers bacheliers* et de *chevaliers bannerets*.

La qualité d'*écuyer* venait de la fonction de ceux qui portaient des écus ou boucliers à la guerre pour leur défense : elle est exprimée dans les anciens titres latins par *armiger, scutifer* ou *scutarius*, mais plus communément par le premier de ces termes.

Cette qualité s'appliquait encore à ceux qui avaient le commandement de l'écurie.

Le titre d'*écuyer* convenait à tout homme noble, depuis la plus haute noblesse jusqu'à la plus médiocre. Les barons, les grands seigneurs, et même les princes du sang, se qualifiaient *écuyers* jusqu'à ce qu'ils fussent parvenus à l'ordre de chevalerie. Ils étaient dans la plus étroite subordination à l'égard des chevaliers : ils ne pouvaient ni sceller leurs actes comme eux, ni porter des éperons dorés, et les lois somptuaires leur interdisaient les habits dorés, les ornemens et les fourrures.

La qualité de *valet*, qui autrefois n'avait rien de servile, exprimait, comme celle d'*écuyer*, l'état d'un jeune prince, seigneur, ou simple gentilhomme qui n'était pas encore parvenu à l'ordre de chevalerie. Les officiers tranchans des maisons des rois et des princes, sont ceux qui ont conservé ce nom le plus long-temps.

Les mots *damoiseau, damoisel* ou *donzel*, ont la

même signification : on croit y voir des diminutifs de *dominus*, qui paraissent avoir été appliqués, comme les précédens, aux fils de grands seigneurs, avant leur affiliation à la chevalerie. Cette qualité a été si fréquente en certaines maisons, qu'elle y est demeurée héréditaire, comme dans celle de Commercy.

L'origine et les lois de la chevalerie feront l'objet d'un chapitre particulier. On se bornera donc à rappeler ici ce qu'on entendait par *chevaliers bacheliers*; c'étaient de jeunes seigneurs qui n'avaient pas encore hérité des biens de leurs parens, et qui par conséquent n'étaient pas en état de lever bannière ; ou de simples seigneurs, dont les biens et les terres ne leur suffisaient pas pour être *bannerets*, c'est-à-dire pour lever une compagnie de cinquante hommes d'armes. Quand ils y étaient parvenus, ils portaient au roi, au prince, au général d'armée, leur pennon ou bannière à longue queue, et demandaient d'être faits bannerets. Alors coupant les bouts du pennon, on le rendait carré, et dès cet instant le chevalier était appelé *banneret*; il commandait aux chevaliers bacheliers et aux écuyers, et sa paye était augmentée de moitié.

Les seuls bannerets, bacheliers et chevaliers prenaient le nom de *monsieur* et de *monseigneur*. Celui de *messire* était particulièrement affecté aux chevaliers : les écuyers n'étaient nommés que par leurs noms, sans autre qualité.

Quelques auteurs ont agité la question si le titre de *bourgeois* était incompatible avec la noblesse, et ils l'ont décidé négativement, par la raison que ce mot ne faisait qu'indiquer l'habitation. En effet, l'histoire a conservé les noms de plusieurs seigneurs illustres qui n'ont point dédaigné ce titre : tel fut, entre autres, Jean de Grailly, de la maison des vicomtes de Benauge et de Castelbon, dont est descendue la dernière maison des comtes de Foix, rois de Navarre, qui sollicita et obtint des lettres pour être libre bourgeois de la cité de Bordeaux.

DES

GENTILSHOMMES

DE NOM ET D'ARMES.

PAR DU CANGE.

Dans l'état et la condition de la noblesse, il semble qu'il n'y a aucune prérogative qui élève l'un plus que l'autre, et qu'il en est comme de l'ingénuité parmi les jurisconsultes, laquelle ne reçoit ni le plus ni le moins. Il y a toutefois lieu de présumer que la qualité de *gentilhomme de nom et d'armes*, a quelque chose de plus relevé, et est d'un degré plus éminent que de simple gentilhomme, puisque lorsqu'il est besoin de choisir des seigneurs de haute extraction, et dont la noblesse doit entrer en considération, comme dans les ordres de chevalerie, on a désiré qu'ils fussent revêtus de cette qualité. Philippe, duc de Bourgogne, en l'ordonnance de l'ordre de la Toison d'or, veut que les trente-six chevaliers qui y seront admis, *soient gentilshommes de nom et d'armes sans reproche*. Le roi Louis XI, en l'établissement de l'ordre de Saint-Michel : *Ordonnons qu'en ce présent ordre y aura trente-six chevaliers, gentilshommes de nom et d'armes sans repro-*

che, dont nous serons l'un, chef et souverain, etc. Le roi Henri III, en l'art. 15 de celui de l'ordre du Saint-Esprit, veut que ceux qui y entreront soient pareillement *gentilshommes de nom et d'armes de trois races pour le moins.* L'ordonnance de Blois veut que *nul ne soit pourveu aux estats de bailly, ou de seneschal, qui ne soit gentilhomme de nom et d'armes.* L'ordonnance de Moulins et celle d'Orléans requièrent seulement qu'ils soient gentilshommes. Cette façon de parler se trouve encore souvent dans les auteurs. En la description du tournoi qui se fit à Nancy le 8 octobre l'an 1517, il est spécifié que les tenants étaient *six gentilshommes de nom et d'armes, tous de la maison du duc de Lorraine.* Froissart : *Estes-vous noble homme de nom et d'armes.* Et ailleurs: *Ils perdirent enuiron soixante cheualiers et escuyers, tous de nom et d'armes.* Dans Monstrelet : *Gentilshommes de nom, et d'armes sans reproche.* Dans le même Froissart : *Cheualiers du royaume de France de nom, d'armes et de nation. Nobiles in armis,* en un arrêt du parlement de Grenoble de l'an 1496. *Gentilshommes d'armes,* dans Monstrelet. Tous lesquels termes signifient un véritable gentilhomme, et auquel on ne peut reprocher aucun défaut en sa noblesse. Froissart voulant désigner un bon Français, l'appelle *François de nom et d'armes :* dans l'Histoire du maréchal Boucicault, *Renommez de nom et d'armes.* De toutes ces remarques, je veux conclure que les gentilshommes de nom et d'armes ont quelque chose qui les relève par dessus le commun. Car en vain on demanderait ce titre, s'il n'était pas plus éminent que celui de la simple noblesse. Mais comme il y a plusieurs opinions sur ce sujet, il est à propos d'en faire la déduction, et de les discuter toutes, avant que de m'engager plus avant sur cette matière.

Jean Scohier, en son Traité de l'état et comportement des armes, estime que ceux-là sont gentilshommes de nom et d'armes, qui portent le nom de quelque province, ville, bourg, château, seigneurie, ou fief noble, ayant armes particulières, encore bien qu'ils ne soient seigneurs de telles seigneuries : et sur ce fondement il forme plusieurs questions. Mais je ne vois pas quelle est la prérogative, ni l'éminence de cette noblesse par-dessus les autres. Car combien y a-t-il de familles relevées qui n'ont point le nom d'une terre, et lesquelles pour cela ne laissent pas d'entrer journellement dans les ordres de chevalerie, et d'être admises aux grandes charges, où cette qualité est requise? Avoir le nom d'une terre, ne relève pas la personne ni la noblesse. Un duc ou comte qui tirera son extraction d'une personne anciennement anoblie, et qui n'a jamais porté le nom d'aucune terre, ne laissera pas d'entrer dans les ordres de chevalerie, et de passer pour véritable gentilhomme.

D'autres tiennent que les gentilshommes de nom et d'armes sont ainsi appelés, non à cause des armoiries, mais à cause des armes, dont ils font profession; pour les distinguer, disent-ils, des *chevaliers en lois*, qui sont ceux de la robe, que le prince a honorés du titre de *chevalerie*, et qui ne font aucun métier des armes. Il est parlé de ces chevaliers en lois dans Froissart, Monstrelet, d'Argentré et autres. Mais qui se persuadera que c'ait été la pensée des fondateurs des ordres militaires, et des rois qui ont fait les ordonnances, de restreindre la seule noblesse à l'épée? D'ailleurs, pourquoi qualifier tels gentilshommes de nom, comme si cette adjection faisait et ajoutait quelque degré à la noblesse du sang.

Il y en a d'autres qui croient que les gentilshommes de nom et d'armes sont ceux qui portent les armes affectées au nom de leur famille, sans toutefois que cette qualité les mette au dessus de ceux que l'on qualifie simplement *gentilshommes*; cette adjection *de nom et d'armes* n'étant que pour désigner une noblesse bien fondée et sans reproche; d'autant qu'entre les preuves dont un gentilhomme se sert pour prouver sa noblesse, il y en a une par laquelle il justifie que le surnom et les armes qu'il porte ont été portés par son père, son aïeul et son bisaïeul. Et il semble que c'est là le sentiment d'André Duchesne, lequel écrivant de la maison de du Plessis, et parlant du cardinal de Richelieu, dit ces paroles: *Il estoit aussi chef des armes de sa maison, composées d'un escu d'argent à trois chevrons de gueulles, lesquelles ses descendans ont tousjours portées et retenües jusques à présent, avec le mesme surnom de du Plessis. De sorte qu'à juste titre il doit participer à la gloire et à la renom-*

mée de ceux qui ont esté reconnus de toute antiquité pour gentilshommes de nom et d'armes. Et en l'Histoire de la maison de Béthune : *Les armes ou armoiries sont si propres et si essentielles aux nobles, qu'il n'y a qu'eux qui puissent justement en porter; d'où vient que pour exprimer la vraie noblesse, l'on dit ordinairement qu'il est gentilhomme de nom et d'armes.*

Quoique cette opinion ait quelque fondement en apparence, toutefois s'il m'est permis de m'en départir sans blesser l'autorité d'un auteur si judicieux, et de ceux qui l'ont embrassée, je tiens qu'il est plus probable que l'on appelle *gentilshommes de nom et d'armes,* ceux qui peuvent justifier leur noblesse, non seulement de leur état, c'est-à-dire par leur père et leur aïeul, en faisant voir qu'ils ont toujours fait profession de noblesse, qu'ils ont été réputés gentilshommes, et que le nom et les armes qu'ils portent ont été portés par leurs père et aïeul, qui est la forme ordinaire de justifier une noblesse simple; mais encore par les quatre quartiers ou lignes. Ceci se faisait en montrant que leur aïeul et aïeule paternels, aïeul et aïeule maternels étaient nobles; ce qui se prouve par le plan de la généalogie, et par les armes des aïeuls et des aïeules, tant du côté paternel que maternel. D'autant que les armes étant les véritables marques de la noblesse, puisqu'elles n'appartiennent qu'aux nobles, celui qui peut justifier dans sa généalogie que ses aïeuls et aïeules paternels et maternels ont porté des armes ou armoiries, il s'ensuit que ces aïeuls et aïeules sont nobles, et partant qu'il est sorti et issu de parens nobles de quatre diverses maisons, qui est ce que nous appelons *lignes*.

Je m'explique, et dis qu'il est nécessaire à celui qui se dit gentilhomme de nom et d'armes, de justifier la noblesse de ses aïeuls et de ses aïeules, tant du côté paternel que maternel, qui sont quatre personnes, dont la première est l'aïeul paternel, duquel il faut prouver la noblesse, pour justifier que celui qui est issu de lui est noble de nom, c'est-à-dire de son chef, qui est désigné par ce mot : car faisant voir qu'ayant porté le même nom que son aïeul, qui était noble, il s'ensuit que lui, qui en est issu, est pareillement noble. Et afin qu'il puisse d'abondant se dire noble d'armes, il lui est nécessaire de prouver que son aïeule paternelle, son aïeul et son aïeule maternels étaient nobles; ce qu'il fera en justifiant qu'ils ont porté des armes ou armoiries. Et alors il lui sera loisible de faire apposer à son tombeau, et partout ailleurs, outre ses armes, celles de ses aïeuls et aïeules dont il est descendu, et de prendre qualité de *gentilhomme de nom et d'armes*.

Ceci semble être expliqué par René, roi de Sicile, aux statuts de l'ordre du Croissant, qu'il institua le 11e jour d'août l'an 1448, où il déclare que *nul ne pourra estre receu, ne porter ledit ordre, sinon que il soit ou prince, marquis, comte, vicomte, ou issu d'ancienne cheualerie, et gentilhomme de ses quatre lignes, et que sa personne soit sans vilain cas et sans reproche;* termes qui sont synonymes, et ont même force que ceux qui sont couchés dans les statuts des autres ordres militaires, et dans les édits de nos rois ci-devant rapportés, savoir que *nul ne sera admis ausdits ordres, s'il n'est gentilhomme de nom et d'armes sans reproche.* Les statuts de la Jarretière le disent plus clairement, expliquant ces termes : *Item est accordé que nul ne sera esleu compagnon dudit ordre, s'il n'est gentilhomme de sang, et cheualier sans reproche.* A la suite desquels mots sont ceux-ci pour explication : *Et quant à la déclaration d'un gentilhomme de sang, il est déclaré et déterminé qu'il sera extrait de trois descentes de noblesses, à sçavoir de nom et d'armes, tant du costé du père que de la mère.* Fr. Modius parlant de ceux qui pouvaient se trouver aux tournois, décrit ainsi cette noblesse de nom et d'armes : *Quisquis recentioris est notæ nobilis, et non talis, vt à stirpe nobilitatem suam et origine quatuor saltem generis auctorum proximorum gentilitiis insignibus probare possit, is quoque ludis his ex esto.*

Or, ce n'est pas sans raison que les rois et les chefs ou instituteurs des ordres militaires n'ont voulu admettre à ces ordres et aux plus hautes charges de l'Etat, que ceux qui étaient nobles à bon titre, et sur lesquels il n'y avait aucun reproche, soit en ce qui concerne la personne, soit pour la naissance et l'extraction; en un mot, qui étaient gentilshommes de nom et d'armes : d'autant qu'en France on a toujours tant fait d'estime de la noblesse, qu'il n'était pas permis aux gentilshommes de prendre alliance ailleurs que dans les familles nobles, à peine de décheoir des principales prérogatives qui appartenaient aux nobles, et d'être notés en quelque façon d'infamie. Ce qui a eu lieu dès le commencement de la monarchie française, les Français n'ayant pas voulū admettre au royaume d'Austrasie les enfans du roi Théodoric, *quia erant materno latere minùs nobiles;* et ce suivant les premières lois des Saxons et des peuples septentrionaux, dont parlent Eginhart et Adam de Brême, qui ne souffraient point que les nobles prissent alliance ailleurs que dans les familles nobles : *Generis quoque ac nobilitatis suæ providissimam curam habentes, nec facilè vllis aliarum gentium, vel sibi inferiorum connubiis infecti, propriam et sinceram, tantùmque sibi similem gentem facere conati sunt. Quatuor igitur differentiis gens illa consistit, nobilium scilicet, liberorum, libertorum, et servorum, et id legibus firmatum, vt nulla pars in copulandis conjugiis propriæ sortis terminos transferat, sed nobilis nobilem ducat vxorem, et liber liberam, libertus coniungatur libertæ, et servus ancilæ. Si verò quispiam horum sibi non congruentem, et genere præstantiorem duxerit vxorem, cum vitæ suæ damno componat.* Ainsi les Juifs, les Samaritains et les Ibères ne permettaient à aucun d'eux de prendre alliance dans les nations étrangères, tant ils faisaient état de la leur, laquelle ils ne voulaient point être mélangée d'autre sang, que de celui qui le premier leur avait donné l'être. Cette estime que l'on a fait en France des alliances par femmes est fondée sur la raison naturelle; d'autant que les enfans étant procréés de l'homme et de la femme, et par conséquent prenant les qualités de l'un et de l'autre, ils participent ordinairement à leurs bonnes ou mauvaises inclinations. Car comme les nobles sont procréés d'un sang plus épuré, et qu'à raison de leur nourriture et de leur éducation, ils sont portés au bien et à l'honneur par une pente naturelle, il ne se peut presque faire autrement que leurs enfans n'aient part à ces bonnes inclinations:

> *Fortes creantur fortibus et bonis:*
> *Est in juvencis et in equis patrum*
> *Virtus; nec imbellem feroces*
> *Progenerant aquilœ columbam.*

C'est pourquoi Sidonius a raison de dire: *Est quidem princeps in genere monstrando partis paternæ prærogativa, sed tamen multum est quod debemus et matribus.* Au contraire, les enfans qui naissent de ces conjonctions inégales, participent aux inclinations basses et viles de leurs pères ou de leurs mères qui n'ont point de naissance et d'extraction, soit qu'elles passent avec le sang dans leurs personnes, soit que l'éducation qu'ils contractent dans leur enfance en imprime insensiblement les caractères. Mais la principale raison qui a donné sujet d'interdire civilement ces sortes d'alliances roturières aux gentilshommes, a été parce qu'ils avilissaient par-là la noblesse et le lustre de leur famille. C'est celle que Théodose rend, lorsqu'il défend aux femmes nobles d'épouser leurs esclaves : *Ne insignium familiarum clara nobilitas indigni consortii fœditate vilescat, et quod splendore forsitan senatoriæ generositatis obtinuerat, contractu vilissimæ societatis amittat.* A quoi est conforme ce que la loi des Wisigoths dit à ce sujet : *Generosa nobilitas inferioris tactu fit turpis, et claritas generis sordescit commixtione abjectæ conditionis.* C'est ce qui est appelé dans la Chronique d'Autriche, *depressio generis,* et par nos Français, *abaissement de lignage* ou *de mariage.*

Ce que j'ai avancé des gentilshommes qui se mésalliaient est tellement vrai, qu'à peine on réputait nobles ceux qui prenaient des alliances roturières. Les termes du vieux cérémonial, au chapitre *des Obsèques,* le font assez voir, où, après avoir dit que les quatre cierges qui se mettaient aux quatre coins du cercueil armorié des écussons et des armes des quatre lignes, devaient être portés par les plus proches du lignage dont sont lesdites armes, il ajoute ces mots : *Et par les armes, et ceux qui portent les cierges à l'accompagner, est cogneu les quatre lignes se sont (sic) dont il est descendu, et quelque ancienneté qu'il ait selon le lignage de quatre lignes il doit estre honoré. Car quand homme a prins ligne de quatre lignes en la maniere susdite, il se peut dire gentilhomme, et à qui noblesse ap-*

partient. Et se vn noble homme d'ancienneté est issu aprés sa noblesse de quatre lignes non nobles, c'est à sçauoir de celle de lesle et de suselle (1), *et de mere, il ne se deuroit plus nommer gentilhomme; et pour cette cause tout noble homme doit desirer à soy marier à noble lignie. Car se ce n'est en celle faute, sa lignie sera tousjours dite noble, quelque chose qu'elle face, combien que le noble homme de sa nature doit tousjours faire nobles œuures, ou il fait honte à sa nature.*

D'où il est arrivé que les gentilshommes qui avaient *forligné*, pour user du terme de Monstrelet et de Georges Chastellain, c'est-à-dire qui avaient pris alliance en maison roturière, encore qu'ils conservassent le titre de *noblesse*, et en cette qualité fussent exempts de tailles et d'autres subsides auxquels les roturiers sont sujets, ils ne pouvaient pas toutefois aspirer aux dignités éminentes, ni se trouver dans les assemblées des chevaliers aux tournois, ou ailleurs, quoique leurs enfans pussent parvenir à l'ordre de chevalerie. Car suivant les établissemens de France, selon l'usage du Châtelet de Paris, *s'vns hom de grant lignage prenoit la fille à vng villain à femme, si enfans porroient bien estre cheualier par droit, se il vouloient*. Ils étaient même exclus de toute compagnie de noblesse, et il leur était défendu de se trouver aux tournois, ainsi qu'il est formellement exprimé dans le Traité que René, roi de

---

(1) Aïeule et bisaïeule.

Sicile, a fait sur ce sujet; où il est porté qu'après que tous les chevaliers et les écuyers qui se doivent présenter pour combattre aux tournois, sont arrivés dans la ville où ils se doivent faire, *ils enuoient dans le lieu de leur assemblée, qui est ordinairement vn cloistre, leurs bannieres, heaumes et tymbres; et là sont rangez par le roy d'armes: puis viennent les iuges du tournoy auec les dames, les cheualiers et escuiers pour les visiter, vn heraut ou poursuiuant nommant tout haut les noms de ceux à qui ils appartiennent; afin que s'il y a quelqu'vn qui ait mesdit des dames, ou commis lascheté ou crime sur la denonciation desdites dames ou cheualiers, le cheualier tournoiant soit puny selon l'exigence du cas, et empesché de tournoier.* Le roi René rapporte trois cas, outre le premier, qui touche l'honneur de dames, qui méritent punition : le premier est quand un gentilhomme s'est trouvé faux et mauvais menteur en cas d'honneur; le second, quand il se trouve usurier; et le troisième, lorsqu'il s'est rabaissé par mariage, et s'est marié à femme roturière et non noble. *Desquels trois cas les deux premiers et principaux* (ce sont les propres termes du Traité) *ne sont point remissibles, ainçois leur doit-on garder au tournoy toute rigueur de justice, se ils sont si fols et si outrecuydez d'eux y trouuer, aprés ce que l'on leur aura notifié et bouté leur heaume à terre. Estant à noter que s'il vient aucun au tournoy qui ne soit point gentilhomme de toutes ses lignes, et que de sa personne il soit vertueux,* il *ne sera point batu de nul pour la premiere fois, fors seulement des princes et grands seigneurs, lesquels sans luy malfaire, se jouëront à luy de leurs espées et masses, comme s'ils le voussissent battre: et ce luy sera à tousjours mais attribué à grand honneur à luy fait par lesdits princes et grands seigneurs, et sera signe que par grand'bonté et vertu il merite d'oresenauant estre du tournoy, et sans ce que on luy puisse jamais en rien reprouuer son lignaige en lieu d'honneur où il se trouue, tant oudit tournoy qu'ailleurs; et là aussi pourra porter tymbre nouuel, ou adjouster à ses armes comme il voudra pour le maintenir ou temps aduenir pour luy et ses hoirs.* Nous apprenons de ce passage que la peine que l'on faisait souffrir à ceux qui ne s'étaient pas bien comportés dans les tournois, était d'être bâtonné, ou d'être mis *à la bacule,* terme qui vient de *baculus.* Mathieu Paris parle de cette peine pratiquée dans les tournois, en plusieurs endroits de son Histoire.

Quoique ces mariages fussent permis par les lois canoniques, néanmoins les lois civiles et politiques, ou plutôt les usages introduits par un commun consentement de la noblesse, ont établi des peines pour les empêcher. Parmi les Wisigoths, une fille noble qui s'était mésalliée, *quæ honestatis suæ oblita, personæ suæ non cogitans statum, ad inferiorem fortè maritum devenerat,* perdait la succession qu'elle avait eue ou devait avoir de son père, et était exclue de celle de ses frères et sœurs. Par cette raison, il n'était pas permis aux barons qui avaient la garde noble des filles des gentilshommes, de les marier qu'à des personnes nobles, et ne pouvaient pas les *déparager* sans encourir la peine qui était ordonnée par les statuts, et particulièrement par celui de Merton en Angleterre, dont il est parlé dans Littleton et dans les lois des barons d'Ecosse : *Hæredes maritentur sine disparagatione,* ainsi qu'il est porté dans la grande Charte des franchises d'Angleterre.

De ces remarques, il est vrai de dire qu'en France on n'a jamais réputé pour véritables gentilshommes que ceux qui étaient gentilshommes de nom et d'armes, c'est-à-dire de quatre lignes. C'est cette noblesse que Pierre de Saint-Julien, en ses Mélanges paradoxales, qualifie, à proprement parler, *noblesse de nom et d'armes,* laquelle il soutient ne recevoir ni le plus ni le moins; un gentilhomme de cette manière, quoique pauvre, n'étant pas moins gentilhomme qu'un seigneur riche et opulent, non plus qu'un roi n'est pas plus roi qu'un autre, quoiqu'il soit plus riche, l'étendue de pays qui est sous sa domination ne le faisant pas plus ou moins souverain. Ce fut là la pensée du roi Eumenes, lequel, bien qu'il n'eût plus qu'un château en son pouvoir, toutefois quand il fut question de capituler avec Antigonus, roi d'Asie, qui voulait avoir la prérogative d'honneur sur lui, il fit réponse qu'il ne reconnaîtrait jamais plus grand que soi, tant qu'il aurait l'épée au poing.

RECHERCHES

SUR LES

PRÉROGATIVES DES DAMES

CHEZ LES GAULOIS,

SUR

LES COURS D'AMOUR,

AINSI QUE SUR LES PRIVILÉGES
QU'EN FRANCE LES MÈRES NOBLES TRANSMETTAIENT AUTREFOIS A LEURS DESCENDANS,
QUOIQUE ISSUS DE PÈRES ROTURIERS,
OÙ L'ON EXPOSE LES VESTIGES QUI RESTENT DE CES ANCIENS USAGES;

Le tout précédé de quelques réflexions
sur l'influence et la part que les femmes ont eues, non seulement dans tous les gouvernemens, mais même dans toutes les révolutions, ainsi que dans les sciences et les arts.

PAR LE PRÉSIDENT ROLLAND,
DE L'ACADÉMIE D'AMIENS (1).

I.

AVERTISSEMENT.

J'AVAIS d'abord rédigé cette Dissertation pour l'insérer dans mon plan d'éducation, à la suite du sommaire 52, où j'insiste sur la nécessité d'établir des écoles pour les jeunes demoiselles, et où, depuis l'impression du Recueil de mes ouvrages, faite en 1783, j'ai ajouté plusieurs réflexions, pour engager les dames à se mettre à portée de contribuer à l'éducation des hommes, et même de la perfectionner.

---

(1) D'après l'imprimé à Paris, chez Nyon l'aîné, 1787, in-12.

Obligé de m'expliquer dans mon plan d'éducation, sur celle des personnes du sexe, j'avais cru qu'en leur rappelant leur ancienne grandeur, je leur donnerais envie d'égaler leurs ancêtres, et de mériter, comme elles, les respects et les hommages des gens sensés et raisonnables. Mais j'ai réfléchi que cette dissertation interromprait trop le cours des idées propres à mon plan d'éducation, et y formerait un hors-d'œuvre : je me suis donc résolu de faire ce que j'ai déjà pratiqué pour ma Dissertation sur les Inscriptions (1), et de composer de celle qui est relative aux dames, un ouvrage distinct et séparé. J'ai même cru, attendu la longueur de quelques notes, devoir les rejeter à la fin, et ne conserver que celles que leur brièveté permettait d'insérer au bas des pages.

II.

Objet de cette Dissertation.

En lisant l'histoire, on est étonné d'y voir l'autorité dont les femmes ont joui dans presque tous les gouvernemens, sans en excepter ceux où elles sont renfermées dans un sérail, et l'influence qu'elles ont eue même sur les sciences et sur les arts.

___

(1) *Voyez* la seconde édition, faite en 1784, de ma *Dissertation sur la question : Si les inscriptions doivent être rédigées en latin ou en français;* brochure in-4° de 35 pages, mais qui sera au moins du double dans une troisième édition.

Par cette observation, je ne prétends pas aujourd'hui renouveler les disputes qui eurent lieu à la fin du siècle dernier, sur l'*égalité des deux sexes* (1) : mais, sans m'occuper de cette question, que quelques auteurs ont traitée avec plus de sérieux et de gravité que la matière, je crois, ne le méritait; ne voulant non plus ni adopter ni réfuter l'*Apologie des femmes* (2), ouvrage qui a paru il y a environ trente ans, et qui avait été précédé, dix ans auparavant, d'un discours pour établir *la supériorité des femmes sur les hommes* (3); encore plus éloigné d'embrasser le sentiment de ceux qui, en mettant en question si elles sont de l'espèce humaine (4), ont, autant qu'il était

---

(1) *Voyez* à la fin, la note I.

(2) *Voyez* la note II. (Le chiffre romain indique toujours une note renvoyée à la fin. *Edit.*)

(3) Ce discours de M. la Coste, de Dijon, se trouve dans le *Mercure de France*, septembre 1744, et dans le tome 85 du *Nouveau choix de Mercures*, p. 175-188.

(4) Cette question fut agitée dans un concile tenu à Mâcon dans le sixième siècle; elle y souffrit beaucoup de difficultés; cependant, après une très-grande discussion, l'affirmative fut décidée. (*Voyez* l'*Histoire* de Grégoire de Tours, l. 8.) Ce fait est aussi rapporté par Saint-Foix, dans ses *Essais sur Paris*. On trouvera dans la note III la citation de Saint-Foix, et la copie de l'auteur qu'il indique. Enfin nous avons vu renouveler de nos jours * cette difficulté, dans une brochure intitulée : *Paradoxe sur les femmes, où l'on tâche de prouver qu'elles ne sont pas de l'espèce humaine.* 1776.

* Il y a près de deux siècles. Le *Paradoxe sur les femmes* n'est que la traduction libre d'une dissertation latine qui parut en 1644. (*Edit.*)

en eux, dégradé la plus belle moitié du genre humain, l'appui de notre enfance, la source de nos plaisirs, la consolation de notre vieillesse, je me bornerai à choisir dans l'histoire plusieurs actions dont les dames ont été les auteurs ou les causes, car mon projet n'est point de les réunir toutes. Pour y parvenir, il faudrait me livrer à une lecture immense, et composer plusieurs volumes : or, il m'est impossible de m'occuper des recherches et des travaux nécessaires pour qu'il ne m'échappât rien de ce qui peut intéresser les dames. D'ailleurs, pour les temps anciens, il serait difficile d'ajouter quelque chose au Traité de Plutarque sur les *vertueux faits des femmes;* et pour les temps postérieurs, je renverrai également aux ouvrages composés sur le même sujet (1). Je me contenterai donc d'établir, d'après quelques évènemens que l'histoire nous a transmis, l'influence des dames dans tous les gouvernemens, et même dans les sciences et les arts; de constater l'espèce de culte qui leur a été rendu chez toutes les nations, et singulièrement chez nos ancêtres, et de réunir quelques-uns des témoignages honorables aux dames, que l'on trouve, soit dans les statuts de *l'ancienne chevalerie,* soit dans les actions attribuées à ceux qui étaient décorés du titre de *chevalier,* soit enfin dans les ouvrages des *troubadours.* Je m'étendrai ensuite un peu davantage sur les *cours d'amour,* composées

---

(1) Entre tous les ouvrages en faveur des dames, je ne citerai que le *Dictionnaire historique,* que j'indique ci-après.

et même présidées par les dames; et je terminerai cette dissertation par une notice de nos anciens usages et de nos coutumes, qui attestent les priviléges que nos ancêtres avaient accordés aux personnes du sexe.

III.

Des impératrices qui, dans le dix-huitième siècle, ont gouverné la Russie.

Je ne rappellerai point ce que l'histoire nous apprend des princesses qui ont gouverné en leur nom (1), et dont quelques-unes (comme l'épouse du czar Pierre-le-Grand) ne paraissaient pas destinées à monter sur un trône : l'étonnante révolution commencée par ce prince a été achevée par les impératrices qui lui ont succédé; car une des singularités de ce siècle, le plus fécond que je connaisse en évènemens importans, et dont presque chaque lustre a été marqué par quelques révolutions, ou au moins par quelques faits qui ont influé sur la politique générale de l'Europe, est d'avoir vu, depuis plus de soixante ans, le sceptre de la Russie presque toujours porté par des héroïnes, et la Méditerranée, ainsi que l'Océan, couverts de vaisseaux russes construits sur les bords de la Baltique ou de la mer Noire.

---

(1) *Voyez*, dans le t. 1, part. 1, ch. 2 de l'ouvrage cité note II, la notice assez complète des princesses qui ont régné depuis l'enfance du monde jusqu'en 1700.

IV.

Principe général pour l'éducation des deux sexes.

Ces prodiges, que la postérité révoquerait en doute s'ils ne lui étaient attestés par tous les historiens contemporains, prouvent que le sexe dont la beauté et la douceur sont l'attribut naturel, est capable d'aussi grandes choses que le nôtre; et ces exemples ne seraient pas rares, si on donnait aux dames une autre éducation que celle qu'elles reçoivent ordinairement. Rien ne serait cependant plus aisé. En effet, indépendamment du Traité du célèbre Fénélon sur l'éducation des filles, les instituteurs ne manqueraient pas, s'ils le voulaient, de guides, plusieurs autres auteurs ayant rédigé, sur cet objet important, des ouvrages qui ont mérité l'estime du public : mais pour ne parler que de l'éducation des princesses que leur naissance appelle au trône, si on voulait en faire des héroïnes, il ne faudrait que suivre les plans donnés par plusieurs écrivains célèbres (1); car les règles pour l'éducation d'un prince doivent, avec quelques modifications légères, servir pour celle des princesses. D'ailleurs, le ressort commun aux deux sexes et à toutes les conditions, est l'émulation, ainsi qu'un amour-propre bien entendu et bien conduit : que les

---

(1) *Voyez* le titre de la plupart de ces ouvrages dans la note **IV**.

instituteurs persuadent à leurs élèves, de quelque sexe et de quelque rang qu'ils soient, la nécessité de prendre pour règle de leur conduite, ce principe précieux que le Créateur a imprimé dans nos cœurs, et dont toutes les nations (ainsi que je l'ai démontré (1) dans mon plan d'éducation) ont reconnu la vérité : *Ne faites pas à autrui ce que vous ne voudriez pas qu'on vous fît,* alors tous les hommes seraient heureux. Peut-être même que la *République de Platon,* et l'*Utopie* que le célèbre et malheureux chancelier d'Angleterre Thomas Morus (2) a rédigée à peu près sur le même plan, pourraient se réaliser ; au moins on ne verrait plus autant de révolutions, dont un grand nombre ont eu les femmes pour cause ou pour objet.

V.

De l'influence des femmes dans tous les gouvernemens.

Je n'entreprendrai pas d'en faire ici l'énumération ; quelque briève qu'elle fût, elle m'éloignerait trop de mon sujet. En conséquence, je ne parlerai

---

(1) Sommaire 75 de l'édition de 1783.
(2) Henri VIII n'ayant pu le faire changer de religion, le fit décapiter. On trouvera un abrégé de la vie de ce grand homme, et un extrait de son livre, dans le *Journal de Trévoux,* avril 1718, et dans le *Nouveau choix de Mercures,* t. 83, p. 193-212.

que de *trois* femmes qui se sont rendues célèbres par leurs crimes et leurs dérèglemens; Théodora, Brunehaut et Isabeau de Bavière; et de *trois* de celles que leurs galanteries ont immortalisées; Hélène, la courtisanne Aspasie et Ninon Lenclos. L'épouse de Justinien « fut le scandale et le fléau de l'empire, « qu'elle avait déshonoré par ses débauches, et désolé « par ses cruautés (1). » Brunehaut, après avoir gouverné avec un sceptre de fer, les peuples soumis à son mari et à ses descendans, subit les insultes de la soldatesque, éprouva les cruautés des bourreaux, et périt (en 613) par un supplice jusqu'alors sans exemple, sollicité, disent les historiens du temps, et même ordonné par Clotaire II, d'autant plus élevé, dès son enfance, par sa mère Frédégonde, dans la haine de Brunehaut, que Frédégonde avait été toujours, et en tout, la rivale de Brunehaut; mais plus heureuse, quoiqu'au moins aussi coupable, elle mourut (en 597) dans son lit. Isabeau de Bavière mit la France à deux doigts de sa perte, et poursuivit jusque dans son fils le sang d'un époux qu'elle méprisait et détestait. Hélène alluma le flambeau qui consuma Troye. La courtisanne Aspasie enseigna la rhétorique à Socrate et à Périclès, ouvrit à Athènes une école d'éloquence et une académie d'amour; parvint enfin à épouser

---

(1) *Histoire du Bas-Empire*, par M. le Beau (*Vie de Justinien*), t. 10, p. 328 et 329. Cet auteur ajoute plusieurs détails sur la conduite de cette princesse. On en trouvera quelques-uns dans la note V.

Périclès, et, et sous son nom, gouverna cette république, qui se glorifiait d'avoir Solon pour législateur. Son crédit était si grand, que pour se venger de l'enlèvement fait par quelques jeunes Mégariens, de deux de ses compagnes de plaisir membres de son académie d'amour, elle fit entreprendre aux Athéniens une guerre qui en occasionna une autre, plus longue et aussi funeste que celle de Troye; car elle dura vingt-huit ans (1), et ne finit que lorsque Athènes eut été prise par les Lacédémoniens. Ninon Lenclos, par sa probité (2), fit presque oublier les erreurs de sa conduite : sa maison était une école où les jeunes gens, même en s'enivrant du poison de la volupté, acquéraient des principes, sinon religieux, du moins capables de les rendre citoyens et honnêtes hommes, et surtout perdaient cette âpreté de mœurs qu'on confondait encore avec la bravoure, reste de la fermentation des guerres civiles, dont la religion avait d'abord été le prétexte (3), mais que la fronde avait fini par rendre ridicules.

---

(1) C'est la guerre connue sous le nom de *guerre du Péloponèse*, dont Thucydide nous a donné l'histoire ; elle fut entreprise pour secourir les Mégariens, et les dédommager des ravages que Périclès avait faits sur leur territoire.

(2) Tout le monde se rappelle l'exactitude avec laquelle Ninon Lenclos rendit un dépôt qu'un de ses amans lui avait confié, et les anecdotes relatives à ce sujet : on les trouvera à son article, dans le *Dictionnaire historique portatif des femmes célèbres*. Paris, 2 vol. in-8°, 1769.

(3) *Voyez* la note VI.

Heureusement l'histoire nous a transmis assez d'autres exemples de l'influence des femmes dans tous les empires, exemples qui n'outragent ni l'humanité ni les mœurs, et plusieurs même les honorent. Je ne me bornerai cependant pas à ces derniers exemples; mais si la duchesse d'Angoulême décida, par ses mauvais procédés, et même par ses injustices, le connétable de Bourbon à s'expatrier, et fut la cause des guerres qui suivirent la révolte de ce prince; si Catherine de Médicis, sacrifiant tout à l'envie de gouverner, caressa tour à tour les Guises et les princes, fut, par principe, irrésolue, ou plutôt perfide, entretint l'esprit de révolte et de sédition, et força Charles IX à autoriser le massacre de la S.-Barthélemi; si mademoiselle de Montpensier, madame et mademoiselle de Chevreuse fomentèrent les troubles de la fronde, qui, sans elles, n'auraient pas duré; on sait qu'une Athénienne (Agrodice) fit révoquer une loi de l'aréopage dont tout son sexe se plaignait; que les lois des Scythes leur furent données par leur reine Thomiris; que les Juifs durent leur salut à la vertueuse Esther, et que la ville de Beauvais fut défendue par la courageuse Hachette (1) et ses compagnes, qui, secondant les efforts de leurs concitoyens, empêchèrent l'ennemi de s'emparer de leur ville. La mort de Lucrèce et de Virginie changèrent le gouvernement de Rome; la mère de Coriolan sauva sa patrie; ce fut la jalousie d'une sœur qui éleva les plé-

---

(1) *Voyez* la fin de la note VII.

béiens jusqu'au consulat; le même sentiment, dont la reine Anne fut affectée, et dont la duchesse de Marlborough fut l'objet, procura la paix d'Utrecht; l'éducation que la reine Blanche donna à saint Louis fit le bonheur de ses peuples; l'ordre qu'institua la reine Anne de Bretagne pendant son veuvage, fut le témoignage, le garant et le prix de la vertu des dames de son temps (1); il fit même naître une noble émulation de s'en rendre digne.

VI.

De leur influence dans les sciences et dans les arts.

Les femmes n'ont pas moins d'influence sur les ouvrages d'esprit : c'est pour obtenir leurs suffrages que nos poëtes ont fait de l'amour le nœud et l'action principale de leurs pièces de théâtre (2), soit comiques, soit tragiques, sentiment très-rarement employé dans les pièces dramatiques des Grecs ou des Romains; et lorsqu'ils l'y introduisaient, il n'y était, même dans leurs comédies, presque toujours qu'accessoire.

---

(1) *Voyez* la fin de la note VIII.
(2) La *Mort de César*, par Voltaire, et *Philoctète*, d'après Sophocle, soit celui de M. de la Harpe, soit celui d'un auteur anonyme, qui a été imprimé en 1786, sont presque les seules pièces où il n'y ait aucun rôle de femme.

Plusieurs femmes ont été auteurs (1), et ont mérité le nom de *dixième muse*, que la tendre Sapho (2) porta la première, et qui depuis a été accordé à plusieurs Françaises (3). Dans le style épistolaire elles sont supérieures aux hommes : Mme de Sévigné n'a dans ce genre aucun auteur, ancien ou moderne, qui puisse lui disputer le premier rang. L'amour guida la main d'une amante, pour dessiner sur un mur les traits du mortel heureux qui était l'objet de sa flamme :

---

(1) *Voyez* dans l'ouvrage indiqué note II, le chapitre 5 de la première partie, qui a pour titre : *Du progrès que les femmes ont fait dans toutes les sciences, théologie, philosophie, éloquence, poésie, étude de langues, mathématiques.* Plusieurs se sont aussi livrées à l'étude de l'*astronomie*. On peut voir dans la *Bibliothèque germanique* (t. 2), et dans le *Nouveau choix des Mercures* (t. 85, p. 25-48), l'histoire de quelques femmes qui se sont occupées de cette science ; mais cette nomenclature est très-incomplète, car on en a oublié plusieurs, notamment la célèbre Mme du Châtelet.

(2) Elle vivait environ six cents ans avant Jésus-Christ, et par conséquent du temps de Nabuchodonosor et de Tarquin l'ancien. Son nom a été, il y a cinquante ans, donné au sieur Desforges-Maillard, tant que, sous le nom de la demoiselle *Malcrais de la Vigne*, il fit insérer dans les journaux plusieurs lettres, moitié vers et moitié prose ; mais quand cet auteur eut repris son sexe, non seulement il perdit le nom de *Sapho*, mais même ses admirateurs, ainsi que ses amans, disparurent, et le poëte fut sifflé. Piron saisit cette aventure, et elle lui inspira la *Métromanie*.

(3) *Voyez*, dans la note IX, quelques détails sur plusieurs Françaises qui ont été honorées du titre de *dixième muse*.

elle ne voulait que prolonger une illusion qui lui était chère; elle ne souhaitait qu'avoir toujours présent à ses yeux celui qui l'était toujours à son esprit, et dont elle portait l'image gravée dans son cœur. Ce désir enfanta la peinture, dont peu après naquit la sculpture. C'est à la belle Isaure que l'on doit l'établissement des jeux floraux de Toulouse (1). Cicéron nous apprend que « plusieurs orateurs célèbres s'as- « semblaient chez les femmes romaines les plus dis- « tinguées par leur esprit, et puisaient dans leur « société une pureté de goût et de langage que peut- « être ils n'auraient pas trouvée ailleurs (2), » ce que nous avons vu se renouveler le siècle dernier à l'hôtel de Rambouillet, et de nos jours chez plusieurs femmes célèbres.

Cette dernière observation me ramène à notre histoire : les Français n'oublieront jamais les obligations qu'ils ont à Agnès Sorel. Au témoignage des historiens contemporains, elle contribua presque autant que la Pucelle d'Orléans à maintenir Charles VII sur le trône de ses pères.

Jeanne d'Arc ne serait jamais peut-être parvenue à ranimer le courage de nos ancêtres, s'ils n'avaient

---

(1) *Voyez* dans le même ouvrage mentionné note II, la *Notice des femmes qui ont fait fleurir les beaux-arts, de celles qui ont mérité des titres d'honneur, qui ont été consultées par les savans, qui ont érigé des sociétés de belles-lettres.*

(2) *Essais sur les éloges*, c. 30, Œuvres de Thomas, édition de 1773, t. 2, p. 118.

pas été, par une espèce de tradition domestique, accoutumés à respecter les femmes comme les oracles de la Divinité.

VII.

Du respect que les Gaulois avaient pour les femmes, qu'ils regardaient comme des divinités, et dont, vers l'an 1177 avant Jésus-Christ, ils formèrent un sénat pour les gouverner. Environ trente ans après, il en fut aussi établi un en Grèce.

En effet, « les Germains, au rapport de Tacite (1), « prenaient de tout temps des filles pour prédire l'a- « venir, et en faisaient des espèces de divinités, entre « les mains desquelles ils déposaient toute l'autorité « civile et politique (2) »..... Ce qui est d'autant moins étonnant, qu'ils tiraient leur origine des Celtes (3), connus originairement sous le nom de *Scythes* (4), et que « toute l'histoire dépose de la vénération des « peuples du nord pour les femmes ; sentiment plus « ou moins vif et profond, mais commun à toutes les « nations celtiques, parmi lesquelles un savant mo- « derne compte les Germains, les Scandinaves, et

---

(1) *Hist.*, 4, p. 105.
(2) *Histoire des Gaules et des Gaulois*, par D. Martin, bénédictin, 1752, in-4°, t. 1, l. 1, p. 243, note (D).
(3) *Histoire des Celtes*, par Pelloutier, corrigée et augmentée par M. de Chiniac, t. 1, l. 1, c. 5, p. 49 et suiv.
(4) *Ibid.*, c. 1, p. 1.

« même les Scythes, quoique la ressemblance des
« mœurs ne prouve pas toujours l'identité d'ori-
« gine. Ces peuples féroces, dont la sensibilité en
« amour n'approchait point de celle qui règne dans
« les climats chauds, rendaient cependant une espèce
« de culte au sexe aimable qu'on tenait ailleurs en
« esclavage : ils voyaient en lui quelque chose de
« divin ; ils lui donnaient l'autorité des oracles, et
« l'empire de la beauté s'affermissait par une con-
« fiance religieuse (1)..... Chez les Francs en particu-
« lier, on pouvait librement s'expliquer sur la con-
« duite de ceux qui gouvernaient, mais il était défendu
« de parler mal des femmes.

« Les Gaules, autrefois divisées en soixante can-
« tons, avaient un conseil-général composé, pendant
« long-temps, de femmes tirées de chaque canton ;
« elles délibéraient de la paix et de la guerre, et
« jugeaient les différends qui s'élevaient entre les
« juges de chaque canton. Ce fut à la suite d'un
« discours prononcé avec une dignité et une fer-
« meté héroïque, par une dame gauloise, sur le
« choix d'un chef, et quel en devait être le but en
« l'établissant, qu'il fut décidé de créer un tribunal
« de dames de la nation. On peut en fixer l'époque
« en 1177 avant Jésus-Christ. C'est par ce conseil
« qu'étaient gouvernés les Gaules du temps d'Anni-
« bal, général des Carthaginois (2)..... Dans le traité

---

(1) *Discours préliminaire de l'hist. des Troubadours*, p. 32 et 33.
(2) *Variations de la monarchie française*, par Gautier de Si-

« conclu avec lui, il fut stipulé que si un Gaulois
« commettait quelque offense contre un Carthaginois,
« le criminel serait jugé au tribunal des femmes gau-
« loises (1)..... A l'administration des dames succéda
« celle des druides. Les Gaulois, toujours vainqueurs
« sous le gouvernement des femmes, devinrent tri-
« butaires des Romains sous celui de ces ministres de
« la religion, dont un trahit sa patrie (2). »

Un fait, plus singulier peut-être que l'établissement de ce sénat de femmes, est que les Grecs aient créé, à peu près dans le même temps, un pareil tribunal. En effet, suivant Gautier de Sibert, l'époque de la formation du sénat des femmes gauloises date de l'an 1177 avant Jésus-Christ; or, trente ans environ après,
« les Eléens se croyant lésés par les Pisiens, et ayant
« inutilement demandé satisfaction à Demophoon,
« tyran de Pise, convinrent avec les habitans de
« cette ville, après la mort du tyran (3), de remettre
« la décision de leur différend à une cour de seize
« femmes qui seraient choisies dans les seize villes

---

bert, in-12, 1765, t. 1, p. 111, note (1). L'auteur renvoie à dom Martin, qui lui-même cite Plutarque.

(1) *Histoire universelle*, traduite de l'anglais, t. 30, p. 402. Ces auteurs citent Plut., *de Mulier. Polyœn. Strat.*, l. 7.

(2) Gautier de Sibert, au lieu cité.

(3) Ce prince monta sur le trône onze cent quatre-vingt-un ans avant Jésus-Christ, régna trente-trois ans, et mourut onze cent quarante-huit ans avant Jésus-Christ, par conséquent vingt-neuf ans après l'établissement du sénat des femmes gauloises.

« des Eléens. Le jugement de cette nouvelle cour
« plut si fort aux deux parties, qu'elles établirent un
« collége perpétuel de seize matrones (1), pour pré-
« sider aux jeux junoniens, et assigner le prix à celui
« qu'elles en jugeraient le plus digne (2). »

VIII.

D'un parlement de femmes à Rome et en Irlande, et de l'autorité des dames dans les temps de l'ancienne chevalerie.

J'ignore combien ce sénat de femmes éléennes a duré, et si les ministres des dieux qu'elles adoraient le firent supprimer, comme ceux des Gaulois y parvinrent chez nos ancêtres : l'histoire nous apprend seulement que les druides, en s'arrogeant tous les droits du sénat des Gauloises, crurent devoir conserver aux dames quelque autorité. Ils firent partager à leurs épouses les fonctions du sacerdoce : elles offrirent même des sacrifices, et s'attribuèrent le don de deviner (3). Si de ces temps anciens nous passons à de plus proches, nous trouvons à Rome, sous le règne d'Hélio-

---

(1) *Voyez* à la fin, la note X.
(2) *Histoire universelle*, traduite de l'anglais, t. 30, p. 402. Les auteurs de cette histoire citent Pausanias, *Hist. des Eléens.*
(3) *Voyez*-en la preuve dans l'*Histoire des Celtes*, par Pelloutier, revue par Chiniac, in-12, 1771, t. 7, p. 306 et suivantes.

gabale, « un sénat de femmes, établi par ce prince,
« où sa mère Sœmis présidait, et où l'on rendait des
« arrêts sur les habits, sur les modes, sur les manières
« et sur les galanteries des femmes..... Ce prince, qui
« régna depuis 218 jusqu'en 222, fit entrer aussi sa
« grand'mère, Mœssa, au sénat, où elle fut placée
« auprès des consuls, fut écrite comme présente,
« opina, et fit toutes les fonctions de sénateur (1).....
« C'était aussi un ancien usage en Irlande, que
« pendant l'assemblée du parlement, qui se tient à
« Dublin, les femmes, dans les villes de province, et
« même dans les campagnes, formaient, à l'imitation
« des hommes, une assemblée de leur sexe, à laquelle
« elles donnaient aussi le nom de *parlement* (2). »

Ainsi l'histoire de nos voisins se réunit à la nôtre, pour nous retracer presque les usages des Gaulois; ce qui est d'autant plus naturel, que, suivant la remarque de l'abbé Millot, « quand les mœurs publiques
« ont pris dans l'origine une forte direction, il en
« reste toujours des traces, malgré les changemens
« que produit le cours des siècles. Sans doute les ha-
« bitans de nos provinces, mélange des Gaulois et des
« Germains, conservaient pour les femmes le même
« fond de sentiment, et la chevalerie ne créa point
« un nouveau système; elle ne fit qu'étendre et subti-

---

(1) *Histoire romaine*, par Laurent Echard, t. 6, p. 123 et 124.
(2) *Le Pour et Contre*, ouvrage périodique de l'abbé Prevost, t. 7, p. 348 et 349.

« liser l'ancien (1). » On ne doit donc pas s'étonner si nos preux chevaliers avaient toujours une dame souveraine de leurs pensées (2) : aussi sont-ils appelés par les poëtes et les historiens, des *servans d'amour* ou des *poursuivans d'amour* (3). Tous nos vieux romans l'attestent, à commencer par ceux de la table ronde, que l'on fait remonter au règne d'Artus, roi de la Grande-Bretagne, dont on fixe l'époque vers le cinquième siècle de notre ère. Personne n'ignore que nos romanciers se sont plûs à prêter au roi Artus, ainsi qu'à ses courtisans et aux princes de son temps, ou que l'on a supposés ses contemporains, mille aventures plus fabuleuses l'une que l'autre, et qu'ils lui attribuent l'institution du premier ordre de chevalerie, connu sous le nom de *chevaliers de la table ronde,* « table que l'on montre à Westminster avec

---

(1) *Discours préliminaire de l'histoire littéraire des Troubadours*, p. 34 et 35.

(2) *Voyez* p. 8 de l'édition in-4°, faite en 1753, des *Mémoires* de Sainte-Palaye *sur l'ancienne chevalerie* : de plus, ces termes se trouvent dans tous les romans anciens ; ils y sont même plusieurs fois répétés, comme on peut le voir, notamment dans *Don Quichotte*, que l'on sait avoir été composé par Michel Cervantes, pour y réunir toutes les aventures et toutes les expressions les plus ridicules employées par les romanciers qui l'avaient précédé.

(3) P. 33 des *Mémoires* in-4° de Sainte-Palaye, qui cite une ballade sur un tournoi fait à Saint-Denis, sous Charles VI, en mai 1389 ; et note 22 du troisième *Mémoire* de Sainte-Palaye.

« les noms de ces prétendus chevaliers (1), » au nombre de cinquante (2).

Sainte-Palaye, dans ses *Mémoires sur l'ancienne chevalerie* (3), rappelle, presqu'à chaque page, cet ancien usage : aussi l'abbé Velly, en donnant dans son histoire un extrait de ces savans Mémoires, observe-t-il « que les premières leçons que recevaient les « pages, regardaient surtout l'amour de Dieu et des « dames; que c'était ordinairement les femmes qui « se chargeaient du soin de leur apprendre en même « temps leur *catéchisme* et *l'art d'aimer* (4), c'est-« à-dire la religion et la galanterie (5). »

Les auteurs cités par Sainte-Palaye attestent tous que les dames assistaient aux combats des tournois, qui, suivant du Cange, doivent leur institution aux Français, et dont nos auteurs font remonter l'origine au moins à Charles-le-Chauve (6). C'étaient elles qui adjugeaient les prix aux combattans, les couronnaient de leurs mains, les armaient et les désar-

---

(1) Moréri, au mot *Artus*. Quant à l'ancienne chevalerie, *voyez* la note XI.

(2) *Voyez* sur ces chevaliers, sur leur nombre et sur les statuts de leur ordre, la note XII.

(3) *Voyez* singulièrement les notes 83, 84, 85, 90, 91, 93 du second *Mémoire* de Sainte-Palaye, 1re édit. in-4° de 1753.

(4) *Voyez* t. 4, p. 9 de l'*Histoire de France* de l'abbé Velly, et à la fin de cette pièce, la note XIII.

(5) P. 7 des *Mémoires* de Sainte-Palaye, ci-dessus cités.

(6) *Voyez* la note XIV.

maient, tant lorsqu'ils étaient reçus chevaliers, qu'avant et après *le pas d'armes* (1) qu'ils *tenaient contre tous venans* en l'honneur de celle dont ils se faisaient gloire de porter les couleurs, et qu'ils aspiraient à obtenir pour épouse. Elles désarmaient aussi les chevaliers à la sortie des tournois (2), où souvent ils combattaient pour « disputer l'avantage d'avoir « une dame plus belle et plus vertueuse que celle de « leur ennemi, et de l'aimer avec plus de passion...; « combats qu'ils offraient quelquefois dans les siéges, « dans les escarmouches et dans les batailles....; et « au fort de l'action, des assiégés et des assiégeans...., « ou des partis qui s'étaient rencontrés...., ils sus- « pendaient leurs hostilités, pour laisser un champ « libre à ceux qui voulaient immortaliser la beauté « de leurs dames, combattre pour elles...., et défier « celui des ennemis qui serait le plus amoureux (3). » Aussi les dames, par reconnaissance, pansaient les blessures (4) des chevaliers, permettaient aux vain-

---

(1) *Voyez* la note XV.

(2) Note 20 du second *Mémoire*, et 16 du premier *Mémoire* de Sainte-Palaye, in-4º.

(3) *Ibid.*, p. 61 et 62. Sainte-Palaye cite, à l'appui des différens faits qu'il rapporte, Joinville, Froissart, Monstrelet, le Moine du Vigois, celui de Saint-Denis. *Voyez* aussi la *Bibliothèque des Romans*, notamment juillet 1780, 2ᵉ vol., p. 28; avril 1781, 1ᵉʳ vol., p. 141; juillet, 1ᵉʳ vol., p. 16; mai 1784, p. 18, 26-36; mars 1786, p. 129.

(4) *Ibid.*, note 17. *Voyez*, de plus, tous les romans de chevalerie, notamment celui de *Don Quichotte*, et la note XVI.

queurs de les embrasser (1), et même quelquefois, pour prix de leur valeur, leur accordaient le *don d'amoureuse merci* (2), ou au moins le *gage d'amour sans fin* (3).

IX.

Des Troubadours, et des *Cours d'amour*, composées de dames, dont même plusieurs y avaient la qualité de *présidentes;* des différens lieux où elles se tinrent, et de ceux qui y remplissaient la dignité de prince d'amour.

La révolution que les troubadours amenèrent dans nos mœurs fut favorable aux dames; ils célébrèrent la beauté de celles de leur temps. Les princes et les principaux seigneurs des pays méridionaux de la France, berceau des troubadours, s'adonnèrent, à leur exemple, aux muses; ils chantèrent leurs combats et leurs victoires; ils n'oublièrent pas les *dames souveraines de leurs pensées,* et se flattèrent de les

---

(1) *Voyez* la note 85 du second *Mémoire* de Sainte-Palaye; l'*Histoire de France* de Velly, règne de Charles VI, année 1389; et la *Bibliothèque des romans*, notamment juillet 1780, 2ᵉ vol., p. 69.

(2) *Voyez* la note XII, ainsi que tous les romans de l'ancienne chevalerie, et la *Bibliothèque des romans*, notamment t. 1, octobre 1777, p. 82; novembre 1777, p. 91; octobre 1782, 2ᵉ vol., p. 109.

(3) *Voyez* dans la note XVII, ce que c'est que le *gage d'amour sans fin.*

immortaliser par leurs vers. On doit remarquer, à l'honneur des troubadours, « qu'ils ont été les inven-« teurs de la poésie moderne, et que ce n'est qu'après « eux que les Espagnols, les Italiens et les Français « s'y sont exercés....; qu'ils ont été les créateurs dans « leur genre, n'ayant eu ni modèles ni imitateurs; « qu'ils forment parmi les auteurs une classe à part, « de laquelle on peut dire qu'elle est sans ancê-« tres et sans postérité.....; que tout est à eux, et « ce genre, et la manière de le traiter..... Les poëtes « modernes, au contraire, ayant imité les Grecs et « les Romains, ont des traits de ressemblance qui « annoncent leur filiation littéraire (1). »

D'après ces observations, conformes aux faits consignés dans les ouvrages et l'histoire des troubadours, on ne doit pas être étonné si « leurs poésies mirent la « langue provençale en usage par toute l'Europe, et « les troubadours en si grande réputation, que les « deux empereurs Frédéric Ier et II du nom, en atti-« rèrent plusieurs à leurs cours. Richard-Cœur-de-« Lion, roi d'Angleterre, les honora de son amitié « et de ses bienfaits. Le roi Louis-le-Jeune, non « seulement les reçut à sa cour, et leur fit d'aussi ri-« ches présens que les princes que l'on vient de nom-« mer, mais même, quand il partit en 1147 pour la « conquête de la Terre sainte, il voulut en avoir à « sa suite, espérant qu'ils lui seraient d'un grand se-

---

(1) *Histoire de Provence*, in-4°, 1780, t. 3, p. 466 et 467; et pour le nom de l'auteur, *voyez* la note XVIII.

« cours pour adoucir les ennuis d'un si long voyage...
« Les Picards (1) furent les premiers qui apprirent
« des *trouveres,* ou plutôt des troubadours, à faire
« des chansons, des tensons et des *syrventes* (2).
« Thibaud, comte de Champagne, qui vivait dans le
« treizième siècle, se signala dans ce genre de poésie.
« Tout le monde sait qu'étant devenu amoureux de
« la reine Blanche, mère de saint Louis, il composa
« diverses chansons à la louange de cette princesse;
« il en fit écrire plusieurs contre les murailles et sur
« les vitres de son château de Provins (3). Il y avait
« à sa cour quantité de poëtes, parmi lesquels on dis-
« tinguait Gace Brûlé, seigneur du premier rang : ils
« s'assemblaient souvent pour examiner leurs ou-
« vrages, et Thibaud ne dédaignait pas de présider à
« ces assemblées, que l'on peut regarder comme la
« première académie française (4). »

L'abbé Papon, dans son *Histoire de la Pro-*

---

(1) *Voyez* la note XIX.

(2) *Voyez* la note XX.

(3) Depuis 1735, le trait historique des prétendus amours de Thibaud, comte de Champagne, et de la reine Blanche, a été discuté et éclairci; ils ont été justifiés des calomnies dont Mathieu Paris, historien anglais et partial, avait voulu noircir leur mémoire. (*Voyez* la note XXI, qui contient quelques détails sur ce fait intéressant.)

(4) *Histoire du théâtre français*, par MM. Parfait, t. 1 (qui a paru en 1735), p. 5, 6 et 30. *Voyez* sur cette *première académie française*, et une *seconde* qui a eu lieu dans le seizième siècle, la note XXII.

vence (1), s'énonce ainsi sur les troubadours et sur l'autorité qu'exerçaient les dames : « Les dames, les « chevaliers, les troubadours, s'animaient pour s'ex-« citer à devenir meilleurs, et l'on peut dire que le « désir de la gloire était le principe ou le prétexte de « la galanterie..... De là ces marques de la sensibilité « qu'on se donnait sans réserve sous les yeux d'un « époux, en présence de tout un peuple, et quelque-« fois au milieu d'une cour brillante. C'était, disait-« on, la reconnaissance et l'estime qui empruntaient « les expressions de l'amour ; on ne savait pas dissi-« muler, parce que les mœurs n'étaient pas encore « corrompues, et on donnait aux sentimens les plus « honnêtes les traits grossiers de la passion..... Enfin « la galanterie était tellement l'esprit dominant de « ce siècle d'ignorance, qu'elle se mettait à tout : elle « faisait le sujet ordinaire des entretiens. Les dames, « les chevaliers et les troubadours s'exerçaient à dis-« puter sérieusement sur cette importante matière ; « il n'y avait aucun sentiment du cœur, quelque fi-« nesse qu'on lui suppose, qui pût échapper à leur « sagacité ; tous les cas imaginables étaient prévus et « décidés : on proposait quelquefois, en forme de défi, « des questions auxquelles on mettait bien plus d'im-« portance qu'aux affaires d'Etat. On appelait *cours* « *d'amour* les assemblées où on les décidait...., et ce, « par allusion aux sujets qu'on y traitait d'une ma-

---

(1) In-4°, 1778, t. 2, l. 3, p. 216 à 219. *Voyez*, ci-après, la note XXIII.

« nière particulière..... C'est l'explication la plus rai-
« sonnable qu'on puisse donner de ces cours fameuses
« dont on entend parler sans les connaître, et sur
« lesquelles on ne trouve aucun monument (1). Un
« troubadour parle de la *cour d'amour* de Pierre-
« Feu. »

L'autorité de l'abbé Papon, relativement à ces cours, est d'autant plus importante, qu'en commençant son travail, il doutait de leur existence, et regardait ce que l'on en disait comme une fable (2), qu'il comptait détruire dans son histoire; mais en lisant les ouvrages des troubadours, il a été forcé de changer d'avis, et de revenir à la façon de penser de tous les auteurs qui ont attesté la tenue de ces cours. Elles étaient ordinairement présidées par le *prince*
« *d'amour;* charge annuelle qui était remplie alter-
« nativement par le roi Richard, le roi Alphonse
« d'Arragon, le dauphin d'Auvergne et le comte de
« Provence, et, à leur défaut, par les grands sei-
« gneurs de la province (3). »

---

(1) Il paraîtrait que ce fait n'est pas absolument exact. (*Voyez* le *sommaire* suivant, et la note XXXIV, mais en la rapprochant du *sommaire XI.*

(2) « On croit, sur la foi de Nostradamus, que les dames
« de Provence, dans les temps de chevalerie, tenaient la
« *cour d'amour* dans le château des Signes; c'est une fable
« que nous détruirons dans l'histoire, où l'on verra ce que
« c'était que ces *cours d'amour.* » (*Hist. de Provence,* t. 1, p. 368.)

(3) Moréri, au mot *troubadours* : cet auteur cite Martial d'Auvergne.

Indépendamment de celle de Pierre-Feu, dont parle l'abbé Papon, il s'en tenait deux autres, une à Romanin et l'autre à Signes (1). On trouve dans l'ouvrage de Jean Nostradamus, *sur la vie des plus célèbres et anciens poëtes provençaux qui ont fleuri du temps des comtes de Provence*, plusieurs détails curieux sur ces *cours d'amour :* on y trouve même le nom des dames qui les composaient dans les douzième et treizième siècles (2), ainsi que plusieurs des questions qui étaient agitées en la tenue de ces *cours d'amour* (3). Cet auteur, et tous ceux qui ont parlé de ces *cours,* attestent qu'il y en avait une à Avignon dans le temps que les papes y siégeaient : on connaît également les noms d'une partie des dames qui y assistaient (4). Enfin, M. le marquis de Paulmy nous

---

(1) L'auteur de la *Description des arcs de triomphe d'Aix*, dons je vais parler, prétend, p. 25, que sur la fin de l'existence des *cours d'amour,* on appelait des jugemens de la cour de Signes au parlement qui se tenait à Romanin.

(2) *Voyez* dans l'édition de Lyon de 1595, p. 27, les noms de dix dames qui, à la fin du douzième siècle, présidaient aux *cours d'amour* de Signes et de Pierre-Feu. Page 131, l'auteur nomme douze des dames qui, à la fin du treizième siècle, présidaient à la cour de Romanin.

(3) *Voyez* la note XXIV.

(4) *Voyez* le *Dictionnaire historique portatif des femmes célèbres*, 2 vol. in-8º, Paris, 1769, notamment aux mots *Avignon, Baux* (Jeanne et Haguette de), *Béatrix* et *Briaude d'Agoult,* la dame de *Lambesc* et la dame de *Chabot*, mère du sieur *Marchebruse.*

apprend « que la mère du duc d'Orléans..... (père de « Louis XII) tenait chez elle, du temps de Charles VI « son beau-frère, qui régna de 1380 à 1422, une « espèce de *cour d'amour* (1). » Ces cours étaient tellement la folie du temps, que les romanciers en composaient où le dieu d'amour avait pour barons des oiseaux qui décidaient par un combat une question d'amour soumise à leur jugement (2).

Il paraît que quelques auteurs les appellent des *cours plénières* ou *parlemens* : car le président Fauchet, dans son *Histoire des anciens poëtes français* (3), dit « que ces plaids et ces jeux sous l'or- « melle, étaient une assemblée de dames et de gen- « tilshommes, où se tenait comme un parlement de « courtoisie et de gentillesse, pour vuider plusieurs « différends : il y en avait en différentes provinces, « suivant qu'il se trouvait des seigneurs et dames de « gentil esprit. »

X.

Existe-t-il des recueils des jugemens des *cours d'amour?* Du recueil de Martial d'Auvergne, commenté par Benoît de Court, et de l'édit des masques.

Fauchet n'est pas le seul auteur qui ait regardé

---

(1) *Mélanges tirés d'une grande bibliothèque*, t. 4, p. 244. Ne serait-ce pas plutôt la *cour amoureuse*, dont je parlerai dans le sommaire XI?

(2) *Voyez* la note XX.

(3) T. 2, p. 578.

les *cours d'amour* comme des *parlemens;* car Jean-Martial d'Auvergne, qui vivait dans le quinzième siècle, s'est plu à extraire (1) des ouvrages des troubadours plusieurs décisions des *cours d'amour;* il en a formé un recueil intitulé : *les Arréts d'amour*. Ils sont au nombre de cinquante-un, et sont écrits en français, quoiqu'alors, dans les parlemens, les arrêts s'écrivissent en latin; usage qui n'a été changé que sous François Ier, par son ordonnance d'août 1539, datée de Villers-Cotterets (2).

Les arrêts de Martial d'Auvergne (3) ont été, dans le seizième siècle, très-sérieusement et très-savamment commentés, mais en langue latine, par Benoît de Court. Ce jurisconsulte, l'un des plus célèbres de son temps, déploie dans cet ouvrage toute son érudition : il y traite plusieurs questions très-épineuses de droit civil. J'ai cru devoir placer ici, à la fin de cette dissertation, une notice (4) de cet ouvrage singulier. On est très-étonné d'y trouver autant de science, et, je le répète, de sérieux, mais moins de galanterie que dans le recueil de Martial d'Auvergne. Je craindrais qu'on ne m'accusât de manquer non seulement à la galanterie, mais même à l'urbanité française, si je transcrivais ici le motif que Benoît de Court donne

---

(1) C'est aussi le sentiment de l'auteur de la *Description des arcs de triomphe d'Aix*. (*Voyez* son ouvrage, p. 28.)
(2) *Voyez* la note XXV.
(3) *Voyez*, sur cet auteur, la note XXVI.
(4) *Voyez* la note XXVII.

pour prouver que l'on n'aurait pas dû admettre les dames dans les *cours d'amour* (1).

Je me contenterai d'observer que, pour mieux établir la jurisprudence des jugemens de Martial d'Auvergne, Benoît de Court en ajouta un à ceux de cet auteur; c'est le cinquante-deuxième et dernier. Il a pour titre : *Des Maris ombrageux, qui prétendent la réformation sur les priviléges des masques, tendant à fin de faire corriger les abus qui se commettent, et limiter les temps qu'ils doivent demeurer, ou assister en chacune maison où ils iront masqués* (2).

Cet arrêt commence par l'extrait des moyens des maris et des masques, et se termine par annoncer un règlement qui suit, et qui est intitulé : *Edit sur le fait des masques* (3). Il est en vingt-sept articles. Il ordonne aux maris de laisser entrer tous les masques, et leur accorde la liberté de danser et entretenir les dames, mais pendant une heure seulement; ensuite ils sont obligés (article 12) de laisser le champ libre

---

(1) *Voy.* p. 31 de la *Description du troisième arc de triomphe*, dressé à Aix en 1701.

(2) Nous avons donné cette pièce, tome IX, page 169 de la Collection. (*Edit.*)

(3) Cet édit est terminé par la mention (en latin) qu'il a été, en 1541, *enregistré en la cour d'amour, ouï et ce requérant le procureur-général d'amour.* La naïveté, encore d'usage sous François Ier, a permis à Benoît de Court d'insérer dans cet édit, des articles que la décence m'interdit de rapporter, notamment l'article 18.

aux autres masques. Il leur enjoint, dans le même article « de non user aux demoiselles de paroles per-
« dues, comme de les interroger de leur ménage.....
« et tels et semblables impertinens et sots propos,
« mais doit de beau premier abord entrer en la ma-
« tière d'amour, appendices ou dépendances, si ce
« n'était aux vieilles et anciennes, auxquelles on
« pourra parler de la journée de Montlhéry (1) ou
« de la mort du connétable (2). »

On connaît aussi quelques autres ouvrages sur le même objet, notamment « Coquillart, chanoine et
« official de Reims, qui vivait à la fin du quinzième
« siècle, fit les *droits nouveaux d'amour* (3); et
« l'heureux rival de Cujas (Forcadel, né à la fin du
« quinzième siècle, et mort au milieu du seizième),
« fit un traité sur cette matière, qu'il appela *Cupido*
« *juris peritus* (4). »

---

(1) Bataille sous Louis XI, du 16 juillet 1465, lors de la guerre dite *du bien public*.

(2) J'ignore si l'auteur veut parler ou du connétable Louis de Luxembourg, comte de Saint-Paul, auquel Louis XI fit trancher la tête, le 19 décembre 1467; ou du connétable de Bourbon, tué devant Rome, le 6 mai 1527. Cependant, comme Benoît de Court veut que l'on entretienne les vieilles d'anciennes histoires, et que la première dont il parle est de 1465, je croirais que c'est à la mort du comte de Saint-Paul que cet auteur fait allusion.

(3) *Voyez*, dans la note XXVII, l'indication des ouvrages de Coquillart.

(4) *Description du troisième arc de triomphe d'Aix*, p. 28 et 29.

Martial d'Auvergne, à l'exemple des auteurs du *Roman de la Rose* (1), ne crut pas pouvoir mieux composer sa *cour d'amour*, qu'en faisant une cour pareille à celle du parlement : on y trouve des *seigneurs laïques* et *conseillers d'église*, un *président*, *avec la robe fourrée d'hermine*, des *déesses*, *légistes et clargesses*, une *grand'chambre*, un *avocat général*, des *greffiers*, des *secrétaires*, des *huissiers de l'un et de l'autre sexe*, etc. Ceux qui ne voudront pas se donner la peine de lire le recueil de Martial d'Auvergne (2), pourront en prendre une idée dans le « discours sur les *Arcs triomphaux dressés en la ville d'Aix, à l'heureuse arrivée de monseigneur le duc de Bourgogne et de monseigneur le duc de Berri, à Aix,* 1701 (3). » Ils y trouveront l'extrait de cet ouvrage singulier, et à peu près le précis de ce que les auteurs, en très-petit nombre et en très-peu de mots (4), disent des *cours d'amour :* j'ai cependant réuni dans cette dissertation des détails qui ne sont pas dans le discours des Arcs triomphaux, mais je n'ai pu me procurer aucun des jugemens rendus par les *cours d'amour*. En effet, on sent que les mentions qui en existent dans les ouvrages des trouba-

---

(1) *Voyez* la note XXIX.
(2) *Voyez* la notice des différentes éditions d'*Aresta amorum*, dans la note XXX.
(3) La difficulté est de trouver cet ouvrage, qui est bien moins commun que le livre de Martial. (*Édit.* C. L.)
(4) Pasquier n'en dit qu'un mot, *Recherches*, l. 7, c. 4, in-f°.

dours, et dans quelques autres auteurs du temps, ne sont pas des pièces plus authentiques que l'*édit des masques* ci-dessus mentionné, ou que *celui d'amour*, dont je parlerai dans un moment. En conséquence, d'après mes recherches, je crois pouvoir assurer qu'il n'existe aucun recueil (1) des jugemens des *cours d'amour;* et c'est encore une ressemblance qu'elles ont avec les anciens tribunaux de judicature, qui ne tenaient aucun registre de leurs décisions, rendues souvent sous un orme, comme faisait saint Louis à Vincennes. Lorsqu'il s'élevait des contestations sur le contenu de ces jugemens, on faisait des procès-verbaux de *records*, usage plutôt tombé en désuétude qu'aboli (2), et qui est devenu presque inutile, attendu que les notaires et les greffiers, ainsi que tous les officiers publics, conservent les minutes des actes qu'ils reçoivent, ou des jugemens des tribunaux auxquels ils sont attachés. Dans les cas extraordinaires, les tribunaux ordonnent encore quelquefois des procès-verbaux des records (3).

XI.

D'une cour amoureuse sous Charles VI.

Cependant je ne dois pas passer sous silence un fait

---

(1) *Voyez* la note XXXI.
(2) *Voyez* la note XXXII.
(3) *Voyez* la note XXXIII.

attesté par les auteurs anglais de l'*Histoire universelle* : ils observent (règne de Charles VI) qu'on vient de découvrir un manuscrit « où l'on voit les détails d'une société galante, sous le titre de *cour amoureuse;* » mais ils ne donnent aucun renseignement sur ce manuscrit; ils n'indiquent pas même dans quel lieu il s'est trouvé. Leur silence à ce sujet est d'autant plus étonnant, que si ce manuscrit est relatif aux *cours d'amour*, il serait non seulement original, mais unique, et par conséquent aussi précieux que curieux.

A en juger d'après ce que les auteurs anglais en rapportent, et que l'on trouvera à la fin, note XXXIV, la composition de cette *cour* porterait à croire que ce manuscrit a rapport aux *cours d'amour;* mais ce qui pourrait en faire douter, c'est que ces auteurs l'appellent *cour amoureuse*, nom sous lequel les *cours d'amour* n'ont jamais été connues.

D'ailleurs, nos auteurs parlent d'une *cour amoureuse*, qu'ils placent sous Charles VI, et j'ai déjà observé ci-dessus (1), qu'il est plus que vraisemblable que la *cour d'amour* dont parle M. de Paulmy, est la *cour amoureuse*, à laquelle doit appartenir le manuscrit indiqué par les auteurs anglais. En effet, cette *cour amoureuse* me paraît différente des *cours d'amour*, et leur avait succédé, puisque Charles VI commença à régner en 1380, et que Martial d'Auvergne, ainsi que tous ceux qui ont

---

(1) P. 307, note 1.

parlé des *cours d'amour*, en fixe la cessation (1) à la mort de la fameuse reine Jeanne de Naples, qui décéda en 1382. Le continuateur de l'abbé Velly, en parlant de cette *cour amoureuse*, s'exprime ainsi (année 1392):

« Ce fut sous ce règne (de Charles VI) qu'on vit
« fleurir la *cour amoureuse*, formée, pour le nombre
« et la qualité des officiers, sur le modèle des Cours
« souveraines: président, conseillers, maîtres des re-
« quêtes, auditeurs, chevaliers d'honneur, grands-
« veneurs, secrétaires, gens du roi, leurs substituts;
« en un mot, toutes les charges qui formaient les
« juridictions supérieures y étaient spécifiées. Les
« plus grands seigneurs briguaient l'honneur d'y être
« admis. Les princes du sang étaient à la tête de cette
« compagnie, entièrement consacrée à l'amour. On
« voit dans la liste des officiers, les noms des plus
« anciennes familles du royaume; on y voit des ma-
« gistrats; et ce qui doit paraître singulier de nos
« jours, on est étonné de trouver dans cette associa-
« tion voluptueuse, des docteurs en théologie, des
« grands-vicaires, des chapelains, des curés, des cha-
« noines de Paris et de plusieurs autres villes; assem-
« blage monstrueux, et qui caractérise la dépravation
« d'un siècle grossier, où l'on ignorait l'art si facile
« d'être vicieux, du moins avec décence. »

Villaret cite, pour autorité, les *Mémoires de littérature*, que je ne connais pas; mais j'ai trouvé, dans

---

(1) *Voyez* le *sommaire XV.*

le tome 7 de ceux de l'Académie des inscriptions (1), la notice d'un manuscrit d'une *cour amoureuse*, que je croirais être celui dont Villaret a voulu parler, et le même indiqué par les auteurs anglais de l'*Histoire universelle*. Au surplus, j'ai cru devoir en rédiger un extrait, qui formera la note XXXV de celles que j'ai rejetées à la fin de cette dissertation.

En le lisant, on sera convaincu que ce manuscrit appartient à la *cour amoureuse* tenue sous Charles VI, et que cette cour est totalement différente des *cours d'amour*. En effet, les auteurs anglais prétendent « que cette société paraissait destinée à tourner en « ridicule ce qu'il y a de plus grave et de plus sé- « rieux. » D'après cette définition, il est difficile de confondre cette *cour amoureuse* avec les *cours d'a- mour*, qui font l'objet de cette dissertation; car il est certain que les troubadours étaient l'âme de ces assemblées; et l'abbé Papon atteste, dans son *Histoire de Provence*, que ces poëtes respectaient la foi dans laquelle ils étaient nés.

XII.

Du respect des troubadours et des anciens chevaliers pour la religion, dont même, après leurs victoires, ils se rendaient les missionnaires.

Cet historien assure même « que les premiers trou-

---

(1) P. 287 à 289.

« badours ne citaient jamais les divinités de la fable,
« par respect pour la religion....., et qu'il ne faut pas
« attacher aux mots d'*amour* et de *galanterie* les
« sens qu'ils présentent aujourd'hui; que ce serait
« ternir la gloire des anciens chevaliers, qui firent de
« l'amour une passion noble et le principe de leurs
« belles actions (1)...... On aimait une belle parce
« que, pour être estimable, il fallait aimer : on por-
« tait ses livrées; on obéissait à ses moindres désirs;
« on entreprenait pour elle les prouesses les plus pé-
« rilleuses; mais c'était une divinité qu'on s'engageait
« à honorer et à servir toute sa vie. Jamais un mot,
« jamais une demande capable de faire rougir sa
« vertu. Pour quiconque connaît un peu les anciennes
« mœurs de la chevalerie, ce n'est point une fiction
« absurde et chimérique que la Dulcinée du cheva-
« lier de la Manche : si l'on peut faire quelque re-
« proche à Cervantes, ce ne sera point celui-ci (2). »

Bien plus, les statuts des chevaliers de la table ronde, d'après lesquels ont été rédigés tous nos anciens romans, et qui ne donnent pour lois que ce que pratiquaient tous ceux qui avaient été armés chevaliers, les obligeaient de ne prendre pour femmes, et même pour maîtresses (3), que des chrétiennes. En

---

(1) *Histoire de Provence*, t. 2, p. 150 et 219.

(2) Préface des *Fabliaux*, ou *Contes du XIIe et du XIIIe siècle*, par M. le Grand, p. 77.

(3) *Voyez* tous les romans de chevalerie, et la *Bibliothèque des romans*, notamment avril 1778, t. 2, p. 70.

conséquence, les preux, du temps d'Artus, de Charlemagne, etc., qui pourfendent les géans, et font mille actions étonnantes, les mains encore teintes du sang des pères, des époux, des parens ou des tyrans qui retenaient les belles qu'ils ont conquises ou délivrées, leur prêchent notre religion, et devenant à l'instant des missionnaires, les font baptiser, ou les baptisent eux-mêmes avant de leur parler d'amour (1); ne combattent les infidèles que pour les obliger de renoncer à Mahomet et d'adorer Jésus-Christ, ou même rendent aux princes qu'ils ont vaincus, leurs Etats, sous la seule condition de se faire chrétiens, eux et tous leurs sujets (2). Cette conduite n'est pas étonnante, car Sainte-Palaye observe (3) « que les « préceptes de religion que l'on donnait aux jeunes « pages laissaient au fond de leur cœur une sorte de « vénération pour les choses saintes, qui tôt ou tard « y reprenaient le dessus; que les préceptes d'amour « (qu'on me pardonne, dit cet auteur, de réunir si « souvent des mots aussi mal assortis) répandaient « dans le commerce des dames, ces considérations et « égards respectueux qui, n'ayant jamais été effacés

---

(1) *Voyez* tous les romans de chevalerie, et la *Bibliothèque des romans*, notamment avril 1778, t. 2, p. 145; octobre 1778, t. 2, p. 110; octobre 1783, 2ᵉ vol., p. 53, 79 et 83.

(2) *Ibid.*, notamment juillet 1778, t. 1, p. 51, 107, 150; décembre 1778, p. 90; décembre 1780, p. 85; juin 1784, p. 164.

(3) P. 8 de ses *Mémoires sur la chevalerie*.

« de l'esprit des Français, ont toujours fait un des
« caractères distinctifs de notre nation. »

XIII.

Des conseils de Charles du Terrail à son neveu, le célèbre chevalier Bayard.

Ces principes étaient tellement ceux de notre ancienne noblesse, qu'à la fin du quinzième siècle nous les retrouvons encore dans les *admonitions* données au célèbre chevalier Bayard (1) par son oncle Charles du Terrail; préceptes que ce chevalier *sans peur et sans reproches*, a si bien mis en pratique, et dont je ne peux me refuser d'insérer ici les principaux.

« La religion, disait du Terrail à son neveu, est
« le point principal de la vie, et ce point renferme
« tous les autres. L'âme religieuse est la seule qui
« remplisse bien tous les devoirs, la seule qui soit
« fidèle à son roi, soumise à ses parens, tendre pour
« ses enfans, compatissante pour tous les hommes.
« L'homme est trop faible de sa nature; il lui faut
« un frein. Nous sommes sujets à mille erreurs; nous
« tombons fréquemment; mais alors en regardant le
« ciel, si nous croyons que notre véritable maître y
« réside, cette vue nous réveille, et va soudain avertir

---

(1) Bayard fit sa première campagne en 1495, encore fort jeune; il fut tué en avril 1524, à la retraite de Rebec, âgé seulement de quarante-huit ans.

« notre conscience. Nous nous relevons à l'aide des
« remords : méfie-toi des gens irréligieux ; quel ga-
« rant peux-tu avoir de leur foi ? sur quel pivot rou-
« lent leurs principes? Quiconque ne croit pas une
« autre vie, n'est tenu dans celle-ci que par un intérêt
« personnel..... Mon ami, si tu veux être heureux,
« commence par bien remplir tous tes devoirs, et
« par te mettre parfaitement bien avec ta conscience.
« Tu entres dans l'âge de la séduction, et bientôt tu
« entendras la voix trompeuse de la volupté. Ap-
« prends, mon cher neveu, que l'illusion ne fait
« que montrer le bonheur, et qu'elle s'enfuit avec
« lui, après l'ivresse d'un moment. J'ai vu la cour;
« j'ai vu le véritable empire de cette volupté fatale
« qui, du charme, jette ses partisans dans la satiété,
« de la satiété, dans l'ennui et dans l'apathie. Cette
« maudite influence rend soudain un homme inca-
« pable de tout ; elle lui ôte son énergie : un volup-
« tueux ne fait plus que parler. Nous, mon enfant,
« agissons, faisons notre métier d'homme, de cheva-
« lier surtout : respectons toutes les dames, et n'en
« aimons qu'une. Partageons notre cœur entre la
« gloire et elle, ou même ne la partageons pas. En
« faisant un bon choix, c'est la gloire encore que
« nous aimons dans notre maîtresse : une femme
« d'honneur en est toujours le hérault le plus impé-
« rieux..... L'amour est comme la vie, son mouve-
« ment ne doit cesser qu'à la mort (1). »

(1) *Voyez*, dans la *Bibliothèque des romans*, novembre 1782,

XIV.

De l'édit d'amour et autres pièces, et procédures de même nature.

Aussi voyons-nous que dans nos auteurs on prête à l'amour toutes les actions ordinaires de la vie humaine ; c'est ce que constateront de plus en plus les différentes pièces dont il me reste à parler, et qui ont la plus grande relation, soit avec les *cours d'amour*, soit avec les objets que l'on y traitait. Je rangerai la notice que je crois devoir en donner, suivant leur ordre de dates, comme le plus naturel.

La première de ces pièces est un *bail*, par lequel « la belle Cloris, bourgeoise de la ville de Chypre..... « loue, pour dix ans, à l'amoureux Daphnis, aussi « bourgeois de la ville de Chypre....., un cœur à elle « appartenant. »

Ce bail est daté du 1er avril 1670, et est passé devant deux notaires de l'île de Chypre, nommés *le Désir*

---

les *Admonitions de messire Georges du Terrail, adressées par lui, en forme de lettres chevaleresques, à son neveu Pierre, qui fut depuis notre grand chevalier Bayard, ou paragon de loyauté et d'honneur, présenté à notre jeune noblesse ;* trouvées à Grenoble dans une maison religieuse, dans un gros billot de velours violet, avec des agrafes de cuivre. Les endroits que j'ai cités, sont p. 82, 83, 88, 89 du volume de la Bibliothèque des romans ci-dessus indiqué. On trouve aussi un extrait de cette pièce curieuse dans le Mercure de France du 10 juin 1786, n° 23, p. 62 et 63.

et *le Respect;* il contient beaucoup de très-jolis détails, mais il est trop long pour que je puisse l'insérer ici. On le trouvera dans les recueils que j'indique (1).

Le second est un *édit d'amour*, composé par un auteur du siècle de Louis XIV (l'abbé Regnier Desmarais) : son objet est de prescrire aux amans les règles de leur conduite. On trouvera dans les notes (2) quelques détails sur cet édit, dont je n'insérerai ici

---

(1) Ce bail a été composé par le poëte Hénault, mort en 1682 ; il est imprimé dans le recueil de ses ouvrages, qui a paru à Paris en 1670, sous le titre d'*Œuvres diverses*, par le sieur D.... H..... Plusieurs auteurs ont donné ce bail au public : on le trouve dans le *Conservateur*, septembre 1758 ; dans le t. 97 des *Nouveaux choix de Mercures*, et dans la *Bibliothèque des romans*, novembre 1785 ; mais l'auteur du *Conservateur* est le seul qui indique d'où il a tiré cette pièce singulière et curieuse. (*Note de l'auteur.*)

L'idée mère de cet ingénieux badinage n'appartient pas au poëte Hénault ; elle se présente avec plus de liberté et moins de grâces, dans une facétie du commencement du dix-septième siècle, où il est aussi question d'un bail passé par une demoiselle à son amant..... Une autre galanterie du genre de celles que cite le président Rolland, avait encore paru, avant la pièce d'Hénault, sous le titre de *Relation extraordinaire venüe tout fraischement du royaume de Cypre, contenant le véritable récit du siége de Beauté et des estranges faicts de guerre arrivés en cette belle entreprise exécutée par don Gynophile, prince de Paphos et de Laval Pelose*, etc.; à Famagouste (Paris), 1643, in-4° de 8 pages. On voit que l'île de Chypre a soutenu long-temps sa vieille réputation dans le monde poétique et galant. (*Edit. C. L.*)

(2) *Voyez* la note XXXVI.

qu'un article, qui est le dernier dans le recueil des ouvrages de Desmarais :

> Si quelqu'un, bien traité des belles,
> Fait, des faveurs qu'il obtient d'elles
> Un trophée à sa vanité,
> Qu'il soit partout si maltraité,
> Qu'il ne trouve que des cruelles.
> Aimer à publier les grâces qu'on reçoit,
> Marque ordinairement qu'on les sent comme on doit.
> En amour, c'est une autre affaire;
> C'est les bien ressentir que de les bien céler.
> Enfin, l'ingratitude est ailleurs à se taire :
> En amour elle est à parler.

La troisième et la quatrième ont pour auteur la Fontaine, et sont intitulées, l'une : « *Imitation d'un livre intitulé* les Arrêts d'amour...., et l'autre, *le Différend de beaux yeux et de belle bouche* (1). » Ces deux arrêts prononcent sur des contestations de même nature que celles que Martial d'Auvergne a réunies. Par le premier, le *parlement d'amour,* tenant ses *grands jours à Cythère,* permet à une belle d'être *cruelle,* malgré tous les concerts, sérénades, bals, etc., que lui a donnés son amant. Par le second, *le juge d'Amathonte*

> Préféra belle bouche à beaux yeux.
> En quelques chefs pourtant ils eurent gain de cause :
> Belle bouche baisa le juge de son mieux.

---

(1) Ces pièces se trouvent dans les poésies mêlées de la Fontaine, imprimées en 1729; et M. le marquis de Paulmy les a insérées dans le recueil de ses *Mélanges*, t. 4, p. 389.

La cinquième est une assignation donnée en mai 1727, à la requête de « Tircis, amant fidèle....., par « Nicolas Bonnefoi, huissier..... du royaume de Ten- « dresse....., à Philis, pour se voir condamner, et par « corps, à donner dans le jour et sans délai, son cœur « audit Tircis, conformément à la promesse verbale « qu'elle lui en a faite (1). »

Cette assignation est d'autant plus singulière, qu'elle est absolument dans le style du palais, mais qu'au lieu des termes usités dans les contestations ordinaires, on en a employé de relatifs à l'amour, ainsi qu'à la position respective où les plaideurs sont censés être, et tels qu'il convient dans un tribunal présidé par Cupidon, *seul juge*, est-il dit, *du royaume d'Amour*.

A ces pièces, je pourrais encore en ajouter plusieurs écrites en notre langue, notamment la *Métaphysique d'amour*, de la marquise de Lambert, dont, pour abréger, je ne parlerai pas, non plus que de *l'Amour logicien* (2), ouvrage sorti de l'hôtel de Rambouillet. Les auteurs étrangers me fourniraient aussi plusieurs ouvrages du même genre. Je ne citerai que le *Congrès de Cythère* du comte Algarotti. Comme cet opuscule, ainsi que le *Jugement de l'amour sur ce congrès* (ouvrage du même auteur, et où le comte Algarotti critique lui-même le *Congrès de Cythère*, quoique de sa composition) ont été originairement écrits en italien, langue qui nous est très-familière,

---

(1) *Bibliothèque des romans*, novembre 1785, p. 189-191.
(2) *Voyez* la note XXXVII.

et qu'ils ont été plusieurs fois traduits en français, je me contenterai d'en joindre ici une très-courte notice (1). Au surplus, on pourrait peut-être dire que le *Congrès de Cythère* n'est que le développement des célèbres thèses qu'en 1702, à l'âge de vingt-sept ans, le marquis de Maffei soutint publiquement dans l'université de Vérone. Je n'en insérerai ici que deux, qui sont les 79e et 98e, et j'emploierai la traduction qui en a été donnée il y a environ trente ans (2).

« L'état de l'amour est le plus heureux de tout
« pour la femme, parce que c'est là qu'elle reprend
« l'empire sur nous; au lieu que dans tout autre état,
« elle doit être soumise à l'homme.

« L'inconstance procède assez souvent de la qualité
« du tempérament. »

XV.

De la fin des cours d'amour et des troubadours.

Il paraît que les *cours d'amour* suivirent le sort des troubadours. « Ceux-ci brillèrent en Europe en-
« viron deux cent cinquante ans, c'est-à-dire de-
« puis 1120 (3) ou 1130 jusqu'à la fin du règne de

---

(1) *Voyez* la note XXXVIII.

(2) *Voyez* dans la note XXXIX, le titre de l'ouvrage du marquis Maffei, et une de ses thèses sur l'*amour divin*.

(3) *Voyez*, pour le temps où les troubadours ont commencé à paraître, la note XL.

« Jeanne Ire du nom, reine de Naples et de Sicile,
« comtesse de Provence, qui mourut en l'an 1382 :
« alors défaillirent les Mécènes, et défaillirent aussi
« les poëtes, dit Nostradamus (1). »

L'abbé Millot, dans son discours préliminaire sur l'*Histoire des troubadours*, donne (2) une autre cause à cet évènement : il prétend qu'en suivant les traces du Dante, qui avait rendu la « langue italienne fort
« supérieure au provençal, Pétrarque parut.....; que
« sous le ciel même de Provence, il fit entendre des
« sons si mélodieux, des vers si élégans, en un mot,
« il éclipsa tellement les troubadours, que leur nom,
« leur langage et leurs poésies disparurent presque
« entièrement aux yeux de l'Europe. »

J'avoue que je n'adopterai pas le sentiment de l'abbé Millot, l'autre me paraissant plus probable. Quoi qu'il en soit, je ne connais pas de *cour d'amour* postérieure au quatorzième siècle; si ce n'est l'assemblée que le cardinal de Richelieu tint à Ruel, pour

---

(1) *Histoire du théâtre français*, t. 1, p. 7. L'auteur de la *Description des arcs de triomphe d'Aix*, ci-dessus cité, date aussi (p. 17) la fin du quatorzième siècle comme l'époque où l'on cesse de trouver des troubadours. L'abbé Papon prétend (t. 3 de l'*Histoire de Provence*, p. 437) « que tous les « troubadours étaient nés avant la fin du treizième siècle. » Leur histoire, rédigée par l'abbé Millot, viendrait à l'appui du sentiment de l'abbé Papon; car la date de la dernière pièce de Jean Estève de Besiers, dernier troubadour dont parle l'abbé Millot, est de 1286.

(2) P. 74.

décider une question née à l'hôtel de Rambouillet. Mlle de Scudéri y fit les fonctions d'avocat-général; il y assista plusieurs dames de la première qualité, entre autres la princesse palatine. Cette assemblée fut présidée par sa sœur Marie, depuis épouse de Sigismond IV, roi de Pologne : il y fut décidé « qu'un « véritable amant doit être plus occupé de son amour « que des sentimens qu'il inspire (1). » Mais il paraît, par les Mémoires de la princesse palatine, que l'on n'avait pas songé à tenir une *cour d'amour,* car le nom n'en est pas même écrit dans ces Mémoires.

Le cardinal de Richelieu, dont l'ambition était de dominer dans tout et sur tout, non content d'avoir voulu être le rival de Corneille, et d'avoir fait critiquer *le Cid* par l'Académie française, piqué peut-être du peu de succès de cette critique, car Boileau dit, trente ans après (2), et avec vérité,

En vain contre *le Cid* un ministre se ligue,
Tout Paris pour Chimène a les yeux de Rodrigue;
L'Académie en corps a beau le censurer,
Le public révolté s'obstine à l'admirer,

voulut faire tenir à Ruel une assemblée galante, dont il ne parut pas, à la vérité, le président, mais que, dans le fait, il présidait, et où « tout le monde se

---

(1) *Voyez* les *Mémoires d'Anne de Gonzague,* princesse palatine. Londres, 1786, p. 41-45.

(2) Satire 9.

« mit en rang avec toute la gravité qu'on pourrait
« apporter dans un conseil où serait agité le destin
« d'un empire (1). »

Cette assemblée, ou plutôt cette plaisanterie, ne fit pas alors une grande sensation, car je ne me rappelle aucun mémoire du temps, autres que ceux de la princesse palatine (2), où il en soit parlé. Cependant « les thèses d'*amour* (3) que le cardinal de Ri-
« chelieu faisait soutenir pour se délasser des travaux
« du ministère, » semblent autoriser ce qui se trouve dans les Mémoires de la princesse palatine, surtout si l'on se rappelle que, « pour complaire à son fonda-
« teur, l'Académie française traita, dans ses pre-
« mières séances, plusieurs sujets qui concernaient
« l'amour (4). » Au surplus, après la cessation des *cours d'amour*, l'idée en était restée : plusieurs auteurs citent le *parlement d'amour* comme une cour existante. Je ne rappellerai pas les textes des poëtes des quinzième et seizième siècles, et même posté-

____

(1) *Voyez* les *Mémoires d'Anne de Gonzague*, p. 43.
(2) *Voyez* sur l'authenticité de ces *Mémoires*, la note XLI.
(3) *Mémoires de Sainte-Palaye*, ci-dessus cités, p. 93.
(4) *Ibid.* En consultant l'*Histoire de l'Académie*, par Pélisson, on trouve dans la quatrième partie, qui a pour titre : *De quelques choses mémorables qui se sont passées à l'Académie*, que les 23 juillet, 6 et 13 août 1635, et 2 septembre suivant, il fut lu quatre discours ; le premier, *des différences et des conformités qui sont entre l'amour et l'amitié* ; le second, *contre l'amour* ; le troisième, *de l'amour des esprits* ; le quatrième, *de l'amour des corps*.

rieurs, qui font allusion à cet ancien établissement ; on peut s'en convaincre en lisant leurs ouvrages, ou même ce que l'on a réuni dans plusieurs recueils, notamment dans les *Annales poétiques* : je me contenterai de renvoyer mes lecteurs aux poésies de Charles, duc d'Orléans (1), et surtout à trois pièces que le marquis de Paulmy a extraites (2) d'un manuscrit existant à la bibliothèque du roi. La première est intitulée : *Lettres de retenue, expédiées par l'amour à Charles, duc d'Orléans;* et la seconde : *Requête à fin de congié d'amour :* elle est suivie d'une *quittance d'amour*.

La première de ces pièces contient des lettres de *magistrat honoraire* dans le *parlement d'amour;* elles sont rédigées d'après la forme usitée pour les lettres de conseiller honoraire au parlement. Enfin, la *quittance d'amour* (qui n'est qu'une permission accordée par l'amour, sur la requête du duc d'Orléans, pour quitter son service) est dite : *Donnée*

En notre présent parlement,
Que nous tenons nouvellement.

L'édit de Desmarais et les autres pièces extraites dans le sommaire précédent, prouvent que l'allusion aux anciennes *cours d'amour* s'est prolongée jusqu'à

---

(1) Ce prince, père de Louis XII et oncle de François Ier, mourut en 1467, âgé de soixante-seize ans.
(2) T. 4 de ses *Mélanges*, etc., p. 242-249.

nos jours. C'est, je crois, à cette idée que nous devons une espèce de roman qui a paru à la fin du siècle dernier, sous le nom de *Recueil d'historiettes* (1). On y suppose qu'une société particulière voulut établir une *académie galante* composée de membres des deux sexes. Suivant les statuts de cette académie, « la direction devait toujours être confiée à une de- « moiselle, mais la place de secrétaire sera toujours « remplie par un académicien. » Chaque académicien raconte ses aventures galantes, que l'auteur aurait pu rendre plus amusantes, s'il eût pris pour modèle les *Cent nouvelles* de Bocace, ou celles de la reine de Navarre, en n'imitant cependant pas ce que ces auteurs ont de trop libre : mais il a répandu si peu d'intérêt dans ses histoires, que je ne crois pas devoir en donner un extrait, même en note. J'aime mieux parler des tentatives que les Italiens ont faites plusieurs fois pour rétablir les *cours d'amour;* car, au témoignage de l'auteur de la *Description des arcs triomphaux d'Aix* (2), « la *cour d'amour* a été « souvent renouvelée dans les fêtes galantes qui ont « été données par les Italiens, et particulièrement..... « à l'occasion du voyage que fit le prince Alexandre- « Charles de Pologne, en l'année 1644, dans laquelle

---

(1) Imprimé en un volume, à Paris, 1682; réimprimé à Amsterdam, en 1708 et 1711, en deux volumes, ainsi qu'à Paris, en 1740. On a inséré ces histoires dans le tome 4 de l'édition de 1740 de la *Bibliothèque de campagne.*

(2) P. 40 et 41.

« le marquis Cornelio Bentivoglio fut le soutenant,
« sous le nom de *Tianne de Memphis*. Il y parut
« plusieurs cartels sous le nom des plus célèbres
« troubadours, dont l'un répondit à Tianne de Mem-
« phis, que la nouvelle de ce qui est contenu en son
« cartel avait été portée à la cour du grand Raymond
« Berenger, comte de Provence, où la Galanterie et
« la Valeur, Mars et l'Amour, font leur ordinaire de-
« meure, et où réside la *cour du parlement d'amour,*
« *remplie des plus belles et des plus sages dames*
« *de l'univers,* par la bouche desquelles l'amour pro-
« nonce ses jugemens et ses oracles. »

XVI.

Des cérémonies instituées par le roi René pour la procession de la Fête-Dieu à Aix, et de leur analogie avec les
anciennes cours d'amour.

Malgré ces différentes fêtes, les Italiens n'ont pu
parvenir à faire revivre les *cours d'amour.* Le seul
monument que je connaisse, et qui puisse en rappeler l'idée, est la procession de la Fête-Dieu d'Aix,
instituée vers le milieu du quinzième siècle par le
roi René (1), qui avait créé un *prince d'amour,* lui
avait donné des officiers, et les avait chargés d'assister

---

(1) C'est aussi le sentiment de l'auteur de la *Description
des arcs triomphaux d'Aix* : il prétend (p. 27) que le roi
René n'ayant pu parvenir à faire revivre les *cours d'amour,*

à la procession d'Aix le jour de la Fête-Dieu, ce qui a toujours été pratiqué sans aucune interruption, si ce n'est que le *prince d'amour* est, depuis 1668, représenté par son lieutenant. Je n'entrerai point ici dans les détails qui seraient nécessaires pour établir l'analogie entre les *cours d'amour* et les cérémonies instituées par le roi René pour la procession de la Fête-Dieu d'Aix. On s'en convaincra en lisant un ouvrage imprimé en 1777, qui contient les détails de cette procession (1).

XVII.

Du droit de pelotte institué par le roi René; et y avait-il des épices pour les officiers du parlement d'amour?

Mais j'observerai que le roi René « établit, pour « les officiers du *prince d'amour* qui étaient an- « nuels, ainsi que l'étaient ceux du *parlement d'a- « mour*, un droit vulgairement appelé *pelotte*, qu'on « faisait payer à ceux et à celles qui se mariaient en

---

voulut du moins en laisser un simulacre dans les cérémonies qu'il institua pour la procession de la Fête-Dieu d'Aix.

(1) Cet ouvrage, imprimé à Aix, chez Esprit David, en un volume in-12, est intitulé : *Explication des cérémonies de la Fête-Dieu d'Aix en Provence*, ornée *des figures* du lieutenant de prince d'amour, *du roi de la basoche, de l'abé de la ville, et des jeux des diables, des apôtres, de la reine de Saba*, etc. *Voyez* surtout, pour le *prince d'amour*, la p. 64. (Et le tome X de cette Collection, p. 77 et suiv. *Édit.*)

« secondes noces, pour punir leur inconstance et
« l'infidélité qu'ils faisaient à leurs maris ou à leurs
« femmes défuntes, et sur ceux ou celles qui épou-
« saient des étrangers ou étrangères (1). »

De ce droit, quelques auteurs ont conclu que, dans les *cours d'amour*, il y avait des épices pour les juges : ce qui est certain, c'est que, dans les arrêts de Martial d'Auvergne, la partie qui perd sa cause est condamnée à tous les frais, mais sans expliquer si dans ces frais on comprenait des épices pour les membres du *parlement d'amour*.

Au surplus, la perception du droit de pelotte s'est continuée jusqu'à ce jour, et a été confirmée par arrêt du parlement d'Aix du 3 août 1717 : elle est même rappelée dans un règlement de l'hôtel-de-ville du 15 juin 1729 (2).

XVIII.

Des coutumes où, d'après l'ancien usage des Français, les descendans d'un père roturier ou serf sont nobles ou libres, si leur mère l'était.

L'ancienne existence de ces *cours* n'est pas le seul témoignage que nous ayons de l'autorité des dames en France, de leurs priviléges, et du respect que nos pères, à l'exemple de leurs ancêtres, portaient au

---

(1) *Description des arcs triomphaux d'Aix*, p. 27.
(2) *Voyez* p. 54 de l'*Explication des cérémonies d'Aix*.

beau sexe : on en trouve des traces jusque dans nos coutumes. Dans plusieurs, non seulement le ventre *anoblit* (1), mais, de plus, *affranchit* (2).

Antérieurement à ces coutumes, il existait des usages, et même des lois qui attestent les égards de nos ancêtres pour les personnes du sexe. Nos plus anciens historiens nous apprennent que, dès l'enfance de notre monarchie, on reconnaissait pour nobles ceux qui étaient nés d'une mère noble et d'un père qui ne l'était pas (3). Les nobles de père avaient, il est vrai, une prérogative très-précieuse ; ils pouvaient seuls être armés chevaliers (4); mais ceux qui ne tenaient la noblesse que de leur mère n'en jouissaient pas moins des autres priviléges attachés à cet ordre, ainsi qu'il résulte, tant du chapitre 23 des *Etablissemens* de saint Louis, que j'ai rapportés dans la note XLIII, que des termes de Beaumanoir, qui, en 1283, treize ans après la mort de saint Louis, écrivait les *Coutumes* de Beauvoisis, et qui dit en termes formels, « que les enfans de « mère noble seulement jouissaient des droits de

---

(1) *Voyez* la note XLII.
(2) Ce fait est attesté par Beaumanoir, dans ses *Coutumes de Beauvoisis*. (*Voyez* l'édition donnée à Bourges en 1690, par la Thaumassière, chap. 45, p. 253, où l'on trouve ce qui suit : « Quant il avient que un hous est sers, et il prent « une fame franche, tuit li enfant sont francs. »
(3) Grégoire de Tours, l. 8, c. 10.
(4) *Voyez* la note XLIII.

« gentilhomme (1). » La chartre des *Coutumes* de Champagne et de Brie, qui non seulement date de la même époque, mais même remonte au commencement du treizième siècle (2), contient, article 20, la même disposition. On la trouve aussi répétée articles 2 et 7 des anciennes *Coutumes* de Troyes et de Chaumont, rédigées en 1494, ainsi que dans l'article 49 de l'ancienne *Coutume* de Sens, de 1506. Enfin, les registres des grands-jours de Troyes de 1395, portent qu'entre la Seine et la Marne, *le fruit suit l'état et la condition du ventre* (3).

Il y a même des auteurs qui prétendent, et, je crois, avec raison, que « tel était autrefois le droit
« commun de la France, de distinguer la noblesse

---

(1) ...... « Et quant *li mere est* gentil fame, *et le pere ne*
« *l'est pas*....., li enfans ne perdent pas l'état de gentillesce,
« dont tout ainechoix sont de meme comme gentilhomme
« don fet de leur corps et pucent bien tenir fief; lesquelles
« choses li vilain ne pucent pas tenir, et en che cas puet on
« veoir que entiere gentillesce vient de part les peres tant
« seulement. » (Beaumanoir, à l'endroit indiqué ci-dessus, p. 333, en note.)

(2) Du temps de Pithou, il existait à Troyes six manuscrits de cette ancienne chartre, tous écrits sur vélin; et les premiers articles de l'un de ces exemplaires, sont, au témoignage de Pithou, de 1224.

(3) *Partus ventrem sequitur, quoad statum et conditionem.* Ce texte des registres des grands-jours se trouve cité par Pithou (Pierre), sur l'article 8 de la *Coutume de Troyes*, p. 30 de l'édition de 1609.

« paternelle, ou parage, et la maternelle, à laquelle
« on attachait quelque gloire (1). » Aussi l'abbé de
Mabli observe-t-il « que les hommes libres jouis-
« saient du privilége de s'anoblir, eux et leur pos-
« térité, en épousant la fille d'un gentilhomme........,
« et que les anoblissemens connus sous les premiers
« Capétiens n'étaient qu'une suite des coutumes de
« la première et de la seconde race (2). »

Cette remarque me paraît conforme aux témoignages que l'histoire nous a transmis, et explique
pourquoi cet usage était en vigueur dans plusieurs
pays autrefois soumis à nos souverains, notamment
dans l'Artois et le Barrois, ainsi que je l'établirai
dans le moment. On ne doit donc pas être étonné
de trouver des lettres de nos rois, confirmatives de
la noblesse maternelle (3), et une foule d'arrêts qui
maintiennent dans la qualité de *nobles* (4) les enfans
d'un père roturier et d'une mère noble. Je me bornerai à rappeler ces faits, qui sont détaillés dans la
consultation dont j'ai parlé, note XLII.

---

(1) *Mélanges tirés d'une grande bibliothèque*, t. 46, p. 27.

(2) *Observations sur l'histoire de France*, t. 2, p. 8 et 9; et p. 292, édition de Genève, 1775.

(3) *Voyez* dans la consultation citée dans la note XLII, des lettres-patentes de Philippe de Valois, de juillet 1346, et de Charles VII, d'octobre 1447.

(4) La même consultation en rapporte dix-sept des quin- zième et seizième siècles.

XIX.

Des priviléges des filles de la descendance des frères de la pucelle, d'anoblir leurs enfans nés d'un père roturier; des différentes lois qui ont restreint ce privilége; et malgré ces lois, nos rois ont encore, même en 1720, reconnu la noblesse féminine des descendans de la Pucelle d'Orléans.

Il est probable que c'est d'après cet usage que Charles VII a accordé aux frères de la Pucelle d'Orléans, le droit que leurs filles transmettraient la noblesse à leurs descendans, quoique issus de pères roturiers. Quant aux motifs qui ont décidé ce prince à anoblir *Jeanne d'Arc, ses frères et tout son lignage,* ils sont énoncés dans les lettres de décembre 1429, et sont « afin que la Pucelle Jeanne d'Arc « (de Dom-Remy, bailliage de Chaumont), après « avoir été anoblie par le Ciel même, laisse à ses « descendans la glorieuse récompense que lui doit « la générosité royale : la gloire de Dieu n'en sera « que plus éclatante, et le souvenir de tant de bien- « faits signalés ne s'en perpétuera que davantage dans « les siècles qui suivront (1). »

Indépendamment de ces lettres de noblesse, Charles VII donna à Jeanne d'Arc et à sa famille des armes honorables (2), et lui permit de prendre le

---

(1) *Voyez* quelques détails sur ces lettres d'anoblissement, note XLIV.

(2) Ces armes étaient un écu d'azur à l'épée d'argent mise

nom de *Dulys;* il accorda de plus, à chacun de ses frères, une pension de 121 livres, qui vaudrait aujourd'hui environ cent pistoles. Enfin, M. le duc et Mme la duchesse d'Orléans, pour rendre plus solennelle la fête qui se célèbre tous les ans à Orléans, le 8 mai, en mémoire de la délivrance de cette ville par Jeanne d'Arc (1), viennent de fonder un *prix de vertu* pour les personnes du sexe.

Les descendans des frères de cette héroïne n'ont joui du privilége porté dans les lettres de 1429 que jusqu'en 1598, qu'Henri IV révoqua, par son édit de juin, vérifié en la Cour des aides le 27 décembre suivant, « les priviléges d'exemption de taille de « ceux qui se disent descendus de feu Eudes le « Maire, dit *Chalo Saint-Mas.* » Il faut cependant convenir que, dès 1555, Henri II avait annulé ce privilége; mais sa déclaration ne paraît pas avoir eu d'exécution : et comme la révocation de 1598 ne portait que sur une branche de la postérité féminine des frères de la Pucelle, et n'avait été publiée qu'en lit de justice, Louis XIII crut devoir s'expliquer de nouveau à ce sujet; ce fut l'objet de l'article 10 de l'édit de juin 1614, et de l'article 7 de l'édit de janvier 1634 (2), que l'on trouvera dans la note XLVI.

---

en pal, la pointe en haut, ayant la croisée et le pommeau d'or, soutenant une couronne d'or, et accompagnée de deux fleurs de lis d'or.

(1) *Voyez* les détails de cette fête, note XLV.
(2) *Voyez* ces deux édits dans le recueil de Néron, à l'article des *règlemens pour les tailles.*

Au surplus, j'adopte en son entier, à ce sujet, le sentiment de l'illustre Rollin, qui a regardé la « privation de ce droit comme une chose méritant les regrets d'un bon citoyen (1). » Mais, d'après les lois que je viens de rappeler, on voit que le Père Daniel (2) et le continuateur de l'abbé Velly (3) se sont trompés, en prétendant que la suppression de ce privilége a été, sur la requête du procureur-général, ordonnée par un arrêt du parlement de 1614. Au reste, malgré les édits de 1614 et de 1634, il existé, depuis ces époques, plusieurs sentences ou arrêts des Cours souveraines, et même des jugemens du conseil, qui, en différentes circonstances, ont confirmé le privilége de la noblesse en faveur de plusieurs des descendans, par femmes, des frères de la Pucelle; mais il est probable que ces sentences, arrêts et jugemens n'ont été rendus que parce que les particuliers qui les ont obtenus faisaient remonter leur noblesse à un mariage fait avant 1614. Ce motif est même nommément énoncé dans un jugement du conseil du 3 mars 1667, en faveur du sieur Donezy, dont la postérité a, le 27 janvier 1720, obtenu de Louis XV des lettres-patentes de relief d'omission et de dérogeance de noblesse. Elles ont été vérifiées en la chambre des comptes de Rouen, le 4 février 1730, et sont

---

(1) *Dictionnaire historique portatif des femmes célèbres*, 2 vol. in-8°, Paris, 1769, à l'article de la *Pucelle d'Orléans*.
(2) Edition in-4° de 1722, t. 4, p. 407.
(3) T. 14, p. 470, édition in-12.

d'autant plus importantes, qu'elles prouvent que les impétrans ne tiraient leur noblesse que du mariage fait, en 1609, par Jean Donezy, leur aïeul, avec Jeanne Grippel, descendante d'une fille des frères de la Pucelle ; qu'en conséquence, il en résulte que non seulement les filles portant le nom de *Dulys* procuraient la noblesse à leurs descendans, mais même que leurs filles jouissaient de ce privilége, qu'elles transmettaient à toute leur descendance féminine. On en trouvera, dans la note XLVI, des preuves jusqu'à la cinquième génération. Cette extension, qui paraissait n'avoir pas de bornes, a probablement été la cause de la révocation de ce privilége. Cependant, même depuis 1614, les lettres-patentes de 1429 paraissent avoir facilité à quelques-uns des descendans, par femmes, des frères de la Pucelle d'Orléans, l'obtention de lettres de noblesse. Indépendamment de celles de 1720, dont je viens de parler, on en trouvera d'autres exemples dans la note XLVI. Au surplus, ce fait historique, si mal rendu par le Père Daniel, ainsi que par Villaret, continuateur de l'abbé Velly, mais dont ne parlent ni Mézerai ni le président Hénault (1), m'ayant paru mériter une discussion plus étendue, ce sera l'objet de la note XLVI.

―――――

(1) *Voyez* leur Histoire, année 1429, date de ces lettres d'anoblissement, notamment l'*Histoire* de Mézerai, édition in-f° de Guillemot, 1643 ; et l'*Abrégé* du président Hénault, en 3 vol. pet. in-8°, 1768.

XX.

Des atteintes successives portées aux droits que les mères nobles avaient de transmettre la noblesse à leurs enfans issus d'un père roturier, droit qui peu à peu s'est anéanti, excepté en Barrois et en Lorraine.

La première atteinte portée à la noblesse maternelle le fut par l'ordonnance de Charles V du 15 novembre 1370. Cette loi soumettait au paiement des droits de franc-fief ceux qui n'avaient la noblesse que du chef de leur mère; mais elle n'a été adressée qu'au sénéchal de Beaucaire, et n'a pas d'abord eu d'exécution dans tout le royaume; car, suivant la remarque de l'illustre auteur de l'*Esprit des lois,* dans ce temps, où il existait des grands vassaux presque aussi puissans que nos souverains, les ordonnances que nos rois rendaient sans le concours de leurs barons ne s'exécutaient que dans leurs domaines (1). En conséquence, ces usages se sont conservés plus long-temps dans les provinces possédées par les grands vassaux, et n'y ont pas même été abolis dans les premiers temps de leur réunion à la couronne; mais ils sont peu à peu, et presque insensiblement, tombés en désuétude, par l'application successivement faite à tout le royaume de la loi de Charles V.

En effet, c'est lors de la réformation de la cou-

---

(1) *Voyez* la note XLVII.

tume de Meaux, sous Louis XII, en 1509, que l'on tenta, pour la première fois, d'assujettir la noblesse au paiement des mêmes droits que les roturiers. Le procès-verbal de la rédaction de cette coutume prouve que les commissaires, attachés probablement à l'exécution de l'ordonnance de Charles V, de 1370, élevèrent des difficultés sur cette noblesse, difficultés qui se renouvelèrent à Chaumont, à Troyes, à Vitry; et la question fut, par provision, diversement décidée dans ces différens lieux (1) : mais toutes ces coutumes ayant été homologuées par le parlement, et sans aucune restriction, les ordonnances provisoires des commissaires, contraires à la noblesse maternelle, ont été anéanties, et elle s'est trouvée confirmée dans tous les pays soumis à ces coutumes.

Je n'oublierai cependant pas une observation importante, et qui n'a point échappé aux auteurs de la consultation dont j'ai déjà parlé. Pendant que les réformateurs des coutumes de Brie et de Champagne élevaient des doutes, au mois d'octobre 1509, sur la noblesse maternelle, le parlement la confirmait par un arrêt daté du même mois. L'année 1509 n'en fut pas moins fatale à la noblesse maternelle, et ce fut en Artois que les premiers coups mortels lui furent portés. L'article 141 (2) de cette coutume exemp-

---

(1) *Voyez* la note XLVIII.
(2) Cet article est le cent quarante-quatrième de la réformation de 1540, et le cent quatre-vingt-dix-huitième de celle de 1544. (*Voyez* ces trois articles, accolés dans l'ou-

tait, même ceux qui n'avaient qu'une noblesse maternelle, de payer le droit de *nouvel acquêt*, représentatif de celui que nous appelons en France *droit de franc-fief;* il y fut ajouté : *mais en matière d'impositions et d'aides, convient d'être nobles de par père.*

Il est très-vraisemblable que François Ier, instruit de cette disposition de la coutume d'Artois, crut devoir la rendre générale dans son royaume, et soumettre à toutes les impositions royales ceux qui ne prouvaient pas leur noblesse du chef de leur père et aïeul; ce qui n'empêcha pas que, lors de la réformation de la coutume de Sens, faite en 1555, sous Henri II, il ne fût mis aucune modification à l'article 161 de cette coutume, qui reconnaissait la noblesse maternelle, et lui assurait, sans restriction, tous les droits dont elle avait toujours joui. Mais deux ans après, les commissaires du parlement réformèrent la coutume de Châlons, qui portait, article 2 : « Le ventre *affranchit* et *anoblit*, pour « jouir du bénéfice de la coutume, octroyé aux no-« bles seulement. » Il fut ajouté : « *Et non en ce qui* « *concerne les droits du roi* (1). »

Cet exemple ne fut pas littéralement suivi par les commissaires qui, sous l'autorité des ducs de Bar, rédigèrent, en 1579, la coutume de ce duché; ni par

---

vrage de Maillart, sur les *coutumes d'Artois*, in-f°, Paris, 1756, t. 1, p. 129.)

(1) *Voyez* la note XLIX.

ceux qui, en 1598, réformèrent la coutume de Saint-Mihel. S'ils donnèrent atteinte à la noblesse maternelle, ils laissèrent aux parties intéressées la liberté de la conserver au moyen d'un service pécuniaire. En effet, ces coutumes permettent aux descendans des roturiers qui ont des mères nobles, de jouir de *tous* les droits et priviléges de la noblesse, en renonçant, au profit de leur souverain, à la troisième partie de la succession paternelle (1); et cet usage s'est conservé dans les pays anciennement soumis aux ducs de Lorraine, même depuis leur réunion à notre monarchie (2).

XXI.

Vestiges qui en restent en Champagne, où les roturiers descendans d'une mère noble partagent noblement, pendant qu'à Angers des nobles se sont maintenus dans l'usage de partager roturièrement, et ne peuvent en changer qu'en vertu de lettres-patentes.

Mais dans le reste du royaume, le privilége de la noblesse maternelle s'est totalement aboli; il n'en reste plus de vestiges qu'en Champagne, où les roturiers descendant d'une mère noble, ont conservé le

---

(1) Article 71 de la *Coutume de Bar*. La même disposition est répétée dans les autres coutumes des pays anciennement soumis aux ducs de Lorraine. (*Voyez* de plus, la note L.)
(2) *Voyez* la note LI.

droit et l'usage de partager noblement le bien de leur mère. Il s'est souvent élevé des difficultés sur l'exécution de ce privilége, et il a toujours été confirmé par des arrêts; on en trouve une foule de cités dans la consultation dont j'ai déjà parlé. Je me contenterai de rapporter l'espèce du dernier de ces arrêts, en date du 4 mai 1785; il a ordonné de partager noblement la succession de la dame d'Arrigny, fille d'une mère noble (1) et d'un père roturier.

J'observerai, à ce sujet, un usage bien contradictoire à Angers. On vient de voir qu'en Champagne des roturiers ont conservé l'usage de partager noblement; à Angers, au contraire, des nobles se sont maintenus dans celui de partager roturièrement; et lorsqu'ils veulent partager noblement, ils sont obligés de prendre des lettres-patentes qui le leur permettent (2).

XXII.

Conclusion.

Je finirai cette Dissertation par observer que si notre religion nous défend de regarder, à l'exemple des Gaulois (3), les dames comme des espèces de divinités; si nos mœurs actuelles s'opposent à ce qu'elles

---

(1) *Voyez* la note LII.
(2) *Idem* LIII.
(3) *Voyez* ci-dessus, *sommaire VII*.

se réunissent en parlement, et prononcent sur les contestations que l'amour peut faire naître entre les deux sexes; si nos lois les privent, presque par tout le royaume, du privilége d'anoblir leurs descendans, notre religion, nos mœurs et nos lois les appellent à une autre sorte de domination plus flatteuse et plus réelle. Quand elles voudront ne s'occuper que de leurs devoirs, et les remplir, elles feront tourner à l'avantage de la société les vœux dont elles seront toujours l'objet; leurs décisions seront regardées comme des lois; et l'amour qu'elles sont faites pour inspirer, soumettra à leurs jugemens toutes les âmes sensibles: enfin, elles développeront, et même feront naître dans tous les cœurs des sentimens nobles et généreux, qui sont le véritable attribut et le caractère propre de la noblesse; car, suivant la remarque judicieuse d'un auteur moderne (1), « la noblesse n'est que des « avances que la patrie fait, sur la parole des ancê- « tres, en attendant que l'on soit en état de faire « honneur à ses garans. »

Pour réunir enfin en peu de mots les hommages que les dames doivent recevoir, ce qu'elles peuvent ordonner, ce qu'il leur est permis d'accorder, j'emploierai les paroles d'une personne de leur sexe, et

---

(1) M. Marmontel.

Un autre auteur moderne a rendu cette idée de Marmontel, par les deux vers suivans :

> Nobles, souvenez-vous qu'une naissance illustre
> Des sentimens du cœur reçoit son plus beau lustre.

je leur dirai, avec milady *** : « Donnez-vous cette
« consistance personnelle qui réveille l'attention des
« hommes, et qui leur fasse sentir la nécessité du
« mérite qu'ils doivent avoir pour plaire à des femmes
« éclairées... Au lieu de vous occuper à perfectionner
« les talens agréables, dont il ne vous faut qu'une
« connaissance ordinaire, qu'on vous donne un maître
« et une maîtresse qui vous guident dans vos lec-
« tures, vous instruisent des rapports que vous devez
« avoir avec vos parens, votre mari, vos domestiques,
« et les autres personnes de la société ; que ces maîtres
« vous forment le goût, vous fortifient contre toutes
« les faiblesses de votre sexe, vous apprennent à ré-
« sister aux apparences qui vous séduisent, et à con-
« sulter plutôt une raison éclairée, que les préventions
« qui vous aveuglent. Enfin, qu'on vous accoutume
« à juger des choses par leur mérite réel, et non,
« comme vous le faites, par le plaisir que vous en
« recevez..... Voyez quel ressort les femmes ont donné
« à la valeur, lorsque, dans les temps de chevalerie,
« elles ont assigné les rangs et distribué les prix :
« quel aiguillon pour les lâches, que de se voir mé-
« prisés par de jolies femmes ! Qu'elles se mettent
« donc en état de devenir les juges éclairés et la ré-
« compense de tous les autres genres de mérite, et
« nous les verrons jouer dans la société le rôle qui
« leur appartient... Il ne faudra pas pour cela qu'elles
« tiennent école de morale, et que leur commerce
« sente la pédanterie : la seule opinion que l'on aura
« de leurs lumières et de la justice de leurs juge-

« mens, fera tout. Quand les hommes seront bien
« persuadés qu'il n'y aura de ridicules et de malheu-
« reux auprès des dames, que les sots et les vicieux,
« on verra dans les mœurs une révolution totale (1); »
et les dames continueront d'avoir la plus grande influence dans tous les gouvernemens, ainsi que dans
les sciences et les arts.

J'ajouterai de plus, qu'elles en seront dignes, ce
qui n'a pas toujours été, car souvent elles n'ont été
redevables de leur puissance qu'à leur beauté, et ont
quelquefois abusé de leur crédit : au lieu qu'en suivant les principes de milady ***, leurs vertus leur
procureront un empire absolu, qui sera le fruit de
l'estime, et par conséquent l'empire le plus flatteur
que l'on puisse avoir, ce qui n'empêchera pas les
dames de jouir de celui que leur beauté leur assure.
En un mot, elles seront épouses, mères et citoyennes,
ainsi que le furent les dames de Wensberg, qui donnèrent, dans le douzième siècle, un exemple trop peu
connu (2) et trop peu célébré. J'en insérerai ici les
détails, tels qu'ils sont consignés dans les *Essais* d'un
de nos plus naïfs écrivains (3); ne croyant pas pou-

---

(1) Lettres de milady ***, *sur l'influence que les dames pourraient avoir sur l'éducation des hommes*, 2 vol. in-16, 1784.

(2) Peu connu des gens qui ne savent pas lire. Le bon président était bien préoccupé quand il a cru tirer de l'obscurité et sauver de l'oubli, un fait rapporté par Montagne.
(*Edit.* C. L.)

(3) *Essais de Montagne*, édit. de 1728, t. 1, l. 1, c. 1, p. 3.

voir mieux terminer cette Dissertation, toute consacrée à rappeler les priviléges et les droits dont les dames ont joui, que par un trait qui leur fait le plus grand honneur, et dont l'histoire fournit, dit-on, un second exemple dans le seizième siècle (1).

« L'empereur Conrad III, assiégeant en 1140,
« dans Wensberg, ville de la Haute-Bavière, le duc
« Guelphe, ne voulut pas accorder d'autres capitu-
« lations, si ce n'est que les gentils-femmes pouvaient
« sortir leur honneur sauve, à pied, avec ce qu'elles
« pourraient emporter sur elles. Elles chargèrent sur
« leurs épaules leur mari, leurs enfans et le duc;
« générosité qui apaisa l'empereur. »

---

(1) Les auteurs de la *Bibliothèque des romans*, octobre 1781, p. 77-79, en insérant dans l'analyse d'un roman le trait que rapporte Montagne, ajoutent, p. 79, en note, ce qui suit, mais sans citer la chronique d'où ils ont tiré ce fait :

« Cette action (de tendresse conjugale) si belle et si tou-
« chante, s'est renouvelée en Flandre du temps de Charles-
« Quint; elle est rappelée tous les ans par le son général
« des cloches. Cet anniversaire est appelé *la veille des dames*.
« Tous les maris doivent faire la volonté de leurs femmes,
« et la font avec une docilité exemplaire. »

NOTES

DE LA DISSERTATION PRÉCÉDENTE.

NOTE I.

Des ouvrages sur l'égalité des deux sexes.

Je ne donnerai pas ici le titre de tous les ouvrages faits à ce sujet; je me contenterai d'en rapporter trois, dont un du seizième siècle :

Paradoxe apologique, où il est fidèlement démontré que la femme est beaucoup plus parfaite que l'homme en toute action de vertu, 1596. Par Alexandre de Pont-Aymery, seigneur de Focherau.

De l'Excellence des hommes contre l'égalité des deux sexes, 1679.

De l'Egalité des deux sexes, discours physique et moral, où l'on voit l'importance de se défaire des préjugés. Par le sieur F. P. de la Barre, 1690.

Ceux qui voudront connaître une partie des ouvrages faits sur cette matière, peuvent consulter le *Dictionnaire historique portatif des femmes célèbres*, 2 vol. in-8°, Paris, 1769, aux mots *Marinelli* (Lucrèce), et *Romieu* (Marie de).

NOTE II.

Extrait du livre intitulé de l'Apologie des femmes, *et indication d'un autre ouvrage sur la même question.*

De tous les ouvrages faits dans notre siècle en l'honneur des dames, je ne citerai que le suivant :

Défense du beau sexe, ou *Mémoires historiques, philosophiques et critiques, pour servir d'apologie aux femmes*, 1753, en 4 volumes in-12.

Il m'a paru curieux de réunir tous les titres des différens chapitres de cet ouvrage, comme étant celui que j'ai trouvé le plus complet en faveur des dames.

Cette apologie est attribuée à un bénédictin nommé *dom Caffiaux*. Je dois cependant faire observer qu'il n'en est pas fait mention à son article dans l'*Histoire littéraire de la congrégation de Saint-Maur*. Il est vrai que l'on n'y donne pas la liste de tous ses ouvrages, mais seulement de quelques-uns.

Au surplus, cet auteur fait ainsi lui-même, p. 65 du t. 4, l'extrait de son ouvrage. « Ce livre, dit-il, a deux objets :

« Le premier, de prouver que les femmes ne le cèdent en
« rien aux hommes pour les perfections;

« Le second, de faire voir qu'elles n'ont pas plus de dé-
« fauts que les hommes. »

Les deux premiers volumes sont destinés à détailler les *perfections des femmes*, et sont divisés en cinq chapitres.

Le premier, de la manière dont les femmes pratiquent les vertus morales et civiles.

Le second, de la sagesse et de la prudence que les femmes ont fait voir dans le maniement des affaires et dans le gouvernement des peuples.

Le troisième, de la bravoure et de l'intrépidité que les femmes ont témoignées dans la profession des armes.

Le quatrième, des actions héroïques et éclatantes par où les femmes ont éternisé leur mémoire, soit envers la patrie, soit envers leurs maris et leurs parens.

Le cinquième, du progrès que les femmes ont fait dans toutes les sciences, théologie, philosophie, éloquence, poésie, étude des langues, mathématiques.

Ce chapitre finit par la notice des femmes qui ont fait fleurir les beaux-arts; de celles qui ont mérité des titres d'honneur, qui ont été consultées par les savans, qui ont érigé des sociétés de belles-lettres; il est terminé par un catalogue alphabétique de plusieurs femmes savantes, avec le nombre de leurs ouvrages.

Les troisième et quatrième volumes ont pour but de *justifier* les femmes des *imperfections* qui leur sont attribuées, et sont aussi divisés en cinq chapitres.

Le premier, de la passion de l'amour, dont l'auteur cherche à les justifier, en établissant : 1º qu'il y a eu un grand nombre de personnes du sexe dont la sagesse et la vertu ont paru dans le monde avec beaucoup d'éclat; 2º que le sexe masculin a plus donné dans la débauche que le sexe féminin; 3º que la galanterie serait plus excusable dans les femmes que dans les hommes.

Le second, du babil.

Le troisième, du luxe dans les meubles, les habits et les parures.

Le quatrième, de la vanité.

Le cinquième, des autres défauts attribués aux femmes, de la timidité, de l'avarice, de la crédulité, de la curiosité, de l'inconstance, de l'artifice et de la malice, de l'oisiveté, de la médisance, de la prodigalité, de la jalousie et de la colère.

On trouvera aussi dans un roman castillan intitulé *la Prison d'amour,* et que l'on croit plus ancien que Charles-Quint, l'apologie des femmes, contenue en vingt raisons différentes. L'extrait de ce roman, et quelques-unes des vingt raisons qu'il donne pour la justification des femmes, se trouvent dans le premier volume de juillet 1779, de la *Bibliothèque des romans,* p. 79, etc.

NOTE III.

Les femmes sont-elles de l'espèce humaine?

On trouve dans les *Essais sur Paris,* de Saint-Foix, édition in-12 de 1759, t. 2, p. 79, le passage suivant :

« Dans le même concile de Mâcon (du sixième siècle), un évêque (1) ayant soutenu qu'on ne pouvait ni qu'on ne devait qualifier les femmes de *créatures humaines*, la question fut agitée pendant plusieurs séances. On disputa vivement; les avis semblaient partagés; mais enfin les partisans du beau sexe l'emportèrent : on décida, on prononça solennellement qu'il faisait partie du genre humain. Je crois que l'on doit se soumettre à cette décision, quoique le concile ne soit pas œcuménique. »

Note IV.

Des auteurs qui ont écrit sur l'éducation des princes.

Sans parler des auteurs qui ont écrit en latin pour l'éducation des princes, tout le monde connaît les Traités sur cette matière, rédigés par Budé, Varillas, Dugué, Nicole, Joly, Fénélon, etc. Il existe aussi quatre ouvrages donnés par des anonymes sur le même sujet, savoir :

1° *L'Institution d'un jeune prince*, présentée à Henri IV.

2° *De l'Education des Enfans de France.*

3° *L'Art d'élever un prince.*

4° *Maximes pour l'éducation d'un jeune seigneur, avec les instructions de l'empereur Basile, pour Jean-Léon, son fils.*

On peut encore ajouter :

1° *Devoirs des grands*, par Mgr le prince de Conti. Paris, 1667.

2° Les *Lettres au prince royal de Suède* (le roi actuel), par le comte de Tessin.

---

(1) *Cum, inter tot sanctos patres Episcopos, quidam statueret non posse nec debere mulieres vocari homines, timore dei publicè ibi ventilaretur, et tandem post multas vexatæ hujus questionis disceptiones concluderetur, quòd mulieres sint homines.* (Poligonia triumphatrix, p. 123.)

Note V.

Portrait de l'impératrice Théodora, par M. le Beau.

Dans l'*Histoire du Bas-Empire*, que j'ai eu occasion de citer (p. 287, en note), M. le Beau fait le portrait de Théodora : j'en extrairai quelques-uns des principaux traits.

« Maîtresse absolue des faveurs et des grâces, elle fut
« toujours adorée des courtisans, détestée des gens de bien,
« redoutée de tous...... Cruelle dans ses injustices, elle fit
« mourir, par caprice, le patrice Bessus, en lui faisant serrer
« la tête avec des cordes. Elle fit pendre Callinique, gou-
« verneur de la seconde Cilicie, sur le tombeau de deux
« scélérats qu'il avait punis suivant les lois pour avoir as-
« sassiné publiquement un de ses domestiques, en voulant
« l'assassiner lui-même. »

Note VI.

La religion n'a été que le prétexte des guerres civiles qui ont précédé la ligue.

L'auteur de *l'Esprit de la ligue* (le Père Anquetil, génovéfain) est convaincu que la religion n'a servi que de prétexte aux guerres civiles ; et dans son ouvrage, imprimé en 1767, 3 volumes in-12, à Paris, il s'exprime ainsi, t. 1, p. 1 et 7 : « La religion fut le prétexte plutôt que le motif des
« guerres civiles qui caractérisent, entre tous les autres, ce
« siècle malheureux..... Insensiblement cependant les calvi-
« nistes se multiplièrent, et formèrent une secte nombreuse ;
« mais elle n'aurait jamais été redoutable sans les intérêts
« particuliers qui lui donnèrent du crédit sous deux mino-
« rités tumultueuses ; et ces intérêts, plus que le zèle des
« deux religions, enfantèrent tous les troubles. »

Note VII.

De plusieurs femmes célèbres par leur courage.

Le chapitre 3 de la première partie de l'ouvrage indiqué (note II), est intitulé : *De la bravoure et de l'intrépidité que les femmes ont témoignées dans la profession des armes.* Mais l'auteur a oublié d'y parler de plusieurs femmes célèbres par leur courage.

Je mettrai à leur tête Jeanne Hachette, qui, en 1472, sauva Beauvais. Tous les ans, le 10 juillet, il se fait une procession en mémoire de cet évènement, où les femmes marchent à la place d'honneur, et précèdent même les officiers municipaux.

Mathurine Labrille, après la fatale journée de Saint-Quentin, sauva cette ville (1), qui l'avait vu naître.

Enfin, Marie Foré eut la même gloire à Péronne, sa patrie.

L'histoire ne nous a transmis le nom d'aucune des héroïnes qui, en 1636, se distinguèrent dans la défense de Saint-Jean-de-Lône; mais M. d'Ussieux, en 1784, en a fait le sujet d'un drame héroïque (2).

Note VIII.

De l'ordre institué par la reine Anne de Bretagne, après la mort de Charles VIII, d'où est venu l'usage des veuves d'entourer leurs armes d'un cordon.

« Anne de Bretagne, veuve de Charles VIII, pendant son

---

(1) Le siége de Saint-Quentin a fait l'objet d'un roman patriotique imprimé à Anvers en 1596, dont on trouve l'extrait dans le second tome de janvier 1782 de la *Bibliothèque des romans*, p. 3-60.

(2) *Voyez* le tableau de ce siège mémorable, où non seulement les femmes, mais les enfans firent des prodiges de courage et d'intrépidité, dans la *Relation des fêtes célébrées à Saint-Jean-de-Lône*, le 3 novem-

« veuvage, et avant son mariage avec Louis XII, imagina
« d'instituer une espèce d'ordre dans lequel elle n'admit que
« les dames veuves de sa cour. Il consistait dans l'obligation
« de porter, en guise de ceinture, une *cordelière*, c'est-à-dire
« le cordon de Saint-François, qui passait alors pour la
« marque de la continence : d'où est venu l'usage, pour les
« dames veuves, d'entourer l'écusson de leurs armes d'une
« cordelière. Il faut remarquer, à ce sujet, que l'idée de cet
« ordre vint à Anne de ce qu'elle disait : *J'ai le corps délié*,
« pour faire entendre qu'elle n'était plus sous l'autorité d'un
« mari. De *corps délié*, par une sorte de *rébus*, on fit le mot
« *cordelière*, qui devint le nom de l'ordre (1). » L'auteur de
la *Bibliothèque des romans*, décembre 1783, p. 171, en parlant de cet ordre, fait la réflexion suivante : « Ordre trop
« peu durable, que dérangea, fort peu après sa naissance,
« François Ier, qui n'aimait guère la vertu dans les femmes. »

Note IX.

Des Françaises qui ont obtenu le titre de dixième muse.

Plusieurs Françaises ont mérité le nom de *dixième muse*,
et il a été donné à quelques-unes. Leur nomenclature serait
trop étendue ; d'ailleurs, si l'on veut connaître toutes celles
qui ont été auteurs, on peut consulter l'*Histoire littéraire des
femmes françaises*, par une société de gens de lettres, 5 vol.
in-8º, Paris, 1769. Cependant, je ne puis me dispenser d'en
indiquer quelques-unes ; je me bornerai à parler d'une
dixième muse du seizième siècle, d'une du dix-septième et
d'une du dix-huitième.

---

bre 1736, *à l'occasion de l'année séculaire du siège mis par les Impériaux*, etc. Dijon, 1736, in-16.   (*Edit. C. L.*)

(1) *Mélanges tirés d'une grande bibliothèque*, t. 39, p. 245 et 246.

Celle du seizième siècle partagea cet honneur avec sa mère, et est encore plus célèbre par un livre intitulé *la Puce des grands jours de Poitiers*, qui est un recueil de tous les ouvrages en vers latins et français qui furent faits en 1579, au sujet d'une puce que le célèbre Etienne Pasquier aperçut sur le sein de Mlle Desroches (1).

Une idylle sur les moutons fit accorder ce titre à Mme Deshoulières.

Une Péruvienne, avec ses *quipos* (2), rendit célèbre Mme de Graffigny (3), et le public reconnut pour dixième muse l'auteur de *Zélia* et de *Cénie*.

NOTE X.

Le mot français matrone *a-t-il la même signification que le mot latin* matrona?

Je crois que les auteurs anglais de l'*Histoire universelle* ont

---

(1) Cet évènement est le sujet de la septième lettre du sixième livre des Lettres de Pasquier, édition in-folio, Amsterdam, 1732, col. 162. On y trouve la pièce de vers que Pasquier fit à ce sujet, ainsi que celle de Mlle Desroches. *Voyez* aussi, dans le second volume de juillet 1786, p. 59-96 de la *Bibliothèque des romans*, l'extrait des ouvrages de la mère et de la fille; on y lit des vers qui justifient l'éloge que Scaliger, Scévole de Sainte-Marthe, Pasquier et tous les savans de leur temps ont fait des ouvrages de Mme et de Mlle Desroches, et du titre de *dixième muse* qu'ils leur ont décerné.

(2) Les Péruviens appelaient *quipos* un grand nombre de petits cordons de différentes couleurs, dont ils se servaient, au défaut de l'écriture, pour faire le paiement des troupes et le dénombrement du peuple. Quelques auteurs prétendent qu'ils les employèrent aussi pour transmettre à la postérité les actions mémorables de leurs incas.

(3) Je sais que Mme de Graffigny est née à Nanci à la fin du dernier siècle; mais elle est venue très-jeune à Paris, et c'est dans cette capitale, où elle est morte en 1758, âgée de soixante-quatre ans, qu'elle a composé tous ses ouvrages, qui n'ont paru que depuis la cession de la Lorraine à la France.

eu tort de traduire le mot latin *matrona* par celui de *matrone*. Ils auraient dû plutôt se servir des expressions *dames d'un âge mûr*, ou même du mot *veuve*. Tout le monde connaît le conte de la *Matrone d'Éphèse*, dont le titre vient à l'appui de ma proposition. En effet, vu la signification que nous avons donnée, dans notre langue, au mot *matrone*, on ne peut pas douter qu'il ne rend nullement l'idée que Pausanias a voulu indiquer. Les auteurs de la *Bibliothèque des romans*, février 1781, p. 190, sont tombés dans la même faute que je reproche aux auteurs anglais.

Note XI.

De la forme dans laquelle se conférait l'ancienne chevalerie; des obligations des chevaliers; des abus qui existaient dans cet ordre, et de leurs principes.

Je n'ai pu me refuser à réunir ici quelques traits des *Mémoires de Sainte-Palaye*, pour donner une idée de l'ancienne chevalerie, singulièrement sur la forme dont elle était conférée, de ses obligations principales, des abus qui l'accompagnèrent, et de leurs principes. Je ne ferai aucune réflexion, et laisserai parler ce savant académicien.

« Si quelques écrivains trouvent de la ressemblance entre
« les formalités de la chevalerie et celles de l'investiture,
« presque tous nos auteurs se réunissent pour y reconnaître
« des rapports sensibles avec les cérémonies employées par
« l'Eglise dans l'administration des sacremens. Les plus an-
« ciens panégyristes de la chevalerie parlent de ces engage-
« mens comme de ceux de l'ordre monastique, et même du
« sacerdoce; ils semblent vouloir le mettre au niveau de la
« prélature. On me dispensera de les suivre dans le paral-
« lèle de la prêtrise ou de l'épiscopat avec la chevalerie; je
« me contenterai de dire, pour leur excuse plutôt que pour

« leur justification, qu'emportés par l'excès d'un zèle pieux,
« ils croyaient ne pouvoir trop exalter un ordre auquel le
« maintien de la foi chrétienne était confié; un ordre dont
« la première obligation consistait à la défendre contre tous
« ses ennemis; un ordre, enfin, qui devait naturellement
« procurer de très-grands avantages à la religion, à l'Etat et
« à la société. Mais avant que d'examiner ces avantages, il
« est à propos de faire connaître quelles étaient les cérémo-
« nies instituées pour la création d'un chevalier.

« Des jeûnes austères, des nuits passées en prières, avec
« un prêtre et des parrains, dans des églises où dans des
« chapelles; les sacremens de la pénitence et de l'eucha-
« ristie reçus avec dévotion; des bains, qui figuraient la pu-
« reté nécessaire dans l'état de la chevalerie; des habits
« blancs, pris à l'imitation des néophytes, comme le sym-
« bole de cette même pureté; un aveu sincère de toutes les
« fautes de sa vie; une attention sérieuse à des sermons où
« l'on expliquait les principaux articles de la foi et de la
« morale chrétienne, étaient les préliminaires de la cérémo-
« nie pour laquelle le novice allait être ceint de l'épée de
« chevalier. Après avoir rempli tous ces devoirs, il entrait
« dans une église, et s'avançait vers l'autel, avec cette épée
« passée en écharpe à son cou; il la présentait au prêtre cé-
« lébrant, qui la bénissait comme l'on bénit encore les dra-
« peaux de nos régimens. Le prêtre la remettait ensuite au
« cou du novice. Celui-ci, dans un habillement très-sim-
« ple, allait ensuite, les mains jointes, se mettre à genoux
« aux pieds de celui ou de celle qui devait l'armer. Cette
« scène auguste se passait dans une église ou dans une cha-
« pelle, et souvent aussi dans la salle ou dans la cour d'un
« palais ou d'un château, et même en pleine campagne. Le
« seigneur, à qui le novice présentait l'épée, lui demandait à
« quel dessein il désirait d'entrer dans l'ordre, et si ses vœux
« ne tendaient qu'au maintien et à l'honneur de la religion

« et de la chevalerie. Le novice faisait les réponses conve-
« nables; et le seigneur, après avoir reçu son serment, con-
« sentait à lui accorder sa demande. Aussitôt le novice était
« revêtu, par un ou par plusieurs chevaliers, quelquefois
« par des dames ou des demoiselles, de toutes les marques
« extérieures de la chevalerie; on lui donnait successive-
« ment, et dans le même ordre à peu près où je le rapporte,
« les éperons, en commençant par le gauche, le haubert ou
« la cotte de mailles, la cuirasse, les brassards et les gante-
« lets; puis on lui ceignait l'épée. Quand il avait été ainsi
« *adoubé* (c'est le terme duquel on se servait), il restait à
« genoux, avec la contenance la plus modeste. Alors le sei-
« gneur qui devait lui conférer l'ordre, se levait de son siége
« ou de son trône, et lui donnait l'accolade ou l'accolée:
« c'étaient ordinairement trois coups du plat de son épée nue
« sur l'épaule (1) ou sur le cou de celui qu'il faisait cheva-
« lier; c'était quelquefois un coup de paume de la main sur
« la joue. On prétendait l'avertir de toutes les peines aux-
« quelles il devait se préparer, et qu'il devait supporter avec
« patience et fermeté, s'il voulait remplir dignement son
« état. En donnant l'accolade, le seigneur prononçait ces
« paroles, ou d'autres semblables : *Au nom de Dieu, de saint*
« *Michel et de saint Georges, je te fais chevalier,* auxquelles on
« ajoutait quelquefois ces mots : *Soyez preux, hardi et loyal.*
« Il ne lui manquait plus que le heaume ou casque, l'écu
« ou bouclier, et la lance, qu'on lui donnait aussitôt. En-
« suite on amenait un cheval, qu'il montait souvent sans
« s'aider de l'étrier. Pour faire parade de sa nouvelle di-
« gnité, autant que de son adresse, il caracolait en faisant

---

(1) Louis XI en établissant l'ordre de Saint-Michel, et Louis XIV celui de Saint-Louis, ont voulu conserver cet ancien usage, ainsi que l'accolade, et ce sont les seuls vestiges qui nous restent de l'ancienne chevalerie.

« brandir sa lance et flamboyer son épée, comme on par-
« lait alors. Peu après il se montrait dans le même équi-
« page, au milieu d'un place publique...... Indépendamment
« de la défense de la religion, de ses ministres et des tem-
« ples, à laquelle s'était engagé le nouveau chevalier, les au-
« tres lois de la chevalerie, renfermées dans le serment de
« sa réception, auraient pu être adoptées par les plus sages
« législateurs et par les plus vertueux philosophes de toutes
« les nations et de tous les siècles...... C'était un des points
« capitaux de leur institution, de ne point médire des da-
« mes, et de ne point permettre que personne osât en mé-
« dire devant eux........ Nulle loi n'insiste avec tant de force
« sur la nécessité de tenir inviolablement sa parole, et n'ins-
« pire tant d'horreur pour le mensonge et la fausseté. On
« peut voir, dans la Colombière, les vingt-six articles du
« serment des chevaliers.

« On nous aura sans doute accusés plus d'une fois, ou du
« moins soupçonnés d'une prévention aveugle, lorsqu'en li-
« sant tout ce que nous avons dit à l'honneur de la cheva-
« lerie, on se sera rappelé que les siècles dans lesquels elle
« était la plus florissante, furent des siècles de débauche, de
« brigandage, de barbarie et d'horreur, et que souvent tous
« les vices et tous les crimes se trouvaient réunis dans les
« mêmes chevaliers qu'alors on érigeait en héros. A la vue
« de tant de désordres, comment se persuader que les lois
« de la chevalerie ne respirassent que la religion, la vertu,
« l'honneur et l'humanité? Néanmoins ces deux vérités, si
« contraires en apparence, sont également constatées.... Les
« hommes sont inconséquens : il y a toujours bien loin de
« la spéculation à la pratique. Dans les Etats les plus régu-
« liers, le nombre de ceux qui vivent conformément aux
« règles, est presque toujours le plus petit, si ce n'est peut-
« être dans les premiers commencemens. A mesure que
« l'on s'éloigne de l'origine, le temps introduit des abus;

« mais ces abus doivent être imputés aux hommes, et non
« pas à la profession qu'ils ont embrassée. La chevalerie
« eut, à cet égard, le sort de tous les autres instituts.......
« Pouvons-nous croire qu'ils n'en aient souvent détourné
« l'usage légitime de leurs armes, pour les faire servir à
« leur intérêt personnel, à leur passion particulière? » (*Mémoires de Sainte-Palaye*, p. 22, 24, 26, 27, 86, 87.)

NOTE XII.

Du nombre des chevaliers de la table ronde, et des statuts de cet ordre, ainsi que de ceux de l'ordre de la Dame Blanche à l'écu vert, institué par le maréchal de Boucicaut.

Il n'y avait que treize places à la table ronde, en mémoire des treize apôtres; mais celle de Judas, vu son crime, restait vacante. Les douze furent successivement remplies, pendant le règne du roi Artus, par cinquante chevaliers. On trouvera dans le *Roman de Merlin* les règlemens de cet ordre, dont on a inséré un extrait dans la *Bibliothèque des romans*, juillet 1776, t. 1, p. 100-102. Aux articles de ces statuts que j'ai déjà rapportés dans la note précédente, j'en ajouterai un qui fera de plus en plus connaître l'esprit des temps de chevalerie. « Il n'était pas permis aux chevaliers
« de la table ronde d'obtenir un *don de merci* (ou d'amoureuse
« merci) d'une jeune pucelle, malgré elle, pourvu toute-
« fois que sa résistance fût sérieuse. » Je crois aussi devoir ajouter ici les règles de l'ordre de la *Dame Blanche à l'écu vert*, que le maréchal de Boucicaut (1) institua à l'occasion de l'enlèvement de Mme de Beaufort, et pour lui procurer

---

(1) Ce maréchal était frère de Petit-Jehan de Saintré, dont je parlerai dans la note XIII, ci-après. (*Voyez* son portrait et son caractère, *Hist. univ.*, déjà citée, t. 85, p. 267 et suiv.)

sa liberté; et qui n'étonneront pas si on les rapproche du cartel qu'il envoya aux Vénitiens. (*Hist. univ.*, t. 85, p. 286.)

« L'esprit de cette institution était de parcourir les cam-
« pagnes, de visiter les châteaux, d'offrir des secours aux
« beautés malheureuses, aux amantes abandonnées, aux da-
« mes vertueuses que la violence enchaînait....., de redresser
« les torts, de faire rendre raison à toutes les dames qui au-
« raient été offensées en leur bien ou en leur honneur (1). »

NOTE XIII.

De l'éducation des pages.

Pour prouver la vérité des faits avancés par l'abbé Velly, sur l'éducation des pages, on peut consulter, non seulement les *Mémoires de Sainte-Palaye*, mais tous les anciens romans, singulièrement l'*Histoire et plaisante chronique de Petit-Jehan de Saintré et de la dame des belles cousines* : on y trouvera les leçons que la dame des belles cousines donne à son amant ; elles tiennent près de cinquante pages, dont on a inséré en peu de mots le précis, p. 99-101 du 2ᵉ volume de janvier 1780, de la *Bibliothèque des romans*.

Voyez aussi, dans la note précédente, les statuts de l'ordre institué par le maréchal de Boucicaut, frère de Petit-Jehan de Saintré.

NOTE XIV.

De l'origine et de la fin des tournois.

Nitard rapporte que, dans l'entrevue de Charles-le-Chauve et de son frère Louis, qui se fit à Strasbourg en 842, les gentilshommes de ces deux princes firent des combats à

---

(1) *Bibliothèque des romans*, sept. 1781, p. 57 et 10.

cheval. Nos historiens en citent une foule d'autres, et cet usage s'est perpétué jusqu'à la fin du règne d'Henri II; mais depuis la mort de ce prince, arrivée dans une de ces joûtes dont, sous Charles VII, un ambassadeur turc disait, avec raison, que *si c'était tout de bon, ce n'était pas assez, et que si c'était un jeu, c'était trop,* l'usage des tournois fut supprimé (1). Cependant on trouve, sous Charles IX, deux tournois, l'un en 1565, à Bayonne, lors de l'entrevue de Charles IX avec sa sœur Elisabeth, épouse de Philippe II, roi d'Espagne; et l'autre à Paris, pour les noces d'Antoine de Crouy (2), prince de Porcien. Le Père Menestrier, dans son ouvrage sur les tournois, rapporte, p. 263, « que le « connétable de Montmorenci n'étant encore que maréchal « de France, sous le nom de *maréchal d'Ampville*, se rendit « célèbre en ces deux tournois. Au premier, il donna un si « rude coup d'épée à un prince contre lequel il combattait, « qu'il le renversa sur la croupe de son cheval; et en l'au- « tre il porta par terre, hors de la selle, un seigneur de qua- « lité qui avait réputation d'être un des meilleurs hommes « de cheval de son temps. » Mais malgré la valeur du maréchal d'Ampville, il n'y a plus eu de tournois. On en trouve, il est vrai, un simulacre dans les carrousels que

---

(1) *Voyez* le *Traité des tournois*, par le Père Menestrier, jésuite, in-4°, Lyon, 1679, p. 262.

(2) Le Père Menestrier ne donne pas la date des noces d'Antoine de Crouy; mais ce tournoi est nécessairement à peu près du même temps que celui de Bayonne, dont je viens de parler, puisqu'Antoine de Crouy mourut à vingt-six ans, le 5 mai 1567, et non 1467, ainsi que, par erreur, il est dit dans Moréri et dans tous ses copistes, notamment la Chenaye-Desbois, qui le font mourir en 1467; et cependant établissent avec raison qu'il se fit protestant, qu'il embrassa le parti des Coligny, qu'il mourut à vingt-six ans, et qu'il était petit-fils d'Henri de Crouy, mort jeune en 1514.

donna Henri IV en 1605 (1), ainsi que dans ceux du règne de Louis XIV; mais ces simulacres n'en ont pas rétabli l'usage; et les fêtes données par ces princes, ainsi que celles qui ont eu lieu pendant la minorité de Louis XV, n'étaient composées que de quadrilles, dont les auteurs faisaient, à la vérité, quelques joûtes, mais nullement ressemblantes à celles des tournois. Cependant leur usage a été renouvelé en Suède. On trouve dans le *Journal de politique et de littérature*, n° 28, les détails de celui qui a eu lieu à Stockholm le 29 août 1776.

Voyez aussi la note 2 du cinquième *Mémoire* de Sainte-Palaye sur l'ancienne chevalerie, où cet auteur a réuni les décisions des conciles et des papes, qui prononcèrent en vain « les peines de l'excommunication contre les auteurs « des tournois et ceux qui leur fournissaient le champ, avec « menaces de priver de la sépulture ecclésiastique ceux qui « seraient tués dans ces combats, dont nos rois réprimèrent « souvent, par leurs ordonnances, la fureur, qu'ils ranimè- « rent encore plus souvent par leurs exemples. » On trouve aussi, dans la même note, un détail de la dépense, et même de la profusion des anciens tournois; et dans la note 26, les causes qui, indépendamment de la mort d'Henri II et de la dépense, ont, suivant Sainte-Palaye, occasionné la cessation des tournois.

Note XV.

Ce que les romanciers entendent par le pas d'armes.

Le *pas d'armes* était annoncé par des hérauts; il y avait plusieurs soutenans lorsqu'il était question de la beauté des dames d'une nation contre celles d'une autre; ou un seul,

---

(1) *Voyez* la description du carrousel sous Henri IV, en 1605, dans le *Nouveau choix des Mercures*, t. 4, p. 34 et suivantes.

quand le pas d'armes n'avait pour objet que la beauté d'une seule dame, mais le soutenant avait souvent des *tenans.* On en trouve des exemples dans nos histoires et nos romans. Le pas d'armes de Feuquières est un des plus célèbres. (*Voyez* dans la *Bibliothèque des romans,* septembre 1781, p. 79 et suivantes, celui du maréchal Boucicaut en l'honneur de Mlle de Beaufort.) Ce fut à l'occasion de l'enlèvement de cette demoiselle, que ce maréchal institua un ordre de chevalerie, dont j'ai inséré les statuts à la fin de la note XII. (*Voyez* aussi dans le même ouvrage, le second volume de janvier, p. 19 et 24.)

Note XVI.

Les personnes du sexe du plus haut rang apprenaient la chirurgie, et pansaient elles-mêmes les chevaliers blessés.

Pour expliquer l'usage où étaient les dames, même les princesses, de panser elles-mêmes les chevaliers blessés, dont on trouve plusieurs exemples dans nos romans, notamment dans la *Bibliothèque des romans,* juillet 1780, second volume, p. 87, les auteurs de ce recueil observent (avril 1776, premier volume, p. 85) « qu'il était d'un usage com-
« mun, du temps de l'ancienne chevalerie, que les dames
« ou demoiselles du plus haut parage apprissent la chirur-
« gie, pour se rendre utiles à leurs pères, maris ou parens,
« qui couraient à tout moment le danger d'être blessés dans
« les combats, tournois ou joûtes. »

Note XVII.

Qu'entendaient les romanciers par le gage d'amour sans fin?

On trouve dans le tome de février 1781, de la *Bibliothèque des romans,* p. 143 et 144, l'explication de ce que les auteurs ont voulu indiquer, en disant que les amantes donnaient à leurs amans le *gage d'amour sans fin*.

« Ces expressions, dans la plus haute antiquité, s'enten-
« daient de la *ceinture virginale*, qu'une belle déliait et déta-
« chait de son vêtement en faveur de l'amant qu'elle choi-
« sissait à jamais pour époux. Le possesseur d'une telle
« ceinture était censé marié; l'hymen suivait infailliblement
« un tel gage. Dans une époque moins reculée, le gage en
« question consistait, non dans la ceinture déliée et aban-
« donnée, mais dans le don qu'une belle faisait à son amant
« d'une de ses jarretières, sur laquelle étaient brodés de sa
« main, son nom et cette même devise : *Amour sans fin*. Ce
« gage était équivalent au premier pour la force de l'engage-
« ment; mais comme une jarretière est moins en vue qu'une
« ceinture, la faiblesse ou l'infidélité d'une belle était moins
« à découvert par le don du gage d'amour sans fin, pris dans
« la seconde acception. »

Note XVIII.

*Du nom et de la qualité de l'auteur de l'*Histoire de Provence.

L'auteur de l'*Histoire de Provence* se nomme *M. Papon*. Il a d'abord été oratorien; il a donné les deux premiers volumes de son *Histoire* pendant qu'il était dans cette congrégation, et le troisième depuis qu'il en est sorti. En conséquence, à la tête des deux premiers volumes il est appelé *le Père Papon*, et *l'abbé Papon* à la tête du troisième. C'est sous cette dénomination que j'en parlerai dans toute cette Dissertation, même en citant ses deux premiers volumes.

Note XIX.

Les troubadours sont-ils plus anciens que les auteurs du nord de la France? Discussion de cette question, prouvée contre le sentiment de M. le Grand.

L'abbé Millot, dans son *Discours préliminaire* de l'*Histoire des troubadours*, p. 84, dit qu'ils étaient les émules des Provençaux, leurs maîtres. M. le Grand, dans la préface de ses *Fabliaux*, veut que l'on distingue entre les Trouvères et les Troubadours. Il donne le premier nom aux auteurs du nord de la France, et le second à ceux du midi. Il veut que les trouvères soient les plus anciens, et aient inventé les fabliaux avant que les troubadours aient été connus par leurs poésies. Il convient cependant, p. 61, que les troubadours inspirèrent à « l'Italie le goût de la poésie, formèrent et nourrirent « de leur lait, Pétrarque, le Dante, etc. » Ce système a été regardé, par les partisans des troubadours, comme une hérésie contre laquelle ils se sont élevés avec force. M. le Grand a voulu répondre à ces critiques, au nombre de cinq, par un petit ouvrage de soixante-huit pages, intitulé : *Observations sur les troubadours* (Paris, 1781, chez Onfroy, libraire). Cette brochure a paru à M. Bérenger mériter une discussion : c'est l'objet d'une de ses lettres à M. Grosley, du 1er août 1782, que l'on trouve, p. 151-189 du second volume des poésies de M. Bérenger (in-16, Londres, 1785). Je crois très-inutile d'entrer dans cette discussion ; je me contenterai d'indiquer les champions ; car dans les *Observations sur les troubadours*, M. le Grand désigne ou nomme ses cinq adversaires, et indique leurs ouvrages. J'avouerai seulement que, malgré tout l'esprit qu'emploie M. le Grand, il ne m'a pas persuadé : je crois, de plus, qu'il est aisé de réfuter, ou même de rétorquer ses principaux argumens, et que ses adversaires l'ont fait. Il en est cependant un que M. Bérenger me paraît avoir négligé, et dont la solution me semble faire crouler tout le système de M. le Grand. Il prétend, p. 18, « que les troubadours étaient inconnus à la « plus belle moitié de la France, à celle qu'habitent nos « rois. » Cependant MM. Parfait, dans leur *Histoire du théâtre français*, attestent, d'après les historiens du temps, que Louis-le-Jeune en amena avec lui en 1147, quand il partit pour la Terre sainte. J'ai cité ci-dessus, dans le texte de ma Dissertation, ce qu'ils disent à ce sujet.

Une autre erreur de M. le Grand, que j'ai trouvée p. 14 de ses *Observations sur les troubadours*, est de prétendre que *l'art dramatique fut toujours ignoré des troubadours*. M. le Grand rapporte, à l'appui de son opinion, une citation de l'abbé Millot; mais n'indiquant pas la page, je n'ai pu la vérifier. Au surplus, si, comme je le présume, elle est exacte, il en résulte que ces deux auteurs se sont trompés, car j'ai relevé ci-après (note XXIV) une erreur de l'abbé Millot. En effet, *voyez*, dans le t. 1 de l'*Histoire du théâtre français*, p. 12-28, l'extrait de plusieurs pièces de théâtre composées par les troubadours.

NOTE XX.

Définition des sirventes, des tensons, des jeux mi-partis, et de quelques-unes des causes portées aux cours d'amour, dont une est dans un roman du treizième siècle, composée d'oiseaux, et des formalités de procéder aux cours d'amour.

« Les voyages pour le recouvrement de la Terre sainte, « que tous les princes de l'Europe entreprirent dans le on- « zième siècle, et les victoires qu'ils remportèrent sur les « infidèles, furent célébrés par les troubadours. Les pièces « qu'ils composèrent à ce sujet, et qu'on nomma *sirventes*, « étaient des espèces de poëmes mêlés de louanges et de satires.

« A l'égard des *tensons*, c'étaient des demandes fines et
« délicates sur l'amour et sur les amans. En voici quelques-
« unes, pour en donner une idée (1).

« Un amant a eu deux maîtresses : l'une ne lui a accordé
« son cœur qu'après de longues poursuites; l'autre ne l'a
« pas fait soupirer long-temps : on demandait à laquelle des
« deux il avait plus d'obligation.

« Un amant est si jaloux, qu'il s'alarme de la moindre
« chose; un autre est si prévenu de la fidélité de sa maî-
« tresse, qu'il ne s'aperçoit pas seulement qu'il a de justes
« sujets de jalousie : on demandait lequel des deux marquait
« plus d'amour.

« Deux dames ont chacune un amant : celui de la pre-
« mière compte aller exercer sa valeur et son adresse à un
« tournoi qui se prépare; cependant, comme cette maîtresse
« lui défend d'y aller, il obéit; la seconde, au contraire, or-
« donne à son amant de se trouver à ce même tournoi; et
« quoiqu'il soit faible et peu courageux, il part dans le mo-
« ment même. On demande lequel de ces deux amans a
« marqué plus d'amour pour sa dame.

« Ces demandes donnaient lieu à mille ingénieuses ré-
« ponses; et parce que les sentimens étaient toujours parta-
« gés, il en naissait d'agréables disputes, qu'on appelait *jeux*
« *mi-partis*.

« Ces disputes étaient envoyées à une société de dames
« autant illustres par leur naissance que par leur savoir, qui
« résidaient ordinairement à Romanin ou à Pierre-Feu, et
« qui donnaient leur décision sur les différentes matières
« que l'amour peut fournir. Elles rendaient leurs jugemens
« sur les jalousies et sur les brouilleries des amans : c'est

---

(1) *Voyez* ci-après, note XXIV, l'espèce d'une cause portée à une *cour d'amour.*

« pour cela que l'on appelait cette société la *cour d'amour*. »
(*Histoire du théâtre français*, par MM. Parfait, in-12, t. 1, imprimé en 1735, p. 5 et 6.)

On peut voir dans la note XXIV, ci-après, l'espèce d'une cause portée à la *cour d'amour*, et son jugement. J'indique aussi, dans la note XXXI, un livre où l'on en trouvera plusieurs. Enfin, dans le premier tome du *Mercure* de décembre 1754, p. 36-44, on lit l'extrait « d'un manuscrit du trei« zième siècle, conservé dans l'abbaye de Saint-Germain« des-Prés, coté 1830 (1). » Comme ce manuscrit peint les

---

(1) Le mot *tenson* (du latin, *contentio*; en italien, *tenzone*) signifie proprement *débat, discussion, querelle*. Il n'est pas nécessaire de remonter au treizième siècle pour retrouver le goût des tensons. Nos Cloris et les Céladons modernes ont fait aussi leurs preuves d'esprit en amour. La gazette a remplacé le tribunal des belles. Nos *Mercures* sont remplis de ces thèses galantes et sentimentales, dont les décisions, plus ou moins ingénieuses ou piquantes, ne sont pas toujours les plus justes ou les plus sages. En voici quelques exemples :

1º Damon et Tircis aiment une bergère, qui, pressée de se déclarer, leur donne un rendez-vous. Les bergers y viennent; Tircis, couronné; Damon, sans couronne. La bergère arrive couronnée : elle ôte sa couronne, la met sur la tête de Damon, prend celle de Tircis, et s'en couronne. On demande lequel des deux est préféré?

SOLUTION. Tircis est l'amant préféré. C'est pour mieux cacher l'aveu qu'on voulait lui faire, qu'on a couronné son rival avec éclat. Quand on veut trouver la vérité dans le cœur des femmes, il faut se défier de la route commune : elle est presque toujours chez elles dans quelques sentiers obliques (c'est le juge qui parle); on ne l'aperçoit qu'avec beaucoup de pénétration. (*Mercure* de janvier 1744.)

2º Celui qui aime une laide, la croyant laide, montre-t-il plus d'amour que l'amant qui la croit belle, quoiqu'elle soit laide?

SOLUTION. Une femme répond : « S'il faut vous parler à cœur ouvert, je n'accorderais ma tendresse qu'à celui qui m'accorderait de la beauté, et je ne me croirais point aimée de celui qui me croirait laide. » (*Extraordinaire du Mercure* d'octobre 1679.)

3º Lequel des deux amans doit être le plus flatté, de celui qui fait la

mœurs de ce siècle, j'entrerai dans quelques détails sur ce qu'il contient.

Florence et Blanche-Fleur soumettent au jugement de la *cour d'amour* leur contestation sur la question de savoir « lesquels, des gens d'église ou des chevaliers, l'on devait aimer, et lesquels étaient plus polis et plus remplis de courtoisie. » Une singularité de cette *cour d'amour,* est qu'elle est composée d'oiseaux, que le dieu d'amour appelait ses *barons.* L'épervier, le faucon, le geai, le perroquet, furent pour les chevaliers; la huppe, l'alouette, le rossignol, qui prend le titre de *conseiller d'amour,* furent pour les gens d'église; et le rossignol offrit le combat, que le perroquet accepta; mais « il fut terrassé, obligé de rendre son épée, et « de *convenir que les gens d'église sont braves et honnêtes, et plus « dignes d'avoir des maîtresses que les hommes de tout autre état, « et par conséquent que les chevaliers.*

« Florence, au désespoir de se voir condamnée, s'arracha « les cheveux, tordit ses pieds, et ne *demanda à Dieu que le « bonheur de mourir; elle s'évanouit trois fois, et la quatrième « elle mourut.* »

Tous les oiseaux furent convoqués pour lui faire des obsèques magnifiques; ils répandirent une prodigieuse quantité de fleurs sur son tombeau, et ils y placèrent cette épitaphe : *Ci-gît Florence, qui préféra le chevalier.*

Je finirai cette note par observer que de tous les jugemens des *cours d'amour* que je connaisse dans les ouvra-

---

fortune de sa maîtresse en l'épousant, ou de celui qui tient d'elle toute sa fortune?

SOLUTION. L'amant qui doit être le plus flatté est celui qui a tous les avantages de son côté : c'est l'amant qui a l'obligation de ce qu'il est à sa maîtresse. (*Mercure* de décembre 1742.)

4° En amour, y a-t-il plus de délicatesse à donner qu'à recevoir?

SOLUTION. Toute la délicatesse réside dans la personne qui reçoit. (*Mercure* de février 1743.) (*Edit.* C. L.)

ges des troubadours, dans le Recueil de Martial d'Auvergne, etc., l'un des plus curieux est celui qui fut rendu en faveur de Guillaume de Cabestaing. Ce jugement, précédé de l'objet de la contestation et de tout ce qui y a rapport, notamment de la forme de l'ajournement, du plaidoyer par Cabestaing, etc., se trouve dans la *Bibliothèque des romans*, vol. de septembre 1782, p. 38-80. Je suis fâché que la longueur de cette cause m'empêche de la transcrire, et même d'en faire un extrait détaillé; mais pour en donner une idée, je réunirai ici la comparution de Cabestaing et le jugement de la *cour d'amour*.

« Le damoiseau se tenait hors de la barrière; une dame
« faisait la fonction d'huissier; l'ayant appelé par trois fois,
« une autre dame vint le prendre par la main. Avant de l'in-
« troduire, « Gentil damoiseau, lui dit-elle, laissez vos ar-
« mes en dehors de la barrière; point n'est besoin, avec les
« dames, d'autres armes que de votre courtoisie et de votre
« gentillesse; joignez-y seulement un peu d'envie de plaire.
« Faudrait n'avoir ne cœur, ne sang, ne yeux pour n'avoir
« envie de plaire aux dames. »

« Entré dans le cirque, il se tint debout, seul, à côté du
« rang des chevaliers; quand il eut ouï l'accusation intentée
« contre lui par dame Eléonore de Cominge, veuve de Ro-
« ger de Turenne, et ensuite celle intentée au nom de Da-
« riolette (1), il rougit; car il avait de la candeur, et il en
« avait trop pour n'être pas embarrassé. Il ne savait com-
« ment il lui était permis de se défendre; il craignait d'of-
« fenser ce galant et aimable tribunal. Il ne comprit point
« que sa cause était une de celles que la cour avait choisies
« pour s'égayer; il demanda un avocat. On lui permit de

---

(1) Nom que portaient alors les suivantes, que nous nommons actuellement *femme de chambre*.

« choisir, même parmi ses juges; il s'approcha de dame (1)
« Marguerite de Tarascon, mit un genou en terre devant
« elle, et lui présenta son gant. Dame Marguerite le prit en
« rougissant, se leva de son siége, et se plaça auprès de lui,
« à l'autre bout du cirque.

« Après le plaidoyer de son avocat, « la cour, lui dit un
« huissier, vous permet de baiser votre avocat à la joue; » il
« ne se fit pas répéter cette sentence deux fois. Sire Ray-
« mond, mari de dame Marguerite, voulut en appeler; on
« ne lui répondit que par de grands éclats de rire. Le damoi-
« seau fut présenté à chacune de ses juges, et leur baisa à
« toutes la main. »

La *cour d'amour* allait prononcer, lorsqu'un moine que
Cabestaing avait amené pieds et poings liés, pour l'avoir
trouvé voulant faire violence à une paysanne, l'accusa d'a-
voir été *larron de l'honneur* de cette paysanne; ce dont Cabestaing convint, mais fut à l'instant justifié par la paysanne,
qui s'écria : « Mesdames, écoutez-moi. Rien ne m'a ravi ce
« tant beau damoiseau; ains c'est nous qui lui avons tout
« donné, et moult briévement eussions été courroucée, si
« n'avoit osé tout prendre; aurions craint qu'aurions été re-
« jetée et méprisée. » La paysanne était si jolie, l'excuse
était si bonne, que dame Marguerite, qui était bonne aussi,
la trouva pardonnable.

La paysanne continua de justifier Cabestaing. Ensuite,
« la cour ordonna silence, et Elise de Turenne, présidente
« de la *cour d'amour*, prononça ainsi la sentence : « Rien

---

(1) Qui était la *dame souveraine de ses pensées*, et qui eut le sort de
Gabrielle de Vergy; car son mari, Raymond de Roussillon, après avoir
tué Cabestaing en traître, en fit manger le cœur à sa femme, Marguerite
de Tarascon : il y a même des auteurs qui prétendent que le fait de Cabestaing est le seul vrai, et que celui du sire de Coucy n'en est qu'une
imitation.

« n'est grave dans votre cas, beau damoiseau : avez fait ce
« qu'avez voulu à l'égard de Dariolette ; n'avez pas su ce
« que deviez à l'endroit de dame Eléonore ; avez fait tout ce
« qu'occasion voulait à l'endroit de la paysanne : la cour
« vous absout, et vous enjoint cependant d'être moins res-
« pectueux, moins timide, plus courtois envers les dames,
« et vous ordonne de prendre des leçons de courtoisie de
« nous toutes. Le devoir d'un chevalier est de chercher à
« plaire, de nous rendre heureuses en tout bien, et d'être
« discret. A tout âge, les dames sont capables d'aimer et de
« donner un juste retour. Gardez-vous de dédaigner celles
« qui ne sont plus jeunes ; c'est alors que délicatesse, hon-
« neur et ménagement sont requis. Allez, beau damoiseau,
« commencer votre cours de courtoisie auprès de nous.
« Puisse votre dame vous pardonner l'aventure de la pay-
« sanne. Quant au moine, qu'il soit délivré de ses cordes, et
« condamné à dire ses patenôtres : enjoint au chevalier de
« lui couper le nez s'il attentait à l'honneur des paysannes.
« Ses pareils sont faits pour prier Dieu, et nous absoudre de
« nos péchés. »

NOTE XXI.

Preuves que le comte Thibaut de Champagne n'a pas été amou-
reux de la reine Blanche, qui, d'ailleurs, étant morte en odeur
de sainteté, et ayant été béatifiée, ne peut être accusée d'un
mauvais commerce, qui aurait, suivant l'auteur anglais, duré
jusqu'à sa mort.

Les auteurs du *Théâtre français* ont suivi, dans l'imputation qu'ils font au comte Thibaut, Mathieu Paris, historien
anglais dont tout le monde connaît la partialité, et ceux qui
l'ont copié : mais un auteur moderne, M. Lévesque de la Ravalière, a vengé la mémoire de ce prince et de la reine
Blanche. *Voyez* sa dissertation en forme de lettre, en date

du 10 juillet 1737, ainsi que la réponse du Père Pelletier, génovéfain, du 1er mars 1738; la réplique de M. de la Ravalière; une nouvelle lettre du Père Pelletier; une réplique de M. de la Ravalière, du 23 février 1739; et une lettre de M. le président Bouhier, du 23 avril 1739, où ce magistrat adopte le sentiment de M. de la Ravalière, et lui mande positivement : « Il me paraît difficile de ne se pas rendre à vos « raisons, contre le préjugé commun. »

Ces différentes pièces sont imprimées à la tête des poésies de Thibaut, comte de Champagne et roi de Navarre, données par M. de la Ravalière, Paris, 1742, t. 1, p. 1-72. On trouve aussi la lettre du 10 juillet 1737 dans le *Mercure de France*, août 1737, et p. 69 et suiv. du 38e volume du *Nouveau choix des Mercures*.

J'ajouterai que tous les éloges que les historiens contemporains ont donnés à la reine Blanche, qu'ils ont même qualifiée de *Bienheureuse*, démentent, d'une façon sans réplique, l'historien Mathieu Paris. Comme cette princesse, suivant l'usage de ces temps, avait, peu de temps avant sa mort, pris l'habit aux cordelières du faubourg Saint-Marceau (1), les auteurs qui ont écrit l'histoire des saints de l'ordre de Saint-François, l'ont placée dans le catalogue de ceux de cet ordre, et rapportent plusieurs miracles, et même des apparitions qu'on lui attribue. Le baron d'Auteuil, dans la Vie de cette reine, imprimée en 1644, et dédiée à la régente, mère de Louis XIV, dit « qu'elle a mérité la réputa- « tion de *sainteté*. » Pour prouver ce qu'il avance à ce sujet, le baron d'Auteuil rapporte (l. 3, p. 141 et suiv.) une apparition de cette reine de l'an 1516, et le texte des différens

---

(1) En conséquence elle a été enterrée à Monbuisson, « couverte des « habits de religieuse, et revêtue par-dessus à la royale....., le grand man- « teau de reine sur le grand manteau de l'ordre de Citeaux. » (D'Auteuil, l. 3, p. 131.)

historiens de l'ordre de Saint-François qui lui donnent le titre de *bienheureuse*. Un auteur moderne prétend même que cette reine a été béatifiée par Léon X, en 1520 (1).

Note XXII.

De la première et seconde Académie française, et de la séance que les académiciens ont tenue en présence de Charles IX.

Les auteurs de la *Bibliothèque des romans* prétendent que l'académie du comte Thibaut était, indépendamment de ce prince, composée de sept membres, dont ils donnent les noms et quelques poésies. Ces académiciens du treizième siècle sont Raoul de Coucy, Henri des comtes de Soissons (2), le vidame de Chartres, Gace Brulé, Robert de Marberolles, et Thibaut de Blazon, tous gentilshommes champenois, et Alain Muset, ménestrel (3).

Au surplus, si les assemblées littéraires qui se tenaient dans le treizième siècle, chez le comte de Champagne, peuvent être regardées comme la première académie française, il faudra compter pour la seconde celle que Charles IX a établie par lettres-patentes du mois de novembre 1570. Ce prince les accorda sur la demande de Jean-Antoine de Baïf. On devait y cultiver la musique et la poésie. L'établissement de cette académie souffrit alors encore plus de difficultés que n'en éprouva, un siècle après, l'érection de l'académie française; mais ces obstacles furent, dans l'une et l'autre époque, surmontés par la protection que nos souverains

---

(1) *Bibliothèque des romans*, décembre 1778, p. 145.

(2) Ce prince est quelquefois appelé *Raoul* dans les manuscrits, et *Henri* dans l'histoire des croisades. (*Bibliothèque des romans*, décembre 1778, p. 165.)

(3) *Ibid.*, p. 147-191.

accordèrent à ces corps savans. L'abbé Goujet, dans sa *Bibliothèque française* (t. 13, p. 347-350), donne l'histoire de cette académie française du seizième siècle, et rend compte des témoignages de bienveillance que lui ont donnés les rois Charles IX et Henri III : ce qui n'empêcha pas, suivant la remarque de l'abbé Goujet, « qu'elle ne fût bientôt dérangée « par les guerres civiles, et que la mort de Baïf, arrivée en « 1591, n'achevât de la mettre en déroute. »

On trouve, dans l'*Histoire de l'Académie française*, par l'abbé d'Olivet (in-4°, p. 8), une anecdote intéressante sur cette seconde académie ; il y est dit : « que du temps de « Ronsard, il se tenait une assemblée de gens de lettres « à Saint-Victor, où Charles IX alla plusieurs fois, et que « tout le monde était assis devant lui. »

Note XXIII.

Sentiment de l'abbé Millot sur les troubadours et leurs ouvrages.

On voit, par ce que j'ai rapporté dans le texte, soit de l'abbé Papon, soit de l'*Histoire du théâtre français*, que ces auteurs pensaient favorablement des troubadours. L'abbé Millot, leur historien, n'en a pas une si bonne idée, ainsi que le prouvera ce que je vais insérer ici du discours préliminaire de son histoire, qui contient en même temps une analyse des ouvrages des troubadours.

Au surplus, en comparant ces différentes autorités, mes lecteurs adopteront le parti qu'ils jugeront à propos ; quant à moi, je crois que l'abbé Millot a été un peu trop sévère, et peut-être l'abbé Papon et MM. Parfait trop indulgens.

« On voit, dit l'abbé Millot, dans leurs ouvrages (des « troubadours) la bravoure ardente et emportée, qui carac- « térisait encore la nation, qui respirait les combats comme « des plaisirs, et qui, du droit barbare de l'épée, faisait le

« premier droit de la nature. On y voit cette prodigalité de
« seigneurs érigée en vertu essentielle de leur rang, aussi
« peu délicate sur les moyens d'acquérir que sur la manière
« de dissiper, et ne rougissant point d'accumuler des ra-
« pines pour se parer d'une ruineuse ostentation. On y voit
« cet esprit d'indépendance qui entretenait les désordres et
« l'anarchie, quelquefois se pliant, par intérêt, aux humbles
« démarches des courtisans, mais toujours prêt à se roidir
« avec audace lorsqu'il était excité par les conjectures. On y
« voit cette franchise mâle et agreste que rien n'empêchait
« de s'expliquer librement et sur les personnes et sur les
« choses, qui censure les princes comme les particuliers,
« sans paraître se douter des égards de la bienséance, en-
« core moins de la politesse moderne. On y voit l'aveugle
« superstition se repaissant d'absurdités et de folies; sacri-
« fiant à ces fantômes la raison, l'humanité, la divinité
« même; avilissant le souverain Être par les hommages
« qu'elle croit lui rendre, au mépris des lois qu'il a établies,
« et fournissant, par ses excès, des armes à l'irréligion
« qu'elle fait naître. On y voit l'ignorance et le fanatisme
« d'un clergé vicieux, la pétulance d'une noblesse inquiète
« et indomptable, l'activité et la hardiesse d'une bourgeoisie
« à peine délivrée de la servitude, les vices plutôt que les
« vertus, des hommes de tout état livrés encore à des habi-
« tudes barbares, et commençant à se raffiner par de fausses
« lumières. On y voit enfin le système de la chevalerie dé-
« veloppé, ses exercices, ses amusemens, ses préceptes, ses
« mœurs, ordinairement contraires à sa morale, et surtout
« cette galanterie fameuse qui devient un des principaux
« mobiles de la société, et dont il importe d'acquérir une
« connaissance plus exacte. » (*Discours préliminaire de l'histoire des Troubadours*, p. 30 et suiv.)

Nota. Dans cette histoire, l'abbé Millot donne celle de cent quarante-deux troubadours, indépendamment de plu-

auteurs inconnus, ou dont les articles sont peu importans, dont il parle, t. 2, p. 386-448 (1).

Note XXIV.

De l'excellence de la langue française ; des erreurs de Jean Nos-tradamus et de l'abbé Millot ; et s'il est question de cours d'a-mour *dans les ouvrages des troubadours.*

Jean Nostradamus, dans son ouvrage sur les poëtes pro-vençaux, dont j'ai déjà parlé, indique, p. 26, 61, 131, etc., quelques-unes des causes qui étaient renvoyées aux jugemens des *cours d'amour* : comme j'ai déjà donné, dans la note XX ci-dessus, l'espèce de plusieurs de ces causes, je ne parlerai ici d'aucune de celles que rapporte Martial d'Auvergne ; mais je ne puis passer sous silence celle que cite Nostrada-mus, p. 61, parce qu'elle est une preuve que notre langue, (ainsi que je le prouverai dans une troisième édition de ma Dissertation sur les inscriptions) dérive de la langue provençale, était regardée, dès les douzième et treizième siècles, comme la première langue de l'Europe.

» « Quelle des nations est la plus noble et la plus excel-lente, ou la provençale, ou la lombarde ? Et pour preuve on apportait que la nation provençale abonde beaucoup de bons poëtes, ce qu'on ne voit point en Lombardie.

» « Cette question fut envoyée aux dames de la *cour d'amour*, résidente à Pierre-Feu, et à Signes pour en avoir la défi-nition, par arrêt de laquelle la gloire fut attribuée aux poëtes provençaux, comme obtenant le premier lieu entre toutes les langues vulgaires. »

Pour l'exactitude des faits, je dois faire observer que M. l'abbé Millot, dans son *Histoire littéraire des troubadours*,

---

(1) *Voyez* les nouvelles recherches de M. Raynouard sur les trouba-dours. (*Edit. C. L.*)

accuse d'infidélité l'ouvrage de Nostradamus, et prouve assez bien qu'il est en contradiction avec les manuscrits du temps, déchiffrés par Sainte-Palaye. (*Voyez* surtout tome 1er, p. 17, 390, 410; et tome 3, p. 90 et 274.) Au surplus, l'abbé Millot n'était pas plus exempt d'erreur que Jean Nostradamus, car on trouve dans son ouvrage, tome 1er, p. 12, « des assem- « blées nombreuses excitaient la verve de nos poëtes, et l'on « distribuait des prix à ceux qu'on en jugeait les plus dignes : « cet usage conduisit probablement à l'institution des *cours* « *d'amour*, qui proposèrent de pareilles questions, et qui en « devinrent les juges. Aucun troubadour n'a parlé de ces « tribunaux de galanterie, quoique leurs pièces soient pleines « d'allusions aux usages de leurs temps. Ainsi les jeux mi- « partis ne supposent point l'existence des *cours d'amour*. » Et cependant, dans le tome 2 de son Histoire, à l'article de *Savary de Mauléon*, l'abbé Millot rapporte un *tenson* entre ce troubadour et un autre poëte, nommé *le Prevost*, et ajoute, page 105, ce qui suit : « le Prevost prend pour juges les « dames Guillemette de Benenguès, Marie de Ventadour et « la dame de Montferrand. Savary répond que les trois dames « suffisent, qu'elles sont si savantes en amour, qu'il se sou- « met à tout ce qu'elles diront. » Au surplus, l'auteur de la *Description des arcs de triomphe d'Aix*, dont je vais parler, ne fait aucune difficulté d'attribuer aux troubadours et à leurs vers l'établissement des *cours d'amour*.

Note XXV.

Depuis quand, en France, les arrêts se rendent-ils en langue vulgaire ? Cet usage est-il le même dans toute l'Allemagne, et depuis quand ?

En rapportant l'ordonnance de Villers-Cotterets, le président Hénault, sous l'année 1539, observe « qu'on avait

« attendu bien long-temps à faire une si sage ordonnance...,
« et que l'empereur Rodolphe, dès l'an 1281, avait ordonné,
« dans l'assemblée de Nuremberg, qu'on cesserait d'écrire
« les actes en latin, et qu'ils seraient désormais dressés en
« langue allemande. » Ce règlement n'a cependant pas été adopté par tous les princes d'Allemagne ; car la *Gazette de France*, du 14 avril 1786 (n° 30), nous apprend que l'électeur de Cologne a rendu le 17 février 1786, un décret par lequel ce prince a ordonné « qu'à l'avenir tous les mande-
« mens, monitoires, assignations et jugemens donnés jus-
« qu'à présent en langue latine, seront rédigés en langue
« allemande. »

NOTE XXVI.

De Martial d'Auvergne et de ses ouvrages.

Martial d'Auvergne était procureur au parlement, et notaire au Châtelet de Paris. Il est mort en 1508. Ses *arrêts d'amour* sont curieux en ce qu'ils attestent la forme alors usitée dans les jugemens et les anciens habillemens des magistrats, ainsi que des officiers et suppôts de la justice. Cet auteur, indépendamment du recueil des *arrêts d'amour,* et de l'ouvrage dont je donne le titre, note XXX, a composé
« les *Vigiles de la mort de Charles VII à neuf pseaumes et neuf*
« *leçons.* C'est un poëme d'une forme très-singulière, puisque
« c'est celle de l'office des morts. Au lieu des psaumes, on
« trouve ici des récits des principales actions glorieuses et
« des malheurs du monarque à la mémoire duquel cet ou-
« vrage est consacré. Au lieu de leçons, ce sont des com-
« plaintes de différens Etats du royaume sur la mort d'un roi
« sage et justement regretté. Si l'on veut bien oublier, pour
« un moment, la forme ridicule de ce poëme, forme qui
« doit être attribuée à l'ignorance et au mauvais goût du siè-
« cle où il a été produit, on conviendra qu'il n'y a peut-être

« aucun livre plus curieux ni plus intéressant. La partie his-
« torique est écrite en vers simples, et assez exacte ; il y a
« peu d'esprit, mais beaucoup de netteté et de vérité. » (*Mélanges tirés d'une grande Bibliothèque*, t. 4, p. 252 et 253.)

Note XXVII.

Notice du commentaire de Benoît de Court sur les Arrêts d'amour *de Martial d'Auvergne.*

Martial d'Auvergne, dans ses Arrêts, commence par donner l'extrait du plaidoyer des contendans : cet extrait est suivi des décisions de la *cour d'amour;* le tout en français.

Benoît de Court interrompt ces différens plaidoyers de ses remarques, qui, au lieu d'être mises en notes, font partie du texte, mais sont en latin, et viennent à l'appui des raisons alléguées par les parties. Ce qui est singulier, dans l'ouvrage de Benoît de Court, est la gravité de ses discussions, et l'érudition qu'il y prodigue. Son commentaire est rempli de citations du Code, du Digeste, du Décret de Gratien, des Décrétales ; en un mot, de tous les auteurs connus sous le titre *de corpus juris civilis et juris canonici.* (Corps du droit civil et canonique.) On y cite aussi l'Ecriture sainte, les coutumes, les poëtes, les orateurs ; enfin, ce commentaire est la preuve de la science profonde et des connaissances immenses de son auteur, ainsi que de son mauvais goût, ou plutôt de celui de son siècle.

Cette note serait plus longue que toute ma Dissertation, si je voulais réunir ici toutes les preuves bizarres, et souvent ridicules, que Benoît de Court emploie dans son commentaire : je me réduirai à *cinq*, qui donneront une idée de cet ouvrage singulier.

1º Dans le premier arrêt, où une dame se plaint que « son
« amant lui a offert plusieurs dons et bagues, qu'elle ne vou-

« lui prendre ne recevoir pour doute de simonie en amour, « qui est défendue. » Benoît de Court appuie son excuse en citant la loi 3 du Digeste, titre *de donatione inter virum et uxorem* (des donations entre mari et femme), qui porte que l'amour est quelque chose de divin ; et en conséquence, comme dans les *Actes des apôtres* il est établi que c'est une simonie que d'acheter une chose sainte, Benoît de Court en conclut que l'amour étant une chose sainte, c'est une simonie que d'offrir de l'argent ou des présens à une dame pour s'en faire aimer.

2° Dans le second arrêt, un écuyer accuse une dame de l'avoir blessé en le baisant trop rudement ; la dame est condamnée par la *cour d'amour* à mouiller, au moins une fois par mois, de sa salive, la blessure de son ami, jusqu'à complète et entière guérison ; afin, dit de Court, que le principe du mal en fût aussi le remède, suivant le titre des Décrétales, *de reliquiis ac veneratione sanctorum* (des reliques, et de la vénération due aux choses saintes.)

3° Dans le neuvième arrêt, où l'amant se plaint que sa dame cause avec ses rivaux, et en reçoit des bouquets, malgré le serment qu'elle a fait de n'aimer que lui, Benoît de Court prouve que ce serment est nul, parce que les dames ont reçu de la nature le droit inaliénable de causer avec les cavaliers, et d'en recevoir des bouquets, et qu'il est établi dans le Code, que le souverain même ne peut priver quelqu'un des droits qu'il a reçus de la nature ; que d'ailleurs le décret de Gratien établit qu'un serment qui pourrait causer la mort de celui qui l'a fait est nul ; qu'en conséquence, celui fait par la dame de ne point parler aux galans, pouvant lui causer la mort, est nul de plein droit.

4° Dans le dixième arrêt, l'amant se plaint qu'il y a usure dans ses conventions avec sa dame, et en demande la résiliation, « vu qu'il est obligé de faire à sa dame plusieurs « dons, honneurs et services, le tout pour un baiser. »

Quoique l'arrêt déclare que le *contrat n'était point usurier*, Benoît de Court prouve, par les lois divines et humaines, le Code et le Digeste, que l'usure fait rescinder de droit un contrat.

5° Par le quatorzième arrêt, un demandeur conclut, par droit lignager, contre un étranger défendeur à qui un frère dudit demandeur avait cédé un baiser qu'il recevait toutes les semaines d'une certaine dame.

Benoît de Court cite, en faveur du demandeur, le Lévitique, chapitre 25, les lois romaines, et les articles de la coutume de Paris, qui veulent que les biens restent dans les familles, et conclut en conséquence à ce que le baiser soit adjugé au demandeur par droit de retrait lignager.

Note XXVIII.

Notice des ouvrages de Coquillart.

Indépendamment des *Droits nouveaux d'amour*, Coquillart a fait plusieurs autres ouvrages, au moins aussi singuliers : on en trouvera le détail dans le tome 4 des *Mélanges tirés d'une grande bibliothèque*, p. 330. Je n'en citerai que deux : *le Purgatoire des mauvais maris*, et *l'Avocat des dames de Paris, qui vont chercher les pardons.*

Note XXIX.

De la composition du parlement d'amour dans le Roman de la Rose.

L'auteur du *Roman de la Rose* appelle la cour du dieu d'amour un *parlement*, et le compose de barons. *Voyez* les vers 1105, 1111, t. 2, p. 7, édition de 1735, où l'auteur s'exprime ainsi :

> Le dieu d'amour, sans terme mettre,
> De lieu, de tems ni de lettre,
> Toute sa *baronnie* mande,

Aux uns prie, aux autres commande
Que tantôt ces lettres vues,
Et qu'iceux les auront reçues,
Ils viennent à son *parlement*.

Note XXX.

*Notice des différentes éditions d'*Aresta amorum.

Il existe plusieurs éditions d'*Aresta amorum*. Ceux qui seront curieux de les connaître toutes peuvent consulter les *Mélanges tirés d'une grande bibliothèque*, t. 6, p. 334 et 335. La première est de 1533; la dernière de 1731; elle est en 2 vol. in-12, datée d'Amsterdam, mais est indiquée se vendre à Paris chez Pierre Haudouin; l'éditeur y a joint un autre ouvrage, qu'il croit de Martial d'Auvergne, intitulé: *l'Amant rendu cordelier à l'observance d'amour;* cependant beaucoup d'écrivains l'attribuent au duc Charles d'Orléans, père de Louis XII.

Note XXXI.

Indication d'un livre italien où se trouvent quelques jugemens des cours d'amour.

Le traducteur de l'ouvrage de Jean Nostradamus, dont j'ai déjà parlé, rapporte plusieurs jugemens des *cours d'amour;* notamment dans la note 3 de la *Vie de Percura Doria*, il en a réuni neuf, et il observe qu'ils sont tirés d'un manuscrit italien intitulé: *Libro d'amore* (Livre d'amour). Comme il ne donne aucun détail, je ne peux savoir si ce manuscrit est authentique, et n'est pas un ouvrage dans le goût du recueil de Martial d'Auvergne, ou si c'est de ce manuscrit que parlent les historiens anglais. (*Voyez* la note XXXIV.)

Note XXXII.

Les procès-verbaux de records des actes ou jugemens ont-ils été abolis ?

Je ne connais aucune loi qui abolisse les procès-verbaux de *records;* je connais seulement une ordonnance du roi Jean, de février 1330, portant *confirmation de la commune d'Abbeville*, et rapportée dans le tome 4 des ordonnances de nos rois, page 53, dont l'article 18 enjoint aux échevins d'Abbeville de faire rédiger leurs jugemens par écrit, ce qui prouve qu'anciennement on ne les écrivait pas; usage attesté d'ailleurs par plusieurs arrêts qui se trouvent dans les *olim* (1), et très-usité dans la coutume de Normandie; usage qui, suivant un des commentateurs de cette coutume (2), « rappelle « ces siècles de rusticité et d'ignorance, où les actes les plus « importans de la société subsistaient sur la bonne foi de « quelques témoins ; » usage enfin qui continue d'être pratiqué en Normandie, ainsi qu'il est attesté par le Royer de la Tournelle, commentateur de cette coutume, dans la seconde édition de son ouvrage, imprimé in-12, en 1778, tome 2, page 38, où il rapporte un arrêt du 17 avril 1761, rendu d'après un procès-verbal de *records* ordonné pour constater les clauses et conditions d'un contrat de mariage.

---

(1) Titre des registres que l'on conserve dans le greffe du parlement, et qui renferment les arrêts rendus avant que le parlement fût sédentaire, c'est-à-dire avant 1302. Les plus anciens arrêts sont de 1259; il y en a quelques-uns de postérieurs à 1302, mais les derniers sont de 1319 : ils tirent leur nom du second de ces registres, qui était autrefois le troisième, mais qui, depuis la perte du second, est compté pour le second, et commence par le mot *olim*.

(2) *Coutume de Normandie*, expliquée par M. Pesnelle, avocat au parlement; troisième édition, in-4°, Rouen, 1759, p. 345.

Note XXXIII.

De deux procès-verbaux de records, ordonnés, le premier par les chambres assemblées en 1766, le second par MM. des requêtes du palais, après l'incendie du palais, en janvier 1776.

Indépendamment du procès-verbal de *records* mentionné dans la note précédente, j'en citerai deux (1) : le premier, fait en exécution d'un arrêt des chambres assemblées, de 1766; le second, celui ordonné en 1777, par sentence des requêtes du palais, après l'incendie du mois de janvier 1776.

Celui de 1766 était relatif à l'affaire de l'Hôpital, et avait pour objet de rétablir le procès-verbal de l'assemblée des chambres, du 24 novembre 1751. Pour l'intelligence de ce fait, il faut observer que le 20 novembre 1751, Louis XV se fit remettre la minute des arrêts et arrêtés des 20 juillet, 2, 4, 5, 20 août et 6 septembre précédens, relatifs à cette affaire. Pour y suppléer, M. le président de Maupeou, depuis vice-chancelier, en rendant compte, le 24 du même mois, de ce qui s'était passé à Versailles le 20, reprit dans son récit tous les arrêts et arrêtés qui avaient été remis au roi, en disant que Sa Majesté s'était fait représenter l'arrêt du 20 juillet, portant l'arrêté du 2 août, etc., et qu'elle les avait supprimés. Par ce récit, tous les arrêts et arrêtés se trouvèrent repris dans le récit de M. le président, et par conséquent insérés dans la feuille du 24 novembre 1751; mais en 1766, on s'aperçut que le procès-verbal du

---

(1) Je pourrais citer plusieurs autres procès-verbaux de records, qui se trouvent dans les registres particuliers des chambres des enquêtes et requêtes du parlement, et notamment ceux relatifs aux évènemens de 1730, 1732, 1756, 1757, etc.; mais ceux indiqués dans la note XXXIII me paraissent suffisans pour l'objet que je me propose.

24 novembre 1751 n'était pas dans nos registres. MM. de la seconde des requêtes crurent devoir faire rendre compte de ce fait aux chambres assemblées; ce fut l'objet d'une délibération qui fut prise le 18 avril 1766, et dont le résultat fut de charger les gens du roi de prendre sur ce fait des conclusions (1). Ils les apportèrent le 22 du même mois : elles tendaient à ce que, « par les commissaires qui seraient nommés « à cet effet, il fût dressé un nouveau procès-verbal de ce « qui s'était passé audit jour, pour suppléer à celui qui man- « quait ; » conclusions qui furent adoptées par arrêt du 29 du même mois. En conséquence, ce procès-verbal a été dressé, ce qui a été d'autant plus facile, que plusieurs de messieurs avaient des copies exactes et conformes aux minutes de tous les arrêts et arrêtés qui se trouvaient en *déficit*. Après la rédaction, il en a été fait lecture à l'assemblée des chambres du 13 mai 1766, et le dépôt en a été ordonné à la Tour, pour être placé à la date du 24 novembre 1751.

Quant à celui relatif à l'incendie des requêtes du palais, pour mieux fixer les idées sur cet objet, je crois devoir joindre ici la copie de deux sentences; la première, du 24 janvier 1777, qui a ordonné le procès-verbal; et la seconde, du 24 mars suivant, qui a statué sur le vu de ce procès-verbal, ainsi que l'indication des témoins qui ont été entendus.

« Vu par la Cour la requête à elle présentée par Jean- « Antoine Darneuille, bourgeois de la ville de Trie, ten- « dante à ce qu'il fût ordonné qu'il serait dressé procès-verbal « de réminiscence, à l'effet de constater que le 19 juillet « 1762, il a été rendu sentence en la Cour sur appoint à « mettre, au rapport de M. Guyot de Chenizot, alors con- « seiller en la Cour, aujourd'hui maître des requêtes; et sur

---

(1) *Voyez*, dans le registre secret de la première des enquêtes, plusieurs détails curieux à ce sujet, date des 18, 22, 29 avril 1766.

« productions respectives des parties, entre le suppliant d'une
« part, le sieur Rocq Dicq, fermier judiciaire des biens sai-
« sis réellement sur le sieur comte de Montluc; le nommé
« Texier, aussi fermier judiciaire, après ledit Dicq, des
« mêmes biens, et le sieur Jean-Baptiste Dupré, leur cau-
« tion, d'autre part, qui a fixé à une somme de vingt mille li-
« vres les dommages et intérêts adjugés au suppliant, par
« huit sentences de la Cour, des 2, 22 janvier, 5 février et
« 8 mai 1759, confirmées par arrêt du 31 juillet 1761, et a
« condamné lesdits Dicq, Texier et Dupré, solidairement et
« par corps, à payer au suppliant ladite somme de vingt
« mille livres, et aux dépens. En conséquence, il fut or-
« donné que la minute de ladite sentence qui a été consumée
« dans l'incendie du palais, arrivé la nuit du 10 au 11 jan-
« vier 1776, serait rétablie sur le témoignage des présidens
« et conseillers de la Cour, qui se trouvent existans, et qui
« ont assisté au jugement, et notamment sur le témoignage
« de M. Guyot de Chenizot, rapporteur; pour, la minute de
« ladite sentence rétablie, être délivrée une grosse au sup-
« pliant, pour en poursuivre l'exécution de la manière et
« ainsi qu'il aviserait bon être.

« Vu aussi les pièces attachées à ladite requête, signée
« Darneuille et Pinau, procureur du suppliant; conclusions
« du procureur-général du roi; ouï le rapport de Me de Dom-
« pierre d'Hornoy, sur ce commis; tout considéré.

« La Cour, ayant aucunement égard à la requête du sup-
« pliant, ordonne qu'à la requête du procureur-général du
« roi, et pardevant Me de Dompierre d'Hornoy, conseiller,
« que la Cour commet à cet effet, il sera dressé procès-
« verbal de réminiscence du contenu en la sentence de la
« Cour, du 19 juillet 1762, et dont est question, à l'effet de
« quoi tous les magistrats qui composaient la seconde cham-
« bre de la Cour, à l'époque dudit jour 19 juillet 1762, en-
« semble le greffier de ladite chambre, seront assignés pour

« faire leur déclaration de tout ce qu'ils se rappelleront des
« dispositions de ladite sentence, ainsi que tout ce qui peut
« y être relatif, circonstances et dépendances, pour ledit
« procès-verbal fait et communiqué au procureur-général du
« roi, être par lui requis ce qu'il avisera, et par la Cour or-
« donné ce que de raison. Jugé le 24 janvier 1777. »

En exécution de cette sentence, M. d'Hornoy reçut les dépositions de tous ceux qui avaient assisté ou avaient connaissance de la sentence du 19 juillet 1762. Les témoins entendus le 4 mars 1777, étaient :

Messieurs Hocquart, conseiller d'honneur au parlement, ancien président des requêtes du palais.

Laurès de Meux, conseiller honoraire au parlement.

Drouin de Vaudeuil, conseiller honoraire au parlement, ancien premier président du parlement de Toulouse, et conseiller d'Etat.

Barentin, premier président de la Cour des aides.

Le Boulanger, conseiller honoraire au parlement, et président de la chambre des comptes.

Guyot de Chenizot, maître des requêtes.

Douet de la Boullaye, maître des requêtes, intendant d'Auch.

Tous servant à la seconde chambre des requêtes du palais, à l'époque du 19 juillet 1762.

Et Me Ferry, greffier des requêtes du palais.

Le 8 mars, M. d'Hornoy entendit M. Gaultier de Chailly, alors doyen des requêtes du palais.

Le 20, il annexa à son procès-verbal la déclaration faite pardevant notaires à Montereau-Faut-Yonne, par M. Moron de Marnay, qui, en 1762, était conseiller à la seconde chambre des requêtes du palais, et était en 1777 honoraire.

Enfin, le 23 du même mois, M. d'Hornoy reçut la déposition de François-Antoine Naudin, commis du greffe des requêtes du palais.

D'après ces différentes dépositions, il fut, le 24 mars 1777, rendu la sentence ci-après :

« Vu par la Cour, etc.

« La Cour, faisant droit sur le tout, ordonne que, con-
« formément aux procès-verbaux des 4, 8, 20, 22 et 23 mars
« présent mois, et aux pièces y annexées, la sentence ren-
« due en la Cour, le 19 juillet 1762, et dont il s'agit, sera
« et demeurera rétablie en ce qu'elle a fixé à 20,000 livres
« les dommages et intérêts adjugés au sieur Darneuille,
« contre lesdits Dicq, Texier et Dupré, par sentences de la
« Cour des 2, 30 janvier, 5 février et 8 mai 1759, confir-
« mées par arrêt du 31 juillet 1761 ; en conséquence, con-
« damne lesdits Dicq, Texier et Dupré, solidairement, à
« payer au sieur Darneuille ladite somme de 20,000 livres. »

Note XXXIV.

D'un manuscrit d'une cour amoureuse sous Charles VI.

« On a découvert (observent les auteurs de l'*Histoire uni-
« verselle*, traduite de l'anglais, t. 76, p. 576) il y a quelques
« années, un ancien manuscrit où l'on voit les détails d'une
« société galante, sous le titre de *cour amoureuse;* on y lit les
« noms des principaux seigneurs et gentilshommes, rangés
« sous divers titres. Il paraît que la *cour amoureuse* était com-
« posée d'officiers modelés sur ceux qui formaient celles des
« princes et celles des juridictions supérieures. C'était une
« espèce de société formée pour le plaisir, et, en même
« temps, pour tourner en ridicule tout ce qu'il y a de plus
« grave et de plus sérieux ; symptôme aussi sûr que triste de
« la ruine d'un État. »

Note XXXV.

Des différens membres de la cour amoureuse du temps de Charles VI.

Pour établir la différence des *cours d'amour* dont parlent nos différens auteurs, et qui étaient principalement composées de dames, avec la *cour amoureuse* qui paraît avoir eu lieu sous Charles VI, je ne crois pas pouvoir mieux faire que d'extraire de la Notice du manuscrit de la *cour amoureuse* qui se trouve dans le tome 7 des *Mémoires de l'Académie des inscriptions*, le nom et les qualités des différens membres de cette *cour amoureuse*.

« Ce manuscrit comprend : 1° les noms et les armoiries
« enluminées de ceux qui composaient une espèce de société
« nommée la *cour amoureuse*.

« Cette cour avait différentes classes d'officiers ; on ne
« peut dire au juste quelle était celle des premiers, parce
« que plusieurs feuillets manquent au commencement du
« manuscrit ; mais comme on y trouve les noms des plus
« considérables maisons de France, de Bourgogne, de
« Flandre et d'Artois, on peut croire que cette première
« classe contenait les principaux chevaliers de cette cour.
« On en peut juger par les noms de Hangest, de Craon,
« d'Angennes, de Rambures, de Soissons-Moreuil, de la
« Rochefoucauld, de Chabannes, de Ligne, de Neelle-Offe-
« mont, d'Estouville, d'Ailly, de la Trimouille, de Heilly,
« d'Haversquerque, de Gistelle, de Châtillon, Dauphin de
« Jaligny, de Gaucourt, de Rieux, maréchal de France, de
« Licques, de Dreux-Beaussart, de Tonnerre, de Mouchy,
« de Toy, de Lannoy, de Longueval, etc. Après cette classe,
« viennent les *grands-veneurs de la cour*; il n'y en a que deux :
« ils sont suivis de *trésoriers de chartres et registres amoureux*,

« au nombre de cent quatre-vingt-huit. La plupart pren-
« nent la qualité d'*écuyers;* il y a aussi de grands noms, plu-
« sieurs officiers de la maison du roi, des ducs de Guyenne,
« d'Orléans, de Bourgogne, le prévôt de Lille et de Tour-
« nay, quelques licenciés ès-lois, etc.

« Après ces trésoriers, viennent les *auditeurs de la cour*
« *amoureuse.* Dans cette classe, on voit un maître en théolo-
« gie, des chanoines de Paris, de Tournay, de Cambrai,
« de Saint-Omer, des maîtres des requêtes, conseillers du
« parlement.

« La classe suivante est des *chevaliers d'honneur,* con-
« seillers de la *cour amoureuse,* au nombre de cinquante-
« neuf, tous gentilshommes. Le premier d'entre eux est
« Eustache de Gaucourt, grand-fauconnier de France, qui
« mourut en 1415. On y voit des Montmorin, Saint-Maure,
« Chepoy, Noyers, Cassinet, etc.

« Après eux, tous les *chevaliers, trésoriers de la cour amou-*
« *reuse,* en tout cinquante-deux, entre lesquels beaucoup
« d'écuyers, des sergens et huissiers d'armes, un changeur
« de Tournay, et un bourgeois de la même ville. On y voit
« aussi des noms d'ancienne noblesse, comme de la Roche-
« guyon, de Châlons, de la Trimouille, de Villiers, de Hu-
« mières, de Lannoy, etc.

« *Les maîtres des requêtes de la cour amoureuse,* qui suivent,
« sont en tout cinquante-sept. Le prévôt des marchands de
« Paris, Charles Culdoë, qui l'était en 1411, en est le tiers-
« président. Ce sont presque tous officiers de la chambre
« des comptes, des trésoriers de France, généraux des mon-
« naies, secrétaires du roi, chanoines de Paris, de Tour-
« nay, de Lille, des maîtres en médecine ou physiciens, des
« avocats au parlement, du nombre desquels est Guillaume
« Cousinot, nom si célèbre sous Charles VII.

« *Les secrétaires de la cour amoureuse* viennent ensuite, au
« nombre de trente-deux. Ce sont aussi des secrétaires du

« roi ou des ducs de Guyenne, de Bourgogne, de Bourbon,
« comtes de la Marche, etc., des chanoines de Laon, cha-
« pelains de Tournay. On y voit un Pierre Cousinot, pro-
« cureur au parlement.

« *Les substituts du procureur-général de la cour amoureuse*,
« qui suivent, ne sont que huit. Il y a un curé de Tournay,
« un grand-vicaire et un chapelain de la même ville, un
« chanoine de Lille, etc.

« Ils sont suivis des *concierges des jardins et vergiers amou-*
« *reux;* ceux-ci ne sont que quatre, dont un huissier d'armes
« du roi, Alain de la Haye, concierge des jardins et vergiers
« de Bretagne; Blancardin, concierge des vergiers et jar-
« dins au bailliage de Senlis, etc.

« Cette liste finit par les *veneurs de la cour amoureuse*, au
« nombre de dix, dont six sont huissiers ou sergens d'armes. »

Note XXXVI.

*Extrait de l'*Edit d'amour, *de l'abbé Desmarais.*

Voyez cet édit dans les *Poésies françaises* de M. l'abbé
Regnier Desmarais, secrétaire perpétuel de l'Académie
française, né à Paris en 1632, où il est mort en 1713, imprimées à Paris, 2 volumes in-12, 1707, t. 1, p. 121 et suiv.
On le trouve aussi dans le *Recueil des poésies de Mme la
comtesse de la Suze et de M. Pellisson*, imprimé à Paris,
en 1684, 2 volumes in-12, t. 1, p. 115, ainsi que dans les
Mélanges d'une grande bibliothèque, t. 4, p. 344.

Cet édit n'est pas absolument le même dans ces différens
recueils. Dans celui de 1684, il est en dix-huit articles;
mais il n'en a que douze dans celui de 1707, le tout non
compris le préambule et la conclusion, qui sont les mêmes
dans l'une et l'autre pièce; c'est d'après l'édition de 1684
que M. le marquis de Paulmy rapporte cet édit dans ses

Mélanges, que je viens de citer. Indépendamment des retranchemens faits dans l'édition de 1707, il y a quelques vers de changés dans les articles qui ont été conservés dans cette édition; mais ces variantes sont peu considérables, excepté à l'article 8, dont l'abbé Desmarais n'a presque conservé que l'idée.

Pour mieux faire connaître la différence de ces deux éditions, j'en accolerai ici la notice, et l'on verra, d'un coup-d'œil, les articles ou supprimés ou déplacés.

En 1684.	*En* 1707.	*En* 1684.	*En* 1707.
1 }	2	10.	8
2 }		11.	
3.		12.	
4.	1	13.	10
5.	3	14.	9
6.	4	15.	11
7.	5	16.	12
8.	6	17.	
9.	7	18.	

Ceux qui seront curieux de connaître la différence des deux éditions, consulteront les deux recueils que j'indique; mais, pour donner une idée de cet édit, je joindrai ici les articles 17 et 18 du recueil de 1684, avec la conclusion, qui, ainsi que je l'ai déjà observé, est la même dans les deux recueils.

XVII.

Ceux qui, jouant la comédie
Sous le personnage d'amans,
En tous lieux content des tourmens
Qu'ils n'ont ressentis de leur vie,
Sont par nous déclarés ennemis de nos lois;
Et nous voulons qu'en conséquence,
Tous nos sujets qui sont en France
Leur courent sus comme aux Anglois.

XVIII.

Les Grâces, ces filles charmantes,

S'étant plaintes à nous que, depuis cinquante ans,
Les poëtes et les amans
En font d'éternelles suivantes;
Nous, considérant mûrement
Que sans elles rien ne peut plaire,
Et que nous ne régnons que par leur ministère,
Nous défendons expressément
A tout poëte, à tout amant,
De les traiter jamais d'une telle manière;
Et voulons que dorénavant,
Au lieu de demeurer derrière,
Elles passent toujours devant.

Nous voulons que ces ordonnances,
Règlemens, statuts et défenses
S'observent désormais dans l'empire françois,
Comme d'inviolables lois,
Sans qu'on puisse aller au contraire:
Car tel est notre bon plaisir.
Que si quelqu'un trop téméraire
Contrevient à notre désir,
Pour voir son audace suivie
Du plus grand châtiment qui puisse être exprimé,
Qu'il soit amant toute sa vie,
Et qu'il ne soit jamais aimé.

NOTE XXXVII.

De la Logique des amans, *par François Callière.*

L'ouvrage intitulé *l'Amour logicien*, ou *Logique des amans*, est de François Callière, reçu à l'Académie française en 1689, et mort en 1717, à soixante-douze ans. Tous ceux qui liront ce titre regarderont cet ouvrage comme une plaisanterie; ils se tromperaient. « L'auteur était de bonne foi; il
« assure, dans sa préface, que son but était de rendre l'é-
« tude de la logique plus agréable, en la rendant plus sim-
« ple, et en l'appliquant au goût général de tout ce qui res-

« pire.... En un mot, cet auteur a voulu mettre la logique en
« roman, et appliquer à l'amour les catégories d'Aristote
« et la méthode de Descartes. » C'est ainsi que s'expliquent,
sur cet ouvrage, les auteurs de la *Bibliothèque des romans*,
dans le volume de novembre 1779, pages 176 et suivantes.
Ils donnent en même temps un extrait de cet ouvrage singulier, pour ne pas dire ridicule; extrait d'après lequel le
plus grand nombre des lecteurs se dispensera probablement
de lire cet ouvrage.

Note XXXVIII.

Analyse du Congrès de Cythère, *par le comte Algarotti, et indication du jugement de ce congrès, par le même auteur.*

L'idée du *Congrès de Cythère* est heureuse : l'Amour réunit ses conseillers, qui sont l'Espérance, la Témérité, la
Volupté, les Jeux et les Ris. Il se plaint à eux que la Raison
lui fait une guerre cruelle, et suscite même une espèce de
guerre civile. La Volupté propose de convoquer un congrès
à Cythère, composé d'une Française, d'une Espagnole et
d'une Italienne; son avis est adopté. Les trois députées sont
introduites dans le conseil de l'Amour. Elles exposent, l'une
après l'autre, l'état de l'empire amoureux dans les différentes contrées de l'Europe; d'où il résulte que, quoique chaque nation aspire au même but, le plaisir, cependant elles
y prennent différentes voies pour y parvenir, voies que l'A-
mour désapprouve toutes; et ce dieu charge la Volupté de
remettre sous les yeux des députées des nations, les règles
fondamentales sur lesquelles repose l'art d'aimer. La Volupté s'acquitte des ordres de l'Amour; mais comme son discours n'est qu'une analyse, ou quelquefois un commentaire
de l'ouvrage d'Ovide sur l'art d'aimer, je n'extrairai rien de
ses préceptes. Ceux qui ne voudront pas se contenter du
présent extrait, en trouveront un plus étendu dans la *Biblio-*

thèque des romans, juillet 1786, t. 1, p. 6-83. L'extrait du *Jugement de l'Amour sur le congrès de Cythère* est dans la même *Bibliothèque,* août 1786, p. 107-136.

NOTE XXXIX.

Des Thèses sur l'amour, *du marquis de Maffei.*

Mélanges de maximes, de réflexions et de caractères, par M. D. D***, licencié en droit. On y a joint une traduction des *Conclusioni d'amore,* de Scipion Maffei, avec le texte à côté. Ce livre, qui forme un volume in-8°, est daté de Bruxelles, mais est indiqué se vendre à Paris, chez Hochereau, Lambert et Duchêne, 1755.

Le traducteur de l'ouvrage du marquis de Maffei a traduit *Conclusioni d'amore* par *Thèses sur l'amour;* elles sont au nombre de cent; l'auteur y parle de l'amour divin, et établit, thèse 6, que « c'est de cet amour seulement qu'il est
« vrai de dire que c'est un dieu, et que le monde est son ou-
« vrage. »

NOTE XL.

Du temps où les troubadours commencèrent à paraître.

L'auteur de la *Description des arcs de triomphe d'Aix,* dont j'ai déjà parlé, prétend qu'il existait des troubadours dès l'an 1001. (*Voyez* p. 18 de sa *Description.*) L'abbé Millot, dans son *Discours préliminaire de l'histoire littéraire des troubadours,* p. 13, ne les fait pas remonter à une époque si reculée. « On se contente, dit-il, de savoir que ces anciens
« poëtes provençaux florissaient dans le douzième siècle,
« lorsque la barbarie et l'ignorance dominaient encore en
« Europe. » Le premier des troubadours dont il donne l'histoire est Guillaume IX ou VIII, comte de Poitou, né

en 1071, et mort en 1122. L'abbé Millot observe lui-même, t. 1, p. 16, « que ce prince est, à la vérité, le plus ancien « qu'on connaisse; mais (ajoute-t-il) le supposer le premier « de tous, ne serait-ce pas dire qu'un art ingénieux s'est « perfectionné en naissant? »

Note XLI.

Les Mémoires de la princesse Palatine sont-ils vrais ou supposés?

Je n'ignore pas que l'on a prétendu que les Mémoires de la princesse Palatine étaient supposés. (*Voyez* le *Journal de Paris* des 27, 30 avril, 11 mai et 2 juin 1786, n°s 117, 120, 131 et 153, ainsi que le n° 24 du *Mercure de France*, du 17 juin 1786, p. 124, 134; l'*Année littéraire*, 1786, t. 5, p. 80-97, etc.) Mais je crois qu'il est possible de répondre aux difficultés que l'on élève contre leur authenticité (ce qu'un anonyme a fait par une lettre insérée dans le n° 142 du *Journal de Paris*, du 22 mai 1786). D'ailleurs, il serait possible, suivant la remarque des auteurs de l'*Année littéraire*, « que l'auteur de ces Mémoires les eût refondus en- « tièrement, et qu'il eût mis lui-même sur ce fonds an- « tique le vernis du jour. » Enfin, quand même ces Mémoires seraient une production de notre siècle, ils n'attesteraient pas moins la continuité de l'idée des *cours d'amour*, et en prolongeraient l'allusion jusqu'à nos jours. Ces motifs m'ont décidé à ne pas supprimer de cette Dissertation ce que j'y ai inséré, tiré des Mémoires de la princesse Palatine.

Note XLII.

Des coutumes où la mère noble anoblissait ses enfans nés d'un père roturier.

Autrefois, dans les coutumes de Champagne, notamment

dans celles de Châlons, Chaumont, etc., ainsi que dans les coutumes d'Artois et de Bar-le-Duc, la mère noble anoblissait ses enfans, quoique nés d'un père roturier. Cette question a été très-savamment traitée et approfondie dans une consultation du 12 février 1785, signée Babille, Henrion et Oudart, et dans un Mémoire dudit Oudart, le tout rédigé à l'occasion d'une affaire jugée par arrêt du 4 mai 1785, dont je parlerai à la fin de cette Dissertation, et dont on trouvera l'espèce ci-après, note LII.

Note XLIII.

Les nobles par père pouvaient seuls être armés chevaliers; privilége dont ne jouissaient pas ceux qui ne tenaient leur noblesse que de leur mère.

Ce fait, que ceux qui n'avaient la noblesse que par leur mère ne pouvaient être armés chevaliers, est prouvé par les Établissemens de saint Louis. Comme ils sont rédigés dans un gaulois actuellement peu intelligible, je me servirai de la traduction qui en a été donnée par M. l'abbé de Saint-Martin, conseiller au Châtelet, 1786. Le chapitre 130 du livre 1er est conçu en ces termes :

« Si quelqu'un s'était fait armer chevalier sans être noble
« de père, quoiqu'il le fût cependant par sa mère, il ne
« pourrait l'être de droit; ainsi, le roi ou le baron de qui il
« releverait le pourrait faire prendre, trancher ses éperons
« dorés sur un fumier, et saisir ses meubles; car l'usage
« n'est pas que la femme anoblisse l'homme, mais l'homme
« anoblit sa femme; car si un homme d'une naissance illus-
« tre épousait la fille d'un roturier, leurs enfans pourraient
« être chevaliers de droit. »

M. l'abbé de Saint-Martin a senti que l'on pourrait argumenter, contre la noblesse maternelle, de quelques expressions de ce chapitre. Il a donc cru nécessaire d'y joindre pour note les observations suivantes :

« Ce chapitre est remarquable par la punition et l'espèce
« d'infamie qu'encourait celui qui, sans être noble du côté
« de son père, osait entrer dans l'ordre de la chevalerie. *On*
« *tranchait sur un fumier ses éperons dorés*, marque distinctive
« de la chevalerie ; tous ses meubles étaient confisqués au
« profit du seigneur en la châtellenie duquel il était ; ce qui
« donne lieu de croire que, quoiqu'il ne pût pas entrer dans
« l'ordre des chevaliers, cependant il jouissait des droits et
« priviléges des gentilshommes. Nous avons vu jusqu'ici que,
« dans tous les cas où ceux qui étaient roturiers payaient
« une amende, les gentilshommes perdaient leurs meubles.
« La femme noble communiquait alors sa noblesse à ses
« enfans, mais une noblesse qui les distinguait de ceux qui
« étaient nobles de père, et de ceux qui étaient nés de vi-
« lains, comme on s'exprimait alors. »

A l'appui de cette note, je réunirai ici le chapitre 23 du même livre 1er, toujours d'après la traduction de M. l'abbé de Saint-Martin.

« Les enfans qui naîtront d'une femme noble mariée à un
« roturier, partageront également entre eux l'héritage de
« leur mère, s'il n'y a point d'hommage à rendre ; mais si le
« fief exige foi et hommage, l'aîné le rendra, et aura de plus
« le principal manoir, ou quelque autre chose à son choix.
« S'il n'y a ni château ni autre chose qu'il puisse choisir, on
« le dédommagera à raison du fief, pour rendre foi et hom-
« mage, et garantir ses puînés en parage. Le fief restera
« ainsi jusqu'à la tierce-foi, qu'il sera partagé alors pour tou-
« jours comme entre nobles. »

J'ajouterai que cet article des Établissemens de saint Louis, qui défendaient d'armer chevaliers ceux qui n'a- vaient pas la noblesse paternelle, devint peu à peu une loi générale, qui fut nécessitée pour le grand nombre de nobles que la facilité avec laquelle se donnait l'ordre de chevalerie avait introduit. En effet, dès lors qu'un roturier était armé chevalier, il devenait noble, lui et sa postérité, et « ne contribuait plus aux charges publiques. Or, les ba-« rons (1) avaient alors le droit de faire des chevaliers. » C'est ce qui décida Charles II, roi de Naples, à déclarer, par lettres-patentes du 17 mai 1292, « qu'il n'y aurait « dorénavant d'exemption que pour les nobles d'ancienne « race, ou pour les citoyens qui avaient obtenu l'ordre de « chevalerie avec la permission ou de la main de Raimond « Bérenger, ou de Charles Ier, son père. » (*Histoire de Provence*, par l'abbé Papon, t. 3, p. 93 et 423.)

Note XLIV.

Des lettres d'anoblissement de Jeanne d'Arc, et de ses père, mère et frères.

Les lettres-patentes d'anoblissement de la Pucelle d'Orléans, de ses père, mère et frères, datées de *Magduni super Ebram* (Melun-sur-Jeure, près Bourges, où résidait alors le roi Charles VII), sont du mois de décembre 1429 (Charles VII avait été sacré à Reims le 28 juillet précédent) : elles sont adressées à la chambre des comptes, aux commissaires nommés ou à nommer au fait des finances, et au bailli de Chaumont; elles sont en latin, suivant l'usage du temps; on les trouve imprimées dans la troisième partie de l'*Histoire de Jeanne d'Arc, vierge héroïne et martyre d'État*, par l'abbé Langlet du Fresnoy. Orléans, 1754, p. 280 et suiv. Elles ont été vérifiées; 1° en la chambre des comptes, le 16 janvier 1429 (l'année commençait alors à Pâques), et regis-

---

(1) Tout chevalier avait le même droit. (*Voyez* la note 7 du second *Mémoire* de Sainte-Palaye.)

trées sur le livre des chartes, folio 121 ; 2º en la même année 1429, au bailliage de Chaumont; 3º le 13 décembre 1608, en la Cour des aides de Normandie.

NOTE XLV.

De l'établissement d'une rosière fait à Orléans par M. le duc et Mme la duchesse d'Orléans, en mémoire de Jeanne d'Arc.

Depuis la délivrance de la ville d'Orléans par Jeanne d'Arc, on célèbre tous les ans, dans cette ville, une fête en mémoire de cet évènement. Pour la rendre plus solennelle, M. le duc et Mme la duchesse d'Orléans viennent d'établir un *prix de vertu,* dont j'insérerai ici le détail, d'après les *Affiches d'Orléans* et l'*Année littéraire,* 1786, t. 4, p. 165 et suivantes.

« Cette fête, consacrée à la gloire de la libératrice d'Or-
« léans, sera encore désormais la fête des bonnes mœurs et
« de la vertu. Mgr le duc et Mme la duchesse d'Orléans, sur
« le rapport du digne chef de leurs conseils (M. le marquis
« Ducrest), ont fondé un prix annuel pour doter la fille la
« plus vertueuse née dans l'enceinte de la ville. Leurs Al-
« tesses sérénissimes donnent la plus grande partie de la
« dot, et Mgr l'évêque d'Orléans, le corps municipal et les
« chapitres de Sainte-Croix et de Saint-Agnan se réunissent
« pour contribuer à cet acte de bienfaisance. Les précau-
« tions que l'on prend pour le choix de la rosière sont dic-
« tées par la sagesse, et doivent écarter toute idée de préfé-
« rence et d'injustice. Chaque curé de la ville, assisté des
« plus notables paroissiens, choisit une fille de sa paroisse,
« et envoie son nom au conseil de Mgr l'évêque, avec le dé-
« tail des traits de vertu qui la rendent recommandable ; en-
« suite, Mgr l'évêque, assisté de son conseil, après les in-
« formations les plus exactes, fait choix de trois filles parmi

« toutes celles dont les noms lui ont été présentés par
« MM. les curés. Les noms des trois filles choisies par
« Mgr l'évêque sont envoyés au corps municipal, qui choi-
« sit celle des trois qui doit être couronnée, et donne à
« chacune des deux autres une croix d'or, sur laquelle sont
« gravées les armes de la ville, avec cette inscription : *Prix*
« *de la vertu.* La fille qui a mérité la couronne cette année
« est Marie-Madelaine Bidault, de la paroisse de la Con-
« ception. Les deux filles qui ont obtenu des croix d'or sont
« des paroisses de Saint-Victor et de Notre-Dame-du-Che-
« min. »

NOTE XLVI.

Du droit accordé, par Charles VII, aux filles descendantes des frères de la Pucelle d'Orléans, d'anoblir leurs descendans; de l'extension de ce droit; du temps où elles en ont été privées, et de différentes lettres-patentes accordées à leurs descendans.

Le Père Daniel, dans son *Histoire de France*, édition in-4°, de 1722, t. 4, p. 107, dit : « L'article des lettres-patentes
« de 1429 qui regarde la ligne féminine des frères de la
« Pucelle d'Orléans, fut ôté à cette famille en 1614, sur la
« réquisition du procureur-général du roi; et depuis ce
« temps-là, les femmes descendues de cette maison n'ano-
« blissent plus leur postérité. » Cet auteur cite en marge les registres de la chambre des comptes, où je n'ai rien trouvé, quelques recherches que j'aie fait faire. Il en est de même de ceux du parlement, indiqués sur le même fait par Villaret, continuateur de l'abbé Velly, t. 14, p. 470, in-12.

Villaret, au même endroit, en citant les registres de la Cour des aides, dit « qu'Eudes le Maire, qui était issu par
« sa mère des femmes de la famille de Jeanne d'Arc, fit
« enregistrer, en 1608, ses lettres d'anoblissement, en vertu
« de sa généalogie prouvée authentiquement. » Cependant,

l'édit de Henri IV, de janvier 1598, mais publié en la Cour des aides de Paris, il est vrai en lit de justice, le 27 du même mois, porte expressément « révocation de tous pri-
« viléges de lettres de dispenses de tailles, et par exprès, les
« priviléges de ceux qui se disent être descendus de lignée
« de feu Eudes le Maire, dit *Chalo Saint-Mas* (1). »

Je dois observer qu'environ cinquante ans auparavant, Henri II avait donné à Amboise une déclaration, le 26 mars 1555, pour priver les filles descendantes des frères de la Pucelle d'Orléans, du droit de transmettre la noblesse à leurs descendans issus d'un père roturier. Cette déclaration, adressée à la Cour des finances de Normandie, y a été vérifiée le 23 avril, avant Pâques 1536.

Il paraît que cette déclaration, ainsi que l'édit de Henri IV de 1598, éprouva des difficultés dans son exécution. C'est probablement ce qui décida Louis XIII à faire une loi encore plus précise sur cet objet; elle se trouve dans l'article 10 de l'édit de juin 1614, vérifié, à la Cour des aides, le 20 décembre suivant, qui porte : « Les descendans des
« frères de la Pucelle d'Orléans, qui vivent à présent noble-
« ment, jouiront, à l'avenir, des priviléges de noblesse, et
« leur postérité de mâle en mâle vivant noblement, même
« ceux qui, pour cet effet, ont obtenu nos lettres-patentes et
« arrêts de nos Cours souveraines; mais ceux qui n'ont vécu
« et ne vivent de présent noblement, ne jouiront plus, à l'a-
« venir, d'aucuns priviléges; les filles et femmes aussi des-
« cendues des frères de ladite Pucelle d'Orléans n'anobli-
« ront plus leurs maris à l'avenir (2). »

Enfin, le même prince renouvela cette révocation dans

---

(1) *Voyez* cet édit dans le recueil de Néron, à l'article des *Règlemens pour les tailles*.

(2) *Ibid.*

son édit de janvier 1634, vérifié en la Cour des aides le 8 avril suivant, et dont l'article 7 est ainsi conçu :

« Les descendans des frères de la Pucelle, insérés au « corps de la noblesse, et vivant à présent noblement, « jouiront des priviléges de noblesse, et leur postérité de « mâle en mâle vivant noblement ; mais ceux qui n'ont vécu « et ne vivent à présent noblement, ne jouiront plus, à l'a- « venir, d'aucuns priviléges. Comme aussi les filles et fem- « mes descendantes des frères de ladite Pucelle d'Orléans « n'anobliront plus leurs maris à l'avenir (1). »

J'oubliais d'observer que, même avant 1556, il paraît que ceux qui n'avaient la noblesse que par le mariage de leur père avec une des descendantes des frères de Jeanne d'Arc, prenaient souvent des lettres-patentes pour la confirmer. Entre plusieurs exemples, je citerai des lettres-patentes d'octobre 1550, adressées aux baillis d'Orléans, de Blois, de Chaumont et de Caen, vérifiées en la chambre des comptes de Paris, le 30 avril 1551 ; elles sont intitulées : *Déclaration d'anoblissement pour Robert Lefournier, baron de Tournebu, et Lucas Duchemin, sieur du Feron, son neveu, pour eux et leurs parens, issus et descendus de la lignée de la Pucelle Jeanne Day (ou d'Arc), de Dom-Remy, près Vaucouleurs, au bailliage de Chaumont, Jacques Day, son père, Isabelle, sa femme, mère de ladite Pucelle, ensemble de tout leur lignage, postérité et lignée.*

D'après ces lettres-patentes, la chambre des comptes crut devoir faire constater tous ceux qui pouvaient descendre des frères de Jeanne d'Arc, surtout en ligne féminine ; elle commit, en conséquence, les juges de Chaumont, d'Orléans, de Blois et de Caen pour faire ces recherches. On ne connaît que l'information faite par le lieutenant-général d'Orléans, le 4 novembre 1550, et celle faite par le lieu-

---

(1) *Voyez* cet édit dans le recueil de Néron, à l'article des *Règlemens pour les tailles.*

tenant-général de Caen, le 13 janvier suivant. Ces informations prouvent que non seulement les filles portant le nom de *Dulys* anoblissaient les enfans qu'elles avaient d'un mari roturier, mais même que leurs filles, ainsi anoblies, jouissaient ensuite du même privilége, qu'elles transmettaient également à leurs descendantes.

Je présumerais, ainsi que je l'ai observé dans le texte, que cette extension a pu être la cause de la révocation prononcée par Henri II, Henri IV et Louis XIII : ce qui est certain, c'est que malgré les lettres-patentes d'octobre 1550, et les enquêtes faites en conséquence, ceux qui les avaient obtenues, et qui n'avaient la noblesse que par leur mère, qui, elle-même, ne la tenait que d'une Dulys, craignant apparemment qu'on ne leur objectât la déclaration du 26 mars 1555, demandèrent à Henri II des lettres-patentes interprétatives ; elles leur furent accordées le 2 juillet 1556, et étaient adressées « aux généraux des finances et aides de « Paris, de Rouen et de Montpellier, au bailli de Rouen, « et à tous autres baillis, sénéchaux et prévôts. » Elles contenaient que ceux « qui justifieraient être de la parenté de « Jeanne d'Arc, tant en ligne masculine que féminine, se« raient maintenus comme nobles, nonobstant la déclara« tion donnée à Amboise, le 26 mars 1555, par laquelle le « privilége était restreint pour ceux seulement qui seraient « descendus de par le père ou de par les frères de la Pu« celle, en ligne masculine et féminine, à la charge que les « prédécesseurs des impétrans du côté paternel, et dont ils « étaient issus en ligne droite, comme aussi ceux du côté « maternel de la race de ladite Jeanne d'Arc, eussent vécu « noblement. »

Je crois inutile de rappeler ici tous les arrêts et jugemens rendus par les Cours souveraines, les bailliages, les commissaires pour les recherches de la noblesse, tant avant qu'après 1614, même par le conseil, en faveur de ceux qui réclamaient la noblesse féminine du chef des descendantes des frères de la Pucelle. Je me contenterai, pour finir cette note, de rendre compte des cinq lettres-patentes qui m'ont paru mériter une attention particulière.

Les premières anoblissent Jean le Royer ou le Rayer, dont la trisaïeule était sœur de la mère de Jeanne d'Arc; elles ont été accordées par Henri II, le 17 juin 1555, et obtenues par Jean le Royer, fils de Médard le Royer, et de Marguerite de Voiseul, fille de Jean de Voiseul, fils de Domange de Voiseul, fils de Jean de Voiseul et d'Améline Romée, sœur d'Isabelle Romée, mère de la Pucelle d'Orléans.

Les secondes sont de Charles II, duc de Lorraine, en date du 10 juillet 1596, et sont obtenues par le même Jean le Royer.

Les troisièmes furent accordées par Henri IV, le 31 juillet 1603, en faveur de Charles Baillard, lieutenant criminel à Neufchâtel, et ce, est-il dit dans ces lettres, à cause de sa parenté avec la Pucelle : parenté très-éloignée, car Catherine Dulys était sa quatrième aïeule, et la noblesse avait passé dans quatre familles différentes avant d'arriver jusqu'à lui. En effet, ces lettres annoncent que « Charles Baillard « était fils de Germain Baillard, élu en l'élection de Neuf- « châtel, et de Madelaine Garin, fille de Robert Garin et « d'Anne Patris, fille d'Etienne Patris, docteur et profes- « seur aux droits en l'université de Caen, conseiller au par- « lement de Rouen, et garde des sceaux de cette Cour, natif « de Beaucaire, en Languedoc, et de Jeanne le Fournier, « fille de Jacques le Fournier et de Marie Villebresme, fille « de François Villebresme et de Catherine Day, fille de « Pierre Day ou Dulys, frère de la Pucelle. »

Les inconvéniens de l'extension de ce privilége, porté jusqu'à la cinquième génération, attirèrent l'attention des magistrats de la Cour des aides de Normandie; ils crurent ne devoir vérifier ces lettres-patentes que par provision. Leur arrêt est du 30 mai 1604; ils ordonnèrent en même temps des remontrances; et ce ne fut qu'après que les lois de 1614 et de 1634 les eurent tranquillisés à ce sujet, qu'ils procédèrent, le 29 mars 1635, à l'enregistrement définitif de ces lettres-patentes.

Les quatrièmes furent obtenues par Gilles Hallot, seigneur de Martragny, avocat du roi au bailliage de Caen, époux de Charlotte Bourdon, descendue de la race de la Pucelle. Elles furent vérifiées à la Cour des aides de Rouen, en 1625, pour jouir du privilége de noblesse avec sa femme et leurs enfans, *mais non pas ceux qui sortiraient d'un second mariage, s'il y convolait.*

Les cinquièmes, en date du 27 janvier 1720, sont intitulées : *Lettres de relief, d'omission et de dérogeance de noblesse, pour le sieur de Donezy (Paul), valet de chambre de S. A. R. Mme la duchesse d'Orléans (mère du régent).*

Ces lettres-patentes maintiennent dans la noblesse le sieur Donezy, comme descendant, en ligne féminine, de la Pucelle, par le mariage fait, en 1609, de Jean Donezy, son aïeul, avec Jeanne Grippel.

Ces lettres énoncent que le père et le grand-père de l'impétrant ont vécu noblement; que cependant son père et lui avaient oublié de prendre la qualité d'*écuyers* dans plusieurs actes, notamment dans le contrat de mariage du suppliant; mais que son père, par un arrêt du conseil du 3 mars 1667, contradictoire avec le traitant de la recherche de la noblesse, avait été maintenu en qualité de noble, comme descendant, en ligne féminine, de la Pucelle d'Orléans, et ce, en exécution « de la chartre de Charles VII, qui donne la faculté « aux filles des frères de ladite Pucelle, et leurs descendan- « tes, d'anoblir et porter la noblesse aux maris qu'elles « épouseraient, et à leur postérité. »

Nota. La vérification de ces lettres a été précédée d'un arrêt de la chambre des comptes de Rouen, du 12 mars 1720, qui ordonne d'assigner les habitans du domicile du sieur Donezy, pour consentir ou contredire l'entérinement de ces lettres. Les habitans ne se sont pas présentés; l'impétrant est décédé; et, sur la requête de sa veuve et de ses enfans, il a été, le 4 février 1730, rendu par la chambre des comptes de Rouen, l'arrêt suivant :

« La Cour a déclaré ledit défaut bien pris et obtenu, et,
« pour le profit, a ordonné que lesdites lettres seront regis-
« trées ès registres d'icelle, pour, par lesdits impétrans, jouir
« de leur effet en vivant noblement, et sans commettre dé-
« rogeance. »

A ces cinq différentes lettres-patentes relatives à la descendance féminine de la Pucelle, je crois devoir ajouter celles accordées par Louis XIII, le 25 octobre 1612, à Charles Dulys, conseiller et avocat-général à la Cour des aides de Paris, et à Lucas Dulys, conseiller, notaire et secrétaire de Sa Majesté, qui se disaient de la race de la Pucelle. Elles ont été vérifiées au parlement de Paris, le 18 décembre, et à la Cour des aides, le 30 des mêmes mois et an.

Note XLVII.

En France, les lois faites par les rois, sans le concours de leurs barons, n'avaient d'exécution que dans leurs domaines.

« Il faut savoir que la France était pour lors divisée en
« pays du domaine du roi, et en ce que l'on appelait *pays des*
« *barons*, ou en baronnies; et, pour me servir des termes des
« Établissemens de saint Louis, *en pays de l'obéissance le roi*,
« et *en pays hors l'obéissance le roi*. Quand les rois faisaient
« des ordonnances pour les pays de leurs domaines, ils
« n'employaient que leur seule autorité; mais quand ils en
« faisaient qui regardaient aussi les pays de leurs barons,

« elles étaient faites de concert avec eux, ou scellées ou
« souscrites d'eux ; sans cela, les barons les recevaient ou
« ne les recevaient pas, suivant qu'elles leur paraissaient
« convenir ou non au bien de leurs seigneuries. Les arrière-
« vassaux étaient dans les mêmes termes avec les grands
« vassaux. » (*Esprit des lois*, liv. 28, chap. 29, édition in-12,
de Genève, 1750, t. 3, p. 232.) L'auteur, à l'appui de son
sentiment, cite :

1º Pour prouver la division des domaines du roi et de celui des barons, Beauma, Defons, et les *Établissemens*, l. 2, c. 9, 11, 15, et autres ;

2º Pour établir la différence des lois publiées de l'autorité du roi seul d'avec celles données du consentement des barons, « les ordonnances du commencement de la troisième
« race, dans le Recueil de Laurière, surtout celles de Phi-
« lippe-Auguste sur la juridiction ecclésiastique, et celles de
« Louis XIII sur les Juifs, et les chartres rapportées par
« Brussel, notamment celle de saint Louis sur le bail et le
« rachat des terres, et la majorité féodale des filles, t. 2,
« l. 3, p. 35, et *ibid.*, l'ordonnance de Philippe-Auguste,
« pag. 7. »

Note XLVIII.

Variations, relativement à la noblesse maternelle, dans les ordonnances provisoires des commissaires chargés de la rédaction des coutumes de Champagne.

A Meaux, à Chaumont et à Troyes, les commissaires chargés de la rédaction de ces coutumes en référèrent au parlement ; à Meaux, ils ne rendirent aucune ordonnance provisoire, et, par conséquent, laissèrent subsister l'ancien usage, au lieu qu'à Chaumont et à Troyes, ils crurent devoir statuer provisoirement ; mais leurs décisions furent contradictoires, car à Chaumont ils suspendirent les priviléges de la noblesse maternelle, et, au contraire, les confirmèrent à Troyes; enfin, à Vitry, elle fut reconnue sans difficulté.

Note XLIX.

Effet de la restriction mise dans la coutume de Châlons contre la noblesse maternelle.

La clause ajoutée à l'article 2 de la coutume de Châlons, pour exclure les roturiers qui ne tenaient leur noblesse que de leur mère, des priviléges de la noblesse, en ce qui concerne les droits du roi, annulait un arrêt du 7 août 1483, rendu en faveur de la noblesse maternelle, et dicta, en 1566, à la Cour des aides, un arrêt pour condamner ceux qui ne pouvaient prouver qu'une noblesse maternelle, à payer tous les droits sur les vins auxquels les roturiers étaient soumis. L'arrêt de 1483 est rapporté par Gaudet, commentateur de cette coutume, par Bacquet, au titre des *franc-fiefs*, et il est cité par Billecart, dans son *Commentaire* sur cette coutume, in-4°, Paris, 1676, p. 8.

Note L.

D'une déclaration du duc Léopold en faveur de la noblesse maternelle.

Le duc Léopold a, le 26 mai 1707, donné une déclaration pour régler les formalités que les roturiers, descendans d'une mère noble, avaient à observer, et les précautions qu'ils devaient prendre à la mort de leur père pour profiter du bénéfice de la coutume. Ces différens usages ont été conservés par le traité d'échange de la Lorraine avec la Toscane, et sa réunion à la couronne de France; et ce, en vertu de la clause expresse portée dans ces traités, qu'il ne serait rien innové aux droits et priviléges de la Lorraine et du Barrois; en conséquence, ils ont continué d'être la loi de ces provinces.

Note LI.

Preuves que la noblesse maternelle est encore usitée en Barrois, et dans les autres pays soumis au duc de Lorraine, et fixation précise de la date où la souveraineté de la Lorraine a cessé d'appartenir au duc François.

Pour prouver que la noblesse maternelle continue d'avoir lieu dans la Lorraine et le Barrois, je joindrai ici un extrait des lettres-patentes du 24 octobre 1779, adressées au parlement de Nancy, et par lui vérifiées le 20 janvier 1780; mais pour la plus grande intelligence, il est nécessaire de les faire précéder d'un historique que j'extrairai de ces lettres-patentes et des autres qui y sont relatées.

François Saulzet fut anobli par les ducs de Lorraine et de Bar, le 2 juin 1535; une de ses descendantes épousa Dominique Huin de Robecourt, roturier, et en eut une fille, Françoise-Hyacinthe Huin de Robecourt.

Cette fille épousa Jean-Baptiste Grisard, anobli en 1550; mais cet anoblissement ayant été attaqué, fut annulé par arrêt du conseil des ducs de Lorraine, du 21 août 1736; après ce jugement, qui faisait rentrer les enfans de Jean-Baptiste Grisard dans la classe des roturiers, sa veuve, Françoise-Hyacinthe Huin de Robecourt, et ses enfans, présentèrent une requête au duc de Lorraine (François, depuis mort empereur), portant « que lors du décès dudit sieur Dominique Huin de Robecourt, père de ladite Françoise-Hyacinthe Huin de Robecourt, elle n'aurait point renoncé à sa succession pour reprendre et suivre la noblesse de ladite Marguerite du Saulzet, sa mère, comme il lui était permis de le faire par la coutume, parce qu'ayant épousé

« ledit Jean-Baptiste Grisard, descendu de Thiebault Gri-
« sard, anobli en 1550, elle regardait l'état noble de ses
« enfans comme certain, et la renonciation qu'elle aurait
« faite, inutile ; que cependant, ayant depuis échoué sur la
« reconnaissance qu'elle avait demandée de ladite noblesse
« des Grisard, elle nous aurait fait supplier de lui permettre
« de reprendre et suivre la noblesse de ladite Marguerite
« du Saulzet, sa mère, et pour cet effet, de la relever du
« défaut et omission d'avoir, dans le temps voulu par la
« coutume, fait sa déclaration, et renoncé à la succession
« dudit François (1) Huin de Robecourt, son père, et, par
« grâce, lui faire don et remise des biens qui nous en re-
« viennent ; et de la part desdits Grisard, ses enfans, ils
« nous auraient aussi fait supplier de leur permettre pareil-
« lement de reprendre et suivre la noblesse de ladite Fran-
« çoise-Hyacinthe Huin de Robecourt, leur mère ; les relever
« de même du défaut et omission d'avoir, dans le temps de
« la coutume, et pour les mêmes raisons, renoncé à la suc-
« cession dudit Jean-Baptiste Grisard, leur père, de laquelle
« il nous plairait encore leur faire don, octroi et remise ;
« et sur le tout leur faire expédier nos lettres sur ce néces-
« saires. »

Sur cette requête, le duc François leur fit expédier, le
5 février 1737, des lettres-patentes dans lesquelles est visée
la requête ci-dessus, dont le dispositif est ainsi conçu :

« Nous avons relevé et dispensé, relevons et dispensons
« ladite Françoise Huin de Robecourt, veuve de Jean-
« Baptiste Grisard, du défaut et omission d'avoir, dans le
« temps voulu par la coutume, renoncé à la succession de
« François Huin de Robecourt, son père, et d'avoir déclaré
« qu'elle voulait reprendre et suivre la noblesse de Margue-

---

(1) Au lieu de *François Huin*, il faut lire *Dominique Huin de Robecourt*, suivant les titres et selon le décret du 5 février 1737.

« rite du Saulzet, sa mère ; ce que nous lui aurions accordé
« et accordons de faire par ces présentes ; et lui avons fait
« don et remise des biens de la succession de son père, qui
« devaient nous revenir, et ce pour bonnes considérations.
« Avons pareillement relevé et dispensé lesdits Grisard, ses
« enfans, du même défaut, et d'avoir renoncé à la succes-
« sion dudit Jean-Baptiste Grisard, leur père, de laquelle
« nous leur faisons aussi don et remise ; et leur avons per-
« mis et permettons de reprendre et suivre dès à présent la
« noblesse de ladite Huin de Robecourt, leur mère, comme
« descendue d'Etienne du Saulzet, anobli le 2 juin 1535, de
« la transmettre à leurs enfans et postérité, et de prendre et
« porter désormais les armes des du Saulzet. »

Ces lettres n'ayant pas été enregistrées avant l'échange de la Lorraine, les parties intéressées obtinrent des lettres du roi Stanislas, du 22 décembre 1755; mais une nouvelle difficulté sur la question de savoir si, au 5 février 1737, le duc François était encore propriétaire de la Lorraine, retarda l'enregistrement des lettres-patentes du roi Stanislas : l'affaire ne fut pas même terminée sous Louis XV, et les parties intéressées furent obligées d'obtenir du roi de nouvelles lettres-patentes, en date du 14 octobre 1779. Ces dernières lettres-patentes, ainsi que celles du duc François, du 5 février 1737, on été vérifiées au parlement de Nancy le 20 janvier 1780.

Pour de plus en plus constater l'exécution de l'article des coutumes, mentionné dans le texte relativement à la noblesse maternelle, et en même temps fixer un point de fait historique important, relativement à la date précise de la cession de l'autorité du duc François en Lorraine, et par conséquent constater l'époque de la souveraineté de nos rois sur cette province, j'ai cru devoir insérer ici une très-grande partie des lettres-patentes du 24 octobre 1779.

« Françoise-Hyacinthe Huin de Robecourt, veuve de

« Jean-Baptiste Grisard, contrainte par les difficultés qu'es-
« suyait l'exécution de ces lettres (celles du 15 décembre 1550,
« portant anoblissement des Grisard) à prendre, pour pro-
« curer à ses enfans l'état qu'elles leur assuraient, la voie
« que lui ouvrait l'usage du pays où elle était née, obtint,
« le 5 février 1737, de feu notre très-cher et très-amé frère
« et beau-père François, alors duc de Lorraine, des lettres-
« patentes, qui autorisent ladite de Robecourt, veuve Gri-
« sard, à reprendre la noblesse de Marguerite du Saulzet, sa
« mère, issue d'Etienne du Saulzet, anobli le 2 juin 1535,
« et..... ses enfans, à reprendre de leur côté la noblesse de
« leur mère; que d'ailleurs, ni la mère ni les enfans n'ayant,
« dans le temps prescrit par la coutume, ni déclaré qu'ils
« voulaient reprendre la noblesse maternelle, ni renoncé à
« la succession paternelle, lesdites lettres ordonnèrent que
« cette omission ne pourrait leur préjudicier, et leur firent
« remise du montant de ladite succession...; que ces lettres
« n'ayant pas été enregistrées..... tant à la Cour souveraine,
« aujourd'hui parlement de Nancy, qu'à la chambre des
« comptes de Bar, tribunaux à qui elles sont adressées, le
« roi de Pologne Stanislas, alors duc de Lorraine et de
« Bar....., a bien voulu accorder.....; savoir, le 15 décembre
« 1755, un arrêt; et le 22 du même mois, des lettres-pa-
« tentes, par lesquelles il était ordonné que la Cour souve-
« raine de Lorraine et Barrois, ainsi que la chambre des
« comptes de Bar, procéderaient à l'enregistrement desdites
« lettres du 5 février 1737. Nonobstant la surannation d'i-
« celles....., l'enregistrement desdites lettres de 1737 en la-
« dite chambre a eu lieu en vertu d'un arrêt du 23 février
« 1778; mais les habitans de Bourmont y ayant formé op-
« position, elle en a ordonné le rapport par un autre arrêt,
« lequel a été rendu par défaut : qu'un des principaux moyens
« sur lesquels lesdits habitans fondaient leur opposition,
« était que la cession de la Lorraine et du Barrois à la

« France ayant été stipulée par des actes antérieurs aux
« lettres obtenues le 5 février 1737, de feu notre très-cher et
« très-amé frère et beau-père, ce prince n'avait pas eu droit
« de les accorder, et qu'ainsi elles étaient absolument nulles,
« aussi bien que celles de Stanislas, qui en sont une suite :
« Que ce raisonnement part de la fausse supposition que la
« réunion de la Lorraine et du Barrois à la France a eu
« lieu aussitôt qu'elle a été stipulée; tandis qu'elle n'a été
« effectuée qu'en vertu des deux actes, l'un du 8 février,
« l'autre du 21 mars 1737, par lesquels les commissaires
« qu'avaient nommés le feu roi et Stanislas, en prirent pos-
« session en leurs noms; actes tous deux postérieurs aux
« lettres-patentes dont il s'agit : Qu'ainsi l'exposant espérait
« que nous voudrions bien lever l'obstacle que leur suran-
« nation met à leur enregistrement dans les deux Cours aux-
« quelles elles sont adressées. A quoi ayant égard, et con-
« sidérant que l'exercice des droits de souveraineté de feu
« notre très-cher et très-amé frère et beau-père François,
« sur la Lorraine et le Barrois, n'a cessé en effet qu'à l'ins-
« tant où le feu roi et Stanislas en ont pris possession par des
« commissaires, et que par conséquent la validité d'un acte
« de souveraineté fait par ce prince antérieurement à cette
« époque ne peut être mise en question : à ces causes, etc. »

Par cet acte, le roi a accordé des lettres de surannation
de celles de 1737; les a confirmées, et en a ordonné l'enregistrement, pour être exécutées suivant leur forme, etc.....

NOTE LII.

*Extrait de la contestation jugée par arrêt du parlement du 4 mai
1785, qui confirme le privilége de ceux qui, en Champagne,
ont eu une mère noble, de partager noblement.*

Il m'a paru nécessaire, pour la plus grande intelligence

du texte, de joindre ici un extrait de l'affaire jugée par arrêt du 4 mai 1785, ainsi que des moyens respectifs des parties.

Jean Jacquinot, seigneur de Chavanges, épousa en..... Barbe du Rupt, noble de race : de ce mariage naquit Pierre Jacquinot, qui fut marié le 11 août 1725 à Geneviève de Saint-Privé, aussi noble de race : de ce mariage est issue Marie-Françoise-Geneviève Jacquinot, mariée le 18 juillet 1747, à Nicolas-Henri Bourlons d'Arrigny.

La dame d'Arrigny est décédée le 2 août 1781, laissant cinq enfans, deux fils et trois filles.

Il se trouva dans la succession, entre autres biens, la terre de Chavanges, située dans le ressort de la coutume de Chaumont, et celle d'Arrigny, dans le ressort de la coutume de Vitry-le-Français.

Il s'éleva, entre les enfans de la dame d'Arrigny, des contestations au sujet du partage de ces terres : par sentence des premiers juges, du 27 juillet 1782 (mais sentence par forclusion), il fut ordonné que ces terres seraient partagées également entre les cinq enfans.

Les deux fils auxquels cette sentence faisait préjudice en appelèrent ; le procès fut distribué à la première chambre des enquêtes, au rapport de M. Robert de Lierville.

Ce magistrat rendit compte de l'affaire à sa chambre le 22 mars 1785 ; il y eut six voix à l'avis de M. le rapporteur, et cinq à celui de M. le compartiteur, qui était M. Bourrée de Corberon.

Il convient d'observer que, dans le fait, il y avait six juges ayant voix à l'avis de M. le compartiteur ; mais comme M. Bourrée de Corberon, président de cette chambre, père de M. le compartiteur, était de même avis que son fils, leurs deux voix se confondant, cela ne forma que cinq voix à cet avis ; et en conséquence, l'avis de M. le rapporteur n'ayant qu'une voix de plus que celui de M. le compartiteur, le partage fut formé, attendu que dans les procès appointés, il faut deux voix pour former arrêt.

Dans le courant de la contestation, les deux frères firent imprimer un mémoire, suivi de la consultation mentionnée note XLII.

Leurs parties adverses ne contestaient pas l'ancien usage des coutumes de Champagne; mais elles prétendaient qu'il était tombé en désuétude, et ce, depuis un très-grand nombre d'années. Cette exception fut le motif de l'opinion de M. le compartiteur, qui était d'avis d'ordonner:

« Que les filles seront tenues, dans le délai qui serait fixé, « de rapporter en la Cour, des actes de notoriété de tous les « bailliages royaux de Champagne, sur l'usage de faire les « partages des biens féodaux dans les successions de ceux « issus de mère noble et de père roturier, et de rapporter « pareillement des partages faits roturièrement dans ledit « cas; le tout, depuis cinquante ans, sauf auxdits d'Arrigny « frères, la preuve contraire. »

L'avis du rapporteur était d'ordonner le partage noblement, et ce, d'après la disposition des coutumes, et les arrêts qui en constatent l'exécution.

D'après ce partage, les deux fils firent imprimer le mémoire mentionné dans la note XLII; ils donnèrent en même temps la notice des jurisconsultes qui ont attesté cet usage, ainsi que des arrêts qui l'ont confirmé, et dont la nomenclature se perpétuait, presque sans interruption, jusqu'en 1768 : ils observaient en même temps que la prétention de leurs sœurs, relativement à la désuétude prétendue, n'avait aucun fondement.

« Les demoiselles d'Arrigny (disaient leurs frères dans le « mémoire sur le partage), qui prétendent que depuis cin- « quante ans on n'a plus égard à la noblesse maternelle, ont- « elles des arrêts en leur faveur? Non. Des sentences? Non. « Ont-elles du moins des partages faits *judiciairement*? Non.

« Depuis deux ans que ce procès dure, aidées de plusieurs
« avocats du bailliage de Chaumont, de plusieurs avocats du
« bailliage de Vitry, *personnellement intéressés* à contester cette
« noblesse, elles n'ont pu citer que trois partages faits *amia-*
« *blement.....* qui, quand ils seraient vrais....., étant des pac-
« tions *amiables* et *domestiques*, n'auraient pas la force d'a-
« broger la loi. »

Mais de plus, les frères prétendaient même enlever à leurs
sœurs l'autorité de ces trois partages, ce qu'ils faisaient par
une discussion de chacun (discussion qu'il est inutile d'insérer
ici); d'où ils concluaient, « avec la confiance qu'inspire une
« vérité démontrée, que *la noblesse maternelle n'est pas* (en
« Champagne), *depuis cinquante ans,* tombée en désuétude. »

Et c'est ce qui a été jugé par l'arrêt du 4 mai 1785, qui
ordonne de partager noblement les fiefs dont il était question; arrêt qui, sur le partage ci-dessus mentionné, a été
départagé à la seconde chambre des enquêtes, où il n'y a
qu'une seule voix pour l'avis de M. le compartiteur, et seize
pour celui de M. le rapporteur.

Note LIII.

*Louis XI, en accordant la noblesse aux officiers municipaux
d'Angers, leur a permis de partager leurs biens comme il serait délibéré entre eux; ils se sont conservés dans l'usage de
partager roturièrement; et quand ils veulent changer cet usage,
ils obtiennent pour ce des lettres-patentes.*

Louis XI, en accordant, par ses lettres-patentes du mois
de février 1474, *vérifiées au grand-conseil* (1), le 7 mars 1474,

---

(1) Le grand-conseil n'était pas alors un tribunal, comme depuis il a
été établi par Charles VIII, en 1497. Au lieu de faire à ce sujet une dissertation, je me contenterai d'insérer ici l'arrêt de l'enregistrement des

la noblesse aux maire et échevins de la ville d'Angers, leur permit de faire partager leurs successions, « ainsi que par « eux d'un commun accord, il serait advisé et ordonné. » On

---

lettres-patentes de Louis XI, tel qu'il est imprimé p. 13 du *Recueil des priviléges de la ville et mairie d'Angers*, rédigé par M. Robert, doyen de la Faculté de droit, ancien maire et conseiller-échevin perpétuel, à l'Hôtel-de-Ville, imprimé par l'ordre de MM. du corps de ville d'Angers, à Angers, chez Louis-Charles Barrière, imprimeur et libraire-juré de l'Université, rue Saint-Laud, à *la Science*, 1748, in-4°.

Au dos de laquelle chartre est écrit ce qui suit :
« Au grand-conseil du roi, tenu à Paris, auquel était Mgr le duc de
« Brabant, comte de Nevers, Mgr le chancelier, Mgr l'archevêque de
« Bordeaux, les évêques d'Avranches, d'Acqs et d'Evreux, le comte
« Daulphin d'Auvergne, le comte de Dampmartin, grand-maître-d'hôtel
« de France; le sire de Gaucourt, lieutenant de roi et gouverneur de
« Paris et de l'Ile de France; le sire de Cartou, gouverneur du Limou-
« sin; messire Jehan le Boulanger, chevalier, premier président; les ab-
« bés de Saint-Benoît-sur-Loire et de Chaulliz; maîtres Ambroise de
« Cambray, Guillaume Dauvet, Thibault Baillet et Charles de la Ver-
« nac, conseillers et maîtres des requêtes ordinaires de l'hôtel du roi ;
« Jehan le Beauvoisien, président des enquêtes; Jehan de Courcelles,
« archidiacre de Josac en l'église de Paris; Guilhaume Compaing, Pierre
« Salat, Guilhaume de Vic, Jehan Avin, Jehan de Feuquery, Raoul
« Pichon, Guilhaume de Paris, tous conseillers du roi en sa Cour de
« parlement; François Hasle, archidiacre de Paris, conseiller et avocat
« du roi en sadite Cour; le sire de Regne, baron d'Ivry, prévôt de Paris;
« messire Guilhaume Cousinot, chevalier, seigneur de Montreal; le sire
« de Congresseul, sénéchal de Xaintonge; le sénéchal de l'Isle, le bailli
« de Monferrand, Philippe Boutillard, trésorier de France; le sire de
« Boisy, le sire Dure, gouverneur de La Rochelle; maîtres Loys Plenet,
« Jehan Desnos, Mathurin Baudet, Guilhaume le Coq, Marcial-Martin
« Baudet Dages, Gilles Bombard et Pierre Morin, tous conseillers d'ice-
« lui seigneur en son grand-conseil : Ces présentes contenant les privi-
« léges, prérogatives, franchises, libertés, exemptions, justice, juridic-
« tion et autres prééminences données, accordées et octroyées par le roi
« aux maires, échevins....... et tous autres manans et habitans des ville et
« cité, fauxbourgs et quintes d'Angiers...... ont été registrées...... Fait au-

trouve dans les lettres-patentes de Louis XIV, d'août 1656, vérifiées au grand-conseil, le 8 novembre suivant, les motifs de la permission insérée dans celles de Louis XI. « Outre « l'anoblissement fait en la forme la plus authentique que le « pouvait faire un souverain, ledit seigneur roi (Louis XI), « bien informé des avantages que la coutume de notre pro- « vince d'Anjou donne aux aînés nobles sur leurs puînés, « lesquels n'ont aucune part à la propriété dans les succes- « sions, afin que ce qui était à honneur aux uns, ne fût l'en- « tière ruine des autres, leur fit une seconde grâce, par la- « quelle leur permit, nonobstant la qualité de nobles, sans « y préjudicier, de partager leurs successions en la forme « que partagent les autres nobles, ou en telle autre manière « qu'il serait par eux, d'un commun accord et conseil, avisé « et ordonné. »

Mais il n'a été fait aucun arrangement à ce sujet, et les enfans des habitans d'Angers qui ont acquis la noblesse en possédant des offices municipaux, ont continué de partager roturièrement : ce fait est attesté par plusieurs lettres-patentes de mai 1669, octobre 1721, 8 février 1736, mars 1743, et avril 1745, imprimées dans le recueil mentionné dans la note ci-dessus. Ces lettres sont toutes adressées au parlement de Paris, à l'exception de celles du mois d'octobre 1781, qui sont adressées à la chambre des comptes de Bretagne. Elles portent toutes la clause suivante :

« dit grand-conseil, tenu en l'hôtel du roi, à Paris, le mardi septième « jour de mars, l'an 1474. »

Cet enregistrement est suivi de la mention de pareil enregistrement fait par les trésoriers de France, du 18 du même mois de mars, et par « les généraulx conseillers du roi notre sire, sur fait et gouvernement de « ses finances, le 17 dudit mois de mars. »

Nota. Les lettres-patentes d'octobre 1721, portent que celles de Louis XI, de 1474, ont été enregistrées au parlement de Paris, chambre des comptes, cour des aides et chambre du trésor.

« Comme dans la province d'Anjou, les avantages des
« aînés, dans la succession noble, sont exorbitans, lesdits
« aînés y prenant, outre le principal manoir, les deux tiers
« de tous les immeubles et tous les meubles, en payant les
« dettes, et ne donnant à leurs puînés que l'autre tiers des
« immeubles, encore par bienfait et usufruit seulement, les-
« dits maires de la ville d'Angers, par égard pour les cadets
« de leurs maisons, n'ont pas suivi, quant aux partages des
« successions, l'usage des nobles ; car bien que par lesdites
« lettres-patentes de Louis XI, qui leur accordent tous les
« privilèges de noblesse, il soit expressément porté, qu'à
« l'égard de leurs successions, elles seront partagées ainsi
« que par eux et les officiers de l'Hôtel-de-Ville, d'un com-
« mun conseil et accord, il sera avisé et ordonné, néan-
« moins l'usage ordinaire desdits maires et de leur famille,
« quoique sans déclaration publique, a été, nonobstant leur
« noblesse et tous les autres privilèges dont ils ont joui,
« de s'en tenir au partage coutumier : C'est pourquoi les
« exposans, qui ont des raisons particulières d'établir le
« partage noble dans leur famille, nous ont très-humble-
« ment fait supplier de leur en accorder le droit. »

En conséquence, nos souverains ont accordé aux descendans des différens maires d'Angers qui le leur ont demandé, « le droit de partager noblement, suivant la cou-
« tume des lieux où les biens seront situés ; » et ce, par les
différentes lettres-patentes ci-dessus datées.

DES
GUERRES PRIVÉES,
ET DU DROIT DE GUERRE PAR COUTUME.

PAR DU CANGE.

Les guerres du comte de Châlons et du comte de Bourgogne, son fils, dont le sire de Joinville parle en son Histoire, me portent à embrasser en cet endroit une matière très-importante pour l'intelligence des auteurs, et qui n'a pas encore été traitée à fond, quoiqu'aucuns l'aient effleurée légèrement. Il n'y a rien de plus commun, dans tout le cours de nos Histoires et de celles de nos voisins, que ces guerres qui se faisaient entre les barons et les gentilshommes, à la vue et au su du prince souverain, et sans sa participation; en sorte que qui ne saurait pas démêler l'origine et l'usage de ces funestes entreprises sur l'autorité royale, aurait sans doute bien de la peine à en deviner la source et à en concevoir la pratique. Elles ont été si universelles, qu'on peut dire que les vassaux des princes entraient avec eux en partage du plus beau fleuron de leurs couronnes, qui était le droit de faire et de déclarer la guerre. Mais parce qu'il y avait des règles et des maximes établies et reçues pour cette espèce de guerre, je prétends faire voir en cette Dissertation quelles elles ont été, et comme les seigneurs en ont usé en ces occasions; ce que je me propose de puiser particulièrement de Philippe de Beaumanoir, en sa Coutume de Beauvoisis, qui n'a pas encore été publiée (1), où il a fait un chapitre entier au sujet de cette espèce de guerre, qui est le cinquante-neuvième, auquel il a donné pour titre ces mots : *Comment guerre se fait par coûtume, et comment elle faut, et comment on se pot aidier de droit de guerre.* J'entreprends d'ailleurs cette matière d'autant plus volontiers, qu'elle appartient à l'histoire de saint Louis, puisqu'il est constant qu'il est l'un de nos rois qui a le plus travaillé à anéantir et à détruire ces malheureuses guerres qui entretenaient toute la France en de perpétuelles divisions.

Ç'a été un usage observé et reçu de tout temps parmi les nations germaniques, de tirer la vengeance des injures particulières par la voie des armes, et d'y intéresser toute une parenté. Celui qui avait fait un tort notable à un particulier, ou qui lui avait causé la mort, se trouvait avoir sur les bras tous ceux de la famille de l'offensé, qui prenaient les armes pour venger l'injure ou l'assassinat commis en la personne de leur parent. Tacite en a fait la remarque, lorsqu'il parle des Germains : *Suscipere tam inimicitias seu patris, seu propinqui, quàm amicitias necesse est.* C'est pour cette raison que nous lisons si souvent

---

(1) Cet ouvrage a été imprimé depuis, avec les *Assises de Jérusalem.* Bourges, 1690, in-f°. (*Edit.*)

dans les lois anciennes, que lorsque quelque assassinat avait été fait, non seulement on en exigeait la peine sur ceux qui l'avaient commis, mais même sur toute leur parenté. Ces inimitiés mortelles, qui s'entretenaient entre les familles, y sont nommées *faidæ*, que les lois des Lombards traduisent par le mot d'*inimicitiæ*; terme qui semble être tiré ou du saxon ancien, *feth* ou *fehthe*, ou de l'allemand, *fhede* et *feide*, qui signifie la même chose. D'où il est arrivé que ce mot a été pris pour la vengeance qu'on tire de la mort d'un parent, et dans la suite pour toutes sortes de guerres particulières, comme en l'ordonnance du roi saint Louis, du mois d'octobre 1245, dont je parlerai dans la suite. Nous avons quelques exemples de ces guerres privées, sous la première race de nos rois, dans Grégoire de Tours et ailleurs.

Mais pour procéder avec quelque ordre en cette Dissertation, il faut voir premièrement qui sont ceux qui ont droit de guerre par coutume, puis entre quelles personnes elle se fait, pour quels sujets, en combien de manières on la déclare, qui sont ceux qui y entrent ou qui en sont exceptés, et enfin en combien de façons elle finit; ensuite je ferai voir comme cette détestable coutume de faire la guerre entre les vassaux du prince a été entièrement abolie.

Tous les gentilshommes, selon Philippe de Beaumanoir, avaient droit de faire la guerre : *Autre que gentilhomme ne poeut guerroyer.* Et ainsi il en exclut tous les roturiers, qu'il appelle *hommes de poëste*, c'est-à-dire qui sont sujets à leurs seigneurs, et qui en dépendent absolument, en sorte qu'ils en peuvent disposer selon qu'il leur plaît; ce qui n'était pas des vassaux fieffés. Il en exclut pareillement les bourgeois, entre lesquels, s'il arrivait quelque démêlé, ou, pour user de ses termes, *manéces ou deffiëmens où mellées sourdent,* le crime commis était puni par le juge ordinaire, suivant sa qualité, telles personnes ne pouvant user du droit de la guerre. Par le terme de *gentilshommes,* on doit entendre tous les fieffés, parce qu'anciennement les fiefs ne pouvaient être tenus que par les nobles. Les évêques, les abbés et les monastères qui avaient des terres de cette nature, avaient aussi ce droit; et parce que leur condition ne leur permettait pas de porter les armes, ils faisaient leurs guerres par leurs vidames et par leurs avoués; ce que le cardinal Pierre Damian ne peut approuver: *Quod mihi planè satis videtur absurdum, ut ipsi Domini sacerdotes attentent quod turbis vulgaribus prohibetur, et quod verbis impugnant, operibus asserant.*

D'ailleurs, il ne pouvait y avoir guerre entre les gentilshommes, d'une part, et les roturiers ou les bourgeois, d'autre : la raison est que si le gentilhomme faisait la guerre à un bourgeois ou à un roturier, qu'il nomme toujours *homme de poëste,* le bourgeois ou le roturier n'ayant pas le droit de faire la guerre pour n'être pas revêtu du titre de noblesse, aurait été souvent maltraité ou tué par les gentilshommes; de sorte que, lorsque le cas arrivait qu'il y eût quelque notable démêlé entre le gentilhomme et le roturier, celui-ci, pour se mettre à l'abri de l'insulte de son ennemi, requérait *asseurement*, qui lui était à l'instant accordé. Que si le roturier négligeait de le demander, le gentilhomme en la personne duquel ou de ses parens l'injure avait été faite, pouvait licitement en poursuivre la vengeance par les armes. Au contraire, si le gentilhomme avait outragé le roturier ou le bourgeois, l'un et l'autre ne pouvaient pas poursuivre la réparation de l'injure par la guerre, mais par les voies ordinaires de la justice. L'usage du royaume d'Arragon semble avoir été autre à l'égard des *infançons* ou écuyers; car si un roturier ou vilain avait tué un infançon, si le fait était avéré, les parens du mort pouvaient lui faire la guerre, c'est-à-dire tirer la vengeance de l'outrage par la voie des armes; mais si le fait était dénié avant qu'on en vînt à la preuve, il devait obtenir *asseurement* des parens du mort. Il y avait encore plus; car quoique, suivant les ordonnances du royaume, nul ne pût attaquer un autre sans défiance, si est-ce que le roturier ni l'infançon n'étaient pas obligés de se défier, si l'un ou l'autre avait tué l'un de leurs parens, parce que les fors ou coutumes les tiennent pour défiés, pourvu toutefois que le crime fût apparent et prouvé; ce qui fait croire que les usages étaient différens selon les royaumes.

Toute sorte d'injure ne pouvait pas être vengée par les voies de la guerre; il fallait que ce fût un crime atroce, capital et public: *Coustume suefre les guerres en Biauaisis, entre les gentixhommes, por les vilonies qui sont faites apparens.* Ce sont les termes de Beaumanoir, qui, au chapitre suivant, en donne l'interprétation par ceux-ci : *Quant aucuns fés auenoit de mort, de mehaing, ou de bature, cil à qui la vilonie auoit esté faite déclaroit la guerre à son ennemy*. Ainsi, ce qui donnait sujet à cette espèce de guerre était l'atrocité du crime, et qui pour l'ordinaire, dans l'ordre d'une justice réglée, méritait la peine de mort. Ce qui justifie encore cette proposition est ce qu'il ajoute, que, quoique le gentilhomme eût droit de poursuivre par les voies de la guerre la réparation du forfait commis en sa personne ou de ses parens, en d'autres occasions que celles de la guerre ouverte entre eux, cela n'empêchait pas que le seigneur duquel celui qui avait fait l'injure était vassal ne le fît juger et condamner par sa justice, et, s'il pouvait le faire arrêter, ne le livrât au supplice, suivant l'exigence et l'atrocité du crime; ce qui avait lieu même encore qu'après la guerre la paix se fût ensuivie, si ce n'était que ce fût par l'entremise du roi ou du baron seigneur de la partie qui avait commis le crime; *car autre signeur ne poeut fere ne soffrir ces manieres de pez*. La raison pourquoi le seigneur peut poursuivre la vengeance de tels crimes, est *que cil qui font les vilains meffez de cas de crieme, ne meffont pas tant seulement à aduerse partie, n'a lor lignage, mez au signor qui les ont en garde et à justice*.

Ce que j'ai remarqué des matières et des sujets qui donnaient occasion aux guerres particulières, savoir les crimes et les méfaits, ne semble pas être général pour toutes les provinces; car nous lisons que souvent on les a entreprises pour des différens mus au sujet des successions et des héritages; ce qui est encore remarqué par le cardinal Pierre Damian : mais il fallait que ces sortes de guerres eussent été ordonnées par le seigneur dominant; ce que j'apprends particulièrement d'un titre du Cartulaire de Vendôme : *Quidam miles, nomine Fulcradus, vicarietatem alodiorum voluit calumniari, tantâque instantiâ perstitit, ut et inde bellum indiceret nobis, judicio comitis Gaufredi. Paratis autem hominibus ad bellum procedentibus, agnovit non esse bonum certamen arripere contra dominum*, etc. Je ne sais si l'on doit rapporter à ce sujet la constitution de l'empereur Frédéric II, qui se lit dans Alberic, qui défend à ses vassaux de faire la guerre *absque præcedente querimoniâ :* tant y a qu'il est constant que les seigneurs et les gentilshommes ont souvent entrepris des guerres contre leurs voisins pour d'autres sujets que des crimes. L'histoire nous en fournit une infinité d'exemples, et entre autres notre sire de Joinville, lorsqu'il traite de la guerre qui se mut sous le règne de saint Louis entre le comte de Champagne et la reine de Chypre, au sujet de la succession de ce comté.

Les guerres particulières ou privées se déclaraient en diverses manières, savoir, par fait ou par paroles. Par fait, *quant caudes mellées sourdent entre gentixhommes d'une part et d'autre,* c'est-à-dire, lorsqu'on en venait à une querelle ouverte, et à mettre la main aux armes; et en ce cas, ceux qui étaient présens à la mêlée et à la querelle étaient engagés dans la même guerre, suivant le parti à la suite duquel ils se trouvaient ; *et lors doit-on savoir que, quant elles viennent par fet, cil qui sont au fet sont en la guerre, si-tost comme li fez est fet.* Les guerres se déclaraient par paroles, *quant li un manece l'autre à fere vilonnie ou anjude de son cors, ou quant il le deffie de li et des siens,* c'est-à-dire lorsqu'on en venait aux menaces, ou que l'on faisait porter les défis ou défiances à son ennemi.

Les défis, que les auteurs latins du moyen temps appellent *diffidationes,* se faisaient ou par paroles ou par écrit. Ils se faisaient par paroles, lorsqu'on envoyait défier son ennemi et qu'on lui déclarait la guerre par des personnes qui la leur allaient dénoncer ; et en ce cas on choisissait, non des hérauts ou des rois d'armes, mais des personnes de condition et des chevaliers qui en allaient porter la parole ; comme firent les Français, lorsqu'ils dénoncèrent la guerre aux empereurs Isaac et Alexis, en l'an 1203, ayant choisi à cet effet Conon de Béthune, Geoffroy de Ville-Hardouin, maréchal de Champagne, et Miles de Braibans, chevaliers. Souvent même on la faisait porter par des évêques et des abbés, comme on peut recueillir de nos histoires. Quelquefois ces défis se faisaient par lettres et par écrits, qui sont appelés *litterræ diffidentiæ* en la Chronique d'Autriche ; ce qui est aussi remarqué par Nicolas de Cusa, cardinal. Le roman de *Garin le Loherans* remarque une autre forme de défi, en secouant le pan de sa robe :

Dist à Girbert, mult me tenez por vil,
Il prist deus pans del peliçon hermin,
Enuers Girbert les rua et jali ;
Puis li a dit : Girbert, je vos deffi.

Et afin qu'il ne fût pas loisible de surprendre son ennemi sans lui donner le loisir de se préparer à sa défense, les empereurs ordonnèrent qu'on ne pourrait l'attaquer qu'après que trois jours se seraient écoulés depuis la défiance, à peine d'être proscrit et banni, et de passer pour traître. Albéric rapporte une ordonnance de l'empereur Frédéric II, qui enjoint la même chose, arrêtée à Francfort l'an 1234, qui fut renouvelée par deux autres, l'une de Louis de Bavière, l'autre de Charles IV. Cette dernière ordonne encore que ces défis se doivent faire dans les lieux de la demeure ordinaire de ceux à qui l'on déclare la guerre, pour éviter toute sorte de surprise ; car en ces rencontres on a tâché d'employer toutes les précautions pour éviter les occasions de trahison ; jusquelà qu'on faisait passer pour traîtres tous ceux qui portaient la guerre à leurs ennemis avant que de les avoir défiés.

L'auteur de la guerre, c'est-à-dire celui qui la déclarait et qui se prétendait offensé par son ennemi, est appelé par Philippe de Beaumanoir, le *quievetaine* ou le *chef de la guerre*. Quant à ceux qui y entraient avec lui, les premiers étaient ceux de son lignage ; car la guerre étant ouverte et déclarée, tous les parens du chef de la guerre y étaient compris, sans autre déclaration particulière, et s'y trouvaient le plus souvent enveloppés malgré eux, sous prétexte de venger l'injure faite à leurs parens, ou de les défendre lorsqu'ils étaient attaqués, étant un fait qui regardait l'honneur de la famille; ce qui est justifié dans une Histoire de France ms. qui est en la bibliothèque de M. de Mesmes, à l'endroit où il est parlé de la guerre d'entre le dauphin de Viennois et le comte de Savoie : « Le dauphin requist par lignage « plusieurs de ses amis, qui petit lui firent d'aide. » Ce qui a fait dire à Pierre Damien : *Plerique mox ut eis vis infertur injuriæ, ad indicenda protinus bella prosiliunt, armatorum cuneos instruunt, sicque hostes suos acriùs fortè quàm læsi fuerant, ulciscuntur.*

Quand je dis que tous les parens des chefs de guerre entraient en guerre avec eux, cela se doit entendre jusqu'au degré où la parenté finissait. Anciennement, ainsi que Beaumanoir écrit, on se vengeait par droit de guerre jusqu'au septième degré de parenté, parce qu'après ce degré la parenté était censée être finie, l'Eglise ne souffrant pas les alliances par mariage, sinon au-delà du septième : mais depuis qu'elle s'est relâchée de cette rigueur, et qu'elle les a souffertes au-delà du quatrième, l'usage s'est aussi introduit que les parens qui passaient ce degré n'étaient et ne pouvaient être compris dans la guerre comme parens, quoiqu'en fait de successions, ceux qui sont plus éloignés en degrés pussent hériter de leurs parens; d'où il conclut que ceux qui, sous prétexte de la guerre, attaquent les parens de leur ennemi plus éloignés en degré que le quatrième, se rendent coupables et se soumettent à une punition rigoureuse. Grégoire de Tours rapporte quelques exemples à l'égard des parens qui entraient en guerre, ou du moins qui s'intéressaient en la vengeance du crime commis en la personne de leur parent; qui est une coutume qui a passé dans les siècles suivans, où non seulement les nobles, mais encore les roturiers, se sont maintenus dans ce droit, ou plutôt dans cette injuste pratique, comme on peut justifier par une infinité de passages d'auteurs : ils y étaient même tellement obligés, qu'ils ne pouvaient pas s'en dispenser sans renoncer à la parenté, et se rendre, par ce moyen, incapables de succéder à aucuns de leurs parens, ou de profiter des amendes et des intérêts civils qui pouvaient arriver des assassinats commis en leurs personnes; ce qui est expressément remarqué, ou plutôt ordonné dans les lois d'Henri Ier du nom, roi d'Angleterre ; à quoi quelques savans rapportent encore le titre de la loi salique, *de eo qui se de parentilla tollere vult,* où les cérémonies de cet acte sont rapportées.

Mais, parce qu'il arrivait souvent que ceux du lignage ou de la parenté des chefs de la guerre n'avaient aucune nouvelle de son ouverture et des défiances qui avaient été portées, et ainsi étaient surpris par les ennemis de leurs parens, qui leur couraient sus et les attaquaient avant qu'ils eussent eu avis des défis, l'on arrêta que ceux du lignage n'entreraient en guerre que quarante jours après la déclaration et les défiances qui en auraient été faites, si ce n'était qu'ils eussent été présens au fait, c'est-à-dire lorsque la guerre s'était ouverte par querelle et par voies de fait; « car cil qui sont au fet présens, se doiuent bien gar- « der pour le fet, ne vers cix ne quiert nule triue « deuant qu'elle est prise par justice, ou par amis. » Mais à l'égard de ceux qui ne s'étaient pas trouvés présens à la mêlée, ils avaient quarante jours de trève, durant lesquels ils avaient le temps et la liberté d'entrer dans la guerre, et de faire leurs préparatifs pour cet effet, ou bien de faire leurs efforts pour rechercher *assurement,* ou la trève, ou la paix : de sorte que ceux qui, au préjudice de ces quarante jours accordés aux parens, les allaient attaquer et leur faisaient outrage, soit en leurs personnes, soit en leurs biens, ils étaient traités comme traîtres, et comme tels, s'il y avait eu quelqu'un de tué, ils étaient traînés et pendus, et leurs biens confisqués. Que s'il n'y avait que quelque blessure, le coupable était condamné à tenir prison, et en une amende à la volonté du seigneur qui tient en baronnie. Bouteiller, en sa *Somme rurale,* dit qu'on appelait ce délai *la quarantaine du roi,* et écrit qu'elle fut ordonnée par saint Louis, qui commença par ce règlement à donner atteinte à cette espèce de guerre, d'autant que durant ce temps-là la plupart des parens cherchaient des voies pour s'en tirer. Philippe de Beaumanoir l'attribue à Philippe-le-Hardi, son fils. Il est néanmoins constant que saint Louis fut le premier qui l'ordonna, comme on peut encore recueillir des lettres du roi Jean, de l'an 1353, dont je parlerai ci-après, où la substance de l'ordonnance de saint Louis est rapportée en ces termes : *Videlicet quòd quotiescumque aliquæ discordiæ, rixæ, mesleiæ, aut delicta inter aliquos regnicolas in motus calidi conflictûs, vel aliùs, pensatis insidiis* (*versio gallica vetus habet*, en caude mélée, ou par agait, et de fait apensé) *evenire contingebat, ex quibus nonnullæ occisiones, mutilationes, et aliæ injuriæ sæpissimè accidebant, amici carnales hujusmodi mesleias facientium, aut delicta perpetrantium, in statu securo remanebant, et remanere debebant, à die conflictûs, seu maleficii perpetrati, vsque ad* XL. *dies immediatè continuos tunc sequentes, delinquentibus personis duntaxat exceptis, quæ propter eorum maleficia capi et arrestari poterant, tam dictis* XL. *diebus durantibus, quàm posteà, et in justitiariorum carceribus mancipari, in quorum justitiâ dicta maleficia fuerant perpetrata, justitiam ibidem de suis maleficiis recepturi secundùm delicti qualitatem, prout postulabat ordo juris. Et si interim infra terminum* XL. *dierum prædictorum, aliqui de parentelâ, progenie, consanguinitate, seu affinitate vtriusque partium principalium delinquentium aliter quoquomodo facere præsumebat, pro hujusmodi causâ vindictam assumere satagendo, vel aliàs exceptis malefactoribus prædictis qui, prout fertur, capi et puniri poterant, prout casus exigebant, ipsi, tamquam proditores criminisque convicti, et ordinationum ac statutorum re-*

giorum transgressores, puniri et justitiari debebant, per judicem ordinarium sub cujus jurisdictione delicta existebant perpetrata, vel in loco in quo essent ab hujusmodi crimine convicti, seu etiam condemnati. Quæ quidem ordinationes adhuc in pluribus et diversis partibus regni nostri non immeritò tenentur, etc. Il paraît de cette ordonnance, que les chefs de la guerre ne jouissaient pas du privilége des quarante jours, mais qu'ils entraient d'abord en guerre. Il en était de même des parens qui s'intéressaient librement dans ces guerres avant ce temps-là, et qui se trouvaient avec armes avec les chefs de la guerre; et parce que cette ordonnance était émanée du roi, les juges royaux ont soutenu autrefois que l'infraction de la quarantaine, même dans les terres des hauts-justiciers, était un cas royal; mais, au récit de Bouteiller, il fut jugé qu'il y avait lieu de prévention en ce cas, et que, si les officiers des hauts-justiciers prévenaient ceux du roi, la connaissance leur en appartenait, et ainsi au contraire à l'égard des officiers du roi. Il est parlé de cette quarantaine dans l'*Histoire des évéques de Liége et des comtes de la Mark.*

Or, parce que ceux du lignage et de la parenté des deux parties étaient compris dans la guerre, Philippe de Beaumanoir résout que deux frères germains ne se pouvaient faire guerre par coutume, et en apporte cette raison, d'autant que l'un et l'autre n'ont point de lignage qui ne soit commun à tous les deux; et que celui qui attouche de parenté également les deux chefs de la guerre, ne peut et ne doit s'y engager. De sorte que si deux frères étaient en différend ensemble, et l'un d'eux méfaisait à l'autre, il ne se pouvait excuser sous prétexte du droit de guerre; non plus que celui des parens communs, qui se serait engagé au secours de l'un d'eux pour lequel il aurait eu plus d'amitié ou d'inclination. Si bien qu'en ce cas, le seigneur devait punir rigoureusement celui qui avait méfait à l'autre. Il en aurait été autrement, dit le même auteur, de deux frères consanguins, ou utérins, entre lesquels il aurait pu arriver guerre, parce que l'un a des parens que l'autre n'a point. Mais quant aux parens communs, et qui approchent et attouchent également de parenté l'un et l'autre, ils pouvaient et même devaient s'excuser d'entrer en guerre.

Quoique les parens éloignés fussent exclus, ou plutôt dispensés de la guerre, ils pouvaient néanmoins s'y engager de leur propre mouvement, en se déclarant pour l'une des deux parties; ce qui se faisait ou par défis, ou par fait. Par exemple, dit Philippe de Beaumanoir, si quelqu'un allait au secours et en la compagnie de l'une des parties avec armes; ou s'il lui prêtait ses armes et ses chevaux, ou sa maison pour l'en aider à combattre son ennemi, en tel cas ce parent se mettrait et s'engagerait dans la guerre par son fait; et s'il lui arrivait disgrace ou méfait, celui qui en serait l'auteur aurait juste raison de s'en excuser par le droit de la guerre, quoiqu'il fût également parent des deux parties. D'où il conclut que celui-là se mettait dans la guerre, qui allait au secours de celui qui faisait la guerre, quoi qu'il ne lui eût appartenu en rien de parenté : « Car qui tant ayme « les parties qui sont en guerre, qu'il se mette en « s'aide et se compaignie, por greuer ses ennemis, il « se met en la guerre, tout soit ce qu'il ne leur appar- « tienne de lignage. » La Chronique des comtes de la Mark nous donne des exemples des défiances envoyées par les parens éloignés, qui confirment ce que Philippe de Beaumanoir écrit à ce sujet, et les auteurs en fournissent d'autres qui justifient que ceux qui entraient en guerre pouvaient encore tirer du secours de leurs alliés; ce qui se faisait ensuite des traités d'alliance et de ligue offensive et défensive, tels que sont ceux que les historiens (1) des maisons de Vergy et d'Auvergne (M. de Boissieu, le Père Vigner et autres auteurs), nous représentent.

Quoique ceux qui s'étaient trouvés au fait qui avait donné matière à la guerre y fussent compris comme complices, sans autres défiances que celles qui se faisaient aux chefs de la querelle et à ceux qui avaient fait l'outrage et le méfait, tels complices néanmoins pouvaient se tirer de la guerre en faisant appeler l'ennemi en la justice du seigneur, pour en sa présence dénier avec serment d'avoir jamais consenti au méfait qui avait donné sujet à la guerre, avec protestation de ne secourir directement ni indirectement

---

(1) *Hist. de la maison de Vergy*, l. 5, c. 2. M. Justel, en l'*Hist. d'Auvergne*, p. 162. M. de Boissieu, *de l'Usage des fiefs*, c. 2. Vigner, aux *Gén. d'Alsace*, p. 146.

sa partie, ni ses amis. Et le serment étant fait, le seigneur le devait assurer en sa personne seulement ; et il devait demeurer en paix, si ce n'est que la partie adverse ne le voulût directement accuser du fait.

Entre ceux du lignage, les clercs, c'est-à-dire ceux qui étaient engagés dans les ordres ecclésiastiques, étaient exceptés, comme encore les religieux, les femmes, les enfans mineurs, et aussi les bâtards, si ce n'est qu'ils se missent en la guerre par leur fait. On exceptait encore ceux qui s'étaient mis dans les hôpitaux et les maladreries, ceux qui, au temps que la guerre s'était mue, étaient dans les terres d'outre-mer, ou en pélerinage éloigné, ou envoyés en terres étrangères par le roi, ou pour le bien public; parce qu'il aurait été bien injuste que ceux qui étaient ainsi dans les voyages lointains pussent être attaqués ou tués dans les lieux où ils se seraient trouvés, ou bien en faisant leurs voyages, avant qu'ils eussent rien su de la guerre ni des défiances; et ainsi il en serait arrivé de grands inconvéniens, qui n'auraient pas tant passé pour des vengeances que pour des insignes trahisons. Quant aux femmes, que j'ai dit être exemptes du droit de guerre, et ne devoir être comprises entre les parens qui entraient nécessairement dans la guerre, c'est parce que c'est un fait d'armes dont elles ne sont pas capables; ce qui nous ouvre la raison pourquoi les lois des Lombards ne voulaient pas qu'elles pussent profiter de l'amende et des intérêts civils qui étaient ordinairement accordés aux parens de ceux qui avaient été assassinés ou tués. Jusque-là même que si le mort n'avait laissé que des filles, ces intérêts passaient aux parens à leur exclusion : *Quia filiæ ejus, eò quòd fœmineo sexu esse probantur, non possunt ipsam faidam levare;* où ces termes, *levare faidam,* ne signifient rien autre chose que ce que nous disons lever l'amende, et les intérêts civils dont on était convenu, ou qui avaient été ordonnés par le juge. Le motif de cette loi est, parce que les filles n'étant pas de condition à porter les armes comme les hommes, elles n'étaient pas en état de tirer la vengeance de l'injure ou du méfait commis en la personne de leurs parens, ni d'obliger ceux qui avaient fait l'attentat à payer des intérêts civils et l'amende, dont le fruit et le profit ne devaient et ne pouvaient passer qu'à ceux qui, par la force des armes, les contraignaient à venir à une composition légitime.

Outre ceux du lignage, et les amis qui se déclaraient volontairement pour l'une des deux parties, les vassaux et les sujets des chefs de guerre y étaient compris, et généralement ceux qui étaient obligés d'aider et de secourir leurs seigneurs, *cix à qui il couient faire ayde par reson de signorage.* Tels sont les hommes de fief, les hôtes à cause de leurs *hostises,* les hommes de corps, qui étaient tenus de secourir leurs seigneurs, lorsqu'ils étaient en guerre, quoiqu'ils ne leur eussent pas appartenu de parenté. De sorte que, tant qu'ils étaient à la suite et au secours de leurs seigneurs, ils étaient censés être en guerre. Mais lorsqu'ils étaient retournés en leurs maisons, on ne pouvait pas les attaquer, ni trouver mauvais qu'ils eussent porté les armes pour lui, vu qu'en ces occasions ils s'étaient acquittés des devoirs auxquels la qualité de vassaux et de sujets les obligeait envers leurs seigneurs. Ceci est exprimé en divers endroits de nos histoires, et particulièrement dans les anciennes coutumes du monastère de la Réole en Guienne, qui portent que les vassaux et les hommes de Taurignac, de Saint-Michel et de Guarzac étaient obligés de venir au secours du prieur, lorsqu'il aurait guerre en son nom, à raison des fiefs qu'ils possédaient dans l'enceinte de la ville.

Ce serait ici le lieu de parler des fiefs *rendables* et *jurables,* dont les possesseurs étaient obligés de rendre et de remettre leurs châteaux et leurs forteresses au pouvoir de leurs seigneurs, pour s'en servir contre leurs ennemis dans leurs guerres propres. On pourrait aussi traiter en cet endroit du droit d'*host* et de *chevauchée,* auquel les vassaux et les sujets étaient tenus durant les guerres de leurs seigneurs, et des diverses conditions de ces droits. Mais ces matières sont de trop longue haleine, et contiennent trop d'antiquités pour être renfermées en cette Dissertation. Je réserve seulement de traiter des fiefs rendables et jurables en un autre lieu.

Ceux qui étaient à la solde des deux parties, étaient aussi censés être en guerre, tandis qu'ils étaient à leur suite et en leur compagnie; et lorsqu'ils en étaient partis, ils étaient hors de la guerre, et on ne pouvait leur méfaire, ni leur courir sus avec justice, et sans encourir le blâme.

Encore bien que les gentilshommes eussent le droit de guerre, si est-ce qu'ils ne pouvaient pas attaquer par cette voie, le seigneur duquel ils relevaient, ni le défier : et s'ils en usaient autrement, ils confisquaient leurs fiefs, particulièrement si le seigneur qui était appelé de trahison ou de meurtre, offrait de s'en défendre par les voies de la justice, et devant ses pairs.

Après avoir traité de ceux qui entraient en guerre, pour suivre l'ordre que j'ai établi au commencement, il ne reste plus que de voir quelles ont été les voies pour la faire finir. Philippe de Beaumanoir en rapporte plusieurs, dont la première est la paix. Lorsque la paix était faite, signée, et assurée sous de bonnes cautions et sous de bons pleges, tous ceux qui étaient en la guerre, tant les chefs que les parens et les amis, étaient obligés de la garder. Il n'était pas même nécessaire que tous les parens des deux partis, qui étaient de la guerre, eussent été présens à la conclusion et à l'arrêté de la paix : il suffisait qu'elle eût été faite et signée par les deux chefs de la guerre. Que s'il y avait quelqu'un des parens qui ne voulût pas y donner son consentement et l'accorder, le chef de la guerre au secours duquel il était, devait avertir l'autre, et lui mander qu'il se donnât de garde de lui, et cet avertissement était tellement nécessaire, que s'il en fût arrivé inconvénient ou méfait, il pouvait être poursuivi *de paix brisée.* Les chefs de la guerre devaient encore faire en sorte que leurs parens et leurs amis s'abstinssent de tout acte d'hostilité, en leur donnant avis de la conclusion de la paix : car ce n'aurait pas été une excuse de dire qu'on n'en aurait pas eu d'avis. D'autre part, ceux qui avaient déclaré qu'ils ne voulaient pas entrer en la paix, ne pouvaient être aidés ou secourus par ceux qui avaient fait la paix, ou ceux du lignage qui étaient en la guerre, si ce n'est qu'ils eussent pareillement fait savoir à l'autre partie, qu'ils ne désiraient pas entrer en cette paix; autrement on les aurait pu accuser de bris et d'infraction de paix.

Or, la paix se faisait en trois manières; savoir *par fait et par paroles, par fait sans paroles,* ou *par paroles sans fait :* ce qui est ainsi expliqué par Philippe de Beaumanoir. Celui-là faisait la paix par fait et par paroles qui mangeait et buvait, ou se trouvait en compagnie avec celui qui était son ennemi, et avec qui il était en guerre. De sorte que si, après cela, il arrivait qu'il l'attaquât par voie de fait, ou lui fît outrage, il pouvait être mis en justice comme traître, et pour avoir brisé la paix. Celui-là faisait la paix par paroles sans fait, qui, en présence de ses amis et d'autres personnes d'honneur, ou même devant les juges, déclarait qu'il était en paix avec son ennemi, et qu'il la voulait garder à l'avenir. Ceux qui étaient en paix par fait sans paroles étaient les parens, ou ceux qui étaient du lignage des chefs de la guerre qui avaient fait la paix, et qui n'avaient fait aucun mandement ni défiance, mais allaient et conversaient avec ceux qui étaient auparavant leurs ennemis : car ils faisaient assez voir par effet qu'il n'y avait pas lieu de se garder d'eux, puisqu'ils paraissaient aux yeux d'un chacun pour amis.

Les traités de paix qui se faisaient pour terminer la guerre par coutume étaient ordinairement émologués et enregistrés aux registres des justices des seigneurs dominans. Du moins j'en ai rencontré un qui est inséré dans un registre de la chambre des comptes de Paris, contenant les arrêts et les jugemens rendus en l'an 1288, aux grands jours de Troyes, où présidaient pour lors l'évêque de Senlis, maître Gilles Lambert, Mons Guillaume, seigneur de Grancey, et Gilles de Compiègne; et parce que cette pièce nous représente la formule de ces traités, je ne ferai pas de difficulté de la donner entière sous le titre de *Ballivia de Vitriaco :* « C'est la paix de Raolin d'Argées,
« et de ses enfans, et de leur lignage, d'une part : et
« de l'Hermite de Sethenai, et de ses enfans, et de
« leur lignage, et de totes ses aidans, d'autre part,
« apportée en la Cour de Champagne. Li Hermite
« jura sur sains li vuitiesme de ses amis, que bien ne
« li fu de la mort Raolin d'Argées, ains l'en pesa
« plus que biau ne l'en fu : et a donné li Hermite
« cent livres as amis Raolin, le mort, pour faire une
« chappelle, où l'en chantera pour l'ame dou mort:
« et en doit aler Girard li fils l'Hermite, outre mer,
« et mouoir dedans les octaues de la S. Remi, et re-
« venir quand il voudra : mais que il aport lettres
« que il ait esté outre mer, par le tesmoing de bonnes
« gens. Et parmi ce fait, il est bone pais des enfans
« Raolin d'Argées, et de leur lignage, et de tous leurs
« aidans, d'autre part; et requerent li enfant Raolin à
« la Court, que se li enfant l'Hermite, ou li ami re-

« querent lettres de tesmoignage à la Court, que la
« Court leur doint. Et cette pais ont rapportée li Chas-
« telains de Bar, et li sires de Noroie, mess. Gauchier
« de Cornay, seir qui lesdites parties si mistres, si
« com il dient : et ceste pais la Court a recheuë, et
« fait enregistrer, sauf le droit le roy et l'autrui. »

La seconde, ou plutôt la quatrième manière de faire cesser la guerre, qui se faisait par coutume, était l'assurement. Le seigneur dominant, ou le roi, commandait aux parties chefs de la guerre de s'assurer réciproquement, ce qui se faisait de la sorte : l'une des parties qui ne voulait pas entrer en guerre, ou qui y étant entrée, parce qu'elle était la plus faible, en voulait sortir, s'adressait à son seigneur, ou à sa justice, et requérait que sa partie avec laquelle elle était en guerre, ou était près d'y entrer, eût à lui donner assurement, c'est-à-dire assurance qu'il ne lui serait fait aucun tort, ni en sa personne ni en ses biens; se remettant au surplus du différend qui avait causé la guerre, à ce que la justice de son seigneur en déciderait; ce que le seigneur ou sa justice ne pouvait refuser; et alors il enjoignait à son vassal de donner assurement à sa partie, laquelle était obligée de le faire observer par ceux de sa parenté ou de son lignage : en sorte que si l'assurement venait à être enfreint ou brisé, celui qui l'avait enfreint, et celui qui l'avait donné, quoi qu'il fût constant qu'il n'eût pas été présent au fait, pouvaient être traduits en la justice du seigneur pour bris; ce qui n'était pas de la trève, de l'infraction de laquelle celui seul qui l'avait brisée était responsable. Ce qui a fait dire à Philippe de Beaumanoir, que quoique le lien de la paix qui a été traitée par les amis communs, ou qui a été faite par autorité de la justice, soit bon et soit fort, néanmoins le lien d'assurement est encore plus puissant, et plus assuré. L'assurement différait de la trève, en ce que la *treve est vne chose qui donne seureté de la guerre el tans que elle dure;* et l'assurement aussi bien que la paix, était pour toujours. Il différait encore de la paix et de la trève, en ce que le seigneur pouvait contraindre ses deux vassaux chefs de la guerre à faire la paix, et accorder la trève : *Més de l'asseurement se devait-il souffrir, se l'vne des parties ne le requeroit.* Il est parlé, dans les lois des Lombards, des trèves enjointes par le ministère des juges. Il y a une ordonnance de saint Louis, donnée à Pontoise, au mois d'octobre l'an 1245, par laquelle il enjoint à ses baillis : *Quatenus de omnibus terris et faidiis suæ bailliviæ ex parte regis capiant, et dari faciant rectas treugas, jus faciendo, ab instanti Nativitatis B. Joan Bapt. in v. annos, duraturas,* sans attendre que les parties les requissent, voulant qu'elles fussent contraintes de les accepter : laquelle ordonnance se fit dans le dessein du voyage d'outre-mer, qui ne s'exécuta que trois ans après. En quoi il suivit l'exemple de nos premiers conquérans de la Terre sainte, qui arrêtèrent entre eux, et ensuite de ce qui en avait été ordonné au concile de Clermont, *ut pax (quæ verbo vulgari treuga dicitur) ab omnibus observaretur illibata, ne ire volentibus, et ad neces-*

saria discurrere, ullum ministraretur impedimentum.
Ce sont les termes de l'archevêque de Tyr, au sujet de cette trêve, qui fut appelée la *trêve de Dieu*, comme ceux qui sont versés dans nos histoires savent assez.

L'assurement se demandait au plus prochain du mort au-dessus de quinze ans, s'il y avait meurtre ou assassinat. S'il n'y avait que quelque blessure, ou des coups donnés, il se demandait à celui-là même qui avait été blessé ou frappé. Que s'ils se détournaient ou s'absentaient pour ne pas consentir à la trêve ou à l'assurement, le seigneur les devait faire appeler par quinzaines. Et d'autant qu'il pouvait y avoir du péril dans les délais, il devait envoyer des gardes sur celui de qui on requérait la trêve ou l'assurement; et si, lors les délais expirés, il ne voulait pas comparoir en la cour de son seigneur, il était condamné au bannissement. Et alors on s'adressait au plus prochain du lignage pour demander la trêve ou l'assurement ; ce qui est encore exprimé dans les anciennes coutumes de Tenremonde. Que si enfin celui-ci ne voulait pas les accorder, le seigneur prenait le différend en sa main, et faisait défenses aux uns et aux autres de se méfaire, à peine de confiscation de corps et de biens. Guillaume Guiart, en son *Histoire de France*, a représenté fort naïvement cet usage des assuremens, en la Vie de Philippe-Auguste, en ces vers :

Cils (1) d'Augi, et cils de la Marche,

---

(1) Comte d'Eu.

Que (1) Iouhan orendroit emparche,
Estoient pour s'amour aquerre,
Guerroyer en estrange terre.
Quant ils oient le mauvais fait,
Dont li rois Iouhan si est mesfait,
Qu'il ne doivent jamais amer,
Au roy François s'en vont clamer,
Pour Dieu li prient qu'il les oie.
Philippe au roy Iouhan enuoie,
Et li soupplie doucement,
Qu'aus Comtes face amendement
Du forfait dont se sont clamez,
Si qu'il n'en soit plus diffamez ;
Ou sans soi de droit reüser,
Si viengne en sa cour escuser ;
Et pour auoir pais plus seure,
Veut que les Comtes asseure
En chemin et en destournée.
Gils li met certaine journée
D'estre en sa cour pour deffendre
De ce dont l'en le veut reprendre,
Sans faire l'asseurement,
Come cil qui ne quiert purement
Soit que leur pais soit france et quasse.
Li rois de France fait la muse ;
Iouhan ne vient, nul ne l'escuse, etc.

Et plus bas :

Au rois Iouhan tierce fois mande,
Et par ses lettres li commande,
Sellées de cire à gomme,
Come à celui qui est son homme,

---

(1) Roi d'Angleterre.

> Que vers les Comtes face tant,
> Dont il se va entremettant,
> Que chascun apaié s'en tiengne,
> Ou en sa cour plaidier en viengne;
> Et qu'il veüille asseurer,
> Ou se se non, il peut jurer
> Que li rois, qui en lui se fie,
> De lui et des siens le defie.

Que si ni l'un ni l'autre des deux chefs de guerre ne voulaient pas requérir, ni demander trève ou assurement, le roi saint Louis, par son édit, ordonna que tous ceux qui tenaient leurs terres en baronnie, quand ils auraient avis des défiances, pourraient obliger les parties à donner trève ou assurement, sous les peines énoncées ci-dessus.

L'assurement était réciproque; c'est-à-dire que la sureté et la promesse de ne faire aucun méfait à sa partie, ainsi qu'il est porté en la coutume de Bretagne, soit de la part de celui qui la donnait et à qui on la demandait, soit de la part de celui qui la requérait. Et alors on expédiait des lettres et des actes souscrits des pleiges et des cautions, que les parties gardaient. En voici un tiré du Cartulaire de Champagne, de la bibliothèque de M. de Thou : *Ego Matthæus dux Lothoringiæ et marchio, notum facio, etc. Quòd ego Agnetem de Novocastro et Petrum filium ejus assecuravi, nunquam in personas eorum manus violentas missurus; sed eos eâdem libertate quâ antè fruebantur, gaudere permittam. Super quo obsides dominam meam B. comitissam Tre-*

censem Palat., et D. meum Th. comitem Campaniæ, filium ipsius comitissæ, etc. Act., anno 1221. Il y a au quatrième volume des historiens de France, un autre assurement de Henri II, roi d'Angleterre, où la sureté donnée est réciproque, avec promesse de faire la paix qui serait arrêtée par ceux qui y sont nommés.

L'assurement est une dépendance de la haute justice; en sorte que le bas justicier n'a pas droit de contraindre de donner trêve, ni de faire faire assurement, comme Philippe de Beaumanoir écrit formellement. Ce qui est aussi spécifié dans les coutumes de Troyes, de Bar-le-Duc et de Sens. Je n'approuverais pas toutefois, ajoute-t-il, que ceux qui se seraient accordé la trêve les uns aux autres devant un seigneur bas justicier qui n'aurait pas le pouvoir de la recevoir ou de l'ordonner, se hasardassent de la briser, ou l'assurement; car les trêves et l'assurement se peuvent donner sans l'entremise du seigneur; et celui qui les aurait violés ou brisés ne serait pas moins coupable, ni sujet à de moindres peines, que si les trêves et les assuremens avaient été ordonnés par le roi : *Car triues ou asseuremens se poent faire entre parties par paroles, tout sans justice.*

Comme donc il n'appartenait qu'aux hauts justiciers de donner la trêve ou l'assurement, aussi la connaissance de l'infraction ou du bris qui s'en faisait était pareillement de leur ressort. Les établissemens de saint Louis : « Se ainsinc estoit que vns home « eust guerre à vn autre, et il venist à la justice pour

« lui fere asseurer, puisque il le requiert, il doit fere
« jurer à celui de qui il se plaint, ou fiancer, que il
« ne li fera domage, ne il, ne li sien ; et se il dedans
« ce, li fet domage, et il en puet estre prouvez, il
« en sera pendus ; car ce est appellé triue enfrainte,
« qui est vne des grans trahisons qui soit ; et cette
« justice si est au baron. » Néanmoins, je trouve que
par arrêt du mois de mars 1287, les majeurs et les
échevins d'Amiens furent maintenus en la connaissance du bris des assuremens qui avaient été faits
devant eux, contre le bailli d'Amiens, qui soutenait
que l'assurement était des dépendances du meurtre,
dont la juridiction ne leur appartenait point, mais
au roi.

Or, la trêve ou l'assurement ne se brisaient pas
par un différend survenu de nouveau, et qui n'avait
rien de commun avec le premier sur lequel la trêve
ou l'assurement avaient été donnés; ce qui se doit
entendre entre ceux du lignage des deux parties qui ne
fiancèrent pas la trêve ou l'assurement. Car ceux qui,
directement, et en leurs personnes, avaient donné la
trêve et l'assurement, ne pouvaient entrer en guerre,
sans encourir la peine du bris et de l'infraction de
l'une et de l'autre; mais ils étaient obligés de se pourvoir par les voies de la justice. Les assises de Champagne, en l'an 1297 : *Dicebat quòd postquam à dicto
milite fuerat assecuratus, dictus miles eum cum armis invaserat, et crudeliter vulneraverat, etc. Quare
dictus clericus petebat apponi sibi remedium opportunum, et quædam emenda competens sibi fie-*

ret de excessu memorato, etc. Toute la matière des assuremens est traitée fort au long par Bouteiller, en sa *Somme rurale,* dans quelques Coutumes, et particulièrement dans les Usages MSS. de la cité d'Amiens, dont l'extrait mérite d'être ici inséré : « Se « mellée ou maneches ont esté entre les iurez, li « maires à la requeste de chiaus qui se doutent, ou « sans leur requeste, se li maires doute kil i ait pe-« ril, il fera l'vne partie et l'autre asseurer, et tuit « chil qui on ara fait le lait autresi. Et li vn et li « autre feront asseurement plain d'aus et des leur « à chiaus, et à leur, pourche qui sunt du Con-« tens kief. Mais s'il auenoit que l'vne des parties « desist, ou les deux parties qui ne vausissent as-« seurer de lui, ne des siens, pour le peril d'aucun « de son lignage, qui ne fust mie en le vile, ou qui « fust clercs, ou croisiez qui ne peust mettre en « l'asseurement, il asseuroit tantost plainement, fors « de ses amis forains, et des clercs et des croisiez, et « donroit vn jour suffisant de nommer par nom et « par seurnom les clercs et les croisiez, et les fo-« rains et chiaus qui ne porroit mettre en l'asseu-« rance, et s'en seroit creable par son sairement k'il « en feroit son pooir, sans le sien donner, et achu « pour les converra par nom et par seurnom nom-« mer, et les mettre hors, et en sera hors de l'asseu-« rement et de chu peril; et tous chu lignages ki li « ara mis en l'asseurement, i seront, et ceus k'il ara « mis hors n'en seront mie. Derekief, quiconques « ait asseuré plainement autrui lui et les siens, de lui

« et des siens, sans mettre ne cler, ne croisié hors,
« et aprés en veille mettre les clercs et les croisiez
« hors, il ne porra nul mettre hors. Derekief, aucuns
« estranges ou forains à mellée ne contens à ciax de
« le vile, et il vient, ou soit atains en le vile, li mai-
« res le doit contraindre et retenir tant k'il ait fait
« aseurement enuers celui à qui il a contens, et s'il i
« a eu caup feru, ne menaches, li maires le tenra
« tant k'il ait aseuré plainement de lui et des siens,
« et tant con li païs et le banlieue s'estent; ne ne
« porra les forains mettre hors, fors les clercs et les
« croisiez, et quemandera li maires à son iuré faire
« autre tel aseurement. Derekief, s'aucuns a aseuré,
« et l'autre partie ne soit mie de le vile, et ne veulle
« mie aseurer, la partie qui aseure puet requere au
« maieur k'il soit quite de l'aseurement, puisque cil
« ne veut mie aseurer. Li maires doit l'aseurement
« restraindre et r'apeler dusques à che que l'autre
« partie ait aseuré. Derekief, se li maires quemande
« aucun à tenir païs, ou à aseurer chelui sans plus de
« lui sans plus, nus n'est en peril de l'aseurement,
« se chil, meimes ses cors non, et si ne fourfait pro-
« prement au cors celui; et s'il li mesfaisoit, n'en-
« fraignoit l'aseurement et atains en estoit, on aba-
« troit se maison, ne ne soufferroit on à demourer en
« le vile duc à tant k'il aroit paié 60 liures 30 l. à
« le quemunge, et 30 l. au roi. Derekief, quiconques
« ait aseuré plainement autrui de lui et des siens,
« celui et les siens, et se chil qui a aseuré mesfaisoit
« à nullui de s'en lignage, puis ki les a mis en l'as-

« seurement, on abatroit sa maison, pour l'aseure-
« ment k'il aroit enfraint, et payera d'amende 60 l.
« 30 l. au roi, et 30 l. à le quemugne. Et puis k'il
« ara fait gré à le vile et au roi, il ara sa teneure; et
« s'il auenoit k'il ne fust mie tenus, il sera banis de
« le vile et de la banlieue de la chité d'Amiens, dus-
« ques à che k'il ara payé che ki deuera, et fait gré,
« et puis r'ara sa teneur. Derekief, se li homes et le
« feme tant come il sunt ensamble, et leur biens de
« Kémun, li uns ne puet ne ne doit estre asseurez de
« l'autre. Derekief, s'aucuns a fait à feme aucun four-
« fait dont il se doute à lui et as siens, s'ele s'en
« veut clamer à le justiche, si en ara plain droit. Et
« feme ne puet aseurer de lui, ne des siens, sans son
« baron present. Derekief quiconques ait aseuré de
« lui plainement de lui et des siens, se feme est en
« l'aseurement aveuc lui, car li hom est chiez de se
« feme, et quiconques soit aseurez plainement il et li
« sien, se feme est aussi en l'aseurement, et est aussi
« aseurée en l'esgart de l'aseurement. Derekief, aseu-
« rémens n'et en frais, se par ire faite, n'i a eu caus
« ferus, ou jetez, ou atains, ou mis mains l'vn à l'au-
« tre. Derekief, puisque chil qui est aseurez fait pais
« à chelui qui l'a aseuré, li aseuremens est cheus plai-
« nement. Derekief, puisque chil qui a aseuré, man-
« gue et boit aveuc celui k'il a aseuré, li aseure-
« mens est plainement cheus, et jus mis. »

La troisième manière de finir la guerre, au rapport de Beaumanoir, était quand les parties plai-
daient encore, par gage de bataille, d'un fait pour

lequel ils pouvaient être en guerre, c'est-à-dire lorsqu'elles s'étaient pourvues devant la justice du seigneur, et que le juge avait ordonné que l'affaire se déciderait par le duel. Car on ne pouvait pas légitimement tirer la vengeance de l'outrage que l'on avait reçu de son ennemi par la voie de la guerre, et par *droit de court*, c'est-à-dire par la voie de la justice. Quand donc la plainte de la querelle avait été portée devant la justice du seigneur, le seigneur devait prendre la guerre en sa main, et défendre aux parties de se méfaire les unes aux autres, et puis leur faire droit, et leur rendre justice.

La quatrième et dernière manière de finir la guerre, était lorsque la vengeance avait été prise du crime ou du méfait, par la justice, pour laquelle la guerre avait été entreprise. Par exemple, si celui qui avait tué un autre était appréhendé par la justice, et avait été condamné à mort par les formes ordinaires, en ce cas les parens et les amis du mort ne pouvaient pas tenir en guerre les parens de celui qui avait commis l'outrage ou le crime.

L'on voit assez, par ce que je viens de remarquer, que l'usage de la guerre par coutume avait été non seulement en pratique sous nos premiers Gaulois, mais encore avait été retenu par les Français qui leur succédèrent, et généralement par tous les peuples septentrionaux, qui, avec le temps, s'établirent si puissamment dans les provinces et les terres qu'ils conquirent dans l'empire d'Occident, qu'on a eu bien de la peine à y donner atteinte, et à l'abolir entièrement. Cependant, cette faculté de se faire ainsi la guerre est contraire au droit des gens, qui ne souffre pas qu'aucun autre ait le pouvoir de déclarer et de faire la guerre, que les princes et les souverains, qui ne reconnaissent personne au-dessus d'eux. Elle est même entièrement opposée aux maximes chrétiennes, qui veulent qu'on laisse la vengeance des injures à Dieu seul, ou aux juges qui sont établis pour les punir : *Quid enim magis christianæ legi videtur esse contrarium, quàm redhibitio læsionum ?* On n'a pu toutefois y donner atteinte qu'avec beaucoup de peine, et dans la suite du temps, parce qu'elle semblait être établie sur des priviléges qui avaient été accordés aux nobles, en considération des services qu'ils avaient rendus à la conquête des terres étrangères, comme s'ils avaient dû entrer en partage des droits de la souveraineté avec les princes, sous les enseignes desquels ils avaient remporté conjointement tant de victoires. Néanmoins, nous lisons que nos rois ont souvent fait leurs efforts pour en abolir la pratique, soit que ces guerres particulières fissent brèche à leur autorité, ou parce qu'elles causaient trop de divisions dans les peuples, chacun se donnant la liberté de tirer la vengeance des outrages qui avaient été faits en leurs personnes et celles de leurs parens, sans y apporter la modération qui était requise en telles occasions. Charlemagne, qui travailla puissamment à les éteindre, se plaint de ces désordres, qui s'étaient introduits dans ses Etats, en ces termes : *Nescimus quâ pernoxiâ inventione à nonnullis usurpatum est, ut hi qui nullo ministerio publico fulciuntur, propter sua odia, et diversissimas voluntates pessimas, indebitum sibi usurpant in vindicandis proximis, et interficiendis hominibus vindictæ ministerium : et quod rex saltem in uno exercere debuerat propter terrorem multorum, ipsi impudenter in multis perpetrare non metuunt propter privatum odium; et putant sibi licere ob inimicitiarum vindictas, quod nolunt ut rex faciat propter Dei vindictam.*

Ce fut donc cet empereur qui, le premier, tâcha d'arrêter ces désordres par ses constitutions, qui se lisent dans les capitulaires et dans les lois des Lombards, par lesquelles il ordonna que les comtes et les juges seraient tenus de pacifier les différends qui survenaient dans leurs comtés, et d'ôter les occasions de division et de guerre entre ses sujets; obligeant les criminels de payer les intérêts civils aux parties maltraitées, et de leur imposer la paix, et de leur faire faire serment de la garder; enjoignant aux mêmes juges de condamner au bannissement ceux qui ne voudraient pas déférer à leurs ordres. Charles-le-Chauve fit de semblables édits, à l'exemple de son aïeul; et Edmond, roi d'Angleterre, estimant qu'il était de la prudence des rois d'éteindre ces inimitiés capitales entre les familles, *prudentium esse faidas compescere,* voulut qu'avant qu'elles entrassent en guerre, celui qui avait commis l'attentat et le méfait offrît d'abord aux offensés ou à leurs parens, de réparer l'injure et de payer les intérêts civils, afin de couper par ce moyen le mal à la racine. A l'imitation de ces princes, Frédéric Ier, empereur, voulut que tous ses vassaux, de quelque condition qu'ils fussent, observassent la paix entre eux, et que, s'il leur survenait quelque différend, il fût terminé par les voies de la justice ; ce qu'il ordonna sous de grandes amendes. Frédéric II fit de semblables prohibitions, qui se lisent dans les constitutions de la Sicile ; défendant à tous ses sujets de se venger, de leur propre autorité, des injures et des excès qui auraient été commis en leurs personnes, soit par les voies de présailles ou de représailles, soit par les voies de fait et par la guerre ; les obligeant d'en rechercher la réparation dans l'ordre de la justice ; ce qu'il enjoignit aux comtes, aux barons et aux chevaliers d'observer, sous peine de la vie.

Ces rigueurs et ces menaces des souverains ne purent pas toutefois arrêter le cours d'un mal si invétéré ; et d'autant plus, comme j'ai remarqué, que les gentilshommes étaient si jaloux de ce droit, comme d'une marque ou plutôt d'une participation à l'autorité souveraine, qu'ils n'ont jamais pu consentir à son anéantissement ; au contraire, ils se sont fortement opposés, lorsque les rois y ont voulu donner quelque atteinte, et même se sont soulevés. C'est pour cela qu'en l'an 1194, le traité de la trêve qui avait été arrêté entre le roi Philippe-Auguste et Richard, roi d'Angleterre, fut rompu, parce que le roi de France voulait que tous ceux qui avaient pris le parti de l'un ou de l'autre y fussent compris, sans qu'il leur fût loisible de se méfaire les uns les autres, ni de se faire la guerre en leur particulier, ce que Richard ne voulut pas accepter : *Quia videlicet violare nolebat consuetudines et leges Pictaviæ, vel aliarum terrarum suarum, in quibus consuetum erat ab antiquo ut magnates causas proprias invicem allegarent.* Ce qui fait voir que Richard ne voulait pas s'attirer la noblesse, en faisant brèche à ses priviléges.

Comme donc il n'était pas entièrement au pouvoir des rois et des souverains d'ôter ces abus, à cause des intérêts des barons et des gentilshommes, qui composaient la force et la plus illustre partie de leurs Etats, on se contenta d'abord de réprimer les désordres et les inconvéniens de ces guerres particulières, dont les principaux étaient les meurtres, les vols, les pillages et les incendies qui se commettaient sous ce prétexte. C'est la plainte que Guibert, abbé de Nogent, fait au sujet de ces désordres, qui étaient de son temps, et avant que nos François entreprissent les voyages de la Terre sainte : *Erat eo tempore antequam gentium fieret tanta profectio : maximis ad invicem hostilitatibus toties Francorum regni facta perturbatio : crebra ubique latrocinia, viarum obsessio passim audiebantur : imò fiebant incendia infinita; nullis præter solá et indomitá cupiditate existentibus causis extruebantur prælia; et ut brevi totum claudam, quidquid obtutibus cupidorum subjacebat nusquam attendendo cujus esset, prædæ patebat.*

Il était donc important d'en arrêter le cours : c'est ce qui fut premièrement ordonné au concile de Clermont, en l'an 1095, puis en celui tenu à Troyes en Champagne par le pape Paschal, l'an 1107 : *In quo decrevit, ut per nullam guerram incendia domorum fierent, nec oves aut agni raperentur,* ainsi que nous apprenons des chroniques de Maillezais et de Saint-Aubin d'Angers. Ce qui fut encore réitéré au concile tenu à Rome l'an 1139, et en celui qui fut tenu à Reims l'an 1148; d'où je me persuade que ce fut en conséquence de ces décrets, que les comtes de Flandre firent des défenses très-étroites dans l'étendue de leurs terres, de faire aucun vol ni de semblables attentats, durant les guerres particulières. Gautier, chanoine de Terouanne, en fait la remarque en ces termes : *Ab antiquo enim à comitibus terræ nostræ statutum, et hactenus quasi pro lege est observatum, ut quantacumque inter quoslibet homines guerra emergeret, nemo in Flandriâ quidquam prædari, vel aliquem capere aut exspoliare præsumeret.*

Il était néanmoins permis d'attaquer, de renverser, et même de brûler les forteresses des ennemis, ces défenses ne regardant que les maisons particulières. Ce qui est assez expliqué dans la Constitution de l'empereur Frédéric Ier, de l'an 1187, qui se lit dans Conrad, abbé d'Usperge : *Si liber homo ingenuus, ministerialis, vel cujuscumque conditionis fuerit, incendium commiserit pro guerrâ propriâ, pro amico, pro parente, vel causæ cujuspiam alterius occasione, de sententiâ et judicio proscriptioni statim subjectus habeatur. Hîc excipiuntur si qui fortè manifestâ guerrâ castra manifestè capiunt, et si qua ibi suburbia aut stabula, aliave tuguria præjacent, igne succendunt.* Je crois qu'il faut rapporter à ce sujet l'ordonnance de Guy, comte de Nevers et de Forest, et de la comtesse Mahaut, sa femme, de l'an 1240, que j'ai lue dans les Mémoires de M. de Peiresc, par laquelle ils font défense à leurs sujets : *Ne quis aliquâ occasione, vel malignitate, in Nivernensi, Autisiodorensi, et Tornodorensi comitatibus, nec infra terminos dictorum comitatum audeat, vel præsumat de cætero domum diruere, vel incendium perpetrare,* sous la peine de bannissement. Il excepte toutefois toutes les forteresses : *Forteritiæ ab hac institutione excipiuntur.* Ce qui fait voir que cette ordonnance fut faite à l'occasion des guerres particulières : car comme il était permis d'assiéger et de prendre les forteresses des ennemis, il était aussi loisible de les brûler; autrement s'il y eût eu liberté d'abattre et de brûler indifféremment toutes les maisons de ceux qui étaient en la guerre des deux partis, la campagne eût été bientôt désertée.

Saint Louis, le plus pieux et le plus saint de nos rois, fut celui qui travailla le plus sérieusement à abolir absolument l'usage de ces guerres par coutume, qui étaient si funestes au royaume, que la liberté du commerce, du labourage et des chemins était pour le plus souvent ôtée : car non seulement il fit cette belle ordonnance touchant la quarantaine, dont j'ai parlé ci-devant, mais encore il en fit une autre, par laquelle il interdit entièrement cette espèce de guerre dans l'étendue de ses Etats. Voici comme il en parle en l'acte suivant, qui est tiré des registres du parlement : *Ludovicus, etc. Universis regni fidelibus in Aniciensi diœcesi et feodis Aniciensis Ecclesiæ constitutis, Sal. Noveritis nos, deliberato consilio, guerras omnes inhibuisse in regno, et incendia, et carrucarum perturbationem. Unde vobis districtè præcipiendo mandamus, ne contra dictam inhibitionem nostram guerras aliquas, vel incendia faciatis, vel agricolas qui serviunt carrucis, seu aratris, disturbetis : quod si secùs facere præsumpseritis, damus Senescallo nostro in mandatis, ut fidelem et dilectum nostrum G. Aniciensem electum juvet fideliter et attentè, ad pacem in terrá suá tenendam, et fractores pacis, prout culpa cujuscumque exigit, puniendos. Actum apud S. Germanum in Layâ, A. D.* 1257, *mense januar.* Ce fut probablement en conséquence de cette ordonnance, et d'autres semblables des rois successeurs de ce prince, que les gens du roi poursuivirent Odoard, seigneur de Montagu, et Erard de Saint-Verain, gentilshommes de Nivernois, par emprisonnement de leurs personnes, pour avoir assigné et exécuté une bataille le jour de saint Denis, l'an 1308, en laquelle se trouvèrent Dreux de Mello, Miles de Noyers, et le dauphin d'Auvergne.

Mais comme ces défenses ne firent qu'irriter la noblesse, toujours jalouse de ses priviléges, le roi Philippe-le-Bel se trouva obligé de les renouveler plus d'une fois, nonobstant la résistance des barons, et particulièrement en l'an 1311 ; et parce que cette ordonnance est singulière, et qu'elle n'a pas encore été publiée, j'estime qu'il est à propos de l'insérer en cet endroit : *Philippus D. G. Francorum rex, Veromand. Ambian. et Silvanect. Baillivis et justitiariis nostris, Sal. Cùm in aliquibus partibus regni nostri, subditi nostri sibi dicant licere guerras facere, ex consuetudine, quam allegant, quæ dicenda est potiùs corruptela, ne temporibus istis pax et quies publica nostri regni eo prœtextu turbetur; cùm multa damna inde pervenerint et in periculum reipublicæ pejora sperentur, nisi provideretur de remedio opportuno, omnes guerras hujusmodi tam ex casibus præteritis quàm pendentibus et futuris, omnibus et singulis subditis nostris prohibemus, sub pœnâ corporis et bonorum, quam ipso facto volumus incurrere, si contrà faciant, cujuscumque status aut conditionis existant; quam prohibitionem facimus, quousque super his fuerit ordinatum. Prohibemus insuper in partibus et patriis supradictis, sicut in aliis in quibus consuetudo, seu corruptela non fuit, omnes portationes armorum, et convocationes hominum armorum, sub pœnâ contentâ in aliâ constitutione nuper per nos editâ super istis; quam constitutionem in præsenti prohibitione per vos senescallos et baillivos omnibus baronibus, nobilibus, et aliis subditis nostris senescalliarum et bailliviarum ipsarum, vel earum ressorti publicari præcipimus, ne possint ignorantiam allegare. Dat. Pissiaci penult. die decemb. An. D.* 1311. Trois ans après, le même roi réitera ces défenses sous prétexte des guerres qu'il

avait contre les Flamands, parce que ses vassaux étant occupés à se faire la guerre les uns aux autres, n'auraient pu se trouver en ses armées. Cette seconde ordonnance se voit au premier registre des mémoriaux de la chambre des comptes de Paris, qui m'a été communiqué par M. d'Herouval : « Philippes, par
« la grace de Dieu, roys de France, à tous les justi-
« ciers du royaume ausquiex ces presentes lettres ver-
« ront, salut. Comme nous ou temps de nos guerres
« de Gascongne et de Flandres toutes manieres de
« guerres, entre toutes manieres de gens quelque
« estat et condition que ils soient, eussions deffendu
« et fait deffendre par cry solemnel, et tous gages de
« bataille auec ce, et aprés que nosdites guerres fu-
« rent finées, plusieurs personnes se soient auanciées
« de guerre faire entre eus, si comme nous entendons,
« et maintenant li cuens et li gens de Flandres en
« venant contre la paix derraine faite entre nous et
« eus, nous facent guerre ouverte : Nous pour ladite
« guerre, et pour autres justes causes, defendons sus
« peines de cors et d'avoir, que durant nostredite
« guerre, nul ne face guerre, ne portement d'armes
« l'vn contre l'autre en nostre royaume, et com-
« mandons que tuit gages de bataille soient tenus en
« souspens, tant comme il nous plaira. Si vous man-
« dons, etc. Donné à Paris, le lundy aprés la Magde-
« laine, l'an 1314. »

La restriction que Philippe-le-Bel apporte en la première de ces deux ordonnances, *quam prohibitionem facimus, quousque super his pleniùs fuerit ordinatum*, montre qu'il ne voulait pas ôter entièrement ce droit aux gentilshommes, et sans espérance de le leur remettre en un temps plus commode et plus calme. Mais la noblesse française s'étant soulevée vers ce temps-là, sous prétexte des entreprises des officiers du roi sur leurs franchises et leurs priviléges, elle présenta ses articles contenant ses plaintes sur ce sujet, qui furent répondus et apostillés par le roi, au mois d'avril l'an 1315. Entre les articles des plaintes des nobles du duché de Bourgogne, des diocèses de Langres et d'Autun, et du comté de Forets, le sixième est conçu en ces termes : « Li « dit noble puissent et doient user des armes quant « lour plaira, et que il puissent guerroier et contre-« gager. » Sur lequel le roi leur accorde les armes et la guerre en la manière qu'ils en ont usé, et promet de faire faire enquête aux pays, comme ils ont accoutumé d'en user anciennement. Puis il ajoute : « Et « se de guerre ouverte li vns avoit pris sur l'autre, il « ne seroient tenu de rendre, ne de recroire, se puis « la deffense que nous sur ce leur auriains fete, ne « l'avoient prins. » Guy Coquille a parlé de cette plainte en l'*Histoire de Nivernois*. Quand le roi se sert de ces termes, *ainsi qu'ils ont accoutumé d'en user*, il semble indiquer que les usages de cette espèce de guerre étaient différens. En effet, je remarque que Henri, roi d'Angleterre, par ses lettres données à Londres le 21e jour d'avril l'an 1263, reconnaît que Raimond, vicomte de Turenne, avait droit de faire la guerre, mais à ceux seulement qui ne relevaient point de sa couronne, cette restriction étant particulière : *Et similiter quòd si aliquis extra nostram potestatem existens cum armis eum impetierit, cum armis se et terram suam defendere possit, et si necesse fuerit, impetere.* A quoi l'on peut rapporter ce qu'Eudes, abbé de Cluny, raconte, que Geoffroy, vicomte de Turenne, attaqua en guerre Gérard, comte d'Aurillac, qui ne relevait point du même seigneur que lui.

Mais il est probable que ces promesses de nos rois ne se faisaient que pour ne point effaroucher la noblesse, et qu'ils avaient résolu de tenir rigueur à l'observation de ces défenses, qui étaient utiles et profitables à ceux mêmes qui les voulaient faire lever, et apportaient un singulier soulagement et un grand repos aux peuples. Ils prenaient néanmoins toujours le prétexte de leur guerre, pour interdire à leurs sujets celles qu'ils prétendaient avoir droit de faire pour la vengeance des outrages faits en leurs personnes, ou de leurs parens. Car il n'était pas juste que les vassaux du roi s'excusassent sur leurs intérêts particuliers pour ne pas se trouver dans ses armées, comme ils y étaient obligés à raison de leurs fiefs; et d'ailleurs, il n'était pas raisonnable que tandis qu'ils servaient leur prince dans ses troupes, ils fussent attaqués, par les voies de fait, dans leurs biens et dans les personnes de leurs parens et de leurs amis. Le roi Jean, par ses lettres données à Paris au mois d'avril l'an 1353, sur la plainte qui lui fut faite que les habitans d'Amiens n'observaient pas l'ordonnance de saint Louis pour la quarantaine, et que, sans y avoir égard, ils entraient d'abord dans la guerre, ou plutôt dans la vengeance des injures, et commettaient plusieurs excès, ordonna qu'ils seraient tenus de l'observer, sous de grièves peines; puis il ajoute : *Intentionis tamen nostræ non extitit per prædicta guerras aut diffidationes quascumque inter quoscumque subditorum nostrorum nobilium aut ignobilium cujuscumque statûs aut conditionis existant, nostris durantibus guerris, laudare quomodolibet, vel etiam approbare; sed prohibitiones et defensiones nostras super his, aliàs tam in nostri præsentiâ, quàm undique per universas regni nostri partes per nostras litteras super his factas solenniter publicatas, maximè dictis guerris nostris durantibus, teneri, et de puncto in punctum firmiter observari per præsentes volumus et jubemus.* Mais depuis ce temps-là, comme l'autorité royale prenait, de jour en jour, de nouveaux accroissemens, le même roi fit d'autres défenses bien plus rigoureuses sur ce sujet; car j'ai lu, dans les registres du parlement, une autre ordonnance du cinquième jour du mois d'octobre l'an 1361, par laquelle il défend *les deffiemens et les coutumes de guerroier*, tant entre les nobles que les roturiers, durant la paix comme durant la guerre. Et par une autre, du 17ᵉ de septembre 1367, le roi Charles V défend les guerres entre ses sujets, nonobstant toutes coutumes et priviléges, et enjoint au prévôt de Paris de punir rigoureusement les infracteurs. Mais ce qui justifie particulièrement la vigueur et la rigueur que nos rois ont apportées de temps en temps pour abolir et anéantir entièrement ces funestes guerres de coutume, est la pièce qui suit, que j'ai copiée sur l'original qui est en la chambre des comptes de Paris :

« Avdoin Chavveron, docteur ès loix, bailly d'A-
« miens, a notre amé Pierre le Sene, receueur de la-
« dite baillie, salut. Nous auons receu les lettres du
« roy nostre sire, desquelles la teneur ensuit. Charles
« par la grâce de Dieu roy de France, aux baillis de
« Vermandois et d'Amiens, et à tous nos autres ius-
« ticiers, ou à leurs lieutenans, salut. Comme par nos
« ordonnances royaux toutes guerres et voyes de faict
« soient deffenduës entre nos sujets et en nostre
« royaume, pour ce que aucuns puissent, ne doiuent
« faire guerre durans nos guerres, et nous ayons en-
« tendu que Charles de Longveval, escuier sire de
« Maigremont, de sa volonté a deffié et fait deffier
« nostre amé et feal cheualier Gvillavme Chastellain
« de Beavvais et grant queu de France, et s'efforce
« ou veut efforcier par lui, et ses adherans, de faire,
« ou vouloir faire grieue audit Chastellain, et à ses
« amis, contre nos ordonnances, et attemptant contre
« icelles, et pour occasion de ce ledit Chastellain
« voulant resister contre ledit Charles s'efforce de
« faire armées et assemblées de ses amis ; et par ce
« lesdites parties delessent à nous seruir en nos guer-
« res, dont il nous déplaist, s'il est ainsi. Pourquoy
« nous voulans pouruoir à ces choses, et pour obuier
« aux périls et inconueniens qui pouraient enssuivre,

« vous mandons et enjoignons étroitement, et à chas-
« cun de vous, si comme il appartiendra, en com-
« mettant se mestier est, que ausdites parties, et à
« chascune d'icelles, se trouuées peuuent estre, à
« leurs personnes, vous deffendez, et faites faire in-
« hibition et deffense de par nous, sur canques ils se
« peuuent mesfaire enuers nous, que ils ne procedent
« en voye de guerre, ne de faict les vns contre les
« autres, mais s'en cessent et desistent du tout, en
« les contraignant à ce par prinse de corps et de
« biens, et autrement, si comme il appartiendra. Et
« ou cas que eux ou l'vn d'eux ne pourroient estre
« trouuez, faites ladite deffense semblablement à leur
« amis, adherens, aliez et complices, et à ce con-
« traignez, et faites contraindre riguereusement, et
« sans deport, les rebelles et autres qui feroient ou
« perseuereraient au contraire par prinse et detention
« de corps et de biens, en mettant et multipliant et
« faisant mettre et multiplier *mangevrs* et degasteurs
« en leurs hosteux et sur leurs biens, et en faisant
« descouurir leurs maisons, se mestier est, par toutes
« autres voyes et remedes que faire se pourra et deura
« par raison, jusques à ce qu'il aient cessé ou fait ces-
« ser ladite guerre, ou qu'il aient donné ou fait don-
« ner bon et seur estat : ensemble et en ces choses
« procedez, et faites proceder par main armée se
« mestier est; car ainsi le voulons nous estre fait,
« nonobstant mandemens et impetrations sur ce faites
« subrepticement au contraire. Donné à Paris le 18.
« jour de may, l'an de grace mil trois cens quatre-

« vingts, et de nostre regne le dix-septiéme : ainsi
« signé par le roy, à la relation du conseil....... Et
« comme nous eussions esté mainte voye par ledit
« mandement de contraindre Charles de Longueual,
« escuier seigneur de Maigremont, et aussi messire
« Guillaume Chastellain de Beauuais, grand queu de
« France, et leurs amis et complices, pour oster la
« guerre et voye de faict qui entre icelles parties
« estoit mené, comme et par le maniere que ou dit
« mandement est contenu, pour l'enterinement du-
« quel mandement, et pour lesdites parties contraindre
« par le maniere dite, pour ce que de fait ils faisoient
« l'vn contre l'autre grans assemblées et cheuau-
« chées, nous ennoyasmes plusieurs sergeans du roy
« nostre sire atout ledit mandement, par deuers les-
« dites parties, pour à iceux exposer le contenu d'i-
« cely, et les contraindre par toutes voyes raisonna-
« bles ; lesquelles lettres furent monstrées à noble
« homme le seigneur de Longueual, et à plusieurs
« autres du costé dudit Charles, et ledit Charles n'a
« ouases prés, et à iceux fait les commandemens et
« defenses, selonc la teneur dudit mandement, aus-
« quels commandemens ils ne vaulient aucunement
« obeïr ; mais toudis en perseuerant s'efforçoient et
« s'efforceirent de maintenir ladite guerre, et de faire
« plusieurs grans cheuauchées tant l'vne partie comme
« l'autre. Et pour ce que par ledit mandement nous
« estoit mandé seur ce estre pourueu, tant par main
« armée comme autrement, et que icelles parties
« perseueraient en guerre de mal en pis, comme dit

« est, nous et vingt-quatre hommes d'armes en nostre
« compaignie la ù estoient le preuost de Vimeu, le
« prevost de Fouilloy, et autres, le 24. jour de may
« dernier passé, nous transportasmes en plusieurs
« des chasteaux et forteresses appartenans, tant audit
« seigneur de Longueual, comme au seigneur de Be-
« tisy, et à plusieurs autres hors des metes dudit bail-
« liage, et ou bailliage de Vermandois, la ù estoient
« lesdis cheualiers ; et pour iceux contraindre, les
« fismes prisonniers du roy nostre sire, aueuc Mess.
« Seigremor de Longueual, Mons Danel, le seigneur
« de Naues, Mess. Brouët de Candoure, Mess. Flo-
« ridas de Basicourt, le Seig. d'Auuiller, Mess. Hue
« de Sapegnies, le Seig. de Riury, le Seig. de Bou-
« sincourt; le Seig. de Glisy, Mess. Fremin de Mau-
« creux, dit Florimont, cheualiers, Iean Buridan,
« Terefu Maquerel, Aubert d'Aueluis, Lionnel de
« Bouzincourt, Iean Seig. de Puceuiller, Robert de
« Beaumont; le Bastart de Betisy, et Simon de Mau-
« creux, escuiers, cousins et amis dudit Charles, en
« prenant et mettant en la main du roi nostre sire
« tous leursdis chasteaux et possessions, jusques au
« second jour de iuillet, que les dessusdis se rendront
« prisonniers du roi nostre sire, ains et que ladite
« guerre ils aroient mis au nient, et fait amende
« pour les pors d'armes par aus fait. Et ce fait nous
« transportames à Mourcourt ou chastel dudit lieu,
« pour trouver ledit Chastellain de Beauuais, lequel
« s'estoit absenté ou au mains ne le peusmes trouuer :
« et pour ce en la presence de madame sa femme, et de

« plusieurs autres des gens dudit Chastellain, fismes les
« commandemens et deffenses par le maniere que oudit
« mandement est contenu; et pour plus icelly Chastel-
« lain venir à obeïssance, nous fismes prendre en le
« main du roy nostre sire ledit chastel de Mourcourt, et
« icely fismes garder par les gens du roy nostre sire,
« aueuc toutes les autres possessions à icely apparte-
« nans; et si demeurent, et encore seront tous les
« dessus nommez en procez contre le procureur du
« roy, adfin qu'ils feissent et deussent faire amende
« au roy nostre sire pour les causes dites. En lequelle
« exécution, nous et lesdits vingt-quatre hommes
« d'armes aueuc nous, entendismes et besognasmes,
« tant en allant que en venant, comme en besongnes,
« quatre jours. Si vous mandons que des deniers de
« vôtre recepte vous nous bailliez et deliuriez pour
« chascun jour, huit sols à chascun pour ses despens,
« qui vallent dix liures pour jour, pour payer et def-
« fraier lesdites gens d'armes, qui comme dit est ont
« esté en ladite besongne en nostre compagnie; et
« icelle somme, qui monte pour les quatre jours à
« quarante liures parisis, nous vous ferons deduire et
« aloüer en vos comptes par cely ou ceulx à qui il
« appartiendra. Donné à Amiens sous le seel de la-
« dite baillie, le 28. jour de mai l'an 1380. »

Enfin, pour achever cette Dissertation et les remarques sur une matière assez importante pour l'intelligence de nos Histoires, Jean le Cocq rapporte
deux arrêts du parlement de Paris, l'un de l'an 1386,
par lequel la guerre fut défendue entre les sujets du

roi, non seulement durant la guerre, mais même durant les trèves; l'autre, de l'an 1395, par lequel défenses furent faites au comte de Perdiac et au vicomte de Carmain d'une part, et au seigneur de Barbazan en Gascogne d'autre, de se faire la guerre et de mettre en avant: *Quòd licitum esset eis, vel aliis de regno Franciæ, guerram facere regiis guerris durantibus;* ce qui fait voir que l'on a eu bien de la peine à abroger cette espèce de guerre, puisque, pour ne pas choquer absolument la noblesse, on a apporté de temps en temps ce tempérament, qu'ils ne pourraient pas en user durant la guerre du prince. Enfin Louis XI, qu'on dit avoir mis les rois hors de page, n'étant encore que dauphin de Viennois, par ses lettres du dixième de décembre 1451, vérifiées en la chambre des comptes de Grenoble, abrogea cet article, qui est le quatorzième des libertés de ceux de Dauphiné: *Quo cavetur effectualiter, quòd nobiles hujus patriæ, vnus contra alium, possunt impunè sibi guerram induere, et facere propriá auctoritate, donec eisdem ex parte justitiæ fuerit inhibitum.* Mais quoique cette espèce de guerre se soit abolie insensiblement dans la plupart des royaumes, elle subsiste encore à présent dans l'Allemagne, où les empereurs n'ont pu être si absolus qu'ils aient pu empêcher que les princes de l'empire ne se soient conservés dans cette prérogative, et d'autant plus qu'elle se trouve avoir été concédée spécifiquement à quelques-uns d'eux.

DE L'ESCARCELLE
ET DU BOURDON

DES PÉLERINS DE LA TERRE SAINTE.

PAR DU CANGE.

Cassian, traitant des habits et des vêtemens des anciens moines d'Egypte, dit qu'ils se revêtaient d'un habit fait de peaux de chèvre, que l'on appelait *melotes*, et qu'ils portaient ordinairement l'escarcelle et le bâton. Les termes de cet auteur ne sont pas toutefois bien clairs en cet endroit-là : *Ultimus est habitus eorum pellis caprina, quæ melotes, vel pera appellatur, et baculus.* Car il n'est pas probable que cet habit de peaux de chèvre ait été appelé *pera*; ce qui a donné sujet à quelques commentateurs de restituer *penula*. Néanmoins, Isidore et Papias, comme aussi Ælfric, dans son Glossaire saxon, ont écrit, après Cassian, que *melotis* était la même chose que *pera*. Quant à moi, j'estime que Cassian a entendu dire que ces moines, outre ce vêtement fait de peaux, avaient encore coutume de porter un petit sachet et un bâton, dont ils se servaient durant leurs pélerinages : ce qui se peut aisément concilier, en restituant le mot *appellatur*, ou le sous-entendant après *me-*

lotes. Tant y a que Cassian parle du bâton des moines au chapitre suivant; et dans l'une de ses collations, il fait assez voir que lorsqu'ils entreprenaient quelque voyage, ils prenaient l'un et l'autre : *cùm accepissemus peram et baculum, ut ibi moris est monachis universis iter agentibus.* Le moine d'Angoulême écrit que le corps de Charlemagne, après sa mort, fut inhumé avec tous ses habits impériaux, et que pardessus on y posa l'escarcelle d'or, dont les pélerins se servent ordinairement, et qu'il avait coutume de porter lorsqu'il allait à Rome : *et super vestimentis imperialibus pera peregrinalis aurea posita est, quam Romam portare solitus erat.* D'où il résulte que le bâton et l'escarcelle ont toujours été la marque particulière des pélerins; ou, comme parle Guillaume de Malmesbury, *solatia et indicia itineris.*

Les pélerins de la Terre sainte, avant que d'entreprendre leurs pélerinages, allaient recevoir l'escarcelle et le bourdon des mains des prêtres, dans l'église. Un titre de Sebrand Chabot, qui vivait en l'an 1135, au cartulaire d'Absie en Gastine : *Siebrandus Chabot volens ire Hierusalem, coram Deo et reliquiis ss. accepto baculo et perâ in ecclesiâ B. Nicolai, reconcessit Raynerio abbati et monachis Absiæ terragia;* la chronique de Bèze : *Hugo miles — in die quâ peram assumpsit ad Hierosolymitanum iter faciendum;* et celle de Vezelay : *assumpto baculo et perâ, quasi B. Dionysii petiturus oracula.* Et cela s'est pratiqué même par nos rois, lorsqu'ils ont voulu entreprendre ces longs et fâcheux voyages d'outre-mer. Car, après avoir chargé leurs épaules de la figure de la croix, ils avaient coutume de venir en l'abbaye de Saint-Denis; et là, après la célébration de la messe, ils recevaient des mains de quelque prélat le bâton de pélerin et l'escarcelle, et même l'oriflamme; ensuite de quoi ils prenaient congé de saint Denis, patron du royaume. C'est ainsi que l'on parlait alors. L'auteur de la *Vie de Louis-le-Jeune,* écrivant au sujet de ce roi, lorsqu'il se croisa pour le voyage de Jérusalem : *Venit rex, ut moris est, ad ecclesiam B. Dionysii à martyribus licentiam accepturus; et ibi, post celebrationem missarum, baculum peregrinationis, et vexillum sancti Dionysii, quod* oriflambe *gallicè dicitur, valdè reverenter accepit.* Eudes de Dieuil, parlant du roi Louis VII : *Dum igitur à B. Dionysio vexillum et abeundi licentiam petiit, qui mos semper victoriosis regibus fuit,* etc. Et plus bas : *Deinde sumpto vexillo desuper altari, et perâ, et benedictione à summo pontifice, in dormitorium monachorum multitudini se subducit.* Philippe-Auguste en usa de la même manière lorsqu'il eut le dessein de passer en la Terre sainte; car il vint en la même abbaye, *causâ licentiam accipiendi,* pour prendre congé des martyrs; puis : *Ab oratione surgens, sportam et baculum peregrinationis, de manu Guillelmi remensis archiepiscopi, avunculi sui, Apostolicæ Sedis legati, devotissimè ibidem accepit.* Richard, roi d'Angleterre, qui partit au même temps que Philippe-

Auguste pour le même voyage, vint à Tours, *et ibi recepit peram et baculum peregrinationis suæ de manibus Willelmi Turonensis*, ainsi que Roger de Howeden écrit. Brompton dit que ce fut à Vezelay, et Mathieu Paris semble insinuer que ce fut en l'église de Saint-Denis. Mais je crois qu'il y a erreur, et qu'on y a tronqué quelques termes qui se trouvent dans Brompton, qui éclaircissent ce point.

La Chronique de Saint-Denis nous apprend que saint Louis, à son premier voyage de la Terre sainte, reçut pareillement l'escarcelle et le bourdon dans l'église de Saint-Denis, des mains du légat. *Hoc anno* (1248), *feriâ* VI *pentecostes, Ludovicus rex accepit vexillum, et peram, et baculum, in ecclesiâ B. Dionysii, et fratres ejus ab Odone cardinale; et post accepit licentiam in capitulo nostro, etc.* Il fit le même à son second voyage, au récit de Guillaume de Nangis, qui écrit qu'il reçut en l'église de Saint-Denis, l'Oriflamme, *cum perâ et baculo peregrinationis*. Ce qui est aussi remarqué dans le petit cartulaire de l'évêché de Paris, de la bibliothèque de M. du Puy, en ces termes : *Anno* 1269, *mense martio, pridiè idus, die veneris, dominicâ quâ cantatur reminiscere, Ludovicus, rex Franciæ, arripuit iter ad partes transmarinas de Sancto-Dionysio, et ibi accepit peram et baculum peregrinationis suæ, quos benedixit et reddidit sibi in ecclesiâ Sancti - Dionysii Radulfus episcopus albanensis, tunc Apostolicæ Sedis legatus in Franciâ et partibus transmarinis*. La Chronique de Flandres dit que saint Louis, après avoir pris l'écharpe et le bourdon en l'église de Notre-Dame de Paris, vint à Saint-Denis, où il reçut l'oriflamme.

Nos auteurs emploient ordinairement le mot d'*écharpe* au lieu d'*escarcelle*, parce qu'on attachait ces escarcelles aux écharpes dont on ceignait les pélerins : d'où les mots de *pera* ou *perula*, dans le glossaire latin-français MS., sont traduits par celui d'*écharpe*. Guillaume Guiart, en l'an 1190 :

> Li rois en icel tems s'apreste,
> Si come Dieu l'en auisa,
> Delà aler où promis a;
> Autrement cuideroit mesprendre.
> L'escherpe et le bourdon va prendre
> A Saint-Denis dedans l'église,
> Puis a l'oriflambe requise,
> Que l'abbés de leans li baille.

La Chronique de France MS. qui est en la bibliothèque de M. de Mesmes, en cette même année, parlant de Philippe-Auguste : *Et print l'oriflambe, et l'emporta; et prist l'escharpe et bourdon de la maison de son oncle, l'archeuesque de Rains, et prist deux chandelles et deux enseignes de croisettes dessus les châsses au benoist Sains, etc.*

Ces escarcelles, ces écharpes et ces bourdons étaient bénis par les prêtres, qui y prononçaient des prières et des oraisons, qui se lisent dans le *Sacerdotal romain*, et dans les *Illustrations* du Père le Royer sur l'histoire de l'abbaye de Monstier-Saint-Jean, au diocèse de Langres, à raison de quoi il y avait de certains droits qui appartenaient aux curés, dont il est fait mention en un titre de Pierre, évêque d'Angoulême, de l'an 1162 : *Quæ offeruntur à peregrinis, cùm eis capellanus baculum et peram tradiderit.* Et dans un autre de Manasses, évêque de Langres, de l'an 1185 : *Reliqua medietas sit presbyteri, cum jure presbyteratus, quod tale est : peræ peregrinorum, oblationes sponsi et sponsæ, etc.* De cet usage observé par les pélerins et ceux qui entreprenaient les voyages d'outre-mer, de porter des bourdons, les hérétiques albigeois prirent sujet de se railler des croisés qui avaient entrepris de les combattre, en les appelant *bourdonniers,* ainsi que nous apprenons du moine de Vaux de Sarnay : *Burdonarios autem vocabant peregrinos, eò quòd baculos deferre solerent, quos linguâ communi Burdones vocamus.* Quant au mot de *bourdon,* et pourquoi il a été appliqué aux bâtons des pélerins, il n'est pas aisé de le deviner. Papias, qui vivait en l'an 1053, suivant le témoignage d'Albéric, nous fait voir que de son temps il était en usage en cette signification : *verubus, virgis ferreis, burdonibus.* Je crois néanmoins qu'on a donné ce nom à ces sortes de bâtons, parce que les pélerins, pour l'ordinaire et le plus souvent, faisant leurs voyages et leurs pélerinages à pied, ces bâtons leur tenaient lieu de montures ou de mulets, que l'on appelait alors *bourdons,* et *burdones* dans les auteurs du moyen temps, qui est un terme dont le jurisconsulte Ulpian s'est même servi. Everard de Bethune nous définit ainsi le bourdon :

> *Burdonem producit equus conjunctus asellæ.*
> *Procreat et mulum junctus asellus equæ.*

Comme les pélerins de la Terre sainte, lorsqu'ils entreprenaient leurs voyages, y allaient avec le bourdon et l'escarcelle ; ainsi, quand ils les avaient achevés, et qu'ils étaient sur le point de retourner dans leurs pays, ils coupaient des branches de palmiers, qui sont fréquens en la Terre sainte, et les rapportaient comme une marque de l'acomplissement de leurs pélerinages. Guillaume de Tyr, parlant du comte de Flandres : *Completis orationibus et sumptâ palmâ, quod est apud nos consummatæ peregrinationis signum, quasi omninò recessurus, Neapolim abiit.* Foucher de Chartres semble dire qu'on allait couper ces branches de palme vers Jéricho : *In Hiericho ramis palmarum cæsis, ad deferendum, ut mos est, omnes assumpsimus, et secundâ die iter remeabile cœpimus.* Pierre Damian marque encore qu'on les portait en la main : *Ex Hierosolymitanâ peregrinatione deveniens, palmam ferebat in manu.* Et Herbert dit que la palme était aussi une marque de pélerinage : *Vidit — stantem, instar alicujus Hierosolymitani palmâ, perâ et baculo insignitum.* Enfin, Godefroy de Viterbe parlant du retour de ceux qui accompagnèrent l'empereur Conrad :

> *Palmigerique viri pauci redeunt redivivi.*

(482)

Roger de Howeden dit que le pape donna des palmes à ceux qui avaient accompagné Philippe-Auguste au voyage de la Terre sainte, quoiqu'ils n'eussent pas accompli entièrement leur vœu : *Et licet votum non soluissent, tamen palmas iis distribuit, et cruces collis eorum suspendit, statuens quòd essent peregrini.* Les pélerins étant ainsi de retour dans leurs maisons, venaient rendre grâces à Dieu, dans les églises, du bon succès de leurs voyages; et, pour marque de l'accomplissement de leurs vœux, ils présentaient leurs palmes aux prêtres, qui les posaient sur l'autel. La Chronique de Bèze : *Pariterque palmas quas testes peregrinationis suæ à Jericho tulerat, altari superponi rogavit.*

FIN DU VOLUME.

TABLE

DES MATIÈRES

CONTENUES DANS CE VOLUME.

CINQUIÈME PARTIE.

CIVILISATION.

CHAPITRE II.

§ VII.

Notices et fragmens divers sur quelques particularités curieuses de l'histoire physique et morale des Français.

	Pages
Des usages relatifs au baptême et aux noms. (Extrait d'André DE LA ROQUE, avec des additions par l'*Edit.* C. L.).	1
Des noms et surnoms. Par M. DE SALLO.	4
Des coutumes et usages anciens relatifs aux mariages. Par l'*Edit.* G.L.	22
Des concubines, et du droit relatif au concubinage. Par GAUTIER DE SIBERT.	30
Supplément sur les concubines. Par le président HÉNAULT. . . .	39
Addition sur le concubinage des clercs, dans le moyen âge. Par SAUVAL.	41
Des usages anciens relatifs aux funérailles	44
De l'établissement des postes en France. Par DE LA MARE.	54
De l'hospitalité, et de l'origine des hôtelleries.	63
Des magiciens, des sorciers et des devins chez les Français. Par l'*Edit.* C. L.	82
Notice sur les léproseries ou maladreries. Par l'*Édit.* S.	122
Du mal de Naples. Par SAUVAL.	129
Supplément, par *le même*.	135

Nouvelles recherches sur l'origine et les premiers effets du mal de Naples, en France et dans les pays voisins, à la fin du quinzième siècle.................................. 142
D'un usage singulier relatif au bréviaire. Par Sauval....... 154
Du cri de Nouel (Noël), pour signification de joie publique. Par Pasquier..................................... 157

CHAPITRE III.

HISTOIRE HÉRALDIQUE.

§ Ier.

Ancienne noblesse; cours d'amour.

Mémoire sur la noblesse française, où l'on examine quelle fut son origine, comment elle devint héréditaire, et à quelle époque remonte l'établissement des justices seigneuriales. Par Désormeaux, de l'Académie des inscriptions et belles-lettres. 160
Second Mémoire sur la noblesse française. Par *le même*. 196
Notice supplémentaire sur l'état de la noblesse en France, depuis le neuvième siècle. Par l'*Édit. J. C.* 243
Des gentilshommes de nom et d'armes. Par du Cange........ 266
Recherches sur les prérogatives des dames chez les Gaulois, sur les cours d'amour, ainsi que sur les privilèges qu'en France les mères nobles transmettaient autrefois à leurs descendans, quoique issus de pères roturiers, où l'on expose les vestiges qui restent de ces anciens usages; le tout précédé de quelques réflexions sur l'influence et la part que les femmes ont eues, non seulement dans tous les gouvernemens, mais même dans toutes les révolutions, ainsi que dans les sciences et les arts. Par le président Rolland, de l'Académie d'Amiens. 280
Des guerres privées et du droit de guerre par coutume. Par du Cange. 424
De l'escarcelle et du bourdon des pèlerins de la Terre sainte. Par *le même*. 475

FIN DE LA TABLE.

www.ingramcontent.com/pod-product-compliance
Lightning Source LLC
Chambersburg PA
CBHW050237230426
43664CB00012B/1732